Kommentare zu „Ihr erstes Jahr im Network Marketing“

„Neue Networker, ...lesen Sie dieses Buch! Die Yarnells, mit einem Multi-Millionen-Dollar-Einkommen und zwanzig Jahren Erfahrung bieten eine umfassende Arbeitsanleitung ... hervorragende Inhalte ... und über zweihundert detaillierte Empfehlungen, um das erste Jahr profitabel zu gestalten ... und helfen Ihnen somit, eine langfristige Geschäftsgrundlage zu schaffen. Ich empfehle dieses Buch allen meinen Studenten des Network Marketing.“

- Charles W. King, Professor für Marketing, Universität von Illinois, Chicago, Seminarleiter des UIC Certificate Seminar in Network Marketing

„Ein absolut einzigartiges Werk von zwei Menschen, die sich dem persönlichen Wachstum der Networker auf der ganzen Erde verschrieben haben.“

- Lou Tice, Autor, Vorsitzender, Dozent und Mitbegründer des Pacific Institute, Inc.

„Die Yarnells sind verständige, gebildete Lehrer in der Welt des Network Marketing. Es ist eine Freude, dieses Buch zu lesen!“

- Kay Smith, Nu Skin Blue Diamond, eines von zehn Mitgliedern der International Network Marketing Directory's Hall of Fame

„Jeder, der im Network Marketing tätig ist oder sich mit dem Gedanken trägt, es zu werden, sollte dieses Buch lesen. Die geradezu unheimliche Gabe der Yarnells, die unzähligen Hindernisse, die sich allen Erfolgssuchenden in dieser Branche entgegen stellen, nicht nur zu erkennen, sondern ihnen hilfreiche Lösungen anzubieten, machen dieses Buch zu einer unschätzbaren Hilfe.“

- Greg Martin, CEO von ShapeRite Concepts Ltd.

„Mark und Rene sind zwei der überzeugendsten Führungskräfte unserer Branche. Ihr Gefühl, dem Erfolg anderer verpflichtet zu sein, und ihr Mut, aus dem Herzen und dem Verstand zu sprechen, haben für das Leben von Hunderttausenden eine Wende bedeutet. Arbeiten Sie dieses Buch aufmerksam durch!“

- Richard B. Brooke, Vorstandsvorsitzender von Oxyfresh Worldwide, Inc.

„Bei der Lektüre dieses Buches habe ich mehr gelernt als während all der Jahre, in denen ich die MLM-Branche aus Leibeskräften erforscht habe."

Aus dem Vorwort von Richard Poe, Verfasser von „*Wave 4*"
und „*Die Wave 4-Methode zum Aufbau Ihrer Downline*"

IHR ERSTES JAHR IM NETWORK MARKETING

Überwinden Sie Ihre Ängste, erleben Sie Erfolg - verwirklichen Sie Ihre Träume!

Mark Yarnell und Rene Reid Yarnell

Aus dem Amerikanischen von Robert Pauly

Amerikanischer Originaltitel: Your first year in Network Marketing

Vertrieb in Deutschland:

MOM Media Medien- und VerlagsGmbH
Robert Pauly - Marketingcoach für Networker
Friedrich List Str. 1
70736 Fellbach
Tel./Fax: 0700-MLMCOACH
0700 - 65 62 62 24
E-Mail: info@MLM-Coach.de
Internet: www.MLM-Coach.de
oder: www.RobertPauly.com

Mark Yarnell möchte dieses Buch seiner Tochter Amy widmen.

Rene Reid Yarnell möchte dieses Buch unseren Eltern widmen:
Lin und Helen Harrington sowie Duane und Patsy Yarnell, weil sie ihre herkömmlichen Jobs hinter sich ließen, um das Leben von Unternehmern zu leben, und weil sie uns dazu inspirierten, in ihre Fußstapfen zu treten.

Und unseren Kindern:
Chris Grove und Amy Yarnell, die das unternehmerische Gen in das nächste Jahrtausend tragen wollen. Wir hoffen, sie verbreiten diesen Geist und beeinflussen noch viel mehr Menschen als wir.

Drei Generationen familiärer Liebe waren die treibende Kraft hinter den vielen finanziellen, emotionalen und geistigen Segnungen, deren wir uns während unseres Zusammenlebens erfreuen durften.

„Wir sind an einem Zeitpunkt angelangt, an dem ein 400-jähriges Zeitalter dahinscheidet, um einem neuen Platz zu machen. Einem Zeitpunkt der Veränderung von Kultur, Wissenschaft, Gesellschaft und Institutionen, unvergleichlich größer, als sie die Welt je erfahren hat. Vor uns liegt die Chance der Wiederbelebung von Individualität, Freiheit, Gemeinschaft und Moral, wie sie die Welt noch nicht gesehen hat, dazu Harmonie mit der Natur und der göttlichen Intelligenz, wie sie sich die Welt nicht erträumt hat."

DEE HOCK
Gründer von VISA

INHALT

Vorwort

Als Wirtschaftsjournalist und Selbsthilfe-Schriftsteller recherchiere und schreibe ich seit acht Jahren über die Network Marketing-Branche. Während dieser Zeit hatte ich Gelegenheit, einige der wichtigsten Führungskräfte der Branche zu interviewen und zuzuhören, als sie ihre am härtesten erarbeiteten und am besten gehüteten Geschäftsgeheimnisse enthüllten. Bis heute habe ich keine reichhaltigere Goldader von scharf umrissenen und praktischen Informationen über Network Marketing gefunden, als die Inhalte aus *„Ihr erstes Jahr im Network Marketing"* von Mark und Rene Yarnell. Beim Lesen dieses Buches habe ich mehr gelernt als in all den Jahren eingehenden Studiums der MLM-Branche.

Natürlich bin ich von der hohen Qualität des Buches kaum überrascht. Seit ich das erste Mal mit Mark Yarnell sprach, weiß ich, dass er ein meisterhafter Kommunikator ist. Viele der bedeutendsten Erfolgsmenschen im Network Marketing verlieren, wenn sie die Grundlagen ihres Erfolgs erklären sollen, überraschenderweise ihre Fähigkeit, sich auszudrücken. Mark hat jedoch immer die einzigartige Fähigkeit besessen, sein unternehmerisches Wissen in leicht verdauliche Happen zusammenzufassen, humorvoll und spannend darzubieten und mit scharfer und feinfühliger Intelligenz anzurichten. Die Geschichten und Einblicke, die Mark mir im Laufe vieler faszinierender Interviews vermittelte, spielten eine große Rolle bei dem Erfolg, zu dem mein Buch *„Wave 4"* schließlich wurde.

Beim Lesen von *„Ihr erstes Jahr im Network Marketing"* wird klar, dass Rene Yarnell aus demselben Holz geschnitzt ist, wie ihr bemerkenswerter und begabter Mann. Zusammen sind sie ein unschlagbares Team. Sie sind zusammen durchs Feuer gegangen. In *"Ihr erstes Jahr im Network Marketing"* schreiben sie mit brutaler

Offenheit von den schlechten wie von den guten Zeiten und sie offenbaren dem Leser ein ungewöhnlich ausgewogenes Bild davon, was es wirklich heißt, ein MLM-Geschäft zu betreiben und was tatsächlich erforderlich ist, um erfolgreich zu sein.
In diesem Buch finden Sie keine lockeren Sprüche darüber, wie man schnell reich wird. Die Yarnells haben ihr Millionenvermögen auf mühevolle Art verdient. Ihre Erfolgsformel ist streng und gnadenlos. Sie erfordert fleißiges Arbeiten und übermenschliche Beharrlichkeit. Aber denen, die es durchstehen, bietet diese Formel eine realistische Hoffnung für echte finanzielle Freiheit.

Jeder Network-Neuling sollte dieses Buch lesen. Es zeigt Ihnen genau, wo die Fallen liegen und wie Sie diese umgehen. Es tut dies in einer Sprache, die jeder versteht, und es untermauert jeden Punkt mit inspirierenden, lebensnahen Anekdoten. Für Networker, die ihr Geschäft ernst nehmen, ist *„Ihr erstes Jahr im Network Marketing"* ganz einfach unverzichtbar.

Richard Poe, Autor von
'Wave 4' und 'Wave 4 - 'Network Marketing im 21sten Jahrhundert'

Danksagungen

Vielen Dank...

...Richard Kall, dem unzweifelhaft besten Mentor und Upliner, den man im Network Marketing haben kann. Wir lieben Dich.

...John Milton Fogg, dem Autor von *„Der beste Networker der Welt“* und Gründer von *„Upline“*. John hat lange genug darauf beharrt, seinen Traum in einer in hohem Maße konkurrierenden Branche wahr werden zu sehen und vielen Menschen Mut zuzusprechen, die sonst ein nur Leben der Mittelmäßigkeit führen würden. Wir schätzen Dich sehr.

...den Verlegern des Magazins *„Success“* - besonders Duncan Anderson -, die so sehr an uns geglaubt haben. Sie haben unsere Artikel über diese Branche zu einer Zeit gedruckt, als keine andere Zeitschrift das Risiko eingehen wollte, die Wahrheit über unseren bemerkenswerten Beruf zu veröffentlichen. Wir danken Euch.

...Dr. Charles King, der so an uns und unsere Branche geglaubt hat, dass er sich mit uns zusammengetan hat, um den ersten je angebotenen Network Marketing-Kurs mit Diplom ins Leben zu rufen. Wir hüten unsere Beziehung wie einen Schatz.

...Blake Roney und Steve Lund, die unsere Network Marketing-Firma in den 80-ern gründeten und es uns so ermöglichten, Wohlstand und zeitliche Freiheit zu erlangen, um unsere Träume zu verfolgen. Danke für die Erinnerungen.

...unserem engen Freund Richard Brooke, Präsident und Gründer von Oxyfresh, der uns am Anfang unserer Karriere das Training seiner Berater anvertraute, obwohl wir für eine Konkurrenzfirma tätig waren. Wir versuchen, Dir in Deiner Integrität nachzueifern.

...und schließlich Rick Tonita, der uns mit verschiedenen internationalen Experten zusammen brachte, um unsere Beratungsfirma *„21st Century Global Trust“* zu bilden und uns die entscheidende Bedeutung von „Beziehungsmarketing“ für das nächste Jahrtausend beizubringen. Wir sind stolz, Deine Partner zu sein.

Einleitung

Wörterbücher beschreiben die Bedeutung von „Überleben" mit „Existieren" oder „am Leben bleiben". Genauer gesagt, „weiterleben nach dem Tod anderer". Das Faszinierende am Network Marketing ist, dass in vielen Fällen das reine Überleben - d.h., am Ball zu bleiben, nachdem viele andere das Geschäft bereits verlassen haben - genau der Faktor ist, der uns zu massivem Reichtum führt. Die Ausstiegsquote ist ein erheblicher Versagensfaktor in unserem Geschäft. Aber bis heute haben wir kaum jemanden getroffen, der im Network Marketing beständig gearbeitet hat und am Ende keinen Erfolg verzeichnen konnte. Und diese wenigen Menschen, die trotz beständiger Arbeit keinen Erfolg haben, sind normalerweise selbst ihre größten Feinde, indem sie ständig das Rad neu erfinden und den einfachsten Weg zum Wohlstand in der Geschichte des Kapitalismus unnötig verkomplizieren.

Natürlich unterscheiden sich Prioritäten so stark wie die Menschen selbst. Während einige Network Marketing als Mittel zum Zweck (Wohlstand) sehen, haben andere einfach nur Spaß daran - aufgrund seiner ureigenen Vorzüge. Diese Menschen kommen zum Multi-Level Marketing, um ihr Selbstvertrauen aufzubauen, ihren Freundeskreis zu erweitern und sich leistungsfähiger zu fühlen. Und obwohl sie nie ein hohes Einkommen erzielen werden, könnte man sie selbst mit dem Brecheisen nicht von diesem Geschäft abhalten. Das große Geld zu besitzen war nie ihr wirkliches Ziel - Sie werden in diesem Buch die Geschichten einiger solcher Leute lesen. Und selbst wenn wir hier doppelt so viele Erfolgsgeschichten veröffentlicht hätten, könnten wir trotzdem unmöglich die vielen bemerkenswerten Vorteile auch nur annähernd erläutern, welche diejenigen daraus ziehen, die sich für diesen wundervollen Geschäftszweig entschieden haben.

Im Network Marketing halten Sie entweder durch oder Sie bleiben auf der Strecke. Aufzugeben ist das einzige sichere Rezept, um zu versagen. Übersteht ein Vertriebspartner jedoch das erste Jahr, hat er eine solide Grundlage für seinen Erfolg geschaffen. Laut unserer Analyse erzielen etwa 95 Prozent der Menschen, die zehn Jahre im Network Marketing überstehen, echten Reichtum - weit über ihre wildesten Erwartungen hinaus.

Diese Überlebenden haben entweder ein schwindelerregendes Einkommen und /oder völlige Freiheit in ihrer Zeitgestaltung erreicht, also all die Freizeit, um die Dinge zu tun, die für sie wirklich wichtig sind - gemeinsam mit den Menschen, die sie am meisten mögen.

Gerade in der heutigen Zeit, in der eine herkömmliche Ausstellung so wenig Sicherheit bietet, ist der Aufbau eines Network-Vertriebes buchstäblich die letzte Bastion der freien Wirtschaft. In diesem System können gewöhnliche Menschen mit einer geringen Investition und durch bloße Hartnäckigkeit und Entschlossenheit schier unglaubliche Einkommen und gleichzeitig persönliche Freiheit erreichen. Network Marketing ist ein Geschäftsbereich ohne all die Fallstricke des traditionellen Geschäftslebens: Langfristige Verpflichtungen durch Anstellungsverträge, Sozialleistungen für Mitarbeiter, Kosten für Werbung, allgemeine Nebenkosten, Aufwendungen für Buchhaltung und Eintreiben der Außenstände. Dafür besitzt Network Marketing jedoch eine Reihe anderer, ganz eigener Fallgruben. Aber einmal erkannt, sind diese Probleme leicht zu bewältigen. Wir glauben, dass der Erfolg von Anfang an in hohem Maße vom Erkennen dieser Gefahren und vom Meistern dieser Fallstricke abhängig ist. Dies ist der Grund, warum wir dieses Buch geschrieben haben.

Die Wurzeln der Network Marketing-Branche liegen in den 40-er Jahren, als Nutrilite Products Inc. mit dem Verkauf von Nahrungsergänzungs-Produkten begann und, als - zehn Jahre später

- die Firma Amway den Verkauf von Haushaltsprodukten aufnahm. Während der letzten fünfzig Jahre ist die Branche zu einem legalen und hocheffizienten Vertriebszweig gereift, ideal geeignet als neueste Bewegung in der Wirtschaftswelt . Wir können Rich DeVos und Jay Van Andel nur Dank sagen für ihre Vision, welche für diese Branche bahnbrechend war. Allein in den USA beträgt der jährliche Umsatz des Network Marketing an die 20 Milliarden Euro und wird von schätzungsweise acht Millionen Menschen bewerkstelligt. Weltweit wird ein breites Spektrum von Produkten und Dienstleistungen im Wert von über 100 Milliarden Euro durch geschätzte dreißig Millionen unabhängiger Network Marketing-Berater umgesetzt. Und bedenken Sie - wir sind eine noch sehr junge Branche mit einer wachstumsorientierten, vielversprechenden Zukunft. Verschiedene Studien haben vorausgesagt, dass schon bald nach der Jahrtausendwende in den westlichen Nationen ein Drittel aller Waren und Dienstleistungen über Network Marketing bewegt werden würde und dass diese Tendenz bis zum Jahr 2110 in Entwicklungsländern 50 Prozent erreichen könnte.

Historisch gesehen basiert die Branche auf dem Verkauf von Produkten der traditionellen Kategorien Körperpflege, Vitamine/ Nahrungsergänzungen, Haushaltspflege, Freizeit und Bildung.

In den 80-er Jahren begannen Dienstleistungen ein wachsender Bestandteil zu werden, besonders in der privatisierten Telekommunikationsbranche. Andere Unternehmen boten Kreditkarten, Finanzdienstleistungen, Versicherungen, Reisen, Persönlichkeitsentwicklungs- und Motivationsprogramme an. Mit der fortschreitenden Privatisierung der öffentlichen Versorgungsunternehmen bereiten sich die Network Marketing-Firmen darauf vor, auch in diesen Markt einzusteigen.

Den voranschreitenden Reifeprozess unserer Branche zeigen deutlich die zwanzig Network Marketing-Firmen, die jetzt frei im Nasdaq und an der New Yorker Börse gehandelt werden. Und viele weitere bereiten sich auf den Börsengang vor. Um zugelassen zu werden, müssen die Firmen standardisierte Buchführungsverfahren einführen und sich der Prüfung und Kontrolle durch die Wertpapierbeauftragten der SEC (Securities and Exchange Commission) stellen. Deswegen müssen Firmen, die an die Börse gehen, hohe Standards in den Geschäftspraktiken einführen und aufrecht erhalten, was wiederum dem Ansehen der gesamten Network Marketing-Branche zugute kommt.

Die Reaktion der Anleger auf die öffentlich gehandelten Anteile von Network Marketing-Firmen war außerordentlich. Das Magazin *„Upline"*, eine Branchen-Fachzeitschrift, etablierte den „Upline-Index", der die Wertsteigerung der börsennotierten Network Marketing-Firmen überprüfte. 1996 zeigte dieser Index im Aktienmarktwert für die Branche ein Wachstum von mehr als 63%, im Vergleich dazu verzeichnete der Dow Jones-Index nur ein Wachstum von 33%, und das Wachstum des S&P-Index betrug nur 34%. Dieser nahezu doppelt so große Gewinn der Network Marketing-Branche gegenüber herkömmlichen Unternehmen hat für beträchtliche Begeisterung unter institutionellen Anlegern gesorgt.

Eine Durchschnittsperson braucht nur 200 bis 300 Euro, um im Network Marketing zu starten. In diesem Betrag ist der Kauf einiger häufig gefragter Produkte und Dienstleistungen für den persönlichen Gebrauch und zur Weitergabe an andere enthalten. Unsere Branche basiert auf einfacher Mundpropaganda, der Vertrieb erfolgt direkt vom Erzeuger zum Verbraucher. Dadurch werden alle Zwischen- und Einzelhändler ausgeschlossen, die nichts mit Produktion oder Verbrauch zu tun haben. Werden Produkte verkauft, erhält der Network-Berater eine Vergütung, die prozentual dem Werbeetat der meisten großen Firmen entspricht. Wir alle wissen seit Jahren, dass Mundpropaganda die beste Form der Werbung ist. Sollte es dann nicht auch die lukrativste sein?

Während unserer gemeinsamen zwanzig Jahre im Network Marketing haben wir einige Dutzend Kassetten aufgenommen. Die Gefragteste trägt den Titel *„Wenn MLM so toll ist, warum bin ich* *dann so deprimiert?"* Der Grund, warum sich diese Kassette so großer Beliebtheit erfreut, ist wohl, dass wir es gewagt haben, die Wahrheit über die Fallstricke in dieser Branche zu erzählen. Wir gaben zu, dass wir beide, ungeachtet unseres Erfolgs, in den ersten Jahren oft ans Aufgeben gedacht haben. Viele Leute haben diese Kassette leider viel zu spät in ihrer Network Marketing-Karriere gehört, und die meisten von ihnen kicherten in sich hinein, da sie in unseren - zugegebenermaßen vorhandenen - Problemen der ersten Jahre ihre eigenen wiedererkannten. Jedoch hatten sie ihre Anfangsbegeisterung, die für den Erfolg so nötig ist, schon längst verloren. Und wenn die Menschen einmal den Antrieb und den Enthusiasmus verlieren, der sie durch die ersten harten Monate tragen soll, wenn einmal die Begeisterung dahin ist, dann ist in vielen Fällen mit ihr auch die Chance zu wirklich großem Wohlstand verloren. Ein oft zitiertes Sprichwort in diesem Geschäft heißt: „Es ist viel leichter, einem neuen Berater Leben einzuhauchen, als einen toten wiederzuerwecken." Und doch, als die Erfolgsberichte von jenseits des Atlantiks in unser Schweizer Chalet strömten, wurde uns eines klar: Dass dieses Buch tatsächlich Tausende von entmutigten Networkern wieder beleben könnte, sobald sie einige von den wahren Anekdoten zu lesen bekommen, die von den vielen Legenden unserer Branche stammen.

Als Auftakt zu den Geschichten, die sich hoffentlich auch auf Ihr Leben auswirken werden, scheint es passend, Ihnen eine dieser Legenden vorzustellen: Doug Wead, der für die älteste und größte MLM-Firma tätig ist. Bevor wir von ihm berichten, wollen wir Ihnen jedoch zuerst etwas über den Menschen hinter der Legende erzählen. In der Nacht, als der Golfkrieg begann, haben Sie Doug Wead vielleicht gesehen, wie er von Dan Rather im Fernsehen interviewt wurde. Damals arbeitete Doug für Präsident Bush als Assistent für Sonderaufgaben. Er wurde in *Time, Newsweek, US News & World Report, The Washington Post, The Wall Street Journal* und Hunderten von anderen bedeutenden Publikationen zitiert, und von seinen sechsundzwanzig Büchern sind über drei Millionen Exemplare in fünfzehn Sprachen verkauft worden. Mit

Ausnahme seiner sechsjährigen „Auszeit“ für die Politik hat sich Doug Wead in den letzten zwanzig Jahren dem Aufbau seines MLM-Geschäfts sowie dem Recherchieren und Schreiben über Network Marketing gewidmet. Doug hat allein im letzten Jahr Hörsäle und Fußballstadien in Polen, Ungarn, Frankreich, der Türkei, Großbritannien, Australien, Indonesien und den USA mit erwartungsvollen Networkern gefüllt.

Was aber macht eine Legende wie Doug Wead mit seinem Geld, seiner Glaubwürdigkeit, seiner frei verfügbaren Zeit und seinen Fähigkeiten? Im Jahr 1979, als er Seite an Seite mit Pat Boone und Erzbischof Bernard Kardinal Law von Boston arbeitete, gründete Doug eine der heute weltweit führenden Hilfsorganisationen, die „Mercy Corps International“. Letztes Jahr verteilte diese medizinische Hilfsgüter und Nahrungsmittel im Wert von 73 Millionen Euro in den Krisenzonen unserer Welt.

Sehen wir uns also Dougs erstes Jahr im Network Marketing aus seiner Sicht an, in der kraft- und humorvollen Art, in der er über seine Lebenserfahrungen schreibt:

„Die meisten von uns Network Marketing-Leuten sind Masochisten. Unterbewusste Masochisten. Grundsätzlich hassen wir uns selbst. Darum landen wir überhaupt im Network Marketing. Wir betrachten es geradezu als eine Garantie für Qualen. Im Sinne von: Ich brauche das. Es wird dafür sorgen, dass ich mich wirklich schlecht fühle - was ich auch so richtig verdient habe.

Hätten Sie gedacht, dass ich schließlich erfolgreich werde, Geld verdiene, die Welt bereise, Präsidenten treffe, die Hungernden speise? Sehen Sie? Bei mir geht nichts, wie es soll. Ich bin noch nicht mal in der Lage, richtig zu versagen.

So gesehen waren die Kämpfe, mit denen ich im Network Marketing ganz am Anfang rechnete, eine Enttäuschung. Ich hatte keine Probleme damit, zurückgewiesen zu werden. Ich mochte jedes einzelne Mal. Es gelang mir viel schneller, die Menschen zu respektieren, die mich abwiesen, und mich mit ihnen zu identifizieren, als die wenigen Interessenten anzuerkennen, die es mir anzuwerben gelang. Jede Zurückweisung war nur eine positive Bestätigung meines eigenen negativen Selbstbildes. In gleicher Weise hatte ich es auch verdient, ohne Nahrung, Schlaf oder Geld auskommen zu müssen - als Lohn dafür, dass ich in meiner Überheblichkeit annehmen konnte, ich wäre in der Lage, im „Traumland" des Network Marketing zu überleben.

Nein. Das wirkliche Problem war für mich überhaupt nicht materiell. Es war nicht das Geld, es waren nicht die Leute, es war nicht das Produkt und es war nicht die Zeit. Für mich lag die Herausforderung ganz allein zwischen meinen beiden Ohren. Da liegt sie übrigens noch immer. Für mich war der anfängliche Kampf ein rein philosophischer. Natürlich kann ich es. Jeder kann es. Die Frage, die wirklich quälende, immer wiederkehrende Frage war: Soll ich es tun? Ist es richtig? Ist es das, was ich mit meinem Leben anfangen sollte?

Nichts ist ermüdender und auslaugender als Selbstzweifel. Nichts ist wirkungsvoller, um den Lack von allem abzukratzen, was du sagst und tust. Nichts kann Deinen emotionalen Treibstofftank schneller leeren.

In diesem Sinne hatte ich zum ersten Mal meinen Meister gefunden. Network Marketing, das wir als eine so empfindliche Maschine betrachten, leicht beeinflussbar durch die persönliche Geisteshaltung, war von meinem emotionalen und psychologischen Drama nicht im Geringsten beeindruckt. Er schien sich nur Zahlen einzuverleiben - wie eine seelenlose Rechenmaschine. Das Geheimnis, das ich lernen mußte, war einfach, zu überleben und mich dann weiter anzustrengen. Ich konnte einfach gar nicht aufgeben. Mit der Zeit, als ich dieses Monster langsam fütterte, wuchs und wuchs es exponentiell.

‚Glaub' daran! Du musst daran glauben,' sagten sie dauernd. Nicht einmal das brauchte ich zu tun. Zwei mal zwei ist vier. Da gibt es nichts zu glauben. Es ist vier, so und so. Und mein Geschäft wuchs - mir zum Trotz.

Ob es hart war?

Emotional vielleicht. Geistig vielleicht. Aber solche Schlachten offenbaren sich im Versagen wie im Erfolg. Armut ist keine Zuflucht für eine vom Krieg schockierte, müde Seele.

Und so habe ich gesiegt. Und mit dem Geld wurde ich zum Mitbegründer von Mercy Corps International. Letztes Jahr haben wir auf der ganzen Welt Lebensmittel und Medikamente für 73 Millionen Euro gespendet. Ich habe mein ‚Warum' gefunden."

Wir hoffen, dieses Buch hilft auch Ihnen, Ihr „Warum" zu finden. Wir hoffen, dass dieses Buch neuen Networkern sofort überreicht wird, nachdem sie sich eingeschrieben haben. Damit werden sie vor den Fallen gewarnt, bevor sie ihre Anfangsbegeisterung verlieren. Denn wenn diese einmal dahin ist, sind die Chancen, diesen Schwung der Begeisterung wieder zu finden, gleich Null. Das erste Jahr in diesem Geschäft ist nicht nur eine Herausforderung - es ist eher damit vergleichbar, in den Kampf zu ziehen. Es geht ums Überleben, während alle anderen um Sie herum scheitern. Vielleicht spüren Sie noch nicht einmal die drohende Gefahr, und dann werden Sie plötzlich aus dem Hinterhalt überfallen und haben eine gesamte Linie Ihrer Downline verloren. Eines unserer vorrangigen Ziele beim Schreiben dieses Buches ist es, die „Tarnkappe" von Ihren Schlachten wegzuziehen, damit Sie Ihre Gegner im Voraus sehen können, statt von ihnen angeschlichen zu werden und sich unvorbereitet überraschen zu lassen. Genauso wichtig aber ist es, sobald man den Zusammenstoß kommen sieht, mit den notwendigen Fertigkeiten und Werkzeugen ausgestattet zu sein, damit Sie jede Auseinandersetzung gewinnen und Ihr erstes Jahr im MLM überleben können. Glauben Sie uns - im Jahr eins geht es nur ums „Überleben". Wir kennen dies aus unserer eigenen Erfahrung wie auch aus Statistiken verschiedener Firmen, welche zeigen, dass gut 60% aller Networker in ihrem ersten Jahr aufgeben - in der wichtigsten Phase der Ausbildungszeit. Wenn Sie die Möglichkeit hätten, monatlich von zu Hause aus mehr zu verdienen, als ein Kinderkardiologe mit zehn Angestellten im Jahr in seiner Klinik verdient (und das ist möglich), wäre nicht jeder vernünftige Mensch bereit, ein oder zwei Jahre zu investieren, um die nötigen Fähigkeiten des MLM zu erlernen? Und wenn wir es mit der zwölfjährigen Ausbildungszeit eines Arztes vergleichen - sind da ein oder zwei Jahre nicht deutlich akzeptabler?

Die Ausstiegsquote in unserer Branche ist vermutlich nicht höher als in anderen provisionsabhängigen Berufen, in denen man ebenfalls unter die Räder kommen kann. Trotzdem ist es jedoch entscheidend, unser Bestes zu tun, um neuen Partnern dabei zu helfen, die unvermeidlichen Konflikte vorauszusehen, die auf sie zukommen werden, und sie mit den Waffen auszustatten, die sie zum Gewinnen dieser Schlachten brauchen werden.

Es wurde schon angedeutet, dass „jeder große MLMler am Anfang ein lausiger MLMler war“, und wir stimmen dieser Aussage zu. Leider ist es eine Tatsache, dass jeder von uns, der ein neues Vorhaben beginnt, zumindest zu Beginn ein verletzlicher Neuling ist. Und obwohl der Erziehungsprozess im Network Marketing relativ kurz ist, kann er für viele neue Partner niederschmetternd sein. Der wichtigste Grund dafür ist leicht zu verstehen. Wir alle hassen Zurückweisung, und nichts ist schlimmer, als von Freunden, Familie und Bekannten verspottet zu werden. Menschen verlieren schnell den Mut, wenn sie in den ersten vier oder fünf Monaten dem sarkastischen Spott all derer ausgesetzt sind, die sie kennen, mögen und respektieren. Wenn Sie jedoch genau wissen, was auf Sie zukommt und sich nicht lächerlich machen müssen, indem Sie Ihnen nahe stehende Menschen überreden, täuschen oder belästigen, macht Network Marketing schon zu Anfang viel Spaß und ist relativ unproblematisch. Vorbereitung und die richtige Erwartungshaltung sind entscheidend.

Mit diesem Buch bereiten wir Sie auf die meisten der unvermeidlichen Herausforderungen Ihres ersten Jahres vor. Wir zeigen Ihnen, wie Sie diese Konflikte vermeiden, indem wir Ihnen Taktiken an die Hand geben, die funktionieren - keine Theorien, sondern bloße Tatsachen. Wir wollen Ihnen den Rücken stärken, Ausdauer zu entwickeln, indem wir Sie - höchst wichtig - im Voraus vorbereiten und Ihnen praktische Möglichkeiten anbieten, jede dieser Herausforderungen des ersten Jahres zu überleben. Und wenn Sie es schaffen, das erste Jahr zu überleben, ohne aufzugeben und auch ohne Ihren Humor zu verlieren, dann sind die Chancen groß, dass Sie lange genug weiter machen, um wohlhabend und erfolgreich zu werden.

Wir hatten einen enormen Vorrat an Ressourcen, aus denen wir unsere Lektionen und Beispiele beziehen konnten. In den letzten paar Jahren hatten wir das Glück, an der Chikagoer Universität in Illinois zusammen mit Dr. Charmes King Amerikas einzigen Universitäts-Diplomkurs für Network Marketing abzuhalten. Viele Top-Networker aller Unternehmen im In- und Ausland wie auch Vorstände von Network Marketing-Firmen haben an unseren Kursen teilgenommen, und wir verbrachten mit vielen von ihnen auch privat eine tolle Zeit. Als Kursleiter haben wir viel von unseren Studenten gelernt. Die Erlebnisse, von denen wir in diesem Buch berichten, sind tatsächlich alle passiert - wenn nicht uns, dann anderen Führungskräften, die sie uns erzählt haben. Viele von diesen Menschen dürften Ihnen bekannt sein. Somit sind wir davon überzeugt, dass wir in unserem Bemühen nichts unversucht gelassen haben, um Ihnen die besten Überlebensstrategien für einen Berater in seinem ersten Jahr zu vermitteln.

Einige der international erfolgreichsten Führungskräfte unserer Branche haben ihr erstes Jahr überlebt, indem sie die gleichen einfachen Maßnahmen angewandt haben, wie wir sie in diesem Buch für Sie dargestellt haben. Überleben Sie das erste Jahr, und Sie haben eine großartige Gelegenheit, es diesen Legenden gleichzutun.

Von Marks Vater, der ihm sagte, er „ruiniere durch MLM den Namen der Familie“, bis zu dem hungrigen Reporter, der vom Generalstaatsanwalt von Nevada verlangte, gegen unsere Firma zu ermitteln - in der Hoffnung, einen Skandal oder Interessenkonflikt aufzudecken, da Rene Vorsitzende der County Commission war - haben wir beide einige ziemlich vernichtende Hinterhalte überlebt. Wir wissen, was es heißt, sechs der sieben besten Führungskräfte an einen betrügerischen Emporkömmling zu verlieren (eine Firma, die ihre Einkünfte bzw. die Wirksamkeit ihrer Produkte falsch dargestellt hat) und wir mussten die Demütigung ertragen, dass uns ein enger Freund eine ganze Linie unserer Downline abwarb. Beide sind wir an verschiedenen Punkten unserer ersten Jahre in die Managementfalle getappt und versuchten Leuten „die Windeln zu wickeln" die niemals Erfolg haben konnten, was auch immer wir getan hätten: Weil sie nicht bereit waren, zu tun, was wir taten. Beide litten wir unter - völlig unangebrachten - Schuldgefühlen, da wir einen nahe stehenden Freund ins Geschäft gebracht hatten, der es in diesem Geschäft einfach nicht schaffen konnte. Wir zeigen Ihnen, wie Sie all diese Fallgruben überstehen - ja, wir zeigen Ihnen, wie Sie diese allesamt auf Ihrem Weg zu dem Einkommen vermeiden, das Sie anstreben, und zu der freien Zeit, die Sie brauchen, um es zu genießen.

In unserem ersten Buch *„Power Multi-Level Marketing“* haben wir die theoretischen Grundlagen dargestellt, wie man im MLM erfolgreich wird. Wir versuchten, ein der Reihe nach aufgebautes System für Teil- und Vollzeitkräfte anzubieten. In diesem Buch aber befassen wir uns nachhaltig mit praktischen Anwendungen. das heißt, wir geben klare Beispiele dafür, was passieren kann und was tatsächlich geschieht, so dass gute Berater, die eigentlich erfolgreich sein könnten, soweit kommen, ihre Karriere vorzeitig abzubrechen. Viele Psychiater stimmen der Theorie zu, dass neunzig Prozent der Lösung eines Problems darin bestehen, das Problem zu erkennen. Wir sind der gleichen Meinung. Unsere inständigsten Hoffnungen konzentrieren sich darauf, Ihnen all die Probleme vor Augen zu führen, die erfolgreiche Networker in ihren ersten Jahren erleben, und

Sie dadurch in die Lage versetzen, diese zu überwinden. Wir vermitteln Ihnen die praktischen, erprobten Überlebenstaktiken vieler der Legenden unserer Branche, so dass auch Sie in Hülle und Fülle Erfolg haben können.

Wir betrachten es als Ehre, dass Dr. Charles King unserem Buch eine Dimension hinzugefügt hat, die es bisher nicht gegeben hatte: Eine quantitative Analyse des Network Marketing aus akademischer Perspektive. Vieles von unserem wichtigsten Datenmaterial wurde von ihm erschöpfend erforscht und zusammengestellt. Wir haben von Dr. King eine Menge über die innere Funktionsweise und die technischen Marketingstrategien unseres Berufs gelernt - viele seiner Überblicke sind über das ganze Buch verstreut. Seine profunden Einsichten sind für uns seit Jahren von unschätzbarem Wert, und Sandra, seine dynamische Frau hat alle unsere College-Diplomkurse geleitet. Fast tausend Studenten haben unsere Kurse mit einem Examen abgeschlossen und sind Fachleute im Network Marketing geworden. Daher vielen Dank an Charles und Sandra King!

Network Marketing ist wirklich die größte Gelegenheit in der Geschichte des Kapitalismus, und wir betrachten es als großes Privileg, in dieser Branche dabei sein zu können. Deshalb haben wir, als ‚Prima Publishing' - nicht lange nach ihrem tollen Erfolg mit Richard Poes legendären „*Wave 4*"-Büchern - uns beauftragte, ein Buch zu schaffen, die Gelegenheit selbstverständlich mit größter Begeisterung ergriffen.

Als überzeugte Befürworter der Branche glauben wir, dass, wenn irgendeine Network Marketing-Firma scheitert, wir alle darunter leiden. Das zukünftige Überleben unserer Branche hängt jetzt von unserer Zusammenarbeit und nicht von Feindseligkeit untereinander ab. Der Erfolg des ganzen Geschäftszweiges beruht darauf, MLM-Firmen und -produkte hervorzuheben, statt das Ansehen, die Hoffnungen und Träume unserer MLM-Wettbewerber zu zerstören. Nur dann wird Network Marketing der lukrativste Beruf im gesamten freien Unternehmertum werden. Einige Networker glauben fälschlicherweise, dass das systematische Ruinieren ihrer Wettbewerber ihre beste Erfolgsstrategie sei. Sie ahnen offenbar nicht, dass genau dies der Grund ist, weshalb sie selbst noch nicht an dem Punkt angelangt sind, mit dem Ausschöpfen ihres wahren Potentials zu beginnen. Völlig anders als die Pioniere des Alten Westens, die ihre Wagen kreisförmig aufstellten, um sich gegen Angriffe von außen zu wehren, stellen wir zwar ebenfalls unsere Wagen kreisförmig auf, wann immer andere Firmen bedroht sind, - feuern aber nach innen, auf unsere Mitstreiter!

Die alte Taktik des „Teile und Herrsche“ war im klassischen Geschäftsleben recht effektiv. In ähnlicher Weise haben die herkömmlichen Firmenhierarchien geschickt die Medien und Kontrollmechanismen der Regierung für sich genutzt, um unsere im Wachstum befindliche Branche anzugreifen und abzuwürgen; und bei alledem haben sie gehofft und gebetet, dass wir einfach verschwinden würden. Wir denken aber, sie sollten jetzt aufhören, uns zu bekämpfen. Wir respektieren alle Firmen, nicht nur die unserer Branche, und diese Unternehmen sollten dasselbe tun.

In dem weiten Zeitraum der zwanzig Jahre, welche wir auf dem Feld des professionellen Network Marketing gearbeitet haben, hatten wir das Glück, zu Hunderttausenden von wundervollen Leuten überall auf der Welt zu sprechen. Und obwohl wir unsere Branche auf vielfältige Weise beschimpft sahen, hat man sie unseres Wissens kein einziges Mal als „Wettlauf der Ratten” bezeichnet. Dieser anschauliche Ausdruck wird auf jedem Kontinent benutzt und ist in jede Sprache übersetzt worden, um das klassische Geschäftsleben zu beschreiben. Mit „Wettlauf der Ratten” ist ein Wettrennen zwischen den schäbigsten Nagetieren der Welt gemeint, die übrigens durch die von ihnen ausgelöste Pestepidemie im England des 17. Jahrhunderts die Hälfte der britischen Bevölkerung auslöschten. Und was ist es, dem sie so unverwandt nachjagen? Müll und verfaultes Getreide - in der Hoffnung, genug zu fressen zu haben, um den nächsten Tag zu erleben. Und wenn es denn aus keinem anderen Grund wäre, als um den Menschen dies ersparen zu helfen, meinen wir, dass die Zeit für ein Buch wie dieses gekommen ist: Das menschliche Leben sollte ein fröhlicher Flug unter Adlern sein, nicht ein wahnwitziges Rennen von Nagetieren.

Betty Carter, die frühere leitende Vizepräsidentin der Pazifikbörse, hat unlängst einen anschaulichen Vergleich zwischen dem „Rattenrennen" des klassischen Geschäftslebens und der Freiheit des Network Marketing angestellt. In ihren eigenen Worten: „Wenn der klassische Arbeitsmarkt wächst, reduziert sich das Verhalten der gesamten Bevölkerung auf das von nahrungssuchenden Ratten. Ich bin vor einigen Jahren der Lebensqualität wegen nach Seattle gezogen. Heute, wo dort zwei große Firmen expandieren, leidet die ganze Stadt jeden Tag unter einem mehrstündigen stumpfsinnigen Stau. Die Durchschnittsgeschwindigkeit auf den großen Stadtautobahnen ist auf einundzwanzig Meilen pro Stunde gefallen. Die Kriminalität und andere Gesellschaftsprobleme wachsen dramatisch. Noch niemand kann bis jetzt die negativen ökologischen Auswirkungen des Zustroms von Tausenden von Menschen pro Monat voraussagen, aber die Umweltschützer sind sehr besorgt.

Die Sache ist die: Wenn MLM-Firmen stürmisch wachsen, gehen Tausende von Leuten heim und schwingen sich in die Lüfte wie die Adler. Wenn herkömmliche Firmen expandieren, nehmen Leute aus aller Welt das Wesen von Ratten an und beginnen gegenseitige Existenzkämpfe. Gott sei Dank hat Network Marketing mir die Freiheit gegeben, meine Besorgungen dann zu machen, wenn andere in ihren kleinen Bürokabinen eingesperrt sind, aber es ist nur eine Frage der Zeit, bis ich mich anderswo nach Ruhe und Frieden werde umschauen müssen."

Wir glauben, dass wir die schwerwiegende ethische Verantwortung tragen, so vielen Menschen wie möglich zu zeigen, dass sie nicht länger vom gottverdammten Stress des klassischen linearen Einkommens - also einem Stundenlohn - abhängig sein müssen. Wir stimmen Art Williams, dem Verfasser von *„Das Prinzip Gewinnen"* aus ganzem Herzen zu, wenn er uns alle zu einem Kreuzzug aufruft, die Massen - wenigstens diejenigen, die auf uns hören wollen - davor zu retten, sich Hals über Kopf in eine achtzig-Stunden-Maloche pro Woche zu stürzen, sich mit einem mittelmäßigen Einkommen zufrieden zu geben und vor lauter Stress einen Herzinfarkt zu riskieren. Weil der Amerikanische Traum für viele zum Alptraum, und weil Network-Marketing eine so gangbare Alternative zu klassischen Berufen geworden ist, ist es für die unter uns, die durch diese Branche eine so reiche Ernte eingefahren haben, zur Pflicht geworden, die Saat für andere auszustreuen.

Das Buch, das Sie in Ihren Händen halten, ist das ultimative Überlebenshandbuch. Dank Hunderter selbstloser Führungskräfte zahlreicher verschiedener Firmen, die sich in der Lage fühlten, ihre Erfahrungen beizusteuern, werden Sie erfahren, wie Sie Ihr Leben einschneidend ändern können. Diese Menschen haben - im vollen Bewusstsein, dass sie damit auch ihre Konkurrenten ausbildeten - gewagt, die unverfälschte Wahrheit zu veröffentlichen, wie man in unserer Branche erfolgreich wird. Schon allein diese Selbstlosigkeit macht uns darauf stolz, uns Networker nennen zu können.

Wenn nur dieses Buch bereits vor zehn Jahren geschrieben worden wäre, so hätten wir es vielleicht nicht erleben müssen, dass so viele dynamische Leute aus unserer Branche unnötigerweise so übereilt aufgegeben haben, nur weil sie auf die Schlachten der ersten Jahre einfach noch nicht vorbereitet waren. Mit diesem Buch werden Sie die unnötigen Verluste, die wir hatten, nicht erleiden müssen. Und ein Versprechen geben wir Ihnen ohne Wenn und Aber: Es werden Ihnen die Tränen in die Augen steigen, oder Sie werden so herzlich über einige Anekdoten aus den Kämpfen der Anfangszeiten dieser Legenden lachen, dass Sie - wie auch wir - das Buch weglegen müssen, um sich die Augen wischen zu können. Diese Geschichten werden auf Sie wie die Vorstellung einer völlig neuen Branche wirken. Wir glauben, dass das nächste Jahrzehnt eine beachtliche Verringerung dieser Art von Herausforderungen bringen wird, denn neue Technologien und Vertriebskanäle werden Network Marketing auf der ganzen Welt den Weg ebnen.

Wir erhielten zahllose Beispiele und Anekdoten - allesamt herzerwärmend und anregend. Wir bedauern, dass wir auf Grund redaktioneller Beschränkungen nicht jede einzelne Schilderung aufnehmen konnten. Besonderer Dank gilt jenen Legenden des Network Marketing, die mit der Preisgabe ihrer Geschichten etwas in unserer Branche bisher Beispielloses taten: Sie wagten es - nachdem sie zu Legenden geworden waren - ihre innerste Verletzlichkeit und ihr Ringen mit Sorgen und Depressionen öffentlich preiszugeben, um Millionen von anderen - einschließlich ihrer eigenen Konkurrenten - dazu anzuregen, ihren ursprünglichen Lebensplan von vierzig Arbeitsjahren zu vergessen und am ‚American Dream', dem Traum von Freiheit und Unabhängigkeit, teilzunehmen. Haben Sie Freude am Leben! Und was auch immer Sie sonst noch im ersten Jahr tun, geben Sie bloß nicht auf! Weil das Überleben des ersten Jahres in unserer Branche gleichbedeutend mit dem Erringen des Erfolges ist!

Mark Yarnell und Rene Yarnell
Gstaad, Schweiz

IHR ERSTES JAHR IM NETWORK MARKETING

KAPITEL 1

Wie man den Sprengkörper ‚Ablehnung' entschärft

Machen Sie Zurückweisung zu Ihrem Verbündeten, statt sie zu Ihrem Feind werden zu lassen

Network Marketing ist eines der unterhaltsamsten und einträglichsten Geschäfte, aber alle Networker stehen früher oder später bestimmten und allgemein verbreiteten Herausforderungen gegenüber. Egal, wie lange wir Multi-Level Marketing (MLM) betreiben und egal, wie erfolgreich wir werden - ständig besteht die Gefahr, dass wir von der meistverbreiteten und gefährlichsten Waffe niedergestreckt werden - dem Sprengkörper der Ablehnung. Er kann und wird uns jederzeit treffen, eine lähmende Wirkung auf uns ausüben und unsere Begeisterung und unseren Eifer - die grundlegenden Eigenschaften für jeden Erfolg - zerstören.

Zurückweisung durch Ihren Partner oder Ihre Partnerin

Jeder erlebt im Leben so manche Zurückweisung. Aber was die Zurückweisung für uns so verheerend macht, ist, dass sie oftmals gerade von den Menschen kommt, die wir besonders lieben und respektieren: Unseren Lebenspartnern, unseren Eltern, unseren besten Freunden und Geschäftspartnern. Wir sind sicher, dass Zurückweisung im MLM mehr Menschen scheitern lässt als jeder andere Faktor, und oftmals scheitern Networker buchstäblich, bevor sie überhaupt begonnen haben. Weil sie sich MLM vom Kopf und nicht vom Herzen her nähern. Hier sehen Sie das klassische Szenario:

Bob befindet sich in einer Übergangssituation, er steht einem Laufbahnwechsel offen gegenüber und ist damit für ein neues Geschäftskonzept empfänglich. Er besucht eine Network Marketing-Präsentation, und zum ersten Mal ergibt alles für ihn einen Sinn. Vier oder fünf Mal vielleicht hat er sich schon zuvor überlegt, in dieser Branche tätig zu werden, aber er konnte sich bei früheren Veranstaltungen nie wirklich einen Wechsel vorstellen. Jetzt ist er, weil er kurz vor der Entlassung steht, zu einer Veränderung bereit. Bob beginnt nicht nur zu erkennen, was für eine geniale Sache Network Marketing darstellt, sondern er verspürt auch eine große Begeisterung für die vorhandenen Einkommensmöglichkeiten. Während der zweiten Hälfte der einstündigen Präsentation erstellt er bereits in Gedanken eine Liste von Freunden und Kollegen, die hervorragend als Vertriebspartner geeignet wären. Und jetzt wollen wir uns zwei mögliche Szenarien ansehen: Ungeachtet dessen, ob Bob sich tatsächlich einschreibt oder nicht, wird er bereits von seinem ersten Feind in diesem Geschäft aufs Korn genommen. Und wenn der Gastgeber Bob und die anderen Besucher nicht darauf vorbereitet, was passieren wird, indem er gewisse Fakten gleich am Ende des ersten Sponsertreffens darstellt, wird Bob aufgeben, bevor er überhaupt beginnt. Wir kommen später noch auf die Details zu sprechen, aber zuerst wollen wir sehen, was mit Bob geschieht, sobald er das Meeting verlässt. Dabei werden wir verschiedene Szenarien untersuchen.

Weil der Zeitpunkt in seinem Leben gerade richtig ist, ist Bob begeistert. Und weil er einige Leute kennt, die er für geborene Networker hält, kann er es kaum erwarten, ihnen die Botschaft zu überbringen, dass er die ‚ultimative Gelegenheit' gefunden habe. Wenn derjenige, der Bob mit MLM bekannt gemacht hat, zu den Zeitgenossen gehört, die Neulinge gleich beim ersten Gespräch einschreiben, füllt Bob vielleicht tatsächlich einen Beratervertrag aus und sagt zu, am Samstag zur Schulung zu kommen. Wahrscheinlicher ist jedoch, dass er sich nicht gleich beim ersten Treffen einschreibt, sondern verspricht, über das Geschäft nachzudenken um dem Gastgeber seine Antwort telefonisch mitzuteilen. Wenn der Sponsor Bob jetzt nicht vorsichtig auf die zu erwartenden Ablehnungen vorbereitet, ist dieser schon zum Scheitern verurteilt. Er ist begeistert, obwohl er dies noch niemandem gegenüber zugegeben hat. Aber er befindet sich kurz davor, ungeschützt vom Geschoss der Zurückweisung niedergestreckt zu werden - was unvermeidlich ist, worauf jedoch nur selten beim Sponsern hingewiesen wird.

Weil er nicht richtig ausgebildet wurde, wird folgendes passieren:

Zuerst trifft Bob auf seine Frau. Er ist wirklich sehr begeistert, und das Gespräch läuft ungefähr so: „Schatz, es könnte sein, dass unsere Zeit der Sorgen vorüber ist. Ich glaube, Phil hat uns ein Gottesgeschenk verschafft. Erinnerst Du Dich, wie ich dir vom Personalabbau in meiner Firma berichtet und erzählt habe, ich könnte tatsächlich eines der künftigen Opfer sein?"

„Ja, Bob, aber Du denkst doch nicht etwa, dass man Dich nach all diesen Jahren hinauswerfen könnte? Das ist doch nicht dein Ernst, oder?" Seine Frau findet diese Möglichkeit unvorstellbar.

„Hör zu, Schatz, das spielt keine Rolle. Ich war gerade drüben bei Phil, und er und Nancy sind in ein neues Geschäft eingestiegen, das wirklich einen großartigen Eindruck macht. Ich kann es kaum glauben, wie viel Geld man dort verdienen und wie viel Freiheit man erreichen kann. Schatz, Phil kriegt demnächst seinen ersten großen Scheck. Und ich habe ein paar Proben der Produkte mitgebracht. Nancy ist völlig verrückt nach dieser Creme und diesem Shampoo. Hier habe ich Dir etwas zum Ausprobieren mitgebracht. Sie will, dass du sie anrufst!" (Das Ablehnungsgeschoss ist direkt auf Bobs Kopf gerichtet und steht kurz vor dem Abschuss.)

Bobs Frau nimmt die beiden Packungen Feuchtigkeitscreme und Shampoo, betrachtet sie und sieht dann ungläubig zu ihm auf: „Moment mal, Bob. Ist das tatsächlich Dein Ernst? Damit ich es richtig verstehe: Du bist seit sieben Jahren bei Deiner Firma. Wir haben einen Firmenwagen, eine Krankenversicherung, und wir haben gerade unser Traumhaus gekauft. Dein Chef liebt Dich wie seinen eigenen Sohn und will Dich für den Golden Acres Country Club empfehlen. Sie entlassen ein paar miese Manager, und Du denkst jetzt ernsthaft daran, Deine bevorstehende Karriere aufzugeben? Wofür habe ich all die Jahre an Deiner Seite gelitten und Dich durch Dein Betriebswirtschaftsstudium geboxt? Damit du schließlich in irgendeinem Pyramidensystem landest? Bitte, Bob, sag mir, dass dies nur ein schlechter Traum ist. Sag mir, dass ich mich verhört habe!"

Bob lächelt und greift nach dem Arm seiner Frau. Diese zieht ihn zurück, wobei sie wie eine in die Enge getriebene Ratte faucht. Diesen Gesichtsausdruck hat er bei ihr nicht mehr gesehen, seit er letzten Sommer versehentlich im Rückwärtsgang ihren jungen Hund überfahren hat.

„Nein, Schatz, Du hörst nicht zu. Wir haben hier die Chance, früh einzusteigen. Wir können in einem Jahr über 20.000 Euro monatlich verdienen. Ist Dir klar, wie viele Stunden ich wöchentlich arbeite? Das Baby schreit, wenn ich es auf den Arm nehme, weil ich praktisch wie ein Fremder bin. In diesem Quartal haben sie fünfunddreißig Männer und Frauen entlassen, und ich könnte der nächste sein. Schatz, ich sage Dir, Phil und Nancy sind unsere Freunde. Sie sind nicht . . ."

„Ach komm, Bob!" unterbricht ihn seine Frau. „Du hast selbst gesagt, dass Phil unzuverlässig ist. Er hat bei dieser Reifenfirma versagt. Er hat als Verkäufer bei der Lebensversicherung versagt. Dann hat er dieses dämliche Grußkartengeschäft versucht, und wir haben beide darüber gelacht, wie blöd das war. Bob, Bob, Bob, Du denkst nicht klar." Sie wird etwas weicher und probiert eine neue Taktik. „Bob, Schatz, wir sind etabliert. Das hast Du selbst gesagt. Und außerdem, was soll ich meinen Eltern sagen? Dass Du Deine Firma verlassen hast, um als Klinkenputzer Shampoo zu verkaufen?"

Bob hat genau dieselben Argumente gehört, wie sie zahllose andere Männer und Frauen über Jahre hinweg vernommen haben. Auch Bob hätte leicht dieselben Einwände gegen seine Frau vorbringen können, wenn sie ihre erste Network Marketing-Präsentation erlebt hätte. Oft sind es auch die Frauen, die von ihren Männern mit persönlichen Angriffen bombardiert werden. Hätte Bob einfach geschwiegen, bis er seine Frau zu einer vollständigen Präsentation bei Phil und Nancy gebracht hätte, wäre das Geschoss der Ablehnung nie auf ihn abgefeuert worden. Oder - wäre die Vorgehensweise gefühlsmäßig positiv statt intellektuell negativ gewesen - hätte das Ergebnis anders aussehen können.

Denken Sie immer daran: Auch wenn die Umstände verschieden sein mögen - das Resultat ist oft dasselbe. Dieselbe Diskussion hätte an einem Sonntagvormittag stattfinden können, oder nach einer Samstagsschulung, in der Bob bereits seinen Beraterantrag unterschrieben hätte. Es ist völlig egal. Das Wesentliche ist: Wir sind davon überzeugt, dass bis zu 50 % aller potentiell erfolgreichen Networker scheitern, bevor sie überhaupt angefangen haben, weil ihr Sponsor sie nicht auf die Zurückweisung durch den Ehepartner vorbereitet hat. Die Tragödie ist, dass genau solche Problemsituationen durch gezielte Vorbereitung und einer Argumentation, die das Positive betont, leicht auf ein Minimum verringert oder sogar völlig vermieden werden könnten. Es liegt in der Verantwortung eines jeden Sponsors - auch der Ihren -, potentielle Interessenten gründlichst auf mögliche Ablehnungen vorzubereiten und ihnen dann das Werkzeug in die Hand zu geben, diese Zurückweisungen zu überwinden. Phil hätte darauf bestehen müssen, dass Bob seine Frau entweder zu diesem ersten oder einem bald darauf folgenden Informationsgespräch mitgebracht hätte, damit sie selbst eine vollständige Präsentation hätte erleben können. Und dazu hätte er eindringlich sagen sollen: „Bob, versuch gar nicht erst, dies alles Deiner Frau zu erklären, bevor Du weitere Informationen hast. Oder, noch besser, bring sie gleich zu uns!“

Zurückweisung durch Familie und Freunde

Bevor wir Lösungen für die genannten Probleme aufzeigen, wollen wir ein anderes, häufig vorkommendes Szenario untersuchen. Obwohl es sich um andere Teilnehmer handelt, ist das Ergebnis gleichermaßen voraussehbar und negativ. Nehmen wir also an, dass Bobs Frau von dieser Network Marketing-Gelegenheit genauso begeistert ist wie er. Nehmen wir darüber hinaus an, dass Bob sich eingeschrieben hat und dass er und seine Frau für Zurückweisungen jeder Art geschult und vorbereitet wurden. Am Anfang entscheidet sich Bob dafür, die Führung zu übernehmen, bis ihr jüngstes Kind etwas älter ist; seine Frau wird sich dann später anschließen. Bob kann jeden Haupteinwand potentieller MLMler voraussehen und hat sich für jede Situation eine Einwandbehandlung eingeprägt. Er ist auf seine Kenntnisse wirklich ausgesprochen stolz, ja bildet sich sogar etwas auf seine Fähigkeit, Einwände zu entkräften, ein.

Bob ist von seinem Geschick, Menschen zu überzeugen, begeistert und glaubt mit selbstzufriedener Gewissheit, dass er jeden Einwand wirksam entkräften kann. Er ist davon überzeugt, dass seine möglichen Interessenten in dieser Schlacht der Argumente unbewaffnet in den Kampf ziehen. Er geht fest davon aus, dass er sämtliche Debatten über Network Marketing gewinnen wird und dass er jedem einzelnen seiner Freunde beweisen kann, dass diese neue Herausforderung dem herkömmlichen Arbeitsleben weit überlegen ist. Mit dieser Kenntnis ausgerüstet, greift er zum Telefon und beginnt, seine fünfundzwanzig besten Interessenten anzurufen - Leute, mit denen er am liebsten bis zum Lebensende eine enge Partnerschaft pflegen würde. Gewöhnlich ist eins der folgenden drei Ergebnisse vorhersagbar, daher wollen wir alle drei prüfen.

Die Schlacht gewinnen

Das erste Ergebnis nennen wir „die Schlacht gewinnen". Bob hat also gerade die Sekretärin im Büro eines guten Freundes passiert und beginnt mit der Vorstellung seines Geschäfts. Seinen Gesprächspartner kennt er seit der Schulzeit.

Ihr Leben verläuft mittlerweile recht unterschiedlich, so dass sie sich unregelmäßig sehen. Ihre herzliche Freundschaft haben sie sich dennoch bewahrt. Das Gespräch beginnt mit ein wenig oberflächlicher Unterhaltung, aber lassen Sie uns gleich zum eigentlichen Gespräch über das Geschäft kommen. Bob beginnt sich seinem Thema zu nähern: „Weißt du, Steve, der zweite Grund, warum ich Dich angerufen habe, ist, mit Dir einen geeigneten Zeitpunkt auszumachen, an dem du und Sally herüber kommen könnt, um Euch mal das neue Geschäft anzuschauen, das meine Frau und ich gerade..."

Steve unterbricht: „Bob, das klingt mir wie eines dieser Pyramidensysteme. Sag mir nicht, dass du und Christy auf so einen Betrug reingefallen seid!"

Bob ist natürlich, wenn auch noch nicht so ganz perfekt, geschult, mit Einwänden umzugehen, und er ist gewappnet für die Schlacht. „Natürlich kann ich Deine ablehnende Haltung Geschäften wie diesem gegenüber verstehen. Aber alles, was ich will, ist, dass Du Dir eine 45-minütige Präsentation ansiehst. Direkt gefragt, Steve, wäre Dienstag oder Donnerstag günstiger für Dich?" Bob ist auf seine abgespulte Antwort stolz, aber wie wir sehen werden, ist sein Stolz nicht von langer Dauer.

„Komm, Bob, lass‘ gut sein. Spar Dir die einstudierten Sprüche und sei ehrlich zu mir. Sal und ich sind nicht die Bohne an so einem Geschäft interessiert. Mein Vater ist tatsächlich letzten Sommer auf so einen Goldbetrug reingefallen und hat fünf Riesen in das Geschäft gesteckt. Er hat nicht einen Menschen eingeschrieben und hat jetzt seine Garage voll von überteuerten Goldmünzen, die Staub ansetzen,“ sagt Steve freundlich, aber sehr bestimmt.

Hier oder schon eher, bevor das Gespräch diesen Punkt erreicht hatte, hätte Bob merken müssen, dass es für Steve momentan nicht der rechte Zeitpunkt seines Lebens ist, die Gelegenheit zu erkennen. Er steht dem Geschäft nicht im Geringsten offen gegenüber. Und alles, was ab jetzt gesagt wird, wird Steve nur noch weiter abbringen. Und somit Bobs Chancen verschlechtern, seinem Freund zu einem späteren, günstigeren Zeitpunkt näher zu kommen, wenn er eher gesprächsbereit sein wird. Tatsächlich könnte Bob der Freundschaft unwissentlich einen irreparablen Schaden zufügen, wenn er die Sache noch weiter verfolgen würde. (Es gibt eine besondere „Sechs-Monats-Regel“, die Ihnen hilft, Bobs Dilemma zu vermeiden, doch davon später. Im Moment gehen wir einfach davon aus, dass sich Bob dessen nicht bewusst ist.)

Leider ist Bob unnachgiebig. Er weiß, dass er in einem tollen Geschäft arbeitet, und glaubt, dass er Steve und seine Frau vielleicht doch noch sponsern kann, wenn er auf jeden Einwand richtig zu reagieren vermag. Weil Steve ein ‚Profi‘ ist und jede Menge ernsthafter Menschen kennt, ist Bob davon überzeugt, dass Steve von all seinen Freunden das größte Potenzial hat. Bob glaubt, er müsse nur die Einwände seines Freundes geschickt überwinden, und er habe einen Sieger als Erstlinienpartner gewonnen. Er ist sicher, „die Schlacht zu gewinnen“. Aber so wird es nicht kommen. Die Gründe dafür sind ganz einfach: Für Steve ist es nicht der rechte Zeitpunkt für eine Wende im Leben, und Bob ist auf seinen Freund auf falsche Weise zugegangen.

In diesem Szenario werden die Einwände und die darauffolgenden Entgegnungen wohl noch fünf bis zehn Minuten weitergehen. In einem letzten verzweifelten Versuch, Bob zum Schweigen zu bringen, mag Steve tatsächlich zustimmen, eine Präsentation zu besuchen. Natürlich sind die

Chancen, dass er tatsächlich kommt, gering bis nicht existent. Im Szenario des „Die-Schlacht-Gewinnens“ sind Bobs Aussichten mit großer Wahrscheinlichkeit eine Nullnummer. Und auf lange Sicht wird er sogar den Krieg verlieren. Da die Sechs-Monats-Regel nicht mehr angewendet werden kann, wird die Schlacht nie wieder geschlagen, geschweige denn gewonnen werden. Mit anderen Worten: Ein weiterer potentiell erfolgreicher Networker ist Geschichte. Und Sie können wetten, dass Steve zehn anderen Freunden bei irgend einer Cocktailparty erzählen wird, wie bizarr und hektisch ihr ‚früherer‘ Freund Bob geworden ist. Und jetzt können Sie sich von zehn weiteren potentiellen Geschäftspartnern verabschieden!

Positiv Negatives

Das zweite Ergebnis nennen wir ‚positiv Negatives‘. In diesem Szenario fällt Bob mit der Tür ins Haus und sagt sofort, was er will. Steve steigt gleich darauf ein und weist aggressiv darauf hin, wie sehr er es hasst, mit Freunden Geschäfte zu machen und wie sehr er MLM oder jede andere Art von Direktvertriebs-Pyramidensystemen hasst. Dabei fügt er hinzu: „Bei Gott, das sollte in unserer Freundschaft besser nicht mehr zur Sprache kommen.“ Natürlich hält Bob sofort den Mund und kehrt zu einer oberflächlichen Unterhaltung zurück. Er fühlt sich zurückgewiesen, weil sich sein guter Freund so positiv sicher zu sein scheint, was für eine negative Branche Network-Marketing ist. Und weil Steve sich bezüglich Network Marketing so sicher ist, entscheidet sich Bob, die Gelegenheit vor seinem Freund nie wieder anzusprechen. Ein schwerer Fehler, wie wir noch sehen werden, wenn wir die Sechs-Monats-Regel im Detail besprechen.

Der gute alte Junge

Das dritte Ergebnis nennen wir ‚Der gute alte Junge‘. Ein Beispiel für dieses Szenario geht so: „Weißt Du, Steve, der zweite Grund für meinen Anruf ist, dass meine Frau und ich mit einem Geschäft angefangen haben, von dem wir möchten, dass Du es kennen lernst. Es dauert höchstens eine Stunde und wir könnten uns am Dienstag Abend um acht Uhr oder am Donnerstag um halb acht Uhr sehen. Was passt Dir besser?“

Steve antwortet freundlich: „Mensch, Robert, das klingt toll, kannst Du mir nicht schon ein bisschen davon erzählen?“

„Also, Steve, lieber nicht am Telefon, weil Du 90 Prozent der Informationen ansehen musst. Du und Sally solltet ein kurzes Video anschauen, dann ein paar Produkte ausprobieren und etwas Material zum Nachlesen mitnehmen. Sagen kann ich Dir aber, dass diese Firma weltweit expandiert und dass sie neue Vertriebspartner und Ausbilder sucht, die den Wunsch haben, mehr als 25.000 Euro im Monat zu verdienen.“

„Mein Gott, Bob!“ antwortet Steve ganz aufgeregt. „25.000 Euro im Monat! Ooh! Ich kann Dir gleich sagen, wir sind immer offen für neue Gelegenheiten, besonders bei diesen Einkommensmöglichkeiten. Ich glaube, Donnerstag passt uns am besten. Wann?“

Dieses letzte Szenario ist eher normal, wenn neue Mitarbeiter Freunde anrufen. Im MLM bezeichnen wir Freunde als unseren „persönlichen" oder auch „warmen Markt‘. Weil die meisten Familienmitglieder und engen Freunde Sie nicht zurückweisen wollen, lassen sie sich oft auf Dinge ein, an denen sie eigentlich kein Interesse haben, nur um mit Ihnen ihren guten persönlichen Kontakt zu erhalten. Daher der Ausdruck. Aber seien Sie sicher, dass oftmals nahezu die Hälfte aller Verabredungen im ‚persönlichen Markt‘ - und damit meinen wir Freunde, Familie und Bekannte, die versprochen haben, zu einer privaten Geschäftspräsentation zu kommen - nicht eingehalten werden. Und das kann verheerender sein, als jede andere Form von Zurückweisung - weil man sich getäuscht fühlt. Also denken Sie dran, über die Hälfte Ihrer Familienmitglieder oder Freunde wird - egal, wie nett sie am Telefon sind - bei Ihren Treffen nicht auftauchen, besonders, wenn Sie ihnen von Produkten und Broschüren, Videos und Proben erzählen. Wenn Sie das im voraus wissen, wird es für Sie weniger schmerzhaft.

Einfach gesagt, alle Menschen hassen Zurückweisung - besonders Zurückweisung durch Freunde und Familienmitglieder. Frank Pinelli aus West Linn, Oregon, war gerade mal eine Woche im Geschäft, als ihm eine der bösesten Zurückweisungen seines Lebens widerfuhr. Lassen wir ihn selbst erzählen:

„Ich konnte es kaum erwarten, mich mit einem Mann, den ich zu respektieren und bewundern gelernt hatte, zum Frühstück treffen. Er war Makler wie ich, und zwar ein sehr erfolgreicher. Wir waren beide dabei, das Immobiliengeschäft hinter uns zu lassen und ein eigenes Geschäft zu beginnen. Ich nahm an, das wäre Grund genug, dass wir uns gegenseitig unterstützten. Als ich ihm mein Network-Geschäft zu erklären begann, erzählte er mir sofort, dass, selbst wenn er ein Straßenhändler mit einem Karren voller Töpfe und Pfannen wäre, Network Marketing das letzte sei, was er auf der Welt tun würde. Ich war wie betäubt. Für einen Moment brach meine Welt zusammen. Ein geschätzter Freund hatte mich in ausführlichen Worten behandelt, als ob ich schlimmer als ein Straßenpenner sei!

Jetzt sind zwei Jahre vergangen und ich schulde diesem ehemaligen Freund ehrliche Dankbarkeit. Er hat mich so wütend gemacht, dass ich mir gelobt habe, gewaltig erfolgreich zu werden - nur um ihm zu zeigen, wie schief er lag. Dass er mich als einen solchen Trottel behandelt hat, ist bis heute eine meiner Hauptantriebskräfte geblieben.“

Heute verdient Frank zusammen mit seiner Frau Joanne etwa 5.000 Euro im Monat. Aber anstatt obdachlos oder, noch schlimmer, wie ihr Ex-Freund Makler mit einer siebzig-Stunden-Woche zu sein, bleiben die beiden zu Hause bei ihren Kindern und teilen ihre geschäftliche Arbeit unter sich auf. Freunde sind oft die größten Diebe unserer Träume, und wenn ein Traum einmal gestohlen ist, ist er nicht leicht wieder zu finden. Frank und Joanne aber kehrten das, was beinahe ein gestohlener Traum gewesen wäre, in das glühende Verlangen um, ihr volles Potenzial zu erreichen. Heute lieben sie, was sie tun, und richten ihr Augenmerk nur darauf, ihren Weg bis ganz zur Spitze zu beschreiten. Und wenn sie den absoluten Gipfel erreichen, wird es unleugbar deshalb sein, weil ein ehemaliger Geschäftspartner versucht hat, ihre Hoffnungen und Träume zu zerschlagen. Und vielleicht wird sich, wenn sie die absolute Spitze erreicht haben, ihr Maklerfreund ihnen anschließen wollen.

Dennis Clifton, der mit seinem Bruder David unsere weltweit stärkste Organisation aufbaute, erinnert sich, wie begeistert er damals im Mai 1986 in die Zukunft schaute, als er sich einschrieb - bevor irgendeiner von uns überhaupt wusste, was wir taten. „Als ich meine Namensliste durchzugehen begann, habe ich schnell gemerkt, dass das nicht so einfach gehen würde, wie ich gehofft hatte. Fast keiner von denen, die ich anrief, hatte auch nur Lust, sich überhaupt mit mir zu treffen. Trotzdem blieb meine positive Einstellung bestehen - bis zu jenem Morgen. Ich hatte einen ‚Freund', der als Discjockey bei einer örtlichen Radiostation arbeitete. Ich rief ihn am Arbeitsplatz an und begann ihm zu erklären, was ich tat. Seine Reaktion war etwas, was ich nie und nimmer zuvor erlebt hatte. Er begann tatsächlich laut zu lachen! Nein, ich meine nicht ein launiges Lächeln oder ein freundliches Glucksen - ich meine ein brüllendes, betäubendes, zwerchfellerschütterndes Lachen!

Und ich war am Boden zerstört, als ich auflegte. So war ich noch nie ausgelacht worden. Dann krochen all die Stimmen in mir hoch: „Warum in aller Welt tue ich das? Nichts ist eine solche Demütigung wert. Wenn offenbar niemand so etwas tun will - vielleicht wissen diese Menschen etwas, das ich nicht weiß? Wenn ich jetzt damit aufhöre, dann muss ich so etwas nie wieder durchmachen."

Ich erinnere mich, wie ich in dieses „schwarze Loch" gerutscht bin, aus dem so viele Networker nie wieder heraus kommen . . . als mein Telefon klingelte. Es war mein Sponsor, Mark Yarnell. Er fragte: „Hey, Großer - was ist los mit dir?" Ich antwortete: „Mark, Du wirst es nicht glauben, aber über mich hat sich gerade jemand totgelacht . . . ein wirklich toller Moment!" Dann erzählte ich ihm alles, was vorgefallen war . . . und was glauben Sie, was er tat? Er begann wie verrückt zu lachen! Nach einigen Minuten gewann er seine Fassung wieder und sagte: „Dennis, lass dich doch nicht von so einer Pflaume verrückt machen. Schick ihm einfach in sechs Monaten eine Kopie von Deinem Scheck!"

Was für eine tolle Reaktion! Zum ersten Mal in meinem Leben begriff ich die Bedeutung des alten Sprichworts ‚Wer zuletzt lacht, lacht am besten'. Heute, mehr als zehn Jahre später, ist der Mann, der mich fast aus dem Geschäft gelacht hätte, noch immer Discjockey in Austin, Texas. Und ich ... ich lebe mit Frau und Kindern in den Bergen von Colorado und betreibe ein internationales Geschäft mit Mitarbeitern, die über zwanzig Länder rund um die Welt verteilt sind. Ich habe seit jenem ersten Gelächter Millionen von Euro verdient, und ich kann Ihnen versichern - das war es wert. Lasst sie doch lachen!"

Maria Perkins aus Santa Barbara ist bereits seit acht Jahren bei ihrer Firma und hat es bis zur dritten Stufe ihres Vergütungsplans geschafft. Sie sieht ihre Rolle im Network Marketing als die eines Anführers oder einer Brücke für Menschen wie sie selbst, die Angst vor dem Verkaufen haben, und empfiehlt ihren Mitarbeitern, das Geschäft wie ein professioneller Wirtschaftsberater anzugehen. „Egal, ob es mein vierzig Jahre alter kleiner Bruder war, der über meine Bemühungen schadenfroh grinste, ob es die Leute waren, die schworen, zu erscheinen und nicht erschienen, oder sogar die Freunde, die mich plötzlich ansahen wie eine Ex-Zuchthäuslerin, die dabei war, sie in ihren neuesten Betrug hineinzutricksen - sie alle haben mich an die Spitze geführt . . . und hier will ich auch bleiben!" Maria ist zutiefst überzeugt, dass wir alle nach unserem eigenen, persönlichen Programmkoder handeln müssen, und nicht nach dem anderer Menschen.

Mögen Sie so viel Glück haben wie Frank, Dennis und Maria, wenn Sie von einem Freund niedergemacht oder verspottet werden. Später werden wir über die eleganteste Art reden, auf einen Freund zuzugehen, um die Art der Zurückweisung zu minimieren, welche die genannten Berater über sich ergehen lassen mussten. Aber wir hoffen, dass Ihnen der Lerneffekt aus diesen Kämpfen gegen die Ablehnung helfen wird, mit Ihren eigenen Zurückweisungen fertig zu werden. Guter Wein kann das Produkt saurer Trauben sein. Machen Sie Ihre Kämpfe zu einer motivierenden Kraft und lassen Sie sich von dieser Kraft über solche Zurückweisungen in Ihrer Anfangszeit wegtragen. Dennis hat Recht. Es ist es alle Mal wert.

Wie Sie Ihre Interessenten auf Ablehnung vorbereiten

Die Waffe der Ablehnung kann in Ihrer Laufbahn zu jeder Zeit auf Sie gerichtet sein, und das Problem ist, dass Sie sie im allgemeinen nicht kommen sehen. Sie ist eine Tarnwaffe - sie kann viele unterschiedliche Formen annehmen und ist häufig bis zu ihrem Einschlag nicht wahrnehmbar . . . und dann - wumm! Natürlich können wir Ihnen nicht helfen, jede denkbare Art von Ablehnung vorauszusehen, aber wir können Sie mit Sicherheit auf die schädlichsten Formen vorbereiten. Solch gefährlichen Waffen aus dem Weg zu gehen, ist ziemlich einfach, wenn Sie Ihre neuen Network-Partner gleich zu Anfang - buchstäblich zum Abschluss Ihrer ersten Geschäftspräsentation - darauf vorbereiten.

Betrachten wir die Szene: Sie haben gerade Ihre Geschäftsidee nach einem ausgearbeiteten System eindrucksvoll präsentiert (wie Sie das am effektivsten tun, besprechen wir in einem späteren Kapitel), und sind überzeugt, dass drei der fünf Interessenten in Ihrem Wohnzimmer von den Einkommensmöglichkeiten mächtig begeistert sind. Alle haben die passenden Fragen gestellt, und Sie haben sie ihnen nach bestem Wissen und Gewissen beantwortet. Sie haben das Video vorgeführt, die Zahlen während der Präsentation an der Tafel klar und verständlich erläutert, einige Proben ausgehändigt und schließlich erklärt, dass die erste Schulung am nächsten Samstag um zehn Uhr hier bei Ihnen zu Hause stattfindet. Jetzt sind Sie für die Abschlussbemerkungen bereit - Bemerkungen, die sich besonders auf die Gefahr der Zurückweisung konzentrieren und Ihren Gästen helfen sollen, dieses Problem zu vermeiden, bevor sie dadurch aus der Bahn geworfen werden. Wir sind unwiderruflich davon überzeugt, dass die meisten Leute, die eine Präsentation begeistert verlassen, sich aber niemals einschreiben oder nie zur Schulung erscheinen, zum Opfer jenes leicht zu vermeidenden Geschosses, der Ablehnung, geworden sind.

Und so bereiten wir unsere nichtsahnenden Interessenten vor. Prägen Sie sich die folgenden Sätze ein oder formulieren Sie das folgende je nach Zahl der Anwesenden um:

„Freunde, ich weiß, dass einige von Ihnen über die Zahlen, die Sie heute gehört haben, in hohem Maß begeistert sind. Es ist mir auch klar, dass Sie die Sache - wie jeder verantwortungsvoll denkende Unternehmer - nochmals sorgfältig durchdenken wollen. Aber sehen wir den Tatsachen ins Gesicht: Wenn ich die Dinge recht sehe, wenn Sie dieses Monatseinkommen tatsächlich verdienen können, um sich in drei bis vier Jahren halbwegs zur Ruhe setzen zu können, oder wenigstens beträchtliche persönliche und materielle Freiheit zu erreichen, dann müssten Sie schon einen Gehirnschaden haben, wenn Sie sich für meinen Vorschlag nicht erwärmen könnten. Ich will Sie an dieser Stelle aber gleich vor den zwei Hauptgründen warnen, wegen derer Sie scheitern könnten. Damit Sie diese während Ihrer Nachforschungen vermeiden können."

Scheuen Sie sich nicht, Ihren Gästen gegenüber ein Wort wie „Gehirnschaden" zu benutzen, egal, wie erfolgreich oder professionell Ihnen diese erscheinen. Wir hatten nie jemanden zu Gast, der nicht darüber gelacht hat. Was aber noch wichtiger ist, Sie machen Ihren ganz offensichtlichen Führungsanspruch geltend, eine Eigenschaft, die potentielle Mitarbeiter absolut und unbedingt bei ihrem Mentor sehen wollen, bevor sie daran denken, in unserer Branche mitzuarbeiten.

„Der erste Grund für ein Scheitern ist es, wenn neue Networker auf Leute hören, die nicht wissen, wovon sie reden. Der zweite Grund, zu scheitern, ergibt sich daraus, NICHT auf diejenigen unter uns zu hören, die genau wissen, wovon sie reden. Ich gebe Ihnen ein Beispiel: Es liegt nun einmal in der menschlichen Natur, dass wir anderen mitteilen wollen, was uns begeistert. Egal, ob es sich um eine neue Eiskrem-Geschmacksrichtung oder eine neue Geschäftsgelegenheit handelt, wir wollen sie mitteilen, besonders denen, die uns am nächsten stehen. Das ist bei Eiskrem oder einem guten Film in Ordnung, aber es ist nicht sinnvoll, jemandem von diesem Geschäft zu erzählen, bevor man nicht vollständig geschult ist und ein sicheres Wissen über seine Firma besitzt. Warum? Weil die Hauptursache für das Scheitern in unserem Beruf von Leuten herrührt, die von den tollen Einkommensmöglichkeiten begeistert sind und dann losstürmen und ihren engsten Freunden und Verwandten davon erzählen, bevor sie auch nur die geringste Ahnung davon haben, wie unser Geschäft läuft. Es ist entscheidend, dass Sie niemandem irgendetwas erzählen, bevor wir Ihnen nicht einen Erfolg versprechenden Ansatz beigebracht haben.

Wenn Sie anfangen, mit Ihren Verwandten und Freunden über diese Branche zu reden, werden die meisten zu Ihnen sagen, Sie hätten den Verstand verloren. Und obwohl Sie glauben, alle Fakten zu kennen, obwohl Sie die Wahrheit über das Einkommenspotenzial kennen und obwohl Ihre Freunde, Nachbarn und Verwandten nichts, aber auch gar nichts wissen, werden sie Ihnen immer noch sagen, Sie seien ein Idiot. Und wenn Sie sich zehn oder zwanzig Leuten nach einander gegenüber sehen, die an Ihrem Verstand zweifeln - besonders Menschen, die Sie kennen und mögen - werden Sie aufgeben, bevor Sie überhaupt begonnen haben. Versuchen Sie also erst gar nicht, Ihrem Ehepartner die Chance schmackhaft zu machen: Bringen Sie ihn oder sie einfach so schnell wie möglich zu einer Präsentation.

Ich weiß, Sie denken jetzt, Sie seien stark genug, um sich nicht von Leuten beeinflussen zu lassen - von Menschen, von denen Sie wissen, dass diese nicht die geringste Ahnung von unserer Firma haben. Das denkt jeder. Und nehmen wir mal an, Sie sind wirklich so stark, dass Sie - auch wenn zwanzig Freunde und Verwandte Sie abblitzen lassen und Ihnen sagen, Sie seien ein Schwachkopf - nicht unter dem Gewicht dieser negativen Einstellung zusammenbrechen. Jetzt aber kommt erst das wahre - von Ihnen selbst geschaffene Problem: Wenn Ihre Freunde sich einmal darüber lustig gemacht haben, dass Sie im MLM eingestiegen sind - auch wenn Sie ihnen später geschickt beweisen, dass sie Unrecht hatten und Sie jedes ihrer Bedenken ausgeräumt haben - dann können es sich Ihre Freunde gar nicht mehr leisten, bei Ihnen einsteigen! Weil das ja gleich bedeutend damit wäre, ihre eigene Dummheit zuzugeben. Und heutzutage achten die meisten Menschen mehr darauf, ihren äußeren Eindruck aufrecht zu erhalten, statt Verantwortung für ihr Leben zu übernehmen und sich dadurch finanzielle Unabhängigkeit und Freiheit über ihre Zeit zu schaffen.

Ehe Sie sich also eingeschrieben haben, eine Verpflichtung eingegangen sind und eine professionelle Schulung durchlaufen haben, gehen Sie NICHT, und ich sage dies mit allem Nachdruck, gehen Sie NICHT mit diesem Geschäft auf Ihre Freunde, Verwandten oder besonders Ihren Ehepartner zu, bevor wir Ihnen gezeigt haben, wie Sie ihnen diese Informationen nahe bringen sollen. Einige Ihrer besten Interessenten aus diesem sog. ‚persönlichen Markt‘ werden sich Ihnen nie anschließen, egal, wie erfolgreich Sie werden, wenn Sie sie nicht zuvor sachgerecht informieren! Unsere jahrelange Erfahrung hat uns gezeigt, dass die Hauptursache für Scheitern darin besteht, auf Leute zu hören, die nicht wissen, wovon sie reden.

Das Problem sieht folgendermaßen aus: Die Freunde und Verwandten eines neuen Networkers wissen doch überhaupt nichts über dessen Firma oder über die Network-Branche. Und mangels Information sind sie sich sicher, dass es sich um eine Betrügerei handeln muss. Und solange Sie keine finanziellen oder sonstigen Verpflichtungen eingegangen sind, die Sie an unser Geschäft „festschweissen", spüren diese Menschen, dass Sie sich nicht wirklich festgelegt haben. Daher werden sie alles in ihrer Macht stehende tun, um Sie ‚vor einem schweren Fehler zu bewahren‘. Wenn Sie

Zurückweisung durch Familienmitglieder und Freunde ist eine der größten Herausforderungen im Network Marketing. Aber deren Einstellung können Sie nur ändern, wenn Sie Ihre eigene Einstellung ändern.

beispielsweise sagen: „Hallo, alle zusammen, ich überlege mir, ein neues Restaurant zu eröffnen!" können Sie sicher sein, zuerst einmal die folgende Antwort zu erhalten: „Bist Du sicher, dass Du das tun willst? Ich habe gehört, dass die meisten Neugründungen den Bach hinunter gehen." Wenn Sie jedoch die Entscheidung schon getroffen und die Investition getätigt haben, werden Ihre Familie und Ihre Freunde alles in ihrer Macht stehende tun, um Sie in Ihrem neuen Unternehmen zu unterstützen. Wenn Sie sagen: „Hallo, alle zusammen, ich habe gerade ein neues Restaurant eröffnet, wird die Reaktion etwa lauten: „Oh, schön für Dich . . . wann können wir kommen?"

Zurückweisung durch Familienmitglieder und Freunde ist eine der weitaus größten Herausforderungen im Network Marketing. Aber deren Einstellung können Sie nur ändern, wenn Sie Ihre eigene Einstellung ändern. Nur dann, wenn Sie IHR Selbstwertgefühl und IHR Selbstvertrauen vergrößert haben, können Sie anderen helfen, deren Selbstachtung und Selbstvertrauen zu vergrößern, oftmals ihre Ansichten zu ändern, die Unterstützung durch Ihre Familie verstärken und die Türen zu Ihren Freunden und Partnern öffnen.

Hiermit fassen wir unsere Geschäftspräsentation zusammen und besprechen die zweite Ursache für Scheitern: Nicht auf die Leute zu hören, die WISSEN, worüber sie reden:

„Wenn sich irgendeiner von Ihnen dazu entschließt, sich einzuschreiben, und mein Erstlinienpartner zu werden, müssen Sie bereit sein, genau das nachzumachen, was ich Ihnen beibringe. Dieses Geschäft ist völlig anders als das klassische Geschäftsleben, und wenn Sie sich einschreiben und dann versuchen wollen, das Rad neu zu erfinden, werden Sie scheitern. Versprechen Sie mir also, dem System zu folgen. Wenn Sie das nicht tun wollen, sollten Sie sich, offen gesagt, nicht bei mir einschreiben. Zum

Glück sind wir in einer Organisation mit viel Erfahrung und wissen, was wir tun. Ihre ersten neunzig Tage sind entscheidend, und die Uhr startet heute mit Ihrer Entscheidung."

Mit diesem Dialog beenden wir unsere Wohnzimmer-Geschäftspräsentationen - nahezu wörtlich. Wenn die Interessenten sich zur Abfahrt bereitmachen, erinnern wir sie ein letztes Mal: „Vergessen Sie nicht: Versuchen Sie bitte auf keinen Fall, dieses Geschäft irgendjemand zu erklären, insbesondere nicht Ihrem Ehepartner, bis Sie geschult worden sind!" Wenn sie dann nach Hause fahren, beginnen wir bereits, sie uns als unsere neuen Partner vorzustellen.

Das Geschoss der Zurückweisung kann recht wirkungsvoll abgewendet werden, wenn es von neuen Networkern und Interessenten vorausgeahnt und komplett verstanden wird. Wenn Sie Ihre neuen Mitarbeiter also tatsächlich auf der Basis des Systems schulen, das wir Ihnen im Verlauf dieses Buches nahe bringen, wird Zurückweisung Ihre geringste Sorge sein. Wenn neue Berater die Interessenten ihres ‚warmen Marktes', d.h. ihres Bekanntenkreises, abgearbeitet haben und in den ‚kalten Markt' gehen, d.h. fremde Menschen kontaktieren, ist Zurückweisung wiederum einer ihrer größten Verbündeten. Warum? Je eher man feststellt, dass ein Gesprächspartner kein Interesse an einer Network Marketing-Gelegenheit hat, desto schneller kann ihn der Berater für ein Nachfassen in sechs Monaten auf Wiedervorlage legen und ohne Zeitverschwendung zu den aussichtsreicheren Kandidaten übergehen.

Wie so viele Networker zuvor haben Paul Del Vecchio und Jennifer Taloe aus Berkeley, Kalifornien, noch immer Mühe mit dem Aufbau ihrer Gruppe. Und auf Grund ihrer positiven Einstellung wächst sie . . . langsam. Aber Zurückweisung war die einzige bedeutende Hürde, die sie überwinden mussten, besonders im ersten Jahr. Wie Paul sagt: „Ich bin sicher, dass es Menschen gibt, die einfach so ins MLM hineinschneien und auf ihrem Weg bis an die Spitze durch gleiten. Aber bei mir war das nicht so. Ich bin Studienabbrecher und habe mich in den ersten Jahren meines Erwachsenseins mit Poesie, klassischer Gitarre und östlicher Philosophie beschäftigt. Ich hatte keine Ahnung vom Geschäft, habe die meiste Zeit in Abgeschiedenheit verbracht und fuhr einen alten 76-er Chevy Pickup mit festgebundener Stoßstange, die reparieren zu lassen ich mir nicht leisten konnte.

Von Natur aus etwas introvertiert, würde ich mein erstes Jahr im MLM beschreiben wie der südamerikanische Diplomat, der bei einem eleganten Botschaftsempfang in seinem holprigem Englisch zu erklären versuchte, warum er und seine Frau keine Kinder hatten. ‚Meine Frau, sie iiest uneinnehmbar!‘ Als das nicht die erwartete Reaktion hervorrief, versuchte er es wieder: ‚Iiech meine, sie iiest unerrtrrägglich.“ Verwirrt von den erschrockenen Gesichtern nahm er noch einen Anlauf: ‚Nein, nein, was iiech saggen will ist, sie ist unfassbar.‘ Ich fühlte mich der Situation bezüglich meiner Kommunikationsfähigkeit so wenig gewachsen wie dieser Diplomat, als ich meinen Wagen belud und Richtung Gewerbegebiet fuhr, um wegen des großen Geldes und Freizeit an Fremde in Schlips und Kragen heranzutreten. Ich kann Ihnen sagen - sie waren alles andere als begeistert!

Und so habe ich systematisch alles Menschenmögliche versucht, den Schmerz der Zurückweisung zu vermeiden, inklusive der Kunst, eine nicht vorhandene Downline anzuführen. Aber es läuft immer wieder darauf hinaus, etwas zu unternehmen und eine positive, offene Einstellung zu bewahren. Napoleon Hill, der Autor des Klassikers *„Denke nach und werde reich“* brachte mich darauf, dass meine geistige Verfassung aus absoluter Überzeugung bestehen muss . . .sowohl bezüglich dessen, was ich anderen mitteile, sowie auch meiner Fähigkeit, die Botschaft zu übermitteln - und sie darf nicht nur eine bloße Hoffnung oder ein Wunsch sein. Für mich ist dieses Geschäft der großartigste Kurs zur Persönlichkeitsentwicklung gewesen. Wenn ich rausgehe, um Kontakte zu machen, weiß ich, dass ich eine von zwei Einstellungen haben kann. Ich kann mich bemühen, von den Leuten, die ich besuche, gut aufgenommen zu werden. Das ist der einstufige Prozess namens Durchhaltevermögen. Oder ich kann versuchen, den Schmerz der Zurückweisung zu vermeiden, und das ist eine dreistufige Formel: Sag nichts - tu nichts - sei nichts.“

Beharrlichkeit, gepaart mit absoluter Überzeugung, ist unschlagbar, und genau darum wissen wir, dass Paul und Jenny reichlich Erfolg haben werden.

Telefonangst

Allein das Befürchten und Erwarten der Zurückweisung lässt neue Networker oft zu Hause bleiben. Die Angst, den ersten Schritt zu tun, ist eine der Hauptursachen für das Scheitern in unserer Branche. Es ist ein offensichtliches, aber unausgesprochenes Phänomen. Neue Berater werden sich hinter dem Bedürfnis verstecken, die Produkte besser kennen zu lernen, an noch ein paar weiteren Treffen teilnehmen und Ihnen immer und immer wieder zusehen zu wollen, wie Sie es machen, obwohl sie es schon zehn Mal gesehen haben. Sie werden glücklich Schulungstreffen um Schulungstreffen besuchen und Zeit in ihr neues Geschäft investieren. Indem sie z.B. Kassette um Kassette anhören, wie man erfolgreich ist und Einwände überwindet, und dabei werden sie alles Mögliche und Unmögliche tun, um sich vor dem wirklichen Sponsern zu drücken. Sie verstricken sich in alle möglichen unproduktiven Aktivitäten, um zu vermeiden, das tun zu müssen, was der berühmte Nike-Werbespot mit: „Just do it!“ (Tu's einfach!) bezeichnet. Und nach Tagen, Wochen und manchmal gar nach Monaten solcher Fleißarbeit werden sie dann entscheiden, dass dieses Geschäft einfach nicht funktioniert. Schließlich hatten sie keinen Erfolg damit, eine Organisation aufzubauen.

Der Grund dafür ist jedem klar - außer ihnen selbst. Die bloße Erwartung von Zurückweisung führt zu „Telefonangst“, die zum Scheitern führen kann und oftmals auch wird. Oftmals - eine Woche bevor sie aufgeben - hören wir den Kern ihres Scheiterns in der Bemerkung: „Wenn nicht bald etwas passiert, müssen wir uns einen Job suchen, um zurechtzukommen.“ Im klassischen Arbeitsleben mögen die *Dinge* einfach *passieren,* aber im Network Marketing stellt sich der Erfolg bei jenen ein, die *dafür sorgen,* dass etwas passiert.

Und nebenbei: „Telefonangst“ ist keine Erfahrung, die auf Amateure beschränkt ist. Oft sind es sogar die abgebrühtesten ‚Profis‘, die diese heimliche Phobie in sich tragen. Mark gewann den Bürgermeister einer größeren Stadt im Süden für sein Geschäft, und nach sechs Monaten ohne die geringsten Anzeichen von Aktivität seitens des Bürgermeisters fragte er ihn nach seiner Namensliste. Zögernd überreichte dieser ihm seine Liste mit seinen fünfundzwanzig besten Namen, aber Mark fand darauf niemanden, den der Bürgermeister tatsächlich angerufen hatte. Bei der schließlichen Analyse musste der Bürgermeister einräumen, dass er Angst gehabt hatte, diese Freunde anzurufen, weil ein Wahljahr bevorstand und er nicht riskieren wollte, seinen Ruf bei seinen Wählern zu schädigen. Er gab auf, ohne auch nur einen Menschen angerufen zu haben - aus Angst vor Zurückweisung. Später, nachdem er bei einer zweiten Network Marketing-Firma aus dem gleichen Grund versagt hatte, hatte er die Dreistigkeit, öffentlich zu behaupten: „MLM ist ein Betrugssystem!“ Zu diesem Schluss kam er, ohne jemals einen einzigen Kandidaten kontaktiert zu haben.

Nicht ernst genommen werden

Diejenigen, die es nach den ersten Ängsten schaffen, mit dem Geschäft zu starten, werden oftmals Opfer anderer Arten von Zurückweisung. Häufig werden Frauen nicht ernst genommen - eine der entwürdigendsten Formen der Zurückweisung. Die gängige Meinung männlicher Interessenten, denen die Geschäftsgelegenheit von einer professionellen Networkerin gezeigt wird, ist oft: „Ich werde mal mit meiner Frau über dieses kleine Wohnzimmergeschäft reden.“ Es ist nicht so, dass die Frau unprofessionell auftritt oder der Mann abschätzig sein will; es ist nur so, dass sich viele Männer nicht mit einer weiblichen Führungskraft identifizieren können, die von zu Hause aus arbeitet. Und wenn sie Kosmetikprodukte oder andere Waren anbietet, zu denen er keinen Bezug hat, vergrößert diese Tatsache das Problem um so mehr.

Egal, wie stark eine weibliche Führungskraft ist, in einigen Fällen kann sie das männliche Ego nicht alleine zufrieden stellen. Dann kann die Ablehnung umgangen werden, indem ein Mann aus der Upline oder ein männlicher Partner sie beim Abschlussgespräch solcher Kandidaten unterstützt. Das ist keine Abhängigkeit, sondern vielmehr Teil des innersten natürlichen Wertes dessen, was wir „Abschluss mit zwei Geschlechtern“ nennen - schließlich basiert unser Geschäft auf Teamarbeit. Neue Partner sollten ihre Interessenten nicht alleine zum Abschluss bewegen müssen. Die Zusammenarbeit ist es ja, die Führungskräften schließlich das Recht auf ein Multi-Level-Einkommen verschafft.

In manchen Situationen haben Frauen festgestellt, dass ihre geschlechtsbedingten Herausforderungen eher von innen als von außen kommen. Im Lauf der Geschichte hatten Männer schon immer mehr Selbstvertrauen, während Frauen bis heute mit ihrem geringen Selbstbewusstsein zu kämpfen haben. Frauen sind jahrelang finanziell von ihren Ehegatten abhängig gewesen und werden häufig bei Beförderungen am Arbeitsplatz übergangen. Es ist zu erkennen, dass sich dies in der westlichen Welt bereits ändert, aber in östlichen Kulturen oder in älteren Generationen ist dieses Phänomen noch immer weit verbreitet. Dabei haben Frauen dieser Branche, ihren Firmen, ihren Ehemännern und männlichen Partnern und natürlich den Mitgliedern ihrer eigenen Organisationen so viel zu bieten. Das Problem rührt von einem branchenweiten Mangel an Bewusstsein her, wie viel gerade Frauen zu geben haben und wie bitter nötig weibliche Qualitäten auf dem heutigen globalen Markt sind. Die Rolle der Frau steht, zusammen mit ihrem Image, an der Schwelle zu einer explosiven Veränderung.

Wenn Sie vermuten, dass Sie auf Grund eines Verhaltens, mit dem Sie Ihren Interessenten gegenübertreten, zurückgewiesen werden, dann nehmen Sie sich etwas Zeit und arbeiten Sie an Ihrer eigenen Persönlichkeit, bevor Sie versuchen, eine Organisation aufzubauen. Lesen Sie Bücher, nehmen Sie an Seminaren teil und hören Sie Kassetten, um Ihr Bild von sich selbst zu fördern. Umgeben Sie sich mit positiven Menschen, die Sie beständig an Ihren Wert als Person und den Wert der Beiträge erinnern, die Sie erbringen können. Schütteln Sie alle Reste negativer Selbsteinschätzung und jeden emotionalen Ballast ab, den Sie mit sich herumtragen, und seien Sie stolz auf sich. Es ist wichtig für Sie, zu wissen, dass Sie die Größe und das unbegrenzte Potenzial besitzen, jeden um Sie herum zu fördern. Strahlen Sie mit erhobenem Kopf Ihre innere Stärke aus, und Sie werden sofort einen Unterschied in Ihrer allgemeinen Akzeptanz, Ihrem Erfolg als Führungskraft und Ihrem Einkommen feststellen. Den Wandel im Leben einer Frau, sobald sie beginnt, ihre eigene Kraft zu akzeptieren und auszustrahlen, hat keine in den fünfundvierzig Jahren des Network Marketing besser veranschaulicht als Kathy Denison.

Mit dreißig war sich Kathy Denison klar, dass ihr Leben einem Albtraum glich. Ihre Ehe war zerrüttet, und ihre zwölf Jahre alte Tochter litt darunter, wie ihre Mutter misshandelt wurde. Sie entschied, es sei Zeit zu handeln. Sie verließ ihren Mann, zog in die winzige Stadt Basalt in Colorado und arbeitete als Putzfrau, um sich und ihr Kind über die Runden zu bringen. Während sich ihr Privatleben in den nächsten Jahren deutlich zum Besseren wendete, waren ihre Finanzen ein Desaster. Aber ohne richtigen Berufsabschluss boten sich ihr nur wenige Möglichkeiten. Kathy hatte immer geglaubt, dass sie genug Talent und die richtige Einstellung hätte, um Millionärin zu werden, aber erst mit ihrer Einführung ins MLM lernte sie ein Geschäft ohne Grenzen kennen, das man ohne größere Investitionen beginnen konnte. Fünf Jahre später konnte sie sich in ihrem Traumhaus am Strand von San Diego mit ihrem neuen Ehemann Mark Rogow entspannen, der ihre Ziele und Träume teilt.

Viele Leute haben Kathy und ihre bemerkenswerte Geschichte das erste Mal in Richard Poes Bestseller *„Wave 3"* kennen gelernt. Aber niemand kann so mitreißend und genau über Kathy schreiben wie Mark Yarnell, der sie gesponsert hat und sie in den ersten Jahren im Geschäft als ihr Mentor unterstützte:

„Als ich Kathy Denison 1987 das erste Mal in Aspen, Colorado, traf, war sie eine alleinerziehende Mutter, die in einem winzigen Einzimmer-Appartement lebte und ihr Bestes tat, um ihre Familie mit ihrem dürftigen Dienstmädcheneinkommen durchzubringen. Ich hatte unsere Grundstücksmaklerin gebeten, mir bei der Suche nach einer Haushälterin zu helfen, weil wir so viele Freunde zu bewirten hatten, und sich unser Haus recht rasch zu einer Art Hotel garni entwickelte. (Nebenbei gesagt - ziehen Sie in das Skiparadies Aspen, und Sie werden sehen, wie viele Ihrer Freunde Sie plötzlich lieben!).

Kathy wollte sich mit mir treffen, um ihrer besten Freundin, der Maklerin, einen Gefallen zu tun. Aber eigentlich hatte sie sich bereits entschieden, den Job nicht anzunehmen. Damals putzte sie schon in zahlreichen Häusern und fühlte sich ausgebrannt. Andererseits brauchte sie das Geld. Und sie schuldete der Maklerin Dankbarkeit für die vielen Aufträge, die ihr diese nach der Scheidung besorgt hatte.

Als Kathy am ersten Tag mein Haus betrat, beeindruckten mich sofort zwei Dinge: Erstens war sie augenscheinlich ein extrovertierter Mensch. Zweitens besaß sie Begeisterungsfähigkeit und ein warmherziges Lächeln, und obwohl sie als Dienstmädchen arbeitete, war sie auf jeden Fall ein Mensch, der auf andere anziehend wirkte. Natürlich erwachte bei mir sofort der alte „Sponser-Yarnell", wie er es immer tut, wenn ich auf eine starke Persönlichkeit treffe.

Aber in Kathys Fall unterdrückte ich meine Begeisterung so schnell, wie sie aufgetaucht war, vor allem, weil ich mich ein volles Jahr lang dem Skilaufen, Paragleiten und dem Schreiben der ersten Ausgabe meines Buches *„Power Multi-Level Marketing"* widmen wollte. Und ehrlich gesagt, obwohl ich selbst neuen Beratern beibringe, nicht ‚Gott zu spielen', d.h., nie die Zukunftsaussichten einzuschränken und immer anzunehmen, dass jeder das Zeug zum Erfolg hat, verstieß ich gegen meine eigene Lehre. Ich entschied, meine Haushälterin trotz ihrer Begeisterung nicht zu sponsern - ich hielt die Chancen für einen Erfolg in einer Stadt von 2000 Einwohnern für minimal. Was für ein Narr ich war! Nachdem ich aus meiner Betäubung aufgewacht war und sie gesponsert hatte, sponserte Kathy wiederum jeden möglichen Interessenten in Basalt und Aspen, zog dann nach San Diego und baute allmählich ein Geschäft auf, das sie zur Millionärin machte. Als mir meine eigene Dummheit wegen der Vorurteile gegenüber einem Dienstmädchen klar wurde, entschloss ich mich, nie wieder gegen die eine eiserne Regel in unserer Branche zu verstoßen: „In jedem Menschen schlummert der Keim zu großen Dingen. ***Teile niemals Kandidaten in Kategorien ein, aus absolut keinem einzigen Grund."***

Nahezu zehn Jahre später ist Kathy Denison eine der wahren Heldinnen des Network Marketing. Wenn sich mehr Frauen wie Kathy unserer Branche anschließen und wir mehr solcher finanziellen und gefühlsmäßigen „Vom-Aschenputtel-zur-Prinzessin"-Geschichten hören, werden Frauen weiterhin in zunehmender Zahl Führungspositionen besetzen. Und wie Richard Poe in *„Wave 3"* so richtig darstellt: „Denisons einfache Art, Menschen anzusprechen, bekam ihr gut. Sie stieg in nur wenigen Jahren von einem einfachen Dienstmädchen zur Millionärin auf." 1997 wurde Kathy zu einer der zehn erfolgreichsten „Frauen mit Prädikat" in Jerry Hoffmans *International Directory of Network Marketing* ernannt.

Es war im Winter 1997 in der Schweiz. Wir waren eines Nachmittags beim Skifahren, und als wir heimkehrten, sahen wir das vertraute rote Licht an unserem Anrufbeantworter blinken, das uns eine neue Nachricht ankündigte. Die simple Zwei-Minuten-Nachricht bedeutete uns so viel wie alle anderen erreichten Leistungen in unser beider Leben zusammen. Mark drückte den Startknopf und da, mit zitternder Stimme, war unsere Erstlinien-Partnerin Kathy Denison. Ihre Nachricht war einfach: „Danke, dass Ihr an mich geglaubt habt!“ An diesem Nachmittag hatten Kathy und ihr wunderbarer Partner und Ehemann Mark Rogow ihre Millionärsnadel von der Firma erhalten. Das bedeutete, dass sie über eine Million Euro verdient hatten, womit sie es in den Millionärs-Club ihrer Firmenelite geschafft hatten. Kathy war so überwältigt und dankbar, ihre Nachricht so bewegend, dass wir uns hinsetzten und still ein paar Freudentränen vergossen. In diesem kurzen Moment war der Sinn, der uns im Network Marketing so nachdrücklich antreibt, erfüllt. Ganz eindeutig können wir sagen, dass man uns, genau an diesem Tag, unseren gesamten Besitz hätte nehmen können - unser Einkommen, unsere komplette Downline, Häuser und Autos - und trotzdem wäre unser Engagement im Network Marketing in seiner Gesamtheit gerechtfertigt gewesen - wegen der Freude, die wir an diesem Nachmittag für Kathy und Mark empfanden. Selten, wenn überhaupt, hat uns eine Lebenserfahrung so tief in der Seele berührt wie Kathys kurze Nachricht.

Kathy hat eine innere Stärke, einen persönlichen Glauben und ein unverwechselbares Selbstwertgefühl, das es ihr ermöglichte, vom Dienstmädchen zur Millionärin aufzusteigen. Wir sind überzeugt, dass es tausende von Frauen gibt, die genau wie Kathy sind. Und sie alle könnten Erfolg haben, wenn sie ihr Schema der Selbstbeschränkung abschütteln. Jeder Frau, die sich vom Zurückweisungsgeschoss in ihrem selbstauferlegten Kampf mit ihrem negativen Selbstbild angegriffen fühlt, schlagen wir vor, sich eine andere erfolgreiche Frau als Mentor auszusuchen. Geben Sie ihr die Möglichkeit, Sie auf jedem Schritt Ihres Weges zu trainieren und kopieren Sie ihre Schritte zum Erfolg.

Ein „Nein" zu akzeptieren ist nur ein Teil unseres Weges, diejenigen zu finden, die „Ja" sagen.

Nehmen Sie Zurückweisung nicht persönlich

Neuen Partnern muss man beibringen, dass ein „Nein, danke!“ keine persönliche Abfuhr ist. Eine Kellnerin, die Kaffee ausschenkt, hört von einem Gast „Nein, danke - im Moment nicht“. Von anderen Gästen erhält sie die Antwort: „Nein danke, das reicht schon“ oder sogar „Ich mag keinen Kaffee“. Aber keine dieser Reaktionen lässt sie in Tränen ausbrechen und zur Toilette rennen, weil all die bösen Kunden sie zurückgewiesen haben. Aber genau das ist es, was neuen Beratern passiert. Sie nehmen ein „Nein" - wie auch immer es gesagt wird - zu persönlich. In unserer Branche bedeutet die Ablehnung, bei unserem Geschäft mitzumachen, meist lediglich „Jetzt ist für mich nicht der richtige Zeitpunkt“. Gelegentlich heißt es „Ich mag keinen Direktvertrieb“. Aber nie heißt es „Ich mag Sie nicht“. Verstehen Sie Wachstum im MLM als eine Art von Aussortieren. Wie die Kellnerin, die mit ihrer Kaffeekanne herumgeht, suchen wir bloß jene, die *gerne haben möchten,* was wir anzubieten haben. Ein „Nein" zu akzeptieren ist nur ein Teil unseres Weges, diejenigen zu finden, die *„Ja"* sagen.

Bedenken Sie folgendes: Von den ersten 67 Leuten, die Mark auf eine Mitarbeit in seiner Organisation ansprach, sagten 66 „Nein". Der Start war vor allem deswegen so langsam, weil Mark seinen Bekanntenkreis vernachlässigte. Zu jener Zeit war er Pastor und meinte, es bedeute einen Interessenkonflikt, seine Gemeindemitglieder anzusprechen. So begann er vorwiegend am ‚kalten Markt‘ zu arbeiten. Später hat er schließlich einige Gemeindemitglieder angeworben, nachdem er sich der langfristigen Stabilität seiner Firma sicher war. Jedenfalls waren die Gespräche mit den ersten Interessenten kalte Anrufe, und alle außer einem wiesen sogar sein Angebot zurück, sich wenigstens eine Präsentation anzusehen. Mark wollte damals aufgeben, und sein Sponsor tat in der gleichen Woche genau das. Mark rief Richard Kall an, seinen Upline-Mentor, der ihn überredete, im Geschäft zu bleiben. Hätte sich Marks ursprünglicher Sponsor nicht von der Zurückweisung entmutigen lassen und wäre einfach nur im Geschäft geblieben, hätte er nach fünf Jahren allein aus Marks Downline jährlich über eine Million Euro verdient. Als wir 1991 heirateten und unsere Downlines zusammenbrachten, hatten wir über das Doppelte erreicht. So teuer kann das Zurückweisungsgeschoss einen Menschen zu stehen kommen!

Das Gefühl der persönlichen Zurückweisung ist eines der schlimmsten Gefühle, die man als Mensch erfahren kann. Aber wir alle wissen, dass das Leben meist etwa im Gleichgewicht bleibt. Und wo Zurückweisung ist, muss auch Akzeptanz sein. Damit umgehen zu können, ist eine lebenslange Aufgabe. Phil Mims aus Grapevine in Texas hätte sich durch die Zurückweisung an einem bestimmten Punkt fast aus dem Geschäft boxen lassen. Er berichtet: „Ich hatte einen guten Job und war seit siebzehn Jahren im Schmuckgroßhandel, bevor ich mit Network Marketing in Berührung kam. Meine Arbeit bot mir einen guten Lebensstandard, wunderbare Freunde und das Selbstbewusstsein eines Profis.

Der Übergang zum MLM hieß für mich, wieder von neuem zu starten, er zwang mich, aus meinem bequemen Dasein heraus zu treten. Wenn ich Freunde, Familienmitglieder und Partner aus dem Schmuckgeschäft ansprach, damit sie entweder meine Kunden werden oder bei meinem Geschäft mitmachen sollten, konnte ich eine Änderung in ihrem persönlichen Verhalten beobachten. Freunde wurden kalt und reagierten misstrauisch. Meine Verwandten begannen, hämisch zu kichern. Partner aus der Schmuckbranche zeigten Besorgnis um meinen Geisteszustand. Es tat mir weh, dass sie offenbar meinten, ich wollte sie ausnutzen und unsere Beziehung missbrauchen. Ich war schon fast soweit, zu sagen „Okay, macht nichts", und in mein komfortables und ‚sicheres' Schmuckgeschäft zurückzukehren. Ich gab Network Marketing fast vollständig auf. Diese Gefühle dauerten während meiner ersten achtzehn Monate im MLM an, weil meine Freunde für mich wichtig waren und mir ihre Akzeptanz viel bedeutete.

Doch dann traf es mich wie ein Blitz. Einige Mitglieder meiner Downline begannen, mir zu danken. Sie äußerten, wie verbunden sie mir für meine Hilfe waren und dafür, dass ich sie zu großen Veränderungen in ihrem Leben geführt hatte. Ooh! Diese Anerkennung ließ mein Herz schneller schlagen und trieb mir die Tränen in die Augen. Es dämmerte mir, dass ich, wenn ich aufgeben und zu meinem Juwelengeschäft zurückkehren würde, vielleicht meine neuen Freunde und Geschäftspartner verlieren würde, die ich in Wirklichkeit lieber mochte. Networker sind so mitfühlende, Anteil nehmende und begeisterte Leute, die wie ich Erfolg, Frieden und Freiheit suchen. Das herkömmliche Geschäftsleben bietet dies nur wenigen Menschen, während im Network Marketing Erfolg für so viele möglich ist.

Wenn ich heute daran denke, dass ich nur aufgrund meines verletzten Stolzes beinahe aufgegeben hätte, dann verstehe ich besser, welchen Problemen sich die Neulinge in meiner Downline gegenübersehen. Mein altes Ich loszuwerden und eine neue Person zu werden, war wirklich eine schmerzhafte Wandlung. Die härteste Prüfung, die ich je zu bestehen hatte, war, die gewohnte Sicherheit meines Juwelengeschäftes aufzugeben. Aber als Ergebnis meiner neu gefundenen persönlichen Freiheit, meines persönlichen Wachstums und des Gefühls von Anerkennung habe ich eine größere und bessere Sicherheit gefunden. Ich werde immer ein Networker sein, dankbar dafür, dass Gott Türen öffnet, einem den Mut schenkt, durch diese hindurch zu gehen und das Licht liefert, das den Weg sichert.“

Nicht mit genügend Leuten reden

Wenn wir innerhalb einer Woche nur mit einem Dutzend Leute reden, wird die Zurückweisung durch diese Wenigen zu einem übermächtigen Problem. Wenn wir aber jede Woche einige Dutzend Leute kontaktieren, ist Zurückweisung kein Problem mehr, weil immer einige mitmachen! Denken Sie an dieses Gesetz des Gleichgewichts: Erhöhen Sie die Anzahl Ihrer Kontakte und vermindern Sie dadurch die Wirkung der Ablehnung.

Susan sorgte in ihrem Geschäft wöchentlich schätzungsweise für nur zehn Kontakte, weil sie ihr Geschäft nebenberuflich betrieb und ihr Stundenplan extrem eng gesteckt war. Weil sie mit ihrer Liste im persönlichen Markt arbeitete, hatte sie eine Menge positiver Reaktionen. Fünf Personen versprachen, zu ihrer Dienstagabend-Geschäftsbesprechung zu kommen, um mehr über die Gelegenheit zu erfahren. Zwei kamen tatsächlich, aber keiner schrieb sich ein. Alles, woran sie denken konnte, waren die drei, die nicht kamen, und dass diese noch nicht einmal die Höflichkeit

Denken Sie daran: Wenn wir für eine große Anzahl von Neukontakten sorgen, hält uns dies von Überreaktionen gegenüber den Menschen zurück, die uns zurückweisen.

hatten, anzurufen und abzusagen. Noch weitere vier Wochen mit dieser Anzahl an Ablehnungen, und sie würde aussteigen. Warum? Weil die Zahl ihrer Interessenten zu gering war. Aber auch wenn Susans Beispiel nur hypothetisch ist - mit einer zu geringen Sponserquote haben sich schon angehende Legenden selbst aus dem Geschäft geworfen - niedergestreckt vom Geschoss der Zurückweisung.

Wenn Sie als Nebenberufler nicht mindestens fünf bis zehn Interessenten pro Tag kontaktieren, meinen Sie es mit dem Erfolg in diesem Geschäft nicht ernst. Als ernsthafter Teilzeitler sollten Sie diese Zahl noch steigern und als Vollzeit-Networker sollten Sie täglich für 30 und mehr Kontakte sorgen - vor allem, wenn Sie begonnen haben, am kalten Markt zu arbeiten. Sorry, aber an Treffen teilzunehmen und Broschüren zu lesen zählt nicht als tatsächliche Arbeitszeit. Wenn Sie Ihr Geschäft starten und es Ihr Ziel ist, eine profitable Organisation aufzubauen, sollten Sie 80 Prozent Ihrer Zeit der Gewinnung neuer Partner widmen. Alle anderen Aktivitäten sind nur Fleißarbeiten, bis Sie ein bestimmtes Erfolgsniveau erreicht haben. Werden Sie kein professioneller Zuschauer! Kommen Sie von den Zuschauerrängen auf's Spielfeld.

Im Gegensatz zu Susan haben wir beide für jede Menge an Neukontakten gesorgt, als wir unsere eigene Organisation aufzubauen begannen. Ehe er Rene heiratete, wurde 1986 gegen Mark das größte Zurückweisungsgeschoss seiner Karriere abgefeuert, als sechs seiner sieben Erstlinienpartner absprangen und in einem anderen Network-Geschäft begannen, das Vitamine verkaufte. Dadurch verlor er nicht etwa nur sechs von sieben Beratern - er verlor seine wichtigsten Führungskräfte! Dies war das absolute Maximum an Zurückweisung. Er stützte sich wieder auf Richard Kall, um den Wert der Beharrlichkeit nicht aus dem Auge zu verlieren. Und nun achten Sie auf den Einfluss von Richards Inspiration! Es gab zwei bedeutende Triumphe: Erstens, die eine verbliebene Linie unter dieser Führungskraft bringt uns heute mehr als die Hälfte unseres Einkommens. Zweitens hatte Mark, da er große Mengen von Neukontakten tätigte, sieben weitere Führungskräfte in der Qualifikation, welche die ausgestiegenen bald ersetzen würden.

Denken Sie daran: Wenn wir für eine große Anzahl von Neukontakten sorgen, hält uns dies von Überreaktionen gegenüber den Menschen zurück, die uns zurückweisen. Wenn wir nur wenige Menschen ansprechen, wird uns die Zurückweisung durch diese wenigen als ein unüberwindliches Hindernis erscheinen. Spricht man jedoch viele Leute an, richtet sich unsere Aufmerksamkeit nur noch auf jene, die „Ja" sagen. Wenn Sie im Verlauf einer Woche mit 100 Leuten in Kontakt kommen, von denen 20 sagen: „Ja, Ihr Angebot interessiert mich," und 80 sagen „Nein, danke", richtet sich Ihr Blick auf die positiven Antworten. Von diesen 20 werden Sie über die drei begeistert sein, die sich eingeschrieben haben, statt sich Gedanken über die 80 zu machen, die nicht interessiert waren. Wenn Sie dagegen nur zehn Leute kontaktieren, von denen zwei zusagen und sich dann dagegen entscheiden, kann sich Ihr Blick zwangsläufig nur auf die zehn richten, die Ihnen entgangen sind. Network Marketing beginnt als Zahlenspiel und entwickelt sich zu einem Geschäft, das Menschen zum Mittelpunkt hat, während gleichzeitig eine ansehnliche Organisation begeisterter Networker aufgebaut wird.

Das Syndrom des engen Blickwinkels

Viele Menschen machen den Fehler, zur Ablehnung geradezu einzuladen, indem sie nur einen schmalen Ausschnitt des Geschäftes präsentieren. Sie preisen oft lediglich ein Einzelprodukt oder nur einen Bereich ihres Unternehmens an, anstatt wie erfolgreiche Networker die Anziehungskraft des mächtigen Einkommens- und Freizeitpotenzials wirken lassen, das aus regelmäßigen Bestellungen allgemein genutzter Produkte und Dienstleistungen entsteht. Network Marketing an sich ist grundsätzlich für jedermann gemacht. Es soll kein elitärer Club sein, noch funktioniert es, wenn Sie nur eine einzige Produktlinie anpreisen. Und doch begehen Anfänger sowie Fortgeschrittene oftmals diesen Fehler.

Einige Leute haben es versäumt, das volle Verdienstpotenzial ihrer Firma auszuschöpfen, als diese in den frühen 90-er Jahren eine erstklassige neue Linie von Nahrungsergänzungen einführte. Der Grund liegt auf der Hand: Selbst großzügige Schätzungen besagen, dass damals weniger als 30 Prozent der Bevölkerung Nahrungsergänzungsmittel nutzten. Folglich waren sieben von zehn Leuten, die ausschließlich mit der neuen Produktreihe konfrontiert wurden, einfach nicht interessiert. Sie konnten keine Beziehung zu Nahrungsergänzungen herstellen und waren nicht bereit, ihre Einstellung zu ändern. Die ursprüngliche Produktlinie, mit welcher die Firma anfangs aufgetreten war, bestand aus Körperpflegeprodukten. 100% unserer Bevölkerung badet sich, wäscht sich die Haare, rasiert sich, benutzt Feuchtigkeitscreme und Deodorants und putzt sich mit einiger Regelmäßigkeit die Zähne. Der Erfolg wäre also wesentlich größer gewesen, wenn die Berater in ihren Präsentationen beide Produktlinien angeboten und damit das unnötige Problem des eingeschränkten Blickwinkels vermieden hätten.

Noch besser wäre es gewesen, sie hätten den Interessenten den ‚Amerikanischen Traum' verkauft: Viel Geld und freie Zeit. Nahezu jeder ist an einem Weg zum Wohlstand interessiert. Richten Sie also Ihre Präsentationen auf persönliche und finanzielle Freiheit aus und vergewissern Sie sich, dass die Aufmerksamkeit Ihrer Interessenten auf Ihre sämtlichen Produkte, Dienstleistungen und Firmenbereiche gelenkt wird. Dieser umfassende Auftritt ist es, der es MLM-Legenden letztendlich ermöglicht, riesige und dynamische Organisationen aufzubauen.

Wandeln Sie Zurückweisung in positive Motivation um

John Corkill arbeitete zehn Jahre lang für eine große, bekannte Versicherungsgesellschaft, bei der schon sein Vater seit 40 Jahren beschäftigt war. Sie arbeiteten gerne zusammen und hatten gemeinsam gute Erfolge aufzuweisen. Als die Firma jedoch ihre Geschäftspolitik in unerträglicher Weise veränderte, wechselte John mit Verständnis und Unterstützung seines Vaters zu einem Konkurrenten und verdreifachte sein Einkommen im ersten Jahr. Während der nächsten fünf Jahre baute er ein sechsstelliges Einkommen auf; dann wurde er jedoch nach einer Fusion plötzlich entlassen. Sein Vater, noch immer bei seinem alten Unternehmen tätig, war jetzt für die Gründung einer neuen Abteilung verantwortlich und bot seinem Sohn eine Vollzeit-Position an. Allerdings konnte ihm die Firma nur einen Bruchteil des früheren Einkommens zahlen.

Eine Woche, bevor er die Stelle antreten sollte, lernte John Network Marketing kennen. Er fand die richtige Firma und entschied sich sofort für ein Vollzeit-Engagement. Nachdem sein Vater davon erfuhr, war sein Kommentar: „John, ich schätze, jeder muss irgendwas tun. Wenn Du bei denen scheiterst, kannst Du immer noch Make-up verkaufen, schließlich sitzt eine der größten Firmen direkt hier in Dallas. Aber was immer Du tust, ich hoffe nur, Du wirst nicht versuchen, die Produkte Deinem eigenen Vater aufzudrängen. Ich weiß alles über Network Marketing. Diese Leute verdienen 200 Euro im Monat und neun von zehn scheitern." John versicherte seinem Vater, dass die Missbilligung seines neuen Berufswegs verständlich sei und dass er auch nicht auf die familiäre Unterstützung seines Vaters zurückgreifen wollte.

Da John sich nicht in die Defensive hatte treiben lassen, machte es bei seinem Vater „Klick". Gleichzeitig schien er zu merken, dass er seinen Sohn wie einen Klinkenputzer behandelte. Er bot John einen Stuhl an und begann, ihn nach seinen Zielen auszufragen. Als Johns Vater überzeugt war, dass sein Sohn sich in vollem Maße dafür einsetzen würde, der eine Erfolgreiche unter den zehn zu werden - so wie er es bereits in ihrer früheren Zusammenarbeit getan hatte - war die Vater-Sohn-Beziehung wieder im Lot.

Für John wurde das Erlebnis mit seinem Vater, dessen Zurückweisung sich in Akzeptanz wandelte, zur treibenden Kraft, um bei seinem neuen Network Marketing-Geschäft zu bleiben. John ist nicht nur auf dem richtigen Weg, sondern ist seinem Vater auch für dessen Zurückweisung und schließliche Akzeptanz dankbar. Darüber hinaus hat er vielmehr die Absicht, sich zur selben Zeit wie sein Vater zur Ruhe zu setzen, um den erarbeiteten Wohlstand gemeinsam mit ihm genießen zu können - dankbar dafür, dass jener ihn auf dem richtigen Fuß starten ließ. Oftmals kann man der Zurückweisung durch die Familie eine andere Richtung geben und daraus eine positive Kraft für den Geschäftsaufbau ableiten.

Zusammenfassung

- Für das Scheitern im Network Marketing sind meist zwei Probleme verantwortlich:

  1. Der Versuch neuer Berater, sich beim Rekrutieren neuer Partner auf Argumentationen einzulassen - obwohl diese bereits klar gemacht haben, dass der Zeitpunkt in ihrem Leben momentan nicht der richtige ist.

  2. Die irrige Annahme, das Ziel sei es, Einwände zu widerlegen, Menschen um jeden Preis einzuschreiben und diese dann anhand von Motivations- und Management-Systemen über die Ziellinie zu schleifen.

- Nur dann, wenn Sie Interessenten Ihres persönlichen oder des kalten Marktes zwar auf die richtige Weise, aber zum falschen Zeitpunkt angehen, werden diese Ihr Angebot zurückweisen. In diesem Fall ziehen Sie sich freundlich zurück und gehen einfach alle sechs Monate wieder auf sie zu.

- Zurückweisung ist - wenn Sie richtig damit umgehen - Ihr Verbündeter, nicht Ihr Gegner. Auf diese Weise kann Zurückweisung Ihre Sponseraktivitäten sogar beschleunigen und Ihnen ein positives Endergebnis bescheren.

- Sprechen Sie mit Freunden oder Verwandten über dieses Geschäft erst, nachdem Sie mit sich selbst eine Verpflichtung für Ihr Geschäft eingegangen und in der richtigen Gesprächsführung geschult worden sind. Diesen Punkt sollten Sie Ihren Interessenten bereits in der ersten Präsentation deutlich machen!

- Wenn Sie sich mit neuen Interessenten unterhalten, haben Sie die Wahl, eine der beiden folgenden Einstellungen zu erzeugen:

  1. Sie können sich bemühen, von denen, die Sie ansprechen, freundlich akzeptiert zu werden und sich dadurch die Option für einen späteren freundlichen Rückruf offen zu halten.

2. Sie können versuchen, den Schmerz der Zurückweisung zu vermeiden, indem Sie nichts sagen, nichts tun und nichts sind.

- Beharrlichkeit, gepaart mit absoluter Überzeugung, kann niemals besiegt werden.

- Wenn Sie von Ihrer Familie und Ihren Freunden nicht die gewünschte Unterstützung bekommen, konzentrieren Sie sich zuerst auf die Änderung Ihres eigenen Verhaltens. Die natürliche Folge werden Veränderungen im Verhalten Ihrer Freunde sein.

- Wenn Sie die Grundlagen der Gesprächsführung erlernt haben, greifen Sie *sofort* zum Telefonhörer und rufen die Menschen auf Ihrer Liste an.

- Lassen Sie sich nicht von der „Telefonangst“ und der Furcht vor Zurückweisung zurückhalten, wenn Sie Ihr neues Network Marketing-Geschäft starten.

- Vertrauen Sie auf die Glaubwürdigkeit Ihrer Upline-Führungskräfte.

- Denken Sie daran: Sie sind zwar selbstständig, aber nie allein!

- Ihre Interessenten betrachten Sie, ihren Sponsor, als ihren Mentor und als ihre Führungskraft.

- Wenn Sie nur eine geringe Selbstachtung verspüren, lesen Sie, lernen Sie, hören Sie Kassetten, besuchen Sie Seminare und tun Sie alles, um an Ihrem persönlichen Wachstum weiterzuarbeiten.

- In dem Maß, in dem Sie selbst wachsen, wächst auch Ihr Network-Geschäft. Und so, wie Ihr Geschäft wächst, wachsen auch Sie.

- Ein zu langsamer Aufbau entmutigt nur. Außerdem führt er häufig dazu, dass Networker sich auf die Menschen konzentrieren, die die Gelegenheit abgelehnt haben, statt auf diejenigen, die Interesse bekundet haben.

- Das Wachstum Ihres Geschäfts steht in direktem Verhältnis zur regelmäßigen täglichen Anzahl der Personen, die Sie kontaktieren.

- Nach den ersten 90 Tagen der Arbeit am ‚persönlichen Markt' ist Network Marketing ein reines Zahlenspiel. Sobald Vertriebspartner mit ihren Sponsoren zusammenzuarbeiten beginnen, um ihre Organisationen aufzubauen, wird es zu einer Aktivität, die zwischenmenschliche Beziehungen zum Mittelpunkt hat.

- Sie dürfen Ablehnung niemals persönlich nehmen. Ablehnung ist lediglich ein Hinweis dafür, dass der Zeitpunkt im Leben des kontaktierten Menschen nicht der richtige ist.

- Sie jeden Funken Ihres Enthusiasmus fest und verschaffen Sie sich so die nötige Begeisterung, um dieses Geschäft auf die richtige Weise zu betreiben.

- Wenn Sie nur wenige Menschen ansprechen, lässt dies die Zurückweisungen in den Vordergrund treten. Wenn Sie jedoch viele Menschen ansprechen, richtet sich Ihre Aufmerksamkeit automatisch auf diejenigen, die „Ja" gesagt haben.

- Machen Sie nicht den Fehler, Ihr Geschäft unter einem zu engen Blickwinkel darzustellen. D.h., nur ein einzelnes Produkt oder einen Teilaspekt Ihrer Firma zu präsentieren. Sorgen Sie für starkes Interesse, indem sie das ungewöhnlich hohe Einkommen und die Freiheit darstellen, welche ein Geschäft mit Produkten und Dienstleistungen bietet, die regelmäßig von vielen Menschen nachgefragt werden.

- Arbeiten Sie im Produktverkauf wie folgt:

    1. Bieten Sie Ihren Kunden die Möglichkeit, ihr Geld für eine neue Marke der Produkte auszugeben, welche sie ohnehin schon verwenden.

    2. Machen Sie Ihre Kunden mit all Ihren neuen Produkten oder Dienstleistungen in der Absicht vertraut, sie dadurch an neue Verbrauchsgewohnheiten heranzuführen.

- Sie können Ablehnung zu einer treibenden Kraft in Ihrem Geschäft werden lassen.

KAPITEL 2

Wie man die Managementfalle meidet

Verstärken Sie Eigenständigkeit statt Abhängigkeit

Network Marketing basiert eher auf der Philosophie des Teamaufbaus als auf Kontrolle. Der verbreitetste Grund für Scheitern im Network Marketing ist vermutlich der Irrglaube, dass wir unsere Downline-Berater managen müssen. Typisch ist, dass neue Partner, nachdem sie im ersten oder zweiten Monat zehn oder fünfzehn Freunde angeworben haben, den Rest ihrer Zeit oftmals dem Versuch widmen, diese wenigen Leute erfolgreich zu machen - diesen Umstand bezeichnen wir als die Managementfalle. Es sei gleich gesagt, dass es einen bedeutenden Unterschied zwischen dem *Managen* und dem *Unterstützen* einer Downline-Organisation gibt. Den Beschützer ihrer Organisation zu spielen veranlasst neue Networker, einzelnen Linien auf Kosten anderer übermäßig viel Zeit zu widmen - bis hin zum Ausschließen von allem und jedem anderen. Wenn Sie für andere Menschen arbeiten, statt diese zu ermutigen und ihnen beizubringen, selbst zu handeln, schaffen Sie nur eine sinnlose Abhängigkeit.

Die Managementfalle lässt für jemanden, der ein Geschäft aufbauen will, zwei ernsthafte Probleme entstehen: Erstens erzeugt sie schwache und lethargische Berater, weil ihnen jemand anderer die Arbeit abnimmt. Zweitens verliert der Networker, wenn er andere managt, dadurch wertvolle Zeit, die vernünftiger mit dem Durchführen von Kontakten und dem Gewinnen neuer Erstlinien-Berater verbracht werden könnte. Bedenken Sie:

‚Frisches Blut ist der Lebenssaft jeder Organisation‘. Kontinuierliches Sponsern neuer Partner schenkt dem Geschäft neue Lebenskraft.

‚Frisches Blut ist der Lebenssaft jeder Organisation‘. Kontinuierliches Sponern neuer Partner schenkt dem Geschäft neue Lebenskraft. Wenn Sie aufhören, neue Partner ins Geschäft zu bringen, bevor Sie genug Geld verdienen, um bequem leben zu können, verlieren Sie wertvollen Boden. Schlimmer noch, da in unserem Geschäft das Schlagwort ‚Führen durch Beispiel‘ gilt, werden Ihre Partner Sie nachahmen. So dass dann schließlich jeder nur noch managt und keiner mehr neue Interessenten sucht und neue Partner sponsert. Auf der anderen Seite ist Unterstützung der Partner Teil der Teamarbeit, die vom Network Marketing nicht zu trennen ist. Dazu gehört, auf berechtigte Bitten eines jeden Partners einzugehen, um beispielsweise einen seiner ernsthaften Interessenten zum Abschluss zu bringen oder um den Partner aufzumuntern, wenn er niedergeschlagen ist. In diesem Kapitel wollen wir den Unterschied zwischen dem Schaffen von Abhängigkeiten und dem Aufbau von Eigenverantwortlichkeit in Ihrer Organisation beschreiben. Es ist entscheidend, dass neue Networker den Unterschied zwischen produktiver Aktivität und unproduktiver Zeitvergeudung erkennen.

Familienmitglieder sponsern und diesen das Geschäft aufbauen

Als Mark seinen Vater ins Geschäft brachte, lernte er die Fallgruben, die im Beaufsichtigen seiner Familienmitglieder verborgen sind, auf die harte Tour kennen. Er erzählt: „Es tat richtig weh, als mein Vater sagte „Sohn, du bringst mich in Verlegenheit und machst unseren Familiennamen in ganz Missouri lächerlich, wenn du Wundermittel in so einem verdammten Pyramidensystem verkaufst!“ Das schmerzte, weil ich meinen Vater immer geliebt und respektiert hatte. Er hatte in unserer Jugend nie viel Geld verdient, aber er gründete seine eigene Werbe- und PR-Firma. Er schrieb auch zwei Romane, von denen einer, *Mantrap*, 1948 ein Bestseller wurde. Papa war ein stolzer Mann und sagte mir immer, dass Anständigkeit wichtiger sei als Reichtum, und man nie mit einem Mann Geschäfte machen sollte, dem man nicht per Handschlag vertrauen könne.

Als ich sechzehn und ein junger Student an der Glendale High School in Springfield, Missouri war, gab Papa das Schreiben von Romanen und Zeitschriftenartikeln auf und gründete eine Werbeagentur. Ich war so stolz, als er mir vertraute und mich losmarschieren ließ, um Kunden zu werben. Er sagte, wenn ich einen Kunden dazu brächte, unsere Agentur zu buchen, würde er mich versuchsweise den Werbetext schreiben lassen. Ich war so begeistert, dass ich losstürmte und in der Tat in der ersten Woche einen Kunden warb. Sein Name war Jerry Vaughn, und er war dabei, ein Zoogeschäft in einem nahe gelegenen Einkaufszentrum zu eröffnen. Irgendwie, vielleicht einfach durch Schneid und Begeisterung, überzeugte ich ihn, mir eine Chance zu geben.

Ich ging zurück zu Papas Büro, konnte kaum an mich halten und eröffnete ihm die gute Nachricht. Ich kann mich nicht erinnern, dass Papa jemals über eine meiner Leistungen besonders begeistert gewesen wäre, aber ich sah, dass er sich freute. In den nächsten Jahren schrieb ich Werbetexte und gestaltete Anzeigen für Kunden, die ich auf der Straße aufgelesen hatte. Einige meiner Werbekampagnen kamen recht gut an, andere waren nicht so erfolgreich. Aber all die Jahre unterstützte und ermutigte mich Papa. Das heißt, bis sechs Monate vor meinem Schulabschluss.

Damals merkte ich es nicht, aber Papa wollte dem Stress entfliehen. In meiner Ahnungslosigkeit erkannte ich seine Hoffnung nicht, dass ich nach dem Abschluss meines Studiums - einem Ereignis, das nebenbei gesagt, nie eintrat - vielleicht Interesse haben würde, sein Partner zu werden, um dann eines Tages die Werbeagentur ganz zu übernehmen. Ich hatte jedoch andere Pläne. Im Nachhinein vermute ich, dass ihm meine Ankündigung beim Familientreffen 1971, ich wolle das Priesterseminar besuchen und schließlich Pfarrer werden, echten Kummer bereitete. Von Mama erfuhr ich später, dass er es nach all den Jahren der Zusammenarbeit wirklich als Schlag ins Gesicht empfunden hatte. Aber so ist das Leben. Nach einer Reihe von Verkaufstätigkeiten wurde ich schließlich Pfarrer.

Gerade um die Zeit, als mein Vater schließlich mein geistliches Amt akzeptierte und tatsächlich begann, unseren Freunden stolz über die wachsende Gemeinde seines Sohnes zu erzählen, erzählte ich ihm etwas, was dazu führte, dass wir fast ein Jahr nicht miteinander redeten. Ich sagte ihm am Telefon , ich sei Berater in einer neuen Network Marketing-Firma geworden. Ich werde nie das quälende Schweigen von zwei Minuten vergessen, als ich fragte: *‚Papa, kann ich Dir etwas Shampoo und Festiger schicken? Ich weiß, sie werden dir gefallen!'*

Schweigen.

Nach einigen Minuten - jede einzelne schien mir so lang wie eine Stunde - unterbrach ich die quälende Stille und fragte, an welche Adresse ich das Shampoo denn senden solle. Damit war ich nun endgültig in die .... getreten. „Zum Teufel, Junge! Erst gehst Du zum Priesterseminar, wirst Pfarrer, und jetzt schmeißt Du das auch hin! Du bist ein Versager! Und wie konntest Du den Namen deiner Familie so in den Schmutz ziehen und in ein Pyramidensystem einsteigen?" Abrupt legte er auf.

Diese Zurückweisung machte mich natürlich todunglücklich. All das änderte sich jedoch, als sich mein Vater ein Jahr später am Telefon entschuldigte. Er hatte von meiner Schwester gehört, dass ich eine beachtliche Downline aufgebaut hatte und jeden Monat mehr verdiente als er im ganzen Jahr. Er rief an und gratulierte mir zu meinem Erfolg. Dann sprach er offen über seine Gesundheit. Der Stress verursachte ihm Herzprobleme, und gleichzeitig mit seiner Entschuldigung für die grobe Behandlung erkundigte er sich ganz vorsichtig, ob ich ihm vielleicht helfen könnte, aus dem Rattenrennen der Werbe-Szene herauszukommen.

Das war alles, was ich hören wollte. In der folgenden Woche saß ich im Flugzeug nach Missouri, um meinen Vater einzuschreiben und ihn aus der Welt der klassischen Arbeit herauszuholen. Die Aussicht, dazu beitragen zu können, dem Leben meines Vaters eine Wende zu geben, begeisterte mich. Ich habe den Hintergrund unserer Geschichte hier so ausführlich dargelegt, um Ihnen die Gründe zu verdeutlichen, warum ich ihm so verzweifelt helfen wollte. Dies war meine erste Erfahrung mit der gefährlichen Managementfalle - dem Managen der eigenen Downline. Bevor ich meine Fehler aufzeige, möchte ich, dass Sie zuerst die Gesamtsituation verstehen. Und ich möchte mein Möglichstes tun, Ihnen zu helfen, diese vernichtende Falle zu meiden, weil sie so kontraproduktiv ist und fast immer zum Scheitern führt. Meist sind es unsere Eltern, Geschwister und engsten Freunde, durch die wir uns in die Managementfalle locken lassen.

Ich blieb vier Monate in Springfield und half meinem Vater beim Aufbau seiner Organisation. Das Problem war, dass alle Leute meines Vaters mich als ihre Führungskraft betrachteten, weil ich alles für ihn tat. Und damit nicht genug, der Rest meiner ganzen Gruppe litt darunter, weil ich nicht zur Beantwortung ihrer Fragen zur Verfügung stand. Diese vier Monate, die ich einsetzte, um meinen Vater und seine Gruppe zu managen, waren die teuersten meiner gesamten Network Marketing-Laufbahn. Das einzige wirklich Wertvolle an dieser Zeit war, dass ich die Verwüstung kennen lernte, die man anrichten kann, wenn man für einen Zweig der Downline das Kindermädchen spielen will. Daher baute ich dieses Erlebnis gleich in unsere Trainingssitzungen mit ein, um anderen diesen Fehler zu ersparen.

Als ich Springfield verließ, begann sogleich alles, was ich aufgebaut hatte, zu zerbröckeln. Die neuen Leute in der Frontlinie meines Vaters betrachteten mich als ihren Mentor, und als ich keine Zeit mehr hatte, sie so wirkungsvoll zu unterstützen wie zu meiner Zeit in Springfield, verloren einige den Mut und gaben sofort auf. Papa war frustriert, weil er nicht wusste, wie er seine Leute anleiten sollte und sie von ihm ohnehin keine Führung erwarteten. Ich hatte aus meinem eigenen Vater einen Krüppel gemacht, weil ich in allen praktischen Dingen der Direktor eines Kinderhorts für Erwachsene geworden war. Aber jetzt kommt die wahre Tragödie: Papa hätte die Fähigkeit zu Aufsehen erregenden Erfolgen im Network Marketing gehabt. Er war ein echtes Kommunikationstalent, liebte es, mit Leuten zu arbeiten und hatte unternehmerische Fähigkeiten, die ihm den Aufbau und die Führung einer weltweit erfolgreichen Organisation möglich gemacht hätten. Und ich habe ihm diese Chance zerstört. Ich liebte ihn so sehr und habe mich so stark für seinen Erfolg engagiert, dass ich unwillentlich aus einem starken Menschen einen schwachen gemacht habe.

Mein Vater hat uns verlassen, er starb letztes Jahr. Und manchmal, wenn ich in der Einsamkeit meines Arbeitszimmers an ihn denke, wünsche ich mir insgeheim, ein Engel käme, würde einen Zauberstab schwenken und eine zierliche goldene Gedenktafel über seiner Asche hinterlassen mit der Aufschrift: ‚Hier liegt ein großer Mann, Duane Yarnell, der größer hätte sein können, wenn sein Sohn ihn nicht zu sehr geliebt hätte.' Aber da ich damals nicht wusste, was ich heute weiß, fühle ich keine wirkliche Schuld. Dad und mich verband bis zuletzt eine tolle Freundschaft.

Danach fuhr ich direkt nach Orlando, wo meine Schwester Melissa sehr erfolgreich als leitende Analytikerin für die Firma Tupperware arbeitete. Bei meiner Schwester hatte ich einen stichhaltigen Grund, in die Managementfalle zu tappen - so dachte ich damals irrtümlicherweise - weil ich spürte, dass sie einen persönlichen Interessenkonflikt hatte. Da Tupperware im Direktvertrieb tätig ist, hatte Melissa das Gefühl, es sei völlig unpassend, eine Struktur in einer anderen Firma aufzubauen. Ich bewunderte ihre Entscheidung und entschied wieder einmal, die komplette Downline meiner Schwester zu managen. Ich sponserte für sie ihre Erstlinien-Führungskräfte und schulte und unterstützte sie, weil Melissa das Vertrauen, das Tupperware in sie gesetzt hatte, einfach nicht enttäuschen konnte. Ein weiteres Mal wurde ich ahnungsloses Opfer dieser administrativen Rolle. Inzwischen verspürten alle meine anderen Organisationen im ganzen Land den Frust, mich zu selten erreichen zu können, weil ich so entschieden darauf fixiert war, die Gruppen meiner eigenen Familie zu managen.

Um es kurz zu machen, als ich zurück nach Aspen kam, hatte ich erfolgreich über acht Monate verschwendet, um für meinen Vater und meine Schwester fremdgeführte Downlines aufzubauen. Innerhalb eines Jahres hatten beide Verwandten aufgegeben und praktisch jeder in ihren beiden Organisationen hatte entweder das Gleiche getan oder war lediglich Großhandelskunde geblieben. Ich hatte so viel Zeit verschwendet und, was noch schlimmer war, ich hatte ihnen, ohne es zu ahnen, die Führungsrolle weggenommen, weil sie für mich so wichtig waren. Glücklicherweise hatte Dad es geschafft, zwei meiner alten Highschool- und Collegekameraden anzuwerben, Gary Turner und Jim Grundy. Im Lauf der Jahre kamen sie recht gut voran, aber schließlich entschieden sie sich, andere Wege zu gehen, und heute verdienen wir nicht einen Cent an der umfangreichen Arbeit, die wir für unsere Verwandten geleistet haben. Die Position des Kindermädchens für meine Gruppe führte dazu, mein Einkommen zu verringern, die Erfolgschancen für meinen Vater und meine Schwester zu verderben und mich selbst für fast ein Jahr aus der Spur zu werfen. In Wirklichkeit hätte ich nur eine Woche in jeder Stadt zubringen sollen, um Dad und Melissa zu schulen - dann wären sie vielleicht beide fit genug gewesen, um ihre Gruppen aufzubauen."

In Wahrheit erhalten wir unsere Kraft viel weniger durch Vererbung, Glück und Umstände, als vielmehr durch unsere Vorstellung von dem, was wir selbst für möglich halten.

Wenn Sie im Network Marketing allein sind und von Ihren Familienmitgliedern nicht anerkannt werden, gibt es bessere Möglichkeiten, bei ihnen Veränderungen herbeizuführen, als sie ins Geschäft zu zwingen und ihnen dann alle Arbeit abzunehmen. Wenn wir andere ändern wollen, müssen wir damit beginnen, uns selbst zu ändern. Die Veränderungen in ihrem Verhalten werden sich dann von ganz alleine ergeben.

In Wahrheit erhalten wir unsere Kraft viel weniger durch Vererbung, Glück und die Umstände, als vielmehr durch unsere Vorstellung von dem, was wir für uns selbst mit Sicherheit für möglich halten. Jimmy Kossert aus Renton, Washington, ist einer der legendären Großverdiener in der Network-Branche. Aber es bedurfte einer frühmorgendlichen Selbsterkenntnis, um einen „ererbten" Kreislauf zu durchbrechen, der über ein Jahrhundert in seiner Familie vorgeherrscht hatte. Er hat es uns wie folgt erklärt:

„Es war gegen Ende meines ersten Jahres im MLM, frühmorgens um fünf, dass ich mich entschloss, den Teufelskreis der Armut zu durchbrechen, der seit Generationen in meiner Familie geherrscht hatte. Jeder, den ich angeworben hatte, hatte aufgegeben. Jeder. Jeder, den ich liebte, hatte mir ein ‚Nein' entgegen geschleudert. Es kam kein Geld herein und ich hatte keine Chance, in einen im Abschwung befindlichen Immobilienmarkt zurückzukehren, der nicht die entfernteste Hoffnung auf finanzielle Erholung bot. Ich hatte keine Erfahrung in anderen Bereichen, keine College-Ausbildung und keinen Willen, durchzuhalten. Mein Urgroßvater war arm und ungebildet gewesen, genauso wie mein Großvater, mein Vater und jetzt ich. Die Armut, dachte ich, gehörte einfach zu unserer Familie.

Meine Frau und meine Kinder schliefen ruhig, und während ich da saß und mir Gedanken über diese Menschen, die ich so liebte und über unsere unsichere Zukunft machte. Da traf es mich wie ein greller Blitz. Jeder in der Vergangenheit meiner Familie hatte sich wohl das eine oder andere

Jene neuen Erstlinienpartner, welche die geringste Aufmerksamkeit erfordern, werden gewöhnlich die erfolgreichsten Networker.

Mal über die miesen Karten beklagt, die ihm das Leben ausgeteilt hatte. Aber im Gegensatz zu ihnen hatte ich noch ein As im Ärmel: Anders als meine Vorfahren hatte ich jetzt den Vorteil, in einer großen Firma zu sein, in der es tatsächlich Leute gab, die über ein unbegrenztes Einkommen verfügten. Keinem meiner Vorväter war diese Chance jemals vergönnt gewesen. Ich, Jimmy Kossert, war auserwählt, den Marsch hinaus aus Generationen von Dienstbarkeit und Mittelmäßigkeit anzuführen - aus einer ganzen Ahnenreihe, die vor meiner Zeit nie das Privileg hatte, dem Familienstammbaum seine Würde zurückzugeben. Als ich auf Zehenspitzen zu den Betten meiner ein- und dreijährigen Kinder schlich, versprach ich im Stillen: „Ich werde für Euch tun, was mein Urgroßvater getan hätte, wenn er dieselbe Chance gehabt hätte. Ich werde dieses Rennen beenden, und ich werde gewinnen."

In diesem Moment begann ich, den Teufelskreis der Armut zu durchbrechen. Ich weiß, meine Vorgänger hätten auch so gehandelt, wären sie mit der Chance auf ein unbegrenztes Einkommen gesegnet gewesen. Mein heutiger Wohlstand mag jetzt als Hinterlassenschaft eines Urgroßvaters gelten, der bei allem, was er tat, niemals aufgab, dies allerdings noch in einer Generation, die armen, ungebildeten Menschen keine Möglichkeit für Wohlstand und freie Zeiteinteilung bot. Keines meiner Kinder wird jemals morgens um fünf im Dunkeln sitzen und traurig sein müssen, weil es arm ist. Dank Network Marketing ist der Teufelskreis jetzt durchbrochen."

Der Messias-Komplex

Da wir beide einen theologischen Hintergrund haben, wissen wir, was es heißt, Opfer des „Messias-Komplex" zu sein. Dieser ist der Managementfalle sehr ähnlich, jedoch mehr darauf angelegt, der Menschheit zu helfen. Angesichts unseres Hintergrundes wollten wir hin und wieder die ganze Welt und jeden einzelnen, den wir sponserten, retten. Jedes Mal, wenn wir eine geeignete Person fanden, besonders jemand, der Beistand zu brauchen schien, haben wir viel Zeit damit verbracht, ihn und seine gesamte Organisation zu geleiten. Aber es funktioniert nicht, wie Rene und ich immer wieder erkennen mussten.

Und hierin liegt die größte Ironie: Jene neuen Erstlinienpartner, welche die geringste Aufmerksamkeit erfordern, werden gewöhnlich die erfolgreichsten Networker. Betrachten wir zum Beispiel die Brüder Dennis und David Clifton aus Texas. Seinerzeit war Dennis Doktorand der Universität von Texas und David Beamter bei der Kriminalpolizei von Houston. Nach nur einem Monat im Geschäft sponserte Mark Dennis und brachte ihm alles bei, was er wusste. Dann brachte Dennis David alles bei, was er von Mark gelernt hatte.

Anfangs dachte Mark, er hätte sie irgendwie vor den Kopf gestoßen, weil plötzlich ihre täglichen Anrufe ausblieben. Aber er stellte fest, dass sie ihn nicht mehr in dem Maße brauchten, wie das am Anfang noch der Fall gewesen war. Sie ließen einige ihrer ernsthaften Interessenten bei ihm anrufen, damit diese sich die Solidität des Geschäfts bestätigen lassen und eine Entscheidung treffen konnten. Aber im übrigen verstanden sie, wie einfach es ist, andere anzuwerben und zu schulen, daher taten sie es einfach. Eine der Hauptlektionen, die wir in den ersten Jahren im Network Marketing lernten, besagt, dass die Neulinge, die uns am meisten brauchen, den geringsten Erfolg haben, und dass die „Selbststarter" den Großteil der Anerkennung verdienen.

Mark erinnert sich: „Damals empfand ich es als eine Ohrfeige für mein Ego, als Dennis das erste Mal einen Monat lang auch nicht ein einziges Mal um Unterstützung bat. Als ich schließlich aus meiner ‚Bedürfnis-nach-Gebrauchtwerden-Benommenheit' aufwachte, entdeckte ich verblüfft, dass mich die Clifton-Jungs überholt hatten. Nur im MLM zahlt es sich aus, dass Leute aus der Downline die höchste Stufe des Vergütungsplans vor uns selbst erreichen."

Kathy Denison und Terry Hill hatten ebenfalls keinen „Messias" nötig. Obwohl niemand von ihnen je zuvor MLM betrieben hatte, brauchten sie Mark selbst als seine Erstlinien einfach nicht zur Unterstützung. Außer ein paar Telefonaten im ersten oder zweiten Monat und etwas Hilfe beim

Sponsern neuer Interessenten wurden sie sofort völlige „Selbstversorger". Neue Leute, die jammerten, stöhnten und sich beklagten, waren alle innerhalb weniger Monate aus dem Geschäft ausgestiegen. Diejenigen, die zu Millionären geworden sind, haben es so gut wie allein geschafft. Mark gab ihnen die Unterstützung und das duplizierbare System, das Richard Kall ihm gezeigt hatte, und sie begannen, erfolgreich große Dinge zu leisten. Diese Menschen sind allesamt Gewinnertypen. Und das letzte, was ein Gewinner braucht, ist ein Manager oder ein Retter.

Seien Sie also nicht beleidigt, wenn Ihre Neueinsteiger ihre Ausbildung beendet haben und an die Arbeit gehen, ohne jeden Tag bei Ihnen anzurufen oder Sie darum zu bitten, alles für sie zu erledigen. Seien Sie froh! In diesem Geschäft ist jeder imstande, große Dinge zu tun, aber diejenigen, die sich in allen Dingen auf ihre Upline verlassen, scheitern gewöhnlich am schnellsten. Was unsere Branche so viel fantastischer macht als eine klassische Arbeitsstelle, ist die Tatsache, dass wir entsprechend unserer Produktivität bezahlt werden. Wir sind nicht wie einige traditionelle Unternehmen, wie z.B. TWA, die zur Zeit der Produktion dieses Buches den Angestellten, die am härtesten arbeiten, innerhalb von zehn Jahren nicht eine einzige Gehaltserhöhung gegönnt haben, während ihr geschäftsführender Direktor angeblich 3000 Euro am Tag ‚verdient'. Wenn neue Partner mehr verdienen wollen als eine Führungskraft über ihnen, müssen sie nur produktiver sein, d.h. mehr Erstlinienpartner und Kunden finden, die ihre Produkte benutzen und weitergeben. Das lieben wir an unserem Geschäft am meisten. Da wir unsere Downlines tatsächlich nie verlieren können - es sei denn, wir bestellen keine Produkte mehr -, kann uns eine Downline-Führungskraft selbstverständlich im Einkommen überholen. Und einigen unserer Partner ist dies gelungen, besonders seit 1992, als wir uns der Imagesteigerung unserer Branche durch positive Artikel und Medienberichte, Vorträge an Universitäten und dem Schreiben von Büchern wie diesem zu widmen begannen. Wir haben das Sponsern nicht annähernd so weiterverfolgt wie in unseren ersten Jahren, weil wir uns dafür entschieden haben, die erreichte Freiheit für andere Zwecke zu nutzen.

Außerdem müssen wir uns als Upline-Führungskräfte einiger großer internationaler Vertriebsgruppen mindestens einmal im Jahr in deren Städten sehen lassen. Wir reisen ausgiebig - durch über zwanzig Länder.

In der Tat gibt es dringendere Dinge, als übermäßig reich zu werden, und wir im Network Marketing haben das Geld und die zeitliche Unabhängigkeit, um etwas zu ändern.

Von Tokio bis Dallas, von Sidney bis London, verbringen wir gern Zeit mit unseren Freunden und Partnern auf der ganzen Welt. Und gerade jetzt, da wir ganz bewusst vermeiden, in den Direktorensessel zu sinken, fühlen wir nichtsdestoweniger das deutliche Verlangen, in der Stadt einer jeden Führungskraft eine schöne Zeit zu erleben. Aufgrund unserer ausgiebigen Reisen haben einige Schlüsselfiguren in unserer Downline - einige, die halb so lang im Geschäft sind wie wir - mehr Geld verdient. Warum? Weil sie weiterhin Erstlinien gesponsert haben - der Hauptweg zur Einkommenssteigerung. Und doch haben wir immer noch eine bedeutende Anzahl von Leuten, die ein höheres Einkommen haben könnten, es aber nicht erreichen, weil sie in der Managementfalle gefangen oder in den Messias-Komplex verstrickt sind.

Offen gesagt gab es Zeiten, da haben Leute, die eine Million Euro im Monat verdienten - also weit mehr als wir - an unserem Verstand gezweifelt, weil wir versuchen, die gesamte Branche zu fördern, anstatt weiterhin weltweit Erstlinien zu sponsern und zu „Quadrillionären" zu werden. Unsere Antwort darauf ist einfach: Lesen Sie *‚Living with Passion'* von Peter Hirsch. Wir haben unsere Leidenschaft gefunden. Wir sind fest davon überzeugt, dass Network Marketing das beste und moralisch einwandfreie Wirtschaftssystem für globale Lösungen einiger der drückendsten Probleme etwa in Ländern der Dritten Welt darstellt. Und damit Sie verstehen, was wir mit drückenden Problemen meinen, geben wir Ihnen ein Beispiel. Es gibt aktuelle Schätzungen, nach denen bis zum Jahr 2000 etwa vierzig Millionen Menschen weltweit an AIDS sterben werden, die etwa fünf Millionen Waisen hinterlassen, von welchen neunzig Prozent in Afrika und anderen Ländern der Dritten Welt leben. Bei Drucklegung dieses Buches gab es keine einzige Organisation, die sich dieses Problems annimmt. Es gibt so viele enorme globale Probleme, die da draußen auf uns warten. Viele Networker, die jedes Jahr Millionen verdienen, haben sich uns für Projekte angeschlossen, die eine bessere Welt schaffen sollen. In der Tat gibt es dringendere Dinge, als übermäßig reich zu werden, und wir im Network Marketing haben das Geld und die zeitliche Unabhängigkeit, um etwas zu ändern.

Wir sind nicht die einzigen, welche vom „Messias-Komplex" geplagt werden. Jo Tonita ist einer der idealistischen Networker, der dieses Phänomen mit vielen Menschen teilt:

„Die größte Herausforderung für mich war, herauszufinden, wer ernsthaft ein Geschäft aufbauen wollte, nachdem er sein Interesse bekundet hatte. Um erfolgreich zu sein, muss man an seinen Erfolg glauben, bevor man den Beweis erhält, d.h., man muss sich vorstellen können, erfolgreich zu sein und die dazu gehörenden Emotionen schon verspüren, bevor der Erfolg wirklich eintritt. Zu Anfang habe ich dies nicht verstanden. Also habe ich einfach vor mich hin gearbeitet und versucht, andere anzuleiten, die nicht in der Lage waren, das Endergebnis zu sehen. Dann war ich frustriert, als diese Menschen aufgaben. Ich wollte jeden erfolgreich werden sehen und so verwandte ich zu viel Zeit und Energie darauf, zu helfen, wo immer ich konnte. Das Ergebnis war, dass ich mich ausgelaugt fühlte und anderer Leute Scheitern persönlich nahm.

Ich habe diese Herausforderungen bestanden, indem ich lernte, wie man visionäre Zielsetzung leichter macht, aber ich bin bezüglich der Menschen, mit denen ich zusammenarbeiten will, immer noch sehr wählerisch. Ich weiß, dass mein Erfolg direkt damit verknüpft sein wird, was ich über die Menschen im Allgemeinen denke, und damit, wohin ich meine Energien lenke. Es ist unnötig, das Verhalten eines Managers an den Tag zu legen, wenn wir unseren Partnern doch in Wirklichkeit nur eine duplizierbare Strategie anbieten müssen, mit der sie dann an ihrem eigenen Erfolg arbeiten können."

Jo und Rick Tonita gehören im Network ihrer Firma in Kanada, für die sie jetzt seit fast zwanzig Jahren ausschließlich tätig sind, zu den Spitzenleuten. Wir hoffen, dass viele weitere Networker in der Lage sein werden, dies mit Stolz in den nächsten zwanzig Jahren von sich sagen zu können. Wenn Sie frustriert sind, weil Ihre Partner keinen Erfolg haben, zeigen Sie ihnen, wie sie sich das Endergebnis bildlich vorstellen können und konzentrieren Sie sich in Ihrer Arbeit dann auf die Partner, die es tun.

„Finden Sie nur ein paar Menschen und bauen Sie ihre Linien in die Tiefe aus“

Ein gängiges Missverständnis in der Network Marketing-Branche hat viele Menschen zu professionellen Verwaltern gemacht. Gewisse Führungskräfte behaupten, der Schlüssel zum Erfolg in unserer Branche sei, vier oder fünf gute Leute zu finden, ihre Gruppen anzutreiben, indem man sich ausschließlich auf deren Unterstützung konzentriert, bis sie wohlhabend sind, dann fünf neue Partner zu finden und wieder dasselbe zu tun. Das ist die absolute Antithese zu dem, was man in unserem Beruf zum Erfolg braucht. Die magischen Worte lauten: „GEHEN SIE SCHNELL IN DIE BREITE!“ Sponsern Sie jeden Monat so viele Erstlinienpartner, wie Sie können, bis Sie ein dauerhaftes Monatseinkommen von mindestens 10.000 Euro aufgebaut haben. Dann können Sie sich etwas ausruhen, bis Sie neue Kräfte haben, um dann wieder in den Schützengraben des Sponserns von Erstlinien zurückzukehren.

Unglücklicherweise haben einige wohlmeinende Autoren und Führungskräfte unserem Beruf einen Bärendienst erwiesen. Indem sie neue Berater glauben ließen, man komme in unserer Branche, um erfolgreich zu werden, mit weniger Anstrengung aus, als dies wirklich der Fall ist. Leute, die diese Philosophie lehren, tun dies in aller Unschuld, da es genau das ist, was sie von ihren Upline - Führungskräften gelehrt wurden, die es wiederum von Büchern und Kassetten gelernt haben. Das Bearbeiten des persönlichen Marktes in den ersten neunzig Tagen erfordert viel mehr Betreuung und menschlichen Kontakt, da neue Berater auf ihre Freunde und Familien fixiert sind. In späteren Kapiteln befassen wir uns noch genauer damit. Die Wahrheit aber ist, Sie können sich kein so enormes Einkommen erhoffen, wie es die Legenden unserer Branche verdienen, wenn Sie es nicht als Zahlenspiel betrachten - besonders, wenn Sie den kalten Markt angehen.

Ron Wiggins, der nach elf Jahren die Schuhbranche verließ, um mit siebenundzwanzig Jahren zum Network Marketing zu stoßen, sagte, mit das Wichtigste, was er in seinem ersten Jahr lernte, sei, dass „Erfolg jeder Logik trotzt . . . lassen Sie also den Versuch, ihn berechnen zu wollen. Sorgen Sie einfach für eine ausreichende Anzahl an Kontakten! Und wenn Sie große Zahlen von Leuten kontaktieren, sagen Sie ihnen nicht alles, was Sie wissen. Es geht darum, ihre Neugier zu wecken und nicht darum, diese

Neugier zu befriedigen." Er fährt fort: „Ich habe so viel falsch gemacht, schließlich begannen sich aber selbst die Ergebnisse meiner Fehler zu summieren! Ich habe aus all meinen Fehlern gelernt und rate Ihnen heute aus Erfahrung: Vergessen Sie die Logik und tun Sie einfach, was Experten und Autoritäten der Branche getan haben, die diese Fehler alle schon selbst gemacht haben. Sie müssen auf alle persönlichen Auffassungen verzichten und von Anfang an akzeptieren, dass eine Menge regelmäßiger Arbeit auf Sie zu kommt."

Nach einem Jahr der Anstrengung hatte Ron sein vorheriges Einkommen erreicht. Kurz darauf gab auch seine Frau Chris ihren Job auf und gemeinsam wurden sie als Vollzeit-Networker eines der erfolgreichsten Teams in Dallas. Nach viereinhalb Jahren hatten Ron und Chris den absoluten Gipfel des Vergütungsplans ihrer Firma erklommen und heute verdienen sie ein fünfstelliges Monatseinkommen. Sie haben ihre Erfahrung genutzt, um Experten in der Ausbildung neuer Partner zu werden. Und sie haben gelernt, die Arbeit einfach zu halten, damit ihr System leicht dupliziert werden kann.

Wenn Networker wirklich ‚die Zahlen abarbeiten' würden, die man zum Erfolg braucht, hätte keiner Zeit, in die Falle der Verwaltungstätigkeit zu tappen. Der Mensch neigt dazu, den Weg des geringsten Widerstandes zu gehen, und es ist eindeutig leichter, mit vorhandenen Beratern zu arbeiten, als sich der täglichen Zurückweisung beim Anwerben neuer Leute auszusetzen. Und weil unser Geschäft ein Geschäft der Duplikation ist, werden Ihre Leute tun, was Sie tun. Wenn Sie Ihre Downline managen, werden Ihre Partner dasselbe tun. Wenn Sie die meiste Zeit aufwenden, um neue Partner ins Geschäft bringen, werden sie es auch tun. Das Geheimnis ist nicht, Ihre Organisation zu führen: Vielmehr geht es darum, Führungskräfte zu finden, die ihrerseits weitere Führungskräfte finden. Ganz allgemein gesagt: Führungskräfte muss man finden, man kann sie nicht erschaffen. Aber viele Leute besitzen unerkannte Führungsfähigkeiten, die nicht ans Licht kommen, bis der richtige Zeitpunkt da ist. Um solche Führungskräfte zu ‚finden', müssen Sie weiter für Kontakte sorgen, sponsern und sich klar machen, dass frisches Blut der Lebenssaft jeder Network Marketing-Organisation ist. Die Gewinnung neuer Partner ist der einzige gangbare Weg, um die zwangsläufige Ausfallquote auszugleichen.

Und dieses Zahlenspiel wird dann zu einer Aktivität mit Menschen, sobald einmal Berater ins Geschäft gekommen sind, und hierdurch ergeben sich oft Bindungen, die ein Leben lang halten.

Es wäre wirklich wunderschön, wenn wir alle jeden Monat mit einem 100.000-Euro-Scheck zur Bank sausen könnten - nachdem wir mit bloß einer Handvoll Erstlinien-Führungskräften gearbeitet haben. Es liegt im menschlichen Wesen, glauben zu wollen, dass es einen einfachen Weg zum Erreichen dieses Zieles gibt. Wir warnen Sie vor Führungskräften und Autoren, die Leute plump und unfair in die Irre führen, indem sie ihnen Konzepte präsentieren, die jedem leicht und mühelos vorkommen, aber nicht funktionieren. Fallen Sie nicht auf die Leute herein, die Management als Philosophie des Erfolgs vermitteln, denn gerade dies ist in über 50% der Fälle der Grund für das Scheitern von Menschen in unserer Branche. Und so sieht das Szenario aus: Ein neuer Partner wird ahnungslos diesem System ausgesetzt, bringt in ein paar Wochen fünf Freunde dazu, sich einzuschreiben, und der Rest seiner Network-Laufbahn besteht darin, diese fünf Leute über die Ziellinie zu schleppen. Was man dann noch hört, ist: Unser Networker hält wöchentliche Babysitting-Treffen in wechselnden Wohnzimmern.

Zum Glück für Amway haben zwei ihrer bedeutendsten Führungskräfte frühzeitig die Torheit dieser Philosophie eingesehen. Da sie als Führungspersonen bei ihren Downline-Partnern so viel Respekt und Loyalität genießen, waren sie in der Lage, dieses Konzept sofort durch realistischere Leitlinien zu ersetzen, indem sie einen bestimmten Bestseller aus ihrem Ausbildungsprogramm entfernten. Wir glauben ernsthaft, dass einer von mehreren Gründen, warum Amway weiter wuchs und zu einem Multi-Milliarden-Imperium geworden ist, während keiner seiner Konkurrenten auch nur halb so viel Erfolg hatte, darin besteht, dass diese Management-Philosophie keine weitere Verbreitung fand. Ihre Berater versuchen nicht, jeden zu führen, sie präsentieren einfach nur ausdauernd und regelmäßig ihren Marketingplan und gewinnen dadurch neue Erstlinienpartner. Genauso läuft es in unserer eigenen Downline. All die Jahre haben wir die Bücher ‚*Power Multi-Level Marketing*' (unser Buch) und ‚*Wave 4*' von Richard Poe beworben. Folglich sponsern unsere erfolgreichsten Führungskräfte weiterhin eine große Zahl von Erstlinienpartnern und veranlassen ihre Leute, dasselbe zu tun.

Babysitter für die Downline spielen

Bevor wir uns kennen lernten, befand sich eine von Renes vielversprechendsten Gruppen in Rochester, New York. Es war eine schnellwachsende Linie ihrer Organisation, geführt von einem Paar namens Gary und Laurie. Die beiden waren echte „Selbststarter“, die über die Vision, die Integrität und die Begeisterung verfügten, um im Network Marketing Erfolg zu haben. Sie sponserten einen Freund namens Mike, der ihr stärkster Mitarbeiter wurde. Knapp zwei Jahre ging alles gut. Rene fuhr zweimal im Jahr dorthin, um mit ihren Leuten zu arbeiten, und die übrige Zeit unterstützte sie sie mit Telefonkonferenzen und Meetings per Telefonlautsprecher. Normalerweise nahmen zwei- bis dreihundert Leute teil, und die Zahl der Führungskräfte, die dabei entstanden, wuchs mit jedem Besuch. Es war der Inbegriff erfolgreichen landesweiten Network-Aufbaus. Dann, in nur knapp einer Woche, wurde alles anders.

Mike, einst der beste Anwerber der ganzen Gruppe, hatte unmerklich auf den „Managermodus” umgeschaltet. Seine Gruppe war ziemlich groß und er meinte, er müsse seine Energie jetzt nur noch der Beaufsichtigung ihrer Anwerbe-Aktivitäten widmen. Aufgrund seiner starken Persönlichkeit glaubten alle, keiner könne irgendetwas ebenso gut machen wie er. Da Mike so leicht verfügbar war, verließ sich seine Organisation in allem auf ihn - bei Präsentationen, Motivationssitzungen, Abschlüsse, Manöverkritiken, Produkttrainings und aufmunternden Telefonaten. Eines Tages rief Mike deprimiert und entmutigt bei Gary an, der ihm wiederum riet, mit Rene zu reden. Das Telefonat ging ungefähr so:

„Mike, du klingst deprimiert..Wo liegt das Problem?“ Rene war besorgt.

„Ich weiß nicht. Es funktioniert einfach nicht mehr. Ich hab‘ die Nase voll, für meine Gruppe den Babysitter zu spielen. Gibt’s denn keinen mehr, der es einfach alleine schafft?“

„Mike, du bist der beste Sponsor im Geschäft. Wie viele Leute hast Du diesen Monat gewonnen?“

Nach einem kurzen Zögern kam zögerlich die Antwort. „Ich mach‘ zu viel Babysitting. Und so hart ich auch arbeite, meine Gruppe wächst einfach nicht mehr. Ich schaffe es nicht.“

„Du kennst das Sprichwort: ‚Frisches Blut ist der Lebenssaft dieses Geschäfts.‘ Hörst Du auf zu sponsern, stirbt deine Organisation einen langsamen Tod. Wenn du sie wieder beleben willst, mach‘ wieder das, was funktioniert und was du am besten kannst - sponsern.“

„Ich kann einfach nicht das Licht am Ende des Tunnels sehen. Sieht so aus, als würde ich den Rest meines Lebens babysitten. Frag‘ meine Frau, ich bin noch nicht mal für meine eigenen Kinder ein guter Babysitter. Wenn ich bloß herausfinden könnte, wie ich dieses Geschäft ohne diese Kinderbetreuung betreiben könnte . . .“

Einen Monat später stieß Mike auf eine neue Firma, auf einen Club für preisvergünstigte Sammeleinkäufe. Es war genau das, wonach Mike zu suchen geglaubt hatte - ein Geschäft ohne Lagerhaltung, man musste keine Produktinformationen erlernen, es waren keine Schulungen und kein Babysitting für die Downline erforderlich. Nur Leute sponsern, und wenn diese bestellen, macht die Upline ihren Schnitt . . . dachte er. Er erzählte jedem in Rochester von dieser tollen neuen Firma. Gary und Laurie waren entsetzt, fürchteten aber, den Kürzeren zu ziehen und unterschrieben ebenfalls bei dem neuen Unternehmen . . . nur, um sicher zu gehen, versteht sich. Fast alle Führungskräfte folgten Mike in das neue Geschäft - natürlich ebenfalls nur zur Absicherung. Und nur aufgrund dieser Ablenkung verloren viele Partner aus Garys und Lauries Downline ihr Ziel aus den Augen. Als Rene das letzte Mal nach Rochester fuhr, waren Gary und Laurie ausgestiegen, und die Zahl derjenigen, die das Geschäft ernst genommen hatten, war von einigen hundert auf etwa fünfundzwanzig geschwunden. Sechs Monate später hatte der Sammelbestellerclub Konkurs angemeldet.

Als wir in Ruhe eine Analyse anstellten, wurde klar, dass alles begonnen hatte, als Mike aufgehört hatte, neue Partner zu gewinnen und sich durch das unproduktive Babysitting in seiner Gruppe entmutigen ließ. Das wäre der Zeitpunkt gewesen, die Rochester-Gruppe umfassend zu unterstützen - der Zeitpunkt, für das Entstehen neuer Führungskräfte zu sorgen. Wären Gary und Laurie in der Lage gewesen, ihrerseits das Wesentliche im Auge zu behalten, statt sich und den Rest der Gruppe von Mike ablenken zu lassen, hätte diese Gruppe eines unserer stärksten Beine werden können.

Könnte man die Uhr zurückdrehen, hätte Rene sie alle liebend gern wieder - „Ich hatte zu Garys und Lauries Upline- und Downline-Partnern eine enge Beziehung aufgebaut, und ich vermisse diese Freundschaften, die einmal fester Bestandteil meines Lebens waren." Aber wenn eine Organisation einmal auseinander gefallen ist, ist es bei weitem leichter, neue Leute ‚zur Welt zu bringen', als ‚die Toten wieder zu beleben'.

Auslands-Erfahrungen

Eines unserer anschaulichsten Beispiele für die Managementfalle zeigt unsere Eröffnung eines ausländischen Marktes. Wir sponserten ein Ehepaar, brachten ihnen alles bei, was wir wussten, und arbeiteten gründlich mit ihnen, um in diesem Land eine neue Dynastie aufzubauen. Es entwickelte sich eine Freundschaft und wir stellten fest, dass wir viele Dinge gemeinsam hatten, einschließlich ähnlicher Wertvorstellungen im Leben. Vor dem offiziellen Start hielten wir wöchentliche Telekonferenzen ab - eine legitime und effektive Weise, einen neuen Markt vor der Firmeneröffnung aufzubauen. Durch unsere gemeinsamen Anstrengungen nahmen über 1500 ernsthafte Interessenten an unserer Eröffnungsfeier teil, die wir als Gastgeber veranstalteten. Für uns war es die größte Eröffnung eines fremden Marktes, bei der wir jemals anwesend waren. Und doch, eineinhalb Jahre später, sank das Einkommen unseres Erstlinien-Paares immer weiter ab - schließlich sogar unter den Betrag, den ihr erster Vergütungs-Scheck ausgemacht hatte.

Wie war das möglich nach einem solch eindrucksvollen Start? Vor dem offiziellen Beginn war alles auf ein einfaches System beschränkt - keine Hotelmeetings, lediglich Mundpropaganda, von Freunden an Freunde weitergegeben. Es gab keine Bücher, noch nicht einmal Produkte, weil diese noch nicht verkauft werden durften. Aber fast unmittelbar nach der Eröffnung hörte das von uns gesponserte Paar auf, seine Erstlinie aufzubauen und begann, seine Gruppe zu managen. Tatsächlich verbrachten sie die nächsten achtzehn Monate damit, Verkaufsmaterialien zu erstellen und den strauchelnden Partnern in ihrer Erstlinie zu helfen, genügend Produkte einzukaufen, damit diese ihren Umsatzverpflichtungen für ihre Verkaufsprovision erfüllten. Obwohl wir unsere Arbeitsmaterialien für ihren Gebrauch übersetzt hatten, waren sie überzeugt, dass ihre Kultur etwas anderes erforderte. Also entwickelten sie ein neues Handbuch, mit dem sie unseres ersetzten. Sie gestalteten Dias für Hoteltreffen, weil sie glaubten, ihre Landsleute würden auf diese Art der Präsentation besonders gut reagieren. Sie arbeiteten mit Flipcharts und Overhead-Projektoren und endeten schließlich damit, diese Materialien immer wieder zu aktualisieren, weil ihre Downline-Führungskräfte nie völlig zufrieden waren. Sie verschwendeten Geld, das sie nicht hatten, um durch das ganze Land zu fahren und auf Hotel-Meetings zu sprechen, die ihre Downline abhielt.

Weil sie als Verwalter ihrer Vertriebspartner arbeiteten, hatten sie für so banale Tätigkeiten wie etwa das Sponsern neuer Erstlinien keine Zeit. Dieses Paar sponserte im ersten Monat einunddreißig Personen. In den nächsten vier Monaten sponserten sie weitere neunzehn Menschen. Aber obwohl sie beide ganztägig für ihr Geschäft arbeiteten, sponserten die beiden in den nächsten fünfzehn Monaten nur sechs neue Berater! Mit anderen Worten, sie haben in den ersten fünf Monaten fünfzig Leute gesponsert. Und dadurch, dass sie so viel Zeit in das Managen ihrer Organisation investierten, fanden sie danach in jeweils zweieinhalb Monaten durchschnittlich nur noch einen neuen Partner. Dieses Paar war weitaus mehr daran interessiert, Rekorde aufzustellen und Anerkennung zu erhalten, als Geld zu verdienen. Ihr Ziel war es, in ihrem Land dic ersten Vertriebspartner zu sein, welche die höchste Stufe der Anerkennung innerhalb unserer Firma erreichten. Sie erreichten ihr Ziel zwar für eine kurzen Zeitraum, aber die Tatsache, dass sie in die Managementfalle tappten, ruinierte eine Organisation, die unser umsatzstärkstes Bein hätte werden sollen.

Frustriert gab das Paar auf. Und bis heute geben sie allen möglichen Dingen die Schuld: Dem Vergütungsplan, der Preispolitik, und dass ihr Land für diese Branche nicht geeignet sei. Sie arbeiteten so hart wie kaum zwei Leute zuvor. Aber es waren nicht die Preise der Produkte, die zu ihrem Scheitern geführt haben, noch war es die Vorgehensweise der Firma oder die Unzulänglichkeit des Network Marketing in diesem Teil der Welt. Es war das Managen ihrer Organisation, gepaart mit ihrem sinnlosen Bedürfnis, ‚die Ersten‘ sein zu wollen, was sie versagen ließ.

**Wenn Sie aufhören, Ihre Erstlinie aufzubauen,
bevor Sie ein solides Einkommen erreicht haben,
werden Sie in diesem Geschäft scheitern. Niemand hat Erfolg,
wenn er nur alle zweieinhalb Monate einen neuen Berater sponsert.**

Ihr Sturz begann im fünften Monat ihres Geschäfts - als sie aufhörten, neue Erstlinien zu sponsern.

Hier folgt die gute Nachricht: Dies ist nicht das Ende der Geschichte. Zwei andere Spitzenkräfte folgten ihnen und verließen das Geschäft, aber auf Ersuchen einiger aus dieser Gruppe herauswachsenden Führungskräfte setzen wir die Arbeit mit diesen fort. Sie haben auf die harte Tour gelernt, was geschehen kann, wenn man versucht, für seine Gruppen den Wachhund zu spielen, und sind zur Basis zurückgekehrt: einen kleinen Stamm von Kunden suchen; für neue Kontakte sorgen, eine breite Erstlinie aufbauen und ein simples, leicht duplizierbares System von zu Hause aus betreiben. Wir glauben an diese Gruppe und ihre Führung und sind überzeugt, dass sie dieses Mal auf dem richtigen Weg sind, um in ihrem Land wirtschaftliche Rekorde in unserer Branche aufzustellen.

Es ist entscheidend, aus den Fehlern anderer Leute zu lernen, also schenken Sie dieser Geschichte Ihre ganze Aufmerksamkeit. Wenn Sie aufhören, Ihre Erstlinie aufzubauen, bevor Sie ein solides Einkommen erreicht haben, werden Sie in diesem Geschäft scheitern. Niemand hat Erfolg, wenn er nur alle zweieinhalb Monate einen neuen Berater sponsert. Und noch schlimmer, mit Ihrem Beispiel bringen Sie anderen bei, dasselbe zu tun. Erfolgreiche Vollzeit-Networker sponsern mindestens ein oder zwei Jahre lang, bevor sie es langsamer angehen lassen können. Bei Teilzeitlern dauert es länger. Behalten Sie Ihr Ziel im Auge, kämpfen Sie konsequent, jeweils die nächste Stufe Ihres Vergütungsplans zu erreichen und erfinden Sie keine Ausreden! Was auch immer getan werden muss - tun Sie es!

Die Piano-Geschichte

Wir haben eine schöne Geschichte, die wir gerne Menschen erzählen, die am Anfang ihrer Network-Laufbahn stehen. Es ist ein tolles Beispiel, das Ihnen bei der Schulung und Unterstützung Ihrer eigenen Organisation helfen kann. Stellen Sie sich ein Publikum von 500 Leuten vor, die vor einer Bühne mit einem Flügel sitzen. Plötzlich kommt jemand heraus, der nie zuvor auch nur eine einzige Stunde Klavierunterricht genommen hat und der außerdem überhaupt nichts von Musik versteht. Nachdem der Begrüßungsapplaus verklungen ist, beginnt er mit wild fuchtelnden Händen, die fürchterlichsten Klangkombinationen anzuschlagen, die einen buchstäblich in den Ohren schmerzen. Zuerst sehen sich die Zuhörer schockiert und in verstörtem Unglauben an. Dann, nach zehn Minuten erbärmlichen Tastenquälens beginnt das Publikum zu buhen und pfeifen. Innerhalb von ein paar Minuten übertönt ihr Buhen den „Künstler“, der gelassen aufsteht, sich verbeugt und geht.

Als der Dilettant den Saal verlässt, kommt von der anderen Bühnenseite ein Pianist mit dreißig Jahren Erfahrung auf das Podest. Methodisch und fehlerfrei gibt er eine wundervolle Mozart-Passage. Als er fertig ist, springt die Menge auf und belohnt ihn mit einem donnernden Applaus, er verbeugt sich mehrfach und verlässt die Bühne.

In der Garderobe beobachtet der Virtuose, wie der erste „Künstler“ leise vor sich hin summt und seine Fliege gerade rückt. Obwohl es dem Virtuosen etwas peinlich ist, das Thema anzusprechen, gewinnt seine Neugier schließlich die Überhand. Er lächelt den ersten „Künstler“ im Spiegel an und stellt ihm eine Frage:

„Verzeihen Sie die Störung, aber ich stelle fest, dass sie darüber, was eben da draußen passiert ist, nicht besonders gekränkt sind. Ich muss Sie fragen, wie fühlt man sich eigentlich, wenn man von der Bühne gebuht wird? Ist das nicht fürchterlich entwürdigend?“

Der Angesprochene dreht sich um, schaut den Pianisten an und antwortet mit aller Ernsthaftigkeit: „Oh nein. Ich habe es nicht persönlich genommen. Es war ja nicht meine Schuld - es lag am Klavier.“

Vielleicht eine der interessantesten Verhaltensweisen der menschlichen Natur ist die Tendenz - und mehr oder weniger neigen wir alle dazu - Schuld auf andere zu schieben. Die Wahrheit ist, dass, obgleich viele Leute die Schuld an ihrem Scheitern auf unsere Branche schieben, dies nicht zutrifft. Wie in der obigen Geschichte kann ein schlechter Musiker nicht das Klavier für sein fehlendes Talent verantwortlich machen. Vielleicht merken Sie sich diese Geschichte und erzählen sie bei Gelegenheit neuen Geschäftspartnern.

„Sich hochkaufen“

Das schlimmste aller möglichen Fiaskos, die von der Managementfalle herrühren, ist das Folgende: Ihre Downline-Partner sich in eine Stufe „einkaufen“ zu lassen oder ihnen beizubringen, dies für ihre Berater zu tun. Networker, die mehr Zeit damit verbringen, ihre Partner zu managen, statt neue Leute zu sponsern, verfangen sich oft in dieser Falle - was oft ernste juristische Konsequenzen nach sich ziehen kann. Und wenn der Arm des Gesetzes nach einem Unternehmen greift, das durch die „Sich-Hochkaufen-Methode” zu einem illegalen Pyramidensystem geworden ist, schlägt dieser negative Eindruck auf uns alle zurück. Erfolg im Network Marketing entsteht durch „echte“ Umsätze - im Gegensatz zu „Beförderungs“-Umsätzen. Echter Umsatz entsteht durch Bestellungen zufriedener Kunden und Berater, welche die Produkte und Dienstleistungen benutzen und schätzen, diese Monat für Monat nachbestellen und dadurch in dieser Gruppe für ein langfristiges, stabiles Verkaufsvolumen sorgen. Es ist die wichtigste Art von Umsatz, denn hier haben echte Kunden ihr Geld für Artikel ausgegeben, die von ihren Familien verbraucht und dann wieder nachbestellt werden. Beförderungs-Umsatz entsteht durch große Produktpakete, bestellt von Beratern, welche sich damit vielleicht den Weg zur nächsten Stufe erkaufen oder ihre neuen Berater im Geschäft starten lassen wollen. „Sich einkaufen“ wird bei neuen Beratern immer fehlschlagen, die es sich ganz einfach nicht leisten können und auch keine konkrete Möglichkeit haben, um die Produkte abzusetzen.

Wenn Ihre neuen Partner über sichere Interessenten verfügen, an welche sie ihre Starterpakete verkaufen können, kann Beförderungs-Umsatz ein wertvolles Werkzeug sein. Man kann dadurch den anfangs oft benötigten Umsatzschub erzeugen und Berater durch die Qualifikations-Anforderungen bringen. Aber neue Networker werden durch diesen plötzlichen Erfolgsschub oft verwöhnt und beginnen zu glauben, sie hätten einen soliden Umsatzfluss in ihrer gesamten Organisation geschaffen. Aber Beförderungs-Umsätze führen nicht zu einer stabilen Vertriebsstruktur. Beide Umsatzarten erfüllen im Network Marketing ihren Zweck, aber die Mehrheit der neuen Berater wird davon profitieren, dass man ihnen ein preiswertes Produkt-Starterpaket anbietet, das aus Produkten und Schulungen besteht, welche sie selbst nutzen. Das ist die Grundlage, um Menschen in unserem Geschäft zum Laufen zu bringen.

Einige Networker, die mit dem Managen ihrer Gruppen beschäftigt sind und sich gleichzeitig zu höheren Positionen in ihrem Geschäft hochzuarbeiten suchen, kaufen oft Produkte, die sie nicht brauchen (und bringen ihren Erstlinienpartnern bei, dasselbe zu tun), um dadurch die Anforderungen zum Aufstieg zu erfüllen. Wenn ein Networker dieses Geschäft jedoch richtig betreibt, wird er jeden Monat genug neue Leute ins Geschäft bringen, um auf ordentliche Weise aufzusteigen. Wenn er jedoch versucht, eine kleine Gruppe von Beratern lediglich zu managen, wird er am Monatsende vielleicht feststellen, dass sein Umsatz nicht ausreicht. So bestellt er einfach Produkte, die er nicht wirklich braucht, um so die Anforderungen für den Aufstieg zu erfüllen - woher der Ausdruck „Beförderungs-Umsatz“ kommt.

Das so genannte ‚front loading‘ - also neuen Beratern systematisch viel mehr Ware zu verkaufen, als diese wirklich brauchen - ist (wie auch in vielen anderen Ländern, aufgrund der bedenklichen Ähnlichkeit mit einem illegalen Pyramidensystem) gesetzlich verboten. Wir stimmen diesen rechtlichen Bestimmungen voll und ganz zu. Wir bezeichnen dieses Vorgehen als „Garagen-Qualifikation“. Manchmal fragen wir uns, wie viele amerikanische Garagen wohl bis zum Überquellen mit laufmaschensicheren Strumpfhosen, 3-D-Kameras, Haus-Isolationen, Videos und anderen kaum verkäuflichen Produkten vollgestopft sind. Wenn man alle „Garagen-Produkte“ Amerikas auf einen großen Flohmarkt brächte, würde sich dieser sicher über die gesamte amerikanische Ostküste erstrecken.

Lassen Sie sich nie beschwatzen, zu glauben, Sie könnten sich den Weg zur Spitze in Ihrer Firma ‚erkaufen'. Sie können es nicht! Und wenn, warum auch immer, der Vergütungsplan Ihrer Firma darauf abzielt, die zu belohnen, die ‚sich einkaufen', ist es nur eine Frage der Zeit, bis sich irgend ein Staatsanwalt oder ein Beauftragter einer staatlichen Handelskammer des Unternehmens annimmt. Die Methode, ‚sich einzukaufen' führt niemals zu langfristigen Erfolgen. Man kann damit höchstens zeitweilig die Sprünge zwischen den Ebenen des Vergütungsplans überbrükken. Uns ist kein einziger Berater bekannt, der sich den Weg nach oben erkauft hat und dauerhaft viel Geld verdient. Aber wir kennen viele erfolglose Menschen, deren Garagen voller Produkte stehen. Wenn natürlich die Führungskraft das Beispiel des ‚sich Hochkaufens' vormacht, werden die Vertriebspartner ihrem Beispiel folgen. Und innerhalb kürzester Zeit haben Sie einen Haufen Leute, in deren Garagen die Produktstapel Staub ansetzen. Dann ist es nur noch eine Frage der Zeit, bis diese die Nase voll haben und aufgeben. Und wenn sie es tun, seien Sie versichert, werden Ihre früheren Partner jedem erzählen, der es hören will, was für ein fürchterlicher Betrug in dieser Branche vor sich geht. Viele der besseren Firmen haben Produkt-Rückgabe-Bedingungen bis zu 90 % des Warenwertes eingeführt, die es unmöglich machen, die Partner mit so vielen Produkten zuzuschütten. Dann kann es zu einem bösen Erwachen für einen „Einkaufs"-Network-Anführer führen: Er erhält nur noch einen minimalen Scheck, weil seine Firma alle Rückgaben der wütenden Berater abzieht, mit denen er „front loading" betrieben hat.

So mancher erfolgshungrige Networker versteht diese Philosophie einfach nicht und übergeht fälschlicherweise die wichtige Stufe, echte Umsätze in seiner Gruppe zu erzeugen. Es ist unerlässlich, dass sich alle neuen Berater verpflichten, so viel wie möglich von ihren Produkten zu benutzen, diese an jeden - vor allem an Familienmitglieder und Freunde - persönlich weiterzugeben und jedem in ihrer Gruppe beizubringen, dasselbe zu tun. So simpel dies klingen mag - es muss getan werden, ehe Sie mit dem dramatischeren und auch erfreulicheren Vorgang beginnen, massive Sponservolumen durch Ihre Führungskräfte zu schaffen und diesen beizubringen, den Vorgang zu duplizieren. Das Gleichgewicht der beiden Umsatzarten, Beförderungsumsätze - um Ihnen in den ersten Tagen einen dynamischen Start zu verschaffen - und wirkliche Umsätze - um das Volumen zu stabilisieren und für ein dauerhaftes passives Einkommen zu sorgen - führt zu dem langfristigen Erfolg, den wir uns alle wünschen. Beförderungs-Umsätze mögen kurzfristig wertvoll sein, aber Ihr Geschäft kann ohne sie überleben. Jedoch an der Erzeugung realer Umsätze zu scheitern, ist es, was schließlich zur Stagnation und zum Zusammenbruch Ihrer Gruppe führt.

„Gib‘ mir einfach Deine Liste, ich mache die ganze Arbeit“

In den frühen 1990er Jahren brachte Mark einen Mann ins Geschäft, dessen Schwiegervater der größte Zitrusfruchthandel im Süden gehörte, und somit Zugang zu dem angesehensten Bürokomplex Floridas hatte. Vom Sitzungssaal im fünfundfünfzigsten Stockwerk mit 300 Sitzplätzen aus öffnete sich die Aussicht über das Meer. Wir wollen diese Berater Jeff und Mary nennen.

Jeff und Mary hatten eine Visitenkartensammlung von über 5000 Kontakten - zumeist Kleingewerbetreibende und selbständige Unternehmer. Obwohl Jeff und Mary Tausende von Menschen hätten kontaktieren können, ließen sie ihr Geschäft zu einem Fürsorgeheim werden, in das jeder in ihrer Organisation seine Interessenten schicken konnte. Mark war dieses Problem nicht richtig bewusst, bis es dann zu spät war. Er sah nur die Zahlen, und ihre Umsätze sahen großartig aus. Jeff und Mary begannen vorzeitig, ihre Mitarbeiter zu managen, und so schrumpfte diese Gruppe von 3000 auf nur noch 500 Vertriebspartner. Hier lesen Sie, was verkehrt gelaufen war:

Erzählen Sie den Leuten nie, dass sie sich nur einzuschreiben und Ihnen eine Liste mit potentiellen Beratern zu geben brauchen, und dass Sie dann den Rest machen würden. *Es funktioniert nicht.* Jeff schrieb zehn Leute in seiner Erstlinie ein, erzählte ihnen dann sofort - es waren einige von Miamis echten Machern dabei - sie sollten einfach nur Interessenten zu seinen wöchentlichen Meetings schicken, die ganz exklusiv im obersten Geschoss ihres Firmengebäudes stattfanden. Er erklärte, er und Mary hätten die Zeit, die Meetings durchzuführen und die Berater zu schulen, und dass seine Leute anschließend bloß jeden Tag mit einer Schubkarre zum Briefkasten gehen müssten, um all das Geld fortzuschaffen!

Zwei Monate lang ging alles gut. Sämtliche Mittagsmeetings am Dienstag, Mittwoch und Freitag waren voll mit neugierigen Interessenten - geschickt von Chefs oder engen, wohlhabenden Freunden, um herauszufinden, was denn das für eine Geschäftsgelegenheit wäre. Ab der Mitte des zweiten Monats musste Mary auch Meetings am Montag und Donnerstag einführen, und am Ende des nächsten Monats waren auch diese stark besucht. Viele Interessenten schrieben sich ein, und der Wochenumsatz, der allein durch Starterkits entstand, ging ab durch die Decke. Aber alles änderte sich an dem Montag, als Jeff und Mary ankündigten, dass die Leute jetzt beginnen müssten, ihre eigenen Präsentationen zu Hause zu geben, damit man des Zustroms Herr werden könne. Stellen Sie sich bloß das Chaos vor!

Jeff hatte seine Leute lediglich darauf trainiert, ihre Interessenten zu ihm zu schicken. Und keiner der neuen Partner, die frisch unter seinen zehn persönlich gesponserten Leuten eingeschrieben waren, war auf etwas anderes geschult worden, als wiederum seine Interessenten zu schicken. Kurz gesagt, im dritten Monat waren Jeff und Mary so sehr im Morast der Führungsfalle gefangen, dass sie sich in keine Richtung bewegen konnten.

Einige neue Berater sagten, sie seien irregeführt worden und verlangten ihr Geld zurück. Einige waren böse, dass sie noch keine Qualifikationsanforderungen erfüllt hatten. Schließlich hatten sie Jeff und Mary achtzig Tage lang Interessenten geschickt. Und was mit den 15.000 Euro im Monat wäre, von denen sie gehört hatten? Eine kleine Gruppe revoltierte und ging in einen anderen Bürokomplex, um ihre eigenen Meetings zu starten. Dorthin wollte aber niemand kommen, weil die dortige Führungskraft nicht über Jeff's Sprecherqualitäten verfügte, und sie sich beklagten, dass das Büro nicht so ansprechend sei. Zwei Paare taten sich zusammen, engagierten einen Anwalt und reichten eine Klage wegen Betrugs und Irreführung gegen Jeff ein, der sich dann unzählige Stunden mit Aussagen vor Gericht beschäftigen musste.

Mary und Jeff gelang es, das von ihnen benutzte System vor Mark geheim zu halten, da er nicht in Florida anwesend war, um zu überwachen, was sie falsch machten. Sie wussten, dass er große Sponsertreffen ablehnte, dass er etwas gegen Büros hatte und dass er jedem beibrachte, das

„Wie unterstützt man eine große Gruppe?“ könnten Sie fragen. „Ganz einfach”, antworte ich. Bringen Sie ihnen die folgenden Worte bei: „SIE rufen MICH an.“ Und wenn solche Anrufe kommen, müssen Sie für sie da sein.

„Babysitten” von Beratern um jeden Preis zu vermeiden. Sie verstanden seinen Rat des „Schnell-in-die-Breite-Gehens“ vollkommen, indem man so viele Leute wie möglich in seine Frontlinie bringt, bis man das stabile Einkommen erreicht hat, das man sich wünscht. Trotzdem fielen sie der Managementfalle zum Opfer. Wäre Mark in Florida statt in Austin, Texas gewesen, hätte er sie vielleicht richtig steuern können. Oder er hätte vielleicht die Situation retten können, wenn sie bezüglich ihrer Methoden ehrlich gewesen wären. Alles, wovon er jedoch hörte, waren die vielen tollen Leute, die sie sponserten und all die großartigen Umsätze, die sie erzielten. Aber zu dem Zeitpunkt, als er die Wahrheit erfuhr, war es zu spät, weil die beiden mental und emotional ausgebrannt waren.

Genau fünf Monate, nachdem sie von Mark gesponsert worden waren, verkauften Jeff und Mary alles außer ihrer Kleidung und verließen gedemütigt die Stadt. Marys Vater hatte die beiden praktisch verstoßen, weil sie eine alteingesessene, von jeher reiche Familie aus dem tiefen Süden bloßgestellt hätten, wo doch der gute Ruf alles bedeutet. Und wir können Ihnen sagen, dass alles, was sie bei ihrem Talent und den vielen angesehenen Geschäftsleuten, die sie allesamt beim Vornamen kannten, hätten tun müssen, folgendes gewesen wäre: Den Ernsthaften unter ihnen beizubringen, mit ihren fünfundzwanzig Hauptkontakten zu beginnen, häusliche Treffen zu veranstalten und *‚schnell in die Breite zu gehen‘*. Diese magischen Worte bedeuten, Ihre Erstlinien - nicht die Tiefe der Organisation, so schnell wie möglich auszubauen. Die Tiefe entsteht mit einer ausreichenden Zahl an Erstlinienpartnern von selbst. Jeff und Mary hätten nur zwei einfache Dinge zu tun brauchen, um ihre Probleme zu vermeiden und letztlich erfolgreich zu werden: Erstens nach engen Freunden mit Unternehmergeist suchen, die für eine Veränderung offen sind und vom Stress genug haben, und ihnen dann die wunderbare Einfachheit häuslicher Sponsertreffen am eigenen Beispiel vorzuführen. Zweitens lediglich die ersten

Treffen für jeden neuen Berater abzuhalten, dann die Leine zu kappen und die Berater auf diese Weise befähigen, ihrerseits zu Führungskräften zu werden.

In unserem Geschäft bauen Führungskräfte ihre Erstlinien auf und bringen ihren Leuten dann bei, dasselbe zu tun. Menschen mit Führungsqualitäten werden sich andere potentielle Führungskräfte suchen, um diese auszubilden und beim Sponsern von ernsthaften Interessenten zu unterstützen. So sieht echte Unterstützung aus. Anstatt mit den neuen Partnern deren Listen abzuarbeiten, zeigen Sie ihnen, wie sie es selbst tun können. Ihre Partner können natürlich zu Ihnen kommen - um z.B. Hilfe beim Abschlussgespräch mit neuen Interessenten zu erbitten, nachdem diese die Präsentation gesehen haben. „Wie unterstützt man eine große Gruppe?" könnten Sie fragen. „Ganz einfach", antworte ich. Bringen Sie ihnen die folgenden Worte bei: „SIE rufen MICH an." Und wenn solche Anrufe kommen, müssen Sie für sie da sein. Seien Sie da, um moralische Unterstützung zu leisten, um sie zu schulen, um Interessenten zum Abschluss zu bringen - aber tun Sie nichts für sie, was Ihre neuen Berater für sich selbst tun müssen: Ihre Partner müssen ihre Erstlinienpartner selbst suchen, sponsern und schulen.

Geben Sie auf oder greifen Sie nach den Sternen

Die Wahrheit ist, dass Erfolg in unserer Branche nicht das Ergebnis ausgiebiger Managementarbeit ist. Erfolg haben Menschen mit Führungsqualitäten und Vorstellungsvermögen, Begeisterungsfähigkeit und dem Willen, neue Erstlinien-Führungskräfte zu sponsern, welche ebenfalls die Produkte und Dienstleistungen nutzen und diese weiter empfehlen. Dann bringen Sie ihnen einfach bei, das Verfahren zu duplizieren.

Larry Pepe war ein neuer Networker, der beim Start seines Geschäfts gleich eine ganze Reihe von Albträumen erlebte: Sein Sponsor warf praktisch sofort das Handtuch auf, seine Upline-Führungskraft wollte ihm ausreden, gleich zu Beginn in seinem Geschäft richtig ‚Gas zu geben', von seinen ersten dreiundzwanzig Beratern gaben zweiundzwanzig wieder auf. Seine ersten drei in der Qualifikation befindlichen Partner scheiterten allesamt, einer seiner „Gold Stars" wurde verhaftet - einen Monat, bevor er zu seiner ersten Führungskraft werden konnte. Ein anderer stellte sich als Schwindler heraus, der wegen Betrugs angeklagt war, und bei seinem besten Mann, einem Spitzennetworker aus Australien, wurde unheilbarer Krebs diagnostiziert - all das in den ersten drei Monaten von Larrys neuem Network-Geschäft!

Und dann kam schließlich der Paukenschlag - die Upline-Führungskraft, die ihn wirklich unterstützt hatte, teilte ihm mit, sie stünde wegen persönlicher Probleme eine Zeitlang nicht zur Verfügung. Larry erinnert sich, wie er auf seiner Bettkante saß, nachdem er aufgelegt hatte, ausdruckslos in die Luft starrte und dachte: „Gott stellt mich auf die Probe. Das ist es. Entweder gebe ich jetzt auf oder ich entscheide mich jetzt sofort, eine Führungskraft zu werden und greife nach den Sternen." Ein paar Minuten später rief seine Mutter an und sagte, ihr sei es unverständlich, warum ein erfolgreicher selbständiger junger Anwalt mit einem Magister-Abschluss in klinischer Psychologie alles aufgeben wolle, um Vitaminverkäufer zu werden!

Larry ist überzeugt, dass all diese Erfahrungen - besonders die, im Stich gelassen zu werden - das Beste waren, was ihm je in seinem Geschäft passiert war. Erfahrungen, welche ihn zwangen, die Führung seiner Gruppe zu übernehmen,. Er zog los, sponserte neue Erstlinienpartner und weigerte sich nachzulassen, bis er sein erstes Ziel erreicht hatte. Heute arbeiten er und seine Upline-Führungskraft eng zusammen und sie nennt ihn stolz ihren ‚Herkules'. Und das Beste ist, so Larry: „Meine Mutter hält mich nicht mehr für einen Vitaminverkäufer! Ich danke Gott für seine kleinen Wunder." Diese Geschichte lehrt uns, dass wir keine Manager sein müssen und zeigt, dass Menschen, die erfolgreich sein wollen, auch erfolgreich werden - ungeachtet der Umstände.

Zusammenfassung

- Eine Organisation zu managen, ist Zeitverschwendung, die nur anderen Menschen Arbeiten abnimmt, welche diese selbst tun sollten. Dadurch wird lediglich gegenseitige Abhängigkeit erzeugt.

- Die Mitglieder Ihrer Gruppe wirklich zu unterstützen bedeutet, für diese da zu sein, wenn sie um Anleitung oder moralische Unterstützung bitten oder wenn man Sie bittet, mit einem ernsthaften Interessenten ein Gespräch zu führen, der den Kontakt zu einer erfolgreichen Führungskraft wünscht.

- Die Downline unserer Familie und engsten Freunde zu managen ist oft für das Scheitern gerade der Menschen verantwortlich, denen wir am meisten zugeneigt sind.

- Ein Managerverhalten an den Tag zu legen ist für beide Seiten kontraproduktiv - für denjenigen, der gemanagt wird, wie auch für denjenigen, der managt.

- Motivation und Kraft erhalten wir weniger durch Vererbung, Glück und Umstände, als durch unsere Vision dessen, was wir für uns selbst wirklich für möglich halten.

- Seien Sie nicht beleidigt, sondern froh, wenn Ihre Neulinge den Ausbildungsprozess abschließen und selbständig an die Arbeit gehen, ohne Sie jeden Tag anzurufen und um Hilfe zu bitten.

- In diesem Geschäft hat jeder die Fähigkeit, große Dinge zu vollbringen. Aber diejenigen, die sich bei jeder Kleinigkeit auf ihre Upline verlassen, sind gewöhnlich zum Scheitern verurteilt.

- Was unsere Branche um so viel großartiger macht als eine herkömmliche Arbeit, ist, dass unsere Produktivität auf einer ethischen Grundlage großzügig vergütet wird.

- Wenn neue Partner mehr verdienen wollen als die Führungskraft über ihnen, müssen sie nur produktiver sein, d.h. mehr aktive Erstlinien-Berater und Kunden ins Geschäft bringen als ihre Upline-Partner.

- Wenn Sie frustriert sind, weil Ihre Partner keinen Erfolg haben, bringen Sie ihnen bei, sich schon jetzt das Endergebnis vorzustellen und investieren Sie den Großteil Ihrer Energie in die Menschen, die Ihrem Rat folgen.

- Ihre Leute werden das tun, was Sie tun, denn Network Marketing ist ein Geschäft der Duplikation: Wenn Sie Ihre Downline managen, werden Ihre Partner dasselbe tun; wenn Sie die meiste Zeit aktiv für neue Geschäftspartner sorgen, werden Ihre Partner ebenfalls für neue Partner sorgen.

- „Babysitting" für die Downline ist kein effektiver Weg, ein Geschäft aufzubauen.

- Der Schlüssel zum erfolgreichen Aufbau einer großen, dynamischen Organisation ist stetiges, fortgesetztes Suchen und Sponsern neuer Partner und das Erschaffen einer breiten Erstlinie.

- Machen Sie nicht den Fehler, der für 50% der Misserfolge in unserer Branche verantwortlich ist: Lediglich in den ersten Monaten Erstlinien aufzubauen, dann aufzuhören und die Gruppe zu managen.

- Die bloße Beaufsichtigung der Aktivitäten Ihrer Organisation stellt keine Führungsqualität dar, sondern verführt Ihre Partner nur dazu, die Deckstühle auf ihrer persönlichen Titanic neu zu ordnen.

- Behalten Sie das Ziel im Auge, erarbeiten Sie sich die Stufen Ihres Marketingplans und benutzen Sie keine Ausreden. Was immer nötig ist, tun Sie es!

- Von allen möglichen Fiaskos, die aus dem Managen Ihrer Organisation herrühren, ist der Vorgang des ‚Sich Einkaufens', oder Ihren Partnern zu raten, dies zu tun, einer der Schlimmsten.

- Beförderungsumsätze zu generieren - also Geld für unnötig große Mengen von Produkten, Proben und Startersets zu investieren - kann lediglich eine Übergangsmethode sein, Beratern zu helfen, die Umsatzanforderungen für die Qualifikation zu erfüllen.

- Tatsächliche Umsätze - also Produkte und Dienstleistungen, die zufriedene Kunden und Berater zum regelmäßigen monatlichen Gebrauch bestellen - sind es, die letztlich ein passives Einkommen schaffen. Diese Umsätze sind auch die Grundlage, die Network Marketing zu einem überlebensfähigen, dauerhaften Geschäft machen.

- Ihr Geschäft kann ohne Beförderungsumsatz überleben. Aber am Aufbau tatsächlicher Umsätze zu scheitern, indem man keine Stammkunden gewinnt oder nicht alle Produkte selbst benützt, kann zum Zusammenbruch Ihrer gesamten Organisation führen.

- Network Marketing ist ein Geschäft von Beratern, die ihre eigenen Erstlinien aufbauen und ihren Leuten beibringen, diesen Vorgang zu duplizieren.

- Wenn jeder Networker seine eigene Erstlinie nach der Maßgabe aufbaut, ‚schnell in die Breite zu gehen‘, wird die Tiefe von alleine entstehen und die Besten werden wie Sahne nach oben steigen.

- Eine große Organisation unterstützen Sie, indem Sie den Leuten diese Worte beibringen: „SIE rufen MICH an.“

- Unterstützen Sie Ihre Downline, indem Sie für moralischen Beistand, Ausbildung und Hilfe beim Einschreiben ihrer Interessenten sorgen, aber versuchen Sie nicht, für Ihre Partner zu tun, was diese für sich selbst tun müssen.

- Erfolg zeigt sich bei Menschen mit Führungsqualitäten, mit einem gesunden Vorstellungsvermögen, Begeisterungsfähigkeit und dem Willen, kontinuierlich die Mühe auf sich zu nehmen, eine Organisation aufzubauen und dabei andere Menschen zu finden, die dasselbe tun.

KAPITEL 3

Wie man dem Depressions-Torpedo ausweicht

Erhalten Sie Ihre Begeisterung aufrecht - trotz der unausweichlichen Rückschläge

Obwohl dieses Geschäft nach den Monaten der „Lernkurve" zu 90 % pures Vergnügen ist, gehört der Depressions-Torpedo für neue wie auch für erfahrene Networker zu den größten Herausforderungen. Erfolgreiche Networker müssen zwangsläufig enthusiastisch, ernsthaft, rhetorisch befähigt und glaubwürdig sein. Ein depressiver Mensch kann in dieser Branche nicht überleben; daher müssen wir unsere neuen Partner vorbereiten und sie vor den häufigsten Gründen für Depressionen warnen. Dies beginnt, indem wir uns unsere eigenen persönlichen Kämpfe mit diesem gewaltigen Gegner eingestehen.

Wie schon erwähnt, ist eines unserer erfolgreichsten Verkaufswerkzeuge eine Kassette mit dem Titel *‚Wenn MLM so toll ist, warum bin ich dann so deprimiert?'* Für diese Beliebtheit gibt es wohl verschiedene Gründe. Offensichtlich ist es schon alleine der Titel, der die Leute packt. Auch der Inhalt ist recht humorvoll, da wir Anekdoten aus unseren ersten Jahren im Geschäft vorstellten. Der wichtigste Grund für die starke Nachfrage ist aber, dass jeder einen eigenen Bezug zu diesem Titel herstellen kann. Im folgenden Kapitel sprechen wir über Depressionen und benutzen dabei das Bild vom Depressions-Torpedo - so genannt, weil er aus dem Nichts zu kommen scheint und, einen Menschen, nachdem er getroffen hat, schnell zum Untergang treiben kann.

Eine Voraussetzung für Erfolg im Network Marketing - im herkömmlichen Geschäft oft nicht so entscheidend - ist, emotional aufgeladen zu wirken. An jedem Wochentag steigen Millionen von Menschen im Zustand einer Halb-Depression in ihre Autos und kämpfen sich durch den Verkehr. Auf dem Weg zu Arbeitsplätzen, für die man ganz einfach keine emotionale Energie benötigt. Manche von ihnen sind beispielsweise Computer-Experten, die sich mit der Eingabe von Daten beschäftigen. Dem Computer ist es egal, ob sie deprimiert sind, und da ihr Vorgesetzter oftmals noch missgelaunter ist als sie, braucht niemand vor Freude zu platzen. Allen Ernstes, wahrscheinlich könnten wir Hunderte von Beispielen langweiliger Routinejobs auflisten, die man mit nur halbem Bewusstsein erledigen kann. Denken Sie an das Sprichwort „Oh, das kann ich im Schlaf!" In der Welt der klassischen Wirtschaft ist das nicht nur ein Sprichwort.

Erfolg im Network Marketing hängt jedoch von einem bestimmten Faktor ab, weit mehr vielleicht als von jedem anderen - dem Eindruck einer positiven, motivierenden Persönlichkeit, voll von sichtlicher Begeisterung und mitreißendem Schwung. Networker können Menschen nicht wirkungsvoll überzeugen, ihren Beruf zu wechseln oder auch nur in Teilzeit bei einer neuen Gelegenheit einzusteigen, wenn sie nicht augenscheinlich Spaß an dem haben, was sie tun. Tatsächlich sollte niemand auf die Leute losgelassen werden oder den Telefonhörer in die Hand nehmen, um Interessenten anzusprechen oder Dienstleistungen oder Produkte zu verkaufen, wenn er sich nicht in einer positiven Gemütsverfassung befindet.

Gründe für die MLM-Depression

Wenn Freunde das Angebot ablehnen, zu einem Berater zu einer Geschäftspräsentation nach Hause zu kommen, oder schlimmer, uns versetzen, nachdem sie zugesagt hatten, kann dies deprimierend sein. Und jedes Mal, wenn einer unserer Partner dem Geschäft abwesend ist, indem er in Teilnahmslosigkeit versinkt oder wenn er die Firma wechselt oder MLM vollkommen aufgibt, kann uns das deprimieren. Und je länger wir über solchen Dingen brüten, desto deprimierter werden wir. Dabei wissen wir doch alle, dass wir mit Ausfällen rechnen müssen. Über die Gesamtzeit unseres Geschäftsaufbaus kann die Ausstiegsquote bis zu 75% betragen, während wir uns durch die Hoch- und Tiefphasen kämpfen. Dies ist die grundlegende Wirklichkeit im MLM, von der wir niemals eine Ausnahme erleben werden.

Nach Jahren von Erfahrung und Erfolg im Network Marketing hat Ron Wiggins eine philosophische Einstellung zur Ausstiegsquote entwickelt: Je eher jemand aufgibt, der das Geschäft nicht ernsthaft betreibt, desto eher weiß Ron, an wen er seine kostbare Zeit nicht mehr verschwenden muss. Solange seine Partner nicht offensichtlich alles falsch machen, lautet Rons Ratschlag: „Lass‘ die Leute mit ihrem Geschäft machen, was sie wollen - nicht was Du willst. Es ist Platz für alle Leute und für jede Art von Beteiligung in diesem Geschäft.“ Er hat recht. Da wir wissen, dass es falsch ist, sich auf die Ausstiegsquote zu konzentrieren, müssen wir unsere Aufmerksamkeit statt dessen auf die positiven Zahlen lenken. Je mehr Leute in unserem Geschäft aktiv tätig sind, desto erfolgreicher werden wir sein. Eine ausgeglichene Organisation besteht aus einer großen Gruppe von Großhandelskunden, vielen Einzelhandels-Beratern, einigen Teilzeit-Kollegen und einigen wenigen sponserbesessenen Vollzeitnetworkern. Ron schließt mit folgenden Worten:

„Arbeiten Sie mit den Führungskräften. Und tun Sie alles Erforderliche, um Ihre Einstellung aufrecht zu erhalten. Sie müssen darauf konzentriert bleiben, das Geschäft am Laufen zu halten.“ (Wir gehen auf diesen Punkt in Kapitel 6 ‚Abwehr der Streubomben‘ noch detaillierter ein).

Ob Sie Leute ansprechen und reihenweise Absagen erhalten, ob Sie Verabredungen treffen und dann alleine dastehen, oder ob Sie neue Partner ins Geschäft bringen und zuschauen, wie diese umfallen wie die Fliegen, bevor sie auch an nur einer persönliche Schulung teilgenommen haben - denken Sie daran, das alles ist unvermeidlich. Nichts läuft mit Ihnen und Ihrem Geschäft schief. Sie sind nicht anders als die Kellnerin im Café, die den Leuten Kaffee nachschenken möchte. Einige Leute wollen im Moment einfach keinen Kaffee. Sie filtern sich lediglich die ernsthaft interessierten Menschen heraus, für die der Zeitpunkt gerade richtig ist.

Depression entsteht nicht durch die Ausfallquote - ja nicht einmal durch Zurückweisung. Depression erfolgt daraus, dass man sich zu lang mit diesen Dingen aufhält und sie persönlich nimmt. Lernen Sie, so philosophisch wie Ron Wiggins mit den Enttäuschungen umzugehen: „In Ordnung! Heute habe ich neun *Neins* bekommen. Somit bin ich meinem nächsten *Ja* viel näher!“ Oder: „Gott sei Dank hat John aufgegeben, bevor ich noch mehr Zeit in ihn investiert habe.“ Die Ausfallquote ist eine Tatsache. Menschen verlieren ihre anfängliche Begeisterung. Einige Leute sind nicht trainierbar. Also machen Sie weiter und fangen Sie an, mit neuen Leuten zu arbeiten, die an Bord kommen. Und wenn Sie keine neuen, begeisterten Partner haben, suchen Sie sich welche! Wenn Sie zu viel Zeit damit verschwenden, Leute anzukurbeln, die gar nicht in diesem Geschäft sein wollen, wird es Sie hinunter ziehen; und je tiefer Sie sinken, desto verwundbarer werden Sie für den Depressions-Torpedo. Jedoch produziert es viel mehr Energie, neue Leute zu suchen, die begeistert, interessiert und lernwillig sind.

Wenn Sie sich „Down" fühlen, wenden Sie sich nach oben“

Es gibt ein uraltes Sprichwort in unserer Branche: „Wenn Du auf der Höhe bist, wende Dich nach unten; wenn Du Dich „Down" fühlst, wende Dich nach oben.“ Jeder von uns hat Upline-Führungskräfte, die theoretisch mehr Erfahrung haben als wir und die ein persönliches Interesse an unserem Erfolg haben. Wenden wir uns an diese Menschen, wenn wir Sorgen, Angst oder Depressionen haben. Daher - wenn Sie sich am Boden fühlen, wenden Sie sich nach oben.

David Dryden aus Dallas, Texas, lernte diese Lektion in letzter Minute. „Vor etwa zwei Jahren suchten meine Frau Teri und ich nach einer Möglichkeit, sie von ihrem Arbeitsplatz nach Hause zu bringen, so dass wir unsere Kinder selbst großziehen konnten, statt sie in einen Hort zu geben. Ich beschloss, härter zu arbeiten und ein eigenes Geschäft zu starten, aber es ging schief. Eines Tages kam meine Frau nach Hause, nachdem sie von einem jungen Mann namens Al Hewitt angesprochen worden war. Nachdem ich mit gekreuzten Armen und verschlossener Geisteshaltung in einem Meeting gesessen hatte, gab ich ihr das Okay für das Geschäft (als ob sie meine Erlaubnis gebraucht hätte).

Bevor ich überhaupt wusste, was passierte, hatten wir in der ganzen Wohnung Produkte stehen und ein Haus voller neugieriger Leute, die sehen wollten, was wir taten. Ohne es mir klar zu machen, hatte mich das Geschäft gefangen. Das heißt, so lange, bis ich auf meinen ersten und größten Feind traf: Menschen, die wir für gute Freunde gehalten hatten und die uns versetzten - Leute, die uns versprochen hatten, zu unserem Meeting zu kommen. Ich war so entmutigt, dass ich aufgeben wollte. Jedoch hatte ich glücklicherweise das Sprichwort gehört *„Wenn Du down bist, wende Dich nach oben"*, und so telefonierte ich und stellte mich meiner Upline vor. Ich hinterließ Nachrichten für fast alle, nicht ganz überzeugt, irgendeinen Rückruf zu erhalten.

Eines Tages dann passierte etwas, das mein Leben änderte. Ich hatte schließlich alles erlebt: Zu oft versetzt zu werden, zu viele *Neins*, zu oft spät schlafen gehen, nicht den schnellen Erfolg erleben, den ich erwartet hatte. Ich wollte meine Frau zum Essen einladen, um ihr zu sagen, dies sei ihr Geschäft, ihre Idee, und ich würde sie unterstützen, aber sie müsse es zukünftig ohne meine direkte Beteiligung tun. Ich wollte gerade das Haus verlassen, als das Telefon klingelte, und ich den Anrufbeantworter laufen lassen wollte. Aber irgendetwas ließ mich den Hörer abnehmen. Eine seltsam vertraute Stimme mit diesem entsetzlichen Texas-Slang fragte, ob David Dryden Zuhause sei. Am Telefon war Mark Yarnell, der tatsächlich meinen Anruf erwiderte. Wir sprachen zwanglos über das Geschäft und mögliche Erfolge, aber ich sprach nicht von meinen unmittelbaren Plänen, aufzugeben. Seine letzten Bemerkungen drehten sich um Beharrlichkeit, wie viele Leute - wie ich - in ähnlichen Lagen gesteckt hätten, und wie erfolgreich sie jetzt seien, nur weil sie nicht aufgegeben hatten. Dies änderte die Pläne für unser Gespräch beim Mittagessen, und es versteht sich, dass Teri und ich dabei geblieben sind. Dank der Upline-Unterstützung von Al Hewitt bis hin zu Mark Yarnell wissen wir jetzt, dass wir unsere Träume verwirklichen werden."

Als Nachschrift fügte David an, dass er fast zwei Jahre benötigte, um herauszufinden, warum er damals nicht aufgegeben hatte. Erst als er sich diese Geschichte spät nachts von der Seele schrieb, wurde ihm vollständig bewusst, warum er noch immer in diesem Geschäft war und wie es sich verwandelte - vom Ausstieg seiner Frau aus der Firmenwelt zu ihrem gemeinsamen Traum. Wir müssen immer daran denken, die Anrufe unserer Downline zu erwidern. Ein einfaches Fünf-Minuten-Gespräch ist oft das Einzige, was vor der Verwundbarkeit durch den Depressions-Torpedo schützt.

Unterstützung durch die Upline kann einen neuen Menschen in diesem Geschäft in den ersten Monaten erfolgreich werden oder ihn scheitern lassen. Vera Holub aus San Diego, Kalifornien, hat sich stark auf ihre Upline verlassen und umgekehrt versucht, diese in der Arbeit mit ihrer Downline nachzuahmen. Sie erklärt: „Ich bin auf den Baumwoll-Plantagen von Südtexas in einer Hütte groß geworden, mit einem Blechdach, ohne Strom und fließendes Wasser. Mein einziger Bruder brachte sich mit dreiunddreißig Jahren um. Ich bahnte mir meinen Weg durch das Junior College in eine Fabrik für Küchenschränke und machte meinen Abschluss als Magister der Naturwissenschaft in Zahnhygiene. Ich verwirklichte den Amerikanischen Traum - oder besser gesagt, Albtraum - indem ich mir bei der Arbeit mit einem Haufen neurotischer Zahnärzte für 50.000 Dollar im Jahr die Finger wund schuftete. Schließlich erkannte ich, dass es noch etwas Besseres geben musste. An dem Tag im Jahr 1988, als ich Mark Yarnells Video mit der Darstellung von Network Marketing sah, wusste ich, dass meine Gebete erhört worden waren und dass ich dieses Geschäft für den Rest meines Lebens machen wollte. Aufgeben stand nie zur Debatte.

Heute führe ich ein Leben, von dem viele Menschen nur träumen können, und ich kann mich um meine alternde Mutter kümmern. Sie begründete in mir den Traum, unser früheres Leben hinter uns zu lassen. Beim Aufbau meines Geschäftes habe ich mir Zeit genommen, das Leben zu genießen und mit dem Leben anderer Leute in Berührung zu kommen. Ich bin meinen Upline-Coaches Mark Yarnell und Kathy Denison so dankbar, dass sie mich in diese wunderbare Branche gebracht haben“.

Lassen Sie Ihre Downline nie ein „Down“ spüren

Das letzte, was wir wollen, ist, einen negativen Einfluss auf unsere Downline-Organisation auszuüben, indem wir eine negative Stimmung nach unten weiter tragen. Daher reden Sie am besten dann mit Ihrer

Downline, wenn Sie emotional ‚oben' sind. Diese Branche macht so viel Spaß, dass Sie sich selten in einer negativen Stimmung befinden müssen. Aber lassen Sie keinen Ihrer Downline-Partner jemals auch nur einen Hauch von Negativität spüren, denn falls Sie es doch tun, könnten Sie einen großen Teil Ihrer gesamten Gruppe vergiften. Sie sehen, es ist ziemlich verheerend - besonders für neue Berater - wenn diese sehen, dass ihre Führungskräfte emotional „down" sind.

Wenn Sie als Kind jemals „Stille Post" gespielt haben, erinnern Sie sich bestimmt, wie im Kreis der Freunde einer der Spieler dem Stuhlnachbarn einen Satz zugeflüstert hat. Nachdem jeder weitergesagt hat, was er verstanden zu haben glaubt, kehrt dieser Satz - oft bis zur Unkenntlichkeit verfälscht - zum ursprünglichen Erzähler zurück Sollten Sie dieses Spiel nie gespielt haben, dürfen Sie sicher sein: Wenn eine einfache Geschichte durch lediglich fünf oder sechs Menschen weiter gegeben wurde, ist sie oft völlig entstellt. Und das bei nur fünf Wiederholungen! Im Networking kann eine einfache Geschichte, telefonisch oder persönlich, in weniger als einer Woche Fünf- oder Sechstausendmal weiter erzählt werden. Können Sie sich auch nur ansatzweise die Verfälschungen vorstellen, die unausweichlich entstehen werden? Wenn nicht - hier folgt ein anschauliches Beispiel.

Mark schildert eine Situation, die ihm in den ersten sechs Monaten passiert ist. „Obwohl meine Gruppe in dieser frühen Phase natürlich noch kleiner war, entdeckte ich, wie dramatisch es sich auswirken kann, wenn eine Führungskraft, die sich ‚down' fühlt, mit den Mitgliedern ihrer Downline spricht. Ich war sauer, als ein professioneller Footballspieler in meiner dritten Linie in seinem zweiten Geschäftsmonat aufgeben wollte. Es machte mir aus zwei Gründen zu schaffen. Erstens hatte ich zahlreiche Stunden persönlicher Schulung in ihn investiert. Wie oft bekommt schließlich ein einfacher Landjunge aus den Boston-Hügeln in Nord-Arkansas die Chance, einen NFL-Star zu trainieren? Zweitens kannte ihn jeder, und ich war jedes Mal im Ego-Himmel, wenn ich jemandem - besonders meinen engen Freunden und Familienmitgliedern daheim in Missouri - erzählte, dass ich viel Zeit zur Schulung meines tollen Freundes und Partners Mr. NFL aufwandte. Als er aufgab und fünf seiner besten Freunde in eine andere Network-Firma mitnahm, war ich deprimiert und verärgert. Ich machte den Fehler, gegenüber einer neuen Erstlinien-Führungskraft zu erwähnen, was er getan hatte und warum ich so über sein Handeln verärgert war.

Zwei Wochen später, als ich Mr. NFL schon fast vergessen hatte, erhielt ich eine beunruhigende Nachricht auf meinem Anrufbeantworter von einem in Tränen aufgelösten Downline-Mitglied einer fremden Gruppe. Diese Dame war noch nicht einmal in meiner eigenen Downline. Ich kannte sie nicht, hatte noch nie vorher mit ihr geredet und habe auch seit diesem Vorfall nicht mehr mit ihr gesprochen. Sie sagte mir nicht, was sie verstört hatte, sondern bat bloß um sofortigen Rückruf, damit ich ihr bei einer wichtigen Entscheidung helfen könne. So weit ich mich erinnern kann - und es wird einigermaßen zutreffend sein, weil es eine so emotional aufgeladene halbstündige Unterhaltung war - hat sich der Dialog wie folgt abgespielt: Nach zwei Minuten einführender Worte begann sie niedergeschlagen und teilweise schluchzend, ihre Geschichte zu erzählen:

„Mr. Yarnell, ich kann Ihnen keinen Vorwurf machen, dass Sie die Firma verlassen, um Ihre Finanzen aufzubessern - wenn das Ihr Problem war. Ihre Familie verdient Wohlstand, besonders wenn man bedenkt, wie viel Aufwand Sie in Ihr Network Marketing Geschäft investiert haben. Aber wie mir Ihre Upline berichtet hat, haben Sie eine Unmenge Geld verdient, und es stört mich und erschüttert mein Vertrauen, dass Sie in Ihrem Alter glauben könnten, langfristig mit Football in der NFL so viel Geld zu verdienen, wie in diesem Geschäft. Mein Mann meint, Sie hätten den Mumm, es durchzuziehen, aber ich kann mir beim besten Willen nicht vorstellen . . .“

Ich unterbrach sie. Ich war geschockt und verstand gar nichts mehr. „Was haben Sie gerade gesagt, Sally?“

„Ich sagte, mein Mann meint, Sie hätten den Mumm...“

„Nein,“ warf ich ein, „vorher. Ich würde in der NFL anfangen? Machen Sie Witze? Ich meine . . . ich bin 36 und habe noch nicht mal im College Football gespielt.“

Tiefes Schweigen, ich hörte aber, wie sie sich räusperte. Dann fragte sie leise: „Sie meinen, Sie haben letzten Monat kein Probetraining bei den 49ern gemacht? Sie haben wirklich nicht NFL gegen MLM getauscht?“

Ich muss gestehen, es war die komischste Verdrehung der Tatsachen, die ich je gehört habe. Als ich ihr die Unmöglichkeit dieses Umstandes zusicherte, hörte ich sie deutlich aufseufzen. Sie war so erleichtert, dass ich das Geschäft nicht verlassen würde. Ich fliege mit einem Paraglider von jedem Berg oder Gletscher, aber das ist - verglichen mit professionellem Football - ein Kinderspiel. Wenn ich einen Treffer von einem auch nur mittelmäßigen NFLer erhalten würde, könnte ich mich glücklich schätzen, ihn zu überleben. Diese Fehlkonstruktion von einem Gerücht war so absurd, dass ich beschloss, es zurückzuverfolgen, um seine Quelle zu finden. Es ist mir nie gelungen, aber es bleibt der größte Blödsinn, den ich je über mich gehört habe.

Worum geht es also? Erwähnen Sie irgendetwas auch nur ansatzweise Negatives gegenüber Ihrer Downline, und Sie werden ziemlich sicher bei einer hochgradig verfälschten Unwahrheit enden! Vom kleinen Ärger über einen NFL-Star, der aus meiner Gruppe ausstieg, bis zu dem Punkt, an dem ich mit MLM so fertig sei, dass ich als 36-jähriges, 1,75-Meter grosses 70-Kilo-Bürschchen Profi-Football spielen wolle - das ist nun doch arg weit hergeholt. Diese Schilderung spricht für sich selbst und sollte für Sie Grund genug sein, wütende Beschwerden nicht an Ihre Downline weiterzugeben. Die Gerüchte kommen zurück, um Sie zu verfolgen, und schließlich sorgt der Umstand, dass die Upline einen niedergeschlagenen Eindruck macht, dafür, dass Ihre Downline das Geschäft in Frage stellt.

Ein Plädoyer für Optimismus

Die unterschwellige Peinlichkeit, die manche Geschäftsleute und Akademiker nach ihrem Eintritt ins Network Marketing empfinden, und die negativen Reaktionen von ihresgleichen sind zwei Ursachen für Depressionen - obwohl sie sie nicht ohne weiteres zugegeben werden. Wir müssen frühere Ärzte, Anwälte, Steuerberater und andere Akademiker auf den inneren Konflikt vorbereiten, den sie fast alle während ihres Wechsels ins MLM erleben werden. Egal, wie unterbezahlt oder überarbeitet sie waren - in ihrem früheren Leben wurden sie doch als bedeutende Leute anerkannt - als jemand mit einem Titel und eigenem Büro. Und nun fangen diese Menschen auf der untersten Sprosse der Leiter als einfache Networker wieder ganz von vorne an. Allein der Gedanke an diese Herausforderung lässt bei solchen Fachleuten oftmals die Angst aufkommen, sie müssten ihre gesamte Identität aufgeben, um in diesem neuen Geschäft voranzukommen.

Wer als Akademiker im Network Marketing erfolgreich sein will, muss bereit sein, seinen Ruf und seine Glaubwürdigkeit zum Aufbau des Geschäfts einzusetzen. Wer sich hinter dem Vorwand versteckt, es sei das Geschäft seiner Frau oder nur ein unbedeutendes kleines Nebengeschäft, programmiert sich selbst zum Scheitern, indem er sein Engagement vor seinen Freunden verleugnet. Es liegt in der Verantwortung ernsthafter Networker, solchen Fachleuten eine konkrete Vorstellung davon zu verschaffen, warum MLM eine solch außergewöhnliche Branche ist, und wie vielen Leuten sie dadurch helfen werden, die berufliche Tretmühle und vielleicht sogar einen stressbedingten Herzinfarkt zu umgehen. Ohne einen optimistischen Ausblick sind Menschen in unserem Geschäft zum Scheitern verurteilt.

Wir sind zu der Erkenntnis gekommen, dass wir im Network Marketing buchstäblich den meisten Grund für Optimismus in der Geschichte des freien Unternehmertums haben. Wir möchten Ihnen einige der Gründe für diese Behauptung nennen und Sie dazu ermuntern, diese Stelle im Buch zu markieren. Wenn einer unserer Gründe für Optimismus auf Sie besonders zutrifft, unterstreichen Sie ihn. Kommen Sie dann darauf zurück, wenn Ihre Stimmung ein wenig der Aufhellung bedarf.

Zum einen haben wir die einzige unternehmerische Chance für ein Geschäft von Hause aus mit buchstäblich keinerlei finanziellem Risiko. Die meisten Unternehmungen erfordern erhebliches Kapital, bevor Sie auch nur ein Firmenschild aufhängen können. Nicht so im Network Marketing! Wir sind an allererster Stelle davon begeistert, dass bei uns jeder mitmachen kann, und das zum geringen Preis von ein paar Produkten und Verkaufshilfsmitteln, und selbst diese Investition ist freiwillig. Daher gibt es in der Welt von Kleinunternehmen und Franchising nichts Ebenbürtiges!

Zum zweiten gibt es buchstäblich keine Obergrenze, keine Einkommens-Beschränkungen. Ein Anwalt kann nur eine bestimmte Anzahl von Stunden am Tag in Rechnung stellen, und ein Arzt kann täglich nur eine Handvoll Eingriffe vornehmen. Einige großartige Leute im klassischen Geschäftsleben haben schon seit zehn Jahren keine Gehaltserhöhung mehr bekommen. In unserem Geschäft jedoch können wir unseren Verdienst für die Familie tagtäglich steigern, wenn wir es wollen. Da wir eine unbegrenzte Anzahl von Leuten ins Geschäft bringen können, von denen jeder dasselbe tun kann, werden wir letztlich für die Anstrengungen von Hunderten oder Tausenden von Menschen bezahlt. Wir können nicht für Sie oder irgendjemand anderen sprechen, aber wir können folgendes sagen: Wir sind begeistert, dass es möglich ist, eine Million Euro im Monat zu verdienen. Ist es nicht reizvoll, zu sehen, dass man Ihre Enkel - wenn Sie sich anstrengen - in Ihrer Stadt als „alteingesessene Reiche" betrachten wird?

Drittens und am berauschendsten von allem, im Network Marketing entspricht zeitliche Freiheit direkt Ihrem Wohlstand und Erfolg. Nichts im Leben kommt unserer Meinung nach dem Spaß gleich, viel Zeit mit den Dingen zu verbringen, die uns am besten gefallen - mit den Leuten, die wir am liebsten mögen. In herkömmlichen Berufen, kleinen Geschäften, Verkaufs- oder Firmenmanagement kämpft sich jeder mit alltäglicher, langweiliger Arbeit durch 80-h-Wochen, um *vielleicht* einen freien Sonntagnachmittag mit der Familie zu haben. Nichts ist kostbarer als freie Zeit, und wer sie sich geschaffen hat, blickt optimistisch auf eine Branche, die anderen dieses kostbare Produkt bietet und damit weltweit die Möglichkeit herstellt, die Werte des Familienlebens zu fördern.

Viertens muss es im MLM keinerlei Stress geben. Laut einer Titelstory der späten 80-er Jahre in der Zeitschrift *„Georgia Trends"* ist der Trend Nummer eins in Amerika der stressbedingte Herzinfarkt. Und nach diesem Artikel ist es nicht mehr nur ein Risiko für Männer. Die Todesursache Herzinfarkt ist bei Frauen seit 1980 um 100 Prozent gestiegen. Wenn Sie am Network Marketing keinen Spaß haben, machen Sie es falsch. Unser Geschäft explodierte in den letzten paar Jahren, obwohl es groß angelegtes Sponsern erforderte und eine Menge guter altmodischer Zurückweisung brachte. Wenn Sie also wie wir in den ersten paar Jahren den Preis bezahlen, muss es in Ihrem Leben keinen Stress mehr geben.

Das bringt uns zu unserem fünften Grund für Optimismus: Dem ***Vier***-Jahres-Plan. Der 40-Jahres-Plan ist das Beste, worauf Leute im herkömmlichen Geschäft hoffen können. Was der 40-Jahres-Plan ist, wollen Sie wissen? Mit fünfundzwanzig haben die meisten Leute eine Vorstellung davon, welchen Beruf sie ergreifen wollen - vom Angelführer bis zum Chirurgen. Vierzig Jahre später jedoch arbeiten von einhundert Leuten durchschnittlich noch fünf, 36 sind tot, 54 sind pleite (oder verdienen zumindest viel weniger als während ihrer Berufstätigkeit), vier sind wohlhabend und einer ist reich. Der 40-Jahres-Plan bedeutet also, dass die meisten von uns für vier Jahrzehnte von zu Hause zur Arbeit und von der Arbeit nach Hause gehen, hin und zurück, hin und zurück, wie ein kranker, eingesperrter Löwe . . . und am Ende kann schließlich nur einer von hundert Menschen auf Grund der Arbeit, die er geleistet hat, etwas vorweisen! Der ***Vier***-Jahres-Plan steht in scharfem Kontrast dazu. Arbeiten Sie gewissenhaft vier Jahre lang für eine MLM-Firma, bauen Sie ein Einkommen auf, das auf ehrlichem Produkt- oder Dienstleistungsumsatz beruht, und Sie haben es für's ganze Leben geschafft.

Ihre Erben werden noch begeisterter sein als Sie. Jedermanns MLM-Geschäft ist vollständig vererbbar. Wenn Ihr Herz nicht bei dem Gedanken zu klopfen beginnt, den 40-Jahres-Plan gegen den Vier-Jahres-Plan einzutauschen, sollten Sie sich vielleicht einmal auf Ihren Geisteszustand untersuchen lassen.

Man sagt: „Anerkennung ist unser größtes Streben im Leben. Babys schreien danach und erwachsene Männer sterben dafür.“ Dieses Sprichwort ist wahr, und kein anderes Geschäft kann uns die Anerkennung bieten, die wir als Führungskräfte in der Network Branche erhalten. Die einzigen Male, dass wir beide zutiefst gerührt waren und öffentlich vor einem großen Publikum weinten, waren die zwei Male, als uns unsere Downline einen Preis für unsere Arbeit verlieh. Solche Anerkennung wartet auf alle, die im Network-Marketing einigermaßen erfolgreich werden. Nichts im Leben rührt uns so sehr, als wenn uns andere Menschen mit aufrichtigen

Niemand kann die zum Erfolg notwendigen Aufgaben vollbringen, wenn er deprimiert ist. Besonders in einem Geschäft, in dem Erfolg mehr aus Einstellung als aus Fähigkeiten resultiert.

Freudentränen für die Chance danken, ihr Leben zum Funktionieren zu bringen.

Schließlich wartet auf jeden in diesem Geschäft die Freude, zu reisen und anregende kulturelle Erfahrungen zu machen. Arbeiten Sie hart, werden Sie erfolgreich, und dann schnallen Sie sich an und seien Sie bereit, die Welt zu sehen und Spaß an neuen Abenteuern zu haben, während Sie internationale Freundschaften pflegen. Nichts verabscheuen wir Menschen mehr als langweilige Routinearbeit. Im MLM erfreuen wir uns am Reisen und am Kennenlernen neuer Kulturen, wir genießen Besuche in bedeutenden Museen und tun uns an neuen, einzigartigen Gerichten aus völlig unterschiedlichen Welten gütlich. Network Marketing ist ein unglaublich vielfältiger und einträglicher Beruf.

Wie Sie sehen, gibt es viele Gründe für Optimismus im Network Marketing, und wir ermuntern Sie sehr, dieses Kapitel und insbesondere diese Gedanken regelmäßig zu wiederholen, sollte Sie der Depressions-Torpedo unvorbereitet treffen. Beim Network Marketing mitzumachen heißt, einer der glücklichsten Menschen der Welt zu werden.

Kontrollieren Sie Ihre Geisteshaltung

Unsere Einstellung gehört zu den wenigen Besitztümern, die vollständig uns gehören und die uns niemand nehmen kann. Häuser und Autos kommen und gehen, aber unsere Werte und Einstellungen gehören uns für immer. Nur wenn wir kontinuierlich Kontrolle über unsere eigene Einstellung ausüben, können wir mit den äußeren Umständen zu Rande kommen. Wirkliche Veränderung kommt zuerst von innen, und unser entsprechendes Verhalten folgt automatisch.

In ihrem ersten Jahr im Network Marketing sind Menschen oft deprimiert, wenn sie sich diese Tatsache nicht klar machen. Es gibt eine natürliche Neigung, sich persönlich zurückgewiesen zu fühlen, wenn ein Verwandter oder enger Freund sich entscheidet, bei Ihrem Geschäft nicht einzusteigen. Oder es wird als persönliche Beleidigung empfunden, wenn jemand, den Sie stundenlang unterstützt und geschult haben, ohne offensichtlichen Grund das Geschäft aufgeben will. Es ist mehr als wahrscheinlich, das dies passiert, aber es liegt bei Ihnen, wie Sie darauf reagieren.

Niemand kann die zum Erfolg notwendigen Aufgaben vollbringen, wenn er deprimiert ist. Besonders in einem Geschäft, in dem Erfolg mehr aus Einstellung als aus Fähigkeiten resultiert. Viele Leute scheitern einfach nur auf Grund ihrer Einstellung. Und wie schon vorher gesagt: Es ist praktisch unmöglich, Menschen von einem Berufswechsel zu überzeugen, wenn Sie ihnen nicht Ihre Begeisterung und Freude zeigen. Wir können nicht erwarten, dass andere in unserem Geschäft mitmachen, wenn es für sie offensichtlich ist, dass wir unzufrieden sind. Denken Sie immer dran: Begeisterung ist ansteckend.

Bei unserer eigenen Sponserarbeit drücken wir ganz freizügig prickelnde Begeisterung als wichtigstes Hilfsmittel aus, um andere davon zu überzeugen, bei unserem Geschäft mitzumachen. Für unsere Interessenten ist es offensichtlich, wie begeistert wir sind, während es vielen von ihnen klar ist, dass ihr eigenes Leben aus Langeweile und Routine besteht. An einem bestimmten Punkt in unserer Präsentation sagen wir immer: „Wenn Sie in unserem Geschäft keinen Spaß haben, machen Sie es falsch!“ Nun zu den Praxis-Tipps.

Keine Nachrichten mehr!

Nie zuvor in der langen Geschichte unserer Zivilisation hatten wir so viele Mittel zur völligen Kontrolle unserer Einstellung. Wir sind davon überzeugt, dass der alte Spruch, der ursprünglich aus der Computerbranche stammt, gewiss auch auf den menschlichen Geist angewandt werden kann: „Schrott eingeben = Schrott erhalten.“ Aufgrund unseres theologischen Hintergrundes haben wir beide an ausgedehnten Sozialberatungssitzungen teilgenommen. Oft haben wir festgestellt, dass Depressionen das Ergebnis des Mülls waren, dem Menschen den Zugang zu ihrem Gehirn erlaubt haben. Ein Mann, der zur Eheberatung kam, erzählte, wie er das Feuer in seiner Beziehung verloren hatte. Und tatsächlich wurde sein Leben immer deprimierender. Wie so oft wird die Geschichte durch eine kurze Bewertung der täglichen Aktivitäten des Mannes klar:

„Philip war ein vierzigjähriger Computer-Analyst in einer bedeutenden Technologiefirma, der erklärte, an seinem Tag sei nichts Ungewöhnliches. ‚Ich stehe jeden Morgen auf, sitze am Frühstückstisch und lese die Zeitung. Da ich Mitglied einer Fahrgemeinschaft bin, hole ich entweder meine beiden Freunde oder sie mich für die 45-Minuten-Pendelfahrt ab.‘

Ich unterbrach ihn mit einer Frage: ‚Worüber reden Sie im Auto?‘

‚Ach, den üblichen Small Talk,‘ antwortete er, ‚aber wir reden nur ein paar Minuten, dann stellen wir das Radio an, weil ein Sender alle zehn Minuten Verkehrsmeldungen bringt, die uns bei der Routenplanung helfen. Wenn es einen größeren Stau vor uns gibt, umfahren wir ihn. Und außerdem haben die, die nicht fahren, normalerweise Geschäftsakten zu studieren.‘

Es war, wie ich erwartet hatte. Philip schilderte dann im einzelnen seinen Tagesablauf. Er und seine Mitarbeiter hatten die Erlaubnis, während der Arbeit Radio zu hören. ‚Das unterbricht die Monotonie,‘ erklärte Philip. Wenn er von der Arbeit heimkam, las er zuerst die Zeitung und nippte an einem Glas Wein. Er aß mit seinen beiden Kindern und seiner Frau zu Abend, während sie alle ihren Tag durchsprachen. Knapp zwei Stunden verwendete er auf den Papierkram, den er mitgebracht hatte; dann kuschelte er sich mit seiner Frau ins Bett, um eine Boulevard-Sendung mit dem Titel ‚Law and Order‘ zu sehen, der dann die Zehn-Uhr-Nachrichten folgten. Er betonte noch mal, dass er ein recht gutes, aber kein außergewöhnliches Leben führe.

Nach 45 Minuten aufmerksamen Zuhörens empfahl ich Philip, für einen Zeitraum von sechs Monaten nicht eine Zeitung zu lesen, keine Fernsehshow über Verbrechen oder Nachrichtensendungen irgendeiner Art anzusehen, und nicht einmal Nachrichten im Radio zu hören. Sechs Monate ohne Nachrichten! Nach zwei weiteren Beratungen, in denen wir routinemäßige Eheberatungs-Techniken anwandten, kamen Philip und Nancy nie wieder. Zwei Jahre später trafen wir sie zufällig bei einer Konferenz, und beide strahlten. Ihre Ehe hatte eine positive Wendung genommen und Philip dankte mir überschwänglich. Er merkte an, er wisse wirklich nicht genau, was sich geändert hätte, aber etwas habe sein Leben sicherlich verbessert. ‚Nebenbei gesagt,' bemerkte er im Weggehen, außer der Wochenendausgabe von *USA Today* gebe ich mich nicht mehr mit den Nachrichten ab. Ich denke aber nicht, dass das so viel geholfen hat.'"

Falsch, Phil. Der gesamte Ehe-Umschwung könnte wahrscheinlich direkt auf das Weglassen solch bedeutungsloser Nachrichtensendungen zurückgeführt werden. Wenn Sie unter Depressionen leiden, lesen Sie diesen Satz drei Mal: „Keine Nachrichten mehr!" Wenn irgendwo auf der Welt Marsmenschen landen, hören Sie davon innerhalb von 15 Minuten aus Ihrem Freundeskreis. Wenn eine Prinzessin stirbt, hören Sie davon sogar auf einem Schiff in der Karibik. Das war zumindest bei uns der Fall.

Von all den Absurditäten des modernen Lebens schafft nichts so viel Depression und Kummer wie die Nachrichten. Jeden Tag unseres Lebens werden wir mit gedruckten, Radio-, Fernseh- und Internetnachrichten bombardiert. Um den Effekt, den diese auf uns haben, wirklich zu verstehen, denken Sie bitte einmal über die Philosophie der Nachrichtenmedien nach. Sie wollen Geld verdienen, und um gewinnbringend zu sein, müssen sie interessant sein. Und denken Sie an die oft zitierte Philosophie der Nachrichtenbranche: „Gute Nachrichten sind keine Nachrichten." Sie wissen, dass die Öffentlichkeit nach dem Außergewöhnlichen giert. Ein Mord fasziniert mehr als ein Mann, der 150.000 Euro für wohltätige Zwecke spendet. Donald Trump lässt sich von Marla Maples scheiden, also leuchtet die Boulevardpresse jeden Winkel der Geschichte aus. Letztes Jahr spendete Trump den Gegenwert von zwei Millionen Euro für New Yorks Obdachlosen-Programme, aber wir hätten es nie erfahren, hätte es uns nicht ein gemeinsamer Freund gesagt. Wir abonnieren den *New Yorker* wegen der tollen Storys, aber es gab keine Erwähnung von Trumps Altruismus. Warum? Weil die Öffentlichkeit nicht an „Guten Nachrichten" interessiert ist und diese nicht kauft.

Wir sind unwiderruflich überzeugt, dass es für den Erfolg absolut notwendig ist, unserem Gehirn positive Informationen zu liefern.

Was das also mit uns zu tun hat? Jede Menge! Wenn wir neue Erstlinien-Mitglieder einschreiben, erhalten sie von uns - noch vor ihrer späteren persönlichen Einzelschulung - einen speziellen Auftrag. Wir behandeln diese in einem späteren Kapitel noch genauer, nur so viel sei gesagt, sie sind recht einfach:

- Bestimmen Sie Ihre Ziele. Visualisieren Sie das Endergebnis - sehen Sie sich selbst dort - , dann halten Sie Ihre Verpflichtung schriftlich fest.

- Erstellen Sie eine Liste mit 2000 Namen aus Ihrem Bekanntenkreis, dann wählen Sie die 25 wichtigsten und interessantesten Leute, mit denen Sie die Gelegenheit teilen möchten, aus.

- Nachdem Sie unsere Produkte selbst benutzt haben, finden Sie zehn Kunden, die diese ebenfalls nutzen.

- Um Ihre positive Einstellung zu erhalten, vermeiden Sie sechs Monate lang alle Arten von Nachrichten - außer Zeitschriften die zu mindestens 75 % aus Fachinhalten und höchstens zu 25 % aus aktueller Berichterstattung zusammen gesetzt sind.

Es ist sehr einfach, die ersten drei Bedingungen zu erfüllen, aber die letzte wird uns oft schwer fallen. Eine auch nur flüchtige Einschätzung der Einstellung Ihres Beraters wird eine Menge zu Tage bringen. Wenn er munter und aufrichtig ausgelassen ist, schaut er wahrscheinlich keine Nachrichten an!

Sorgen Sie aus Ihrem Inneren für eine positive Umgebung

Wir sind unwiderruflich überzeugt, dass es für den Erfolg absolut notwendig ist, unserem Gehirn positive Informationen zu liefern. Dies tun wir, indem wir ermutigende Bücher und Artikel lesen, inspirierende Hörbücher nutzen und jeden Tag eine positive Kommunikation pflegen - mit uns selbst und anderen.

Lesen Sie Bücher, die Sie motivieren, und reichen sie diese an andere weiter. Anspornendes Material muss sich wie Lauffeuer verbreiten. Hier eine Empfehlung:

Besorgen Sie sich unbedingt Richard Poe´s „Wave 4"-Bücher. („Wave 4 - Network Marketing im 21. Jahrhundert" sowie „Die Wave 4-Methode zum Aufbau Ihrer Downline"). Richard, der sich seit vielen Jahren mit unserer Branche befasst, gelingt es in seinen leicht verständlichen Werken, nicht nur für eine Menge Motivation zu sorgen, sondern unseren Partnern auch das dringend benötigte Wissen für Führungsqualität im Network Marketing zu vermitteln

Beide Bücher sind bemerkenswert, aber schenken Sie vor allem letzterem Buch besondere Aufmerksamkeit. Viele Menschen, die überzeugt waren, die Schwierigkeiten des Network Marketing würden sie unterkriegen, haben die Worte von Richard Poe berührt und ihre Niedergeschlagenheit weggewischt.

Heutzutage kann man Hunderte von inspirierenden und motivierenden Hörbüchern beziehen. Stecken Sie bei jeder Gelegenheit eines in Ihren Kassettenrekorder, bzw. CD-Player - z. B. beim Autofahren oder bei einfachen Arbeiten zu Hause - um kontinuierlich positive Botschaften aufzunehmen. Diese Aufnahmen werden Ihnen helfen, Ihr volles Potenzial zu nutzen, Ihren Glauben an sich selbst zu vergrößern und Ihre höchsten Ziele zu erreichen.

Fünfzig- bis sechzigtausend Gedanken gehen uns täglich durch den Kopf, wovon sich 95 % um die Vergangenheit drehen, und häufig ist es die Vergangenheit, die uns bremst. Uns allzu lang mit negativen Ereignissen aus der Vergangenheit zu befassen, die nicht mehr zu ändern sind, wird unsere Fähigkeiten nur blockieren. Um vorwärtszukommen, müssen wir mehr Zeit aufwenden, um uns erstens an positive emotionale Ereignisse aus der Vergangenheit zu erinnern, oder uns - zweitens - auf die Zukunft zu konzentrieren.

Erfolgsmenschen konzentrieren sich immer auf das Endergebnis, während andere immer nur auf den Vorgang starren, das ‚Wie'.

Wenn Sie in einem Augenblick das Gefühl haben, wie ein fallendes Blatt in Spiralen nach unten zu segeln, legen Sie ein wenig Musik aus der Vergangenheit auf, die glückliche Tage heraufbeschwört. Hiervon muss man sich einfach gut fühlen. Denken Sie an Dinge, die in der Vergangenheit perfekt funktioniert haben. Genau diese Gedanken verschaffen Ihnen ein angenehmes Gefühl. Dann nehmen Sie diese Eindrücke und Gefühle und übertragen sie auf den gegenwärtigen Moment. Wenn ein Ehemann nach Hause kommt und erblickt statt seiner Frau, mit der er jetzt ein Routineleben verbringt, das Mädchen, dem er einst den Hof gemacht hat, wird er sich anders benehmen. Ein liebevolles Verhalten ihr gegenüber erzeugt oft ihrerseits ähnliche Reaktionen. Dieses Beispiel ist nur eine Methode, die Vergangenheit zu benutzen, um unsere emotionalen Reaktionen auf die Gegenwart zu ändern. Der Depressions-Torpedo mag da draußen lauern, aber wir müssen nicht davon getroffen werden. Wir haben unsere Einstellung hundertprozentig unter Kontrolle.

Wenn wir an unserer persönlichen Entwicklung arbeiten, ist es ebenso wirkungsvoll, mehr Energie in das Denken über die Zukunft zu stecken. Dazu bedarf es einiger Anstrengung und Entschlossenheit, weil es unsere natürliche Neigung ist, in der Vergangenheit zu verweilen. Uns zu bemühen, zu visualisieren, wie wir sein wollen, ist der erste Schritt zu Veränderung und Wachstum. Wenn wir es nicht schaffen, uns vorzustellen, wie wir selbst in einer positiven Zukunft aussehen könnten, kommen wir wohl auch nicht dorthin. Allzu oft schränken die Menschen ihre Ziele ein, indem sie diese darauf gründen, was sie im Moment als Realität anerkennen. Aus diesen Grenzen auszubrechen heißt jedoch, Unmögliches möglich zu machen.

Zielsetzung ist ganz einfach der Vorgang, sich an eine neue Realität anzupassen - von Ihrem Inneren nach außen. Um solche Träume allmählich in die Realität umzusetzen, beginnen Sie, diese zu visualisieren, lange bevor sie irgendwann Wirklichkeit werden. Fangen Sie damit an, sich selbst zu sagen, „Es ist möglich," obwohl es momentan noch nicht geschieht. Denken Sie in der Zukunftsform und stellen Sie sich Ziele als bereits erreicht vor. Gestehen Sie sich das Gefühl zu, als würden Ihre Träume sich jetzt gerade verwirklichen. Erfolgsmenschen konzentrieren sich immer auf das Endergebnis, während andere immer nur auf den Vorgang starren, das ‚Wie'. Leute mit beschränktem Denken fragen ‚Warum?' Wer grenzenlos denkt, fragt ‚Warum nicht?'

Die Skeptiker unter Ihnen mögen Sorge empfinden, ihre Ziele könnten unrealistisch sein, oder sie selbst unfähig, sie zu verwirklichen. Wenn Sie an den Wert Ihrer Ziele glauben, werden Ihnen, vertrauen Sie uns, die Ideen kommen, um sie umzusetzen. Setzen Sie sich große Ziele und bemühen Sie sich darum, diese zu erreichen. Was immer Sie tun, geben Sie Ihre Ziele nie auf - ändern sie nur Ihre Einstellung. Wenn unsere Überzeugung, dass wir in unsere gegenwärtige Realität eingesperrt sind, stärker ist als unsere Vision davon, was wir wirklich wollen, wird unser Wachstum erstickt. Denken Sie darüber nach, was auf Sie zukommt, um eine Veränderung zu bewirken.

Arbeiten Sie mit Affirmationen

Eine Affirmation ist ein verbaler Auslöser - eine Aussage der Überzeugung, geschrieben und wiederholt, als sei das Ziel bereits eine vollendete Tatsache. Affirmationen besitzen die Kraft, das Ergebnis herbeizuführen. Viele namhafte Verhaltensforscher haben in spektakulären Studien die Wirksamkeit der Affirmation dokumentiert. Wir können jetzt auch den zynischsten, konservativsten Pragmatikern gegenüber behaupten, dass Selbstgespräche, Affirmationen, Visualisierung und autogenes Training funktionieren! Vor der Veröffentlichung von Dr. Banduras Studie in Stanford und denen von Dr. Charles Garfield am Institut für Leistungsforschung in Berkeley, Kalifornien hätten wir einen Teil unserer Zuhörer verloren, wenn wir uns auf das Gebiet von Selbstverpflichtungen und autogenem Training vorgewagt hätten. Heute könnten nur Leute, die von der Welt abgeschlossen gelebt haben, die Wirksamkeit von Visualisierung und täglichen Affirmationen bezweifeln. Heutzutage wissen wir, dass eine der besten Verteidigungsstrategien gegen Depressionen oder jeder andere Form mentaler Belastungen das Erstellen und Wiederholen positiver Aussagen über uns selbst ist. Schreiben Sie einige auf ein Kärtchen und

Sowie Sie das Neue visualisieren, beginnen Sie allmählich, das Alte zu überwinden und glauben mit jeder Faser Ihres Seins, dass das, was Sie visualisieren, für Sie in genau diesem Moment geschieht. An dieser Stelle beginnt Ihre Veränderung.

stecken Sie sie in Ihre Brieftasche, Ihren Terminkalender oder an Ihren Badezimmer-Spiegel, um sie täglich aufzusagen.

Hier sind einige Aussagen zur Selbstbeeinflussung, die bei wohl jedem funktionieren, aber schreiben Sie ruhig ein paar eigene auf, die sich speziell auf Ihre eigenen Wünsche und Bedürfnisse beziehen. Lesen Sie sie jeden Morgen leise durch, wenn Sie aufwachen, und jeden Abend, bevor Sie das Licht ausschalten. Wenn Sie jede einzelne gelesen haben, visualisieren Sie die schriftliche Aussage, als würde sie gerade jetzt geschehen. Lesen Sie die Worte, stellen Sie sich vor, wie sie zur Realität werden und spüren Sie die Gefühle, die mit der Vision einhergehen. So wie diese Selbstbestätigungen allmählich in Ihren Alltag übergehen, so werden Kreativität, positive Entscheidungsfindung und Zielsetzung für Sie jederzeit frei zugänglich.

„Ich bin stark und weiß, dass ich allein für die Ergebnisse meiner Entscheidungen und Handlungen verantwortlich bin."

„Ich genieße jede Seite des Lebens, weil ich leicht und voller Begeisterung für Spaß, Freude und Abenteuer sorgen kann."

„Ich fühle mich geborgen, weil ich mit einem Team positiver Menschen arbeite, die meine Werte teilen."

„Menschen hören mir zu, wenn ich rede - weil ich etwas Wertvolles zu sagen habe."

„Ich teile meine Geschäftsvisionen anderen klar und deutlich mit, so dass sich diese angeregt fühlen, sich mir und dem Geschäft anzuschließen."

„Wegen meiner großen Selbstachtung empfinde ich enorme Befriedigung, meine Ziele zu erreichen."

„Ich schätze mich als Person und weiß, dass ich monatlich mindestens 50.000 Euro und mehr wert bin."

„Ich bin stolz, eine MLM-Dynastie aufzubauen. Weil ich Dutzende begeisterter Leute sponsere, die meinen Erfolg schnell duplizieren."

Anhand dieser Übung werden Sie feststellen: Sowie Sie das Neue visualisieren, beginnen Sie allmählich, das Alte zu überwinden und glauben mit jeder Faser Ihres Seins, dass das, was Sie visualisieren, für Sie in genau diesem Moment geschieht. An dieser Stelle beginnt Ihre Veränderung.

Veränderung bedeutet oft, zwei Schritte nach vorne und einen Schritt zurück zu gehen. Wenn Sie gute Fortschritte machen, sollten Sie sich sagen: „Das sieht mir ähnlich." Wenn Sie einen Fehler machen, sagen Sie: „Das passt nicht zu mir. Nächstes Mal mache ich es besser." Wir haben jede dieser Selbstbestätigungen wiederholt gebraucht und sie vielen anderen Leuten weitergegeben. Mit ihrer regelmäßigen Wiederholung haben sie dramatische Ergebnisse erzielt

Dr. Bob Scharp, ein Zahnarzt aus Big Rapids, Michigan, erlebte im Jahr 1989 harte Zeiten. „Scheidung, Auflösung meiner Praxis, der frühzeitige Tod meines Partners in meiner neuen Unternehmung, ein schief gegangenes Büro-Projekt und schließlich der sechsmonatige Kampf meiner Frau mit dem Krebs hatten mir über eine Million Dollar Schulden eingebracht. Im Januar 1996 drohte das Finanzamt, mein restliches Vermögen zu pfänden, bis 90.000 Dollar Steuerrückstände vollständig bezahlt wären. In dem Moment, als das Finanzamt eine Zahlung von meinem Versicherung zurückhielt, erschien mir die Lage endgültig trostlos.

Vor kurzem hatte ich an einem an einem „Visions-Workshop" mit dem Präsidenten meiner Network-Firma teilgenommen. Wieder zu Hause, las und wiederholte ich jeden Morgen und jeden Abend die folgenden Selbstbestätigungen: ‚Ich sitze auf meiner Terrasse und blicke auf meinen Teich, der mit Barschen, Hechten und Blaukiemen bestückt ist. Meiner Frau Susan und mir steht es frei, überall hin zu reisen, wohin und wann immer wir wollen. Die Menschen suchen meinen Rat aufgrund meiner Fähigkeit und meiner religiösen Überzeugung. Ich habe Zeit und Geld, um meinen Kindern bei ihrem Berufsstart zu helfen, etc.'

Fast unmittelbar begannen sich die Dinge zu ändern. Mein Bauunternehmer lieh mir 200.000 Dollar, um alle meine schon längst fälligen Schulden zu bezahlen, einschließlich derjenigen beim Finanzamt. Meine Zahnarztpraxis begann Erfolg zu haben. Mein Network Marketing-Geschäft, das stagniert hatte, begann zu wachsen. Ich gewann mein Selbstvertrauen und meine Selbstachtung zurück. Innerhalb von fünf Monaten waren alle kurzfristigen Schulden erledigt und alle langfristigen Schulden würden nach Plan bezahlt werden. Am aufregendsten von allem war, dass Susan und ich im Oktober in unser neu gekauftes Traumhaus zogen. Es ist eine einundfünfzig Morgen große Farm mit Fischteich und Schwimmbecken, Flutlicht-Tennisplatz, Pferdestall, zehn Morgen Weideland und einem Gästehaus, das wir vermieten. Wir haben Rotwild, Gänse, Enten, Truthähne und Tausende von Vögeln als Gäste. Meine Beziehung zu meiner Firma und der Branche ist weit mehr, als bloß in Teilzeit etwas dazu zu verdienen. Es geht um persönliche Entwicklung und die Freiheit, ein Leben nach eigener Wahl zu führen. Es geht darum, zufrieden damit zu sein, was man jeden Tag tut, und anderen Leuten zu helfen, ein Leben nach ihren eigenen Träumen zu führen."

Mehr und mehr Wissenschaftler inklusive geachteter Quantenphysiker sind zu dem Schluss gekommen, dass wir keine Traumergebnisse erzeugen können, indem wir einfach die Gesetze der Physik leugnen. Wir *können* jedoch dramatisch auf unser Unterbewusstsein einwirken, das direkt unsere tägliche Leistung beeinflusst. Vielleicht erinnern Sie sich, dass die Bundes-Kommission für Medienkommunikation sehr beunruhigt war, dass Verbraucher durch auf das Unterbewusstsein gezielte Werbung manipuliert werden könnten. Schließlich wurde sie für illegal erklärt, weil sie so hochwirksam ist. Dieselbe Art von Manipulation kann auch, richtig angewendet, für positive Produktivität genutzt werden. Versuchen Sie es einen Monat mit Selbstbeeinflussung, und Sie werden sie Ihr Leben lang gebrauchen. Indem Sie Selbstbestätigungen anwenden, verteidigen Sie sich gegen den Depressions-Torpedo, und keine schlechte Nachricht oder Enttäuschung wird mehr in der Lage sein, Ihren Schild zu durchdringen.

Entweder Sie verdienen ein Leben in finanzieller Sicherheit und zeitlicher Freiheit mit Ihrer Familie, oder Sie verdienen ein mittelmäßiges Leben inmitten negativer Menschen. Es liegt bei Ihnen.

Schaffen Sie ein positives Umfeld - indem Sie Ihre Außenwelt zu Hilfe nehmen

Unser abschließender Rat zur Vermeidung von Depressionen - und der braucht gar nicht schwer zu befolgen sein - ist, dass neue Berater zumindest in ihrem ersten Jahr im Network Marketing Traumzerstörer und andere negative Menschen meiden sollten. Oftmals sind diese negativen Leute Familienmitglieder oder auch enge Freunde! Da der Erfolg im MLM häufiger aus unserer Einstellung resultiert als aus unseren Fähigkeiten, ist es wichtig, dass wir mit Leuten verkehren, die uns in unserem Begehren nach Erfolg unterstützen. Setzen Sie denjenigen klare Grenzen, die ständig negativ über unser Geschäft reden oder unsere Träume kritisieren.

Setzen Sie sich mit einem nach dem anderen dieser negativen Leute zusammen und diskutieren Sie ernsthaft miteinander. Sagen Sie ihnen, dass Sie ungeachtet ihrer Meinung über diese Branche entweder positive, anspornende Kommentare brauchen und erwarten - oder gar keine. Sagen Sie ihnen die Wahrheit. Wenn sie fortfahren, Sie in kontraproduktive, negative Diskussionen zu verwickeln, müssen Sie eine Entscheidung treffen. Entweder Sie verdienen ein Leben in finanzieller Sicherheit und zeitlicher Freiheit mit Ihrer Familie, oder Sie verdienen ein mittelmäßiges Leben inmitten negativer Menschen. Es liegt bei Ihnen. Aber in den meisten Fällen werden die Leute, wenn Sie sie freundlich bitten, Sie zu unterstützen, dies auch tun, wenn sie Sie wirklich mögen.

Dr. Robert Neff aus Dallas, Texas, hatte im ersten Jahr seines Network-Geschäftsaufbaus eine Menge negativer Gefühle bei Leuten kennen gelernt, für die er enormen Respekt empfand. Deren wichtigstes Argument war, dass die Branche grundlegende Mängel aufweise: „Andere für den eigenen Profit ausnützen." Diese Erfahrung hatte er natürlich nicht gemacht, aber ihre Worte blieben in seinem Kopf und bremsten ihn bei seinem Geschäftsaufbau. Warum? Weil sie ihn deprimierten.

Obwohl er als Atheist aufgewachsen war, wuchs in Dr. Neff das Verständnis für spirituelle Werte. Als er seine Position in der Branche und seinen aufkommenden religiösen Glauben langsam in den Griff bekam, fand er eines Morgens zu einer erstaunlichen Erkenntnis: Network Marketing glich dem Vorbild des Christentums. Wie wild schrieb er die Parallelen, die er sah, nieder, und dabei verließen ihn die Zweifel, die er über die Branche hegte. In diesem Moment wusste er, dass Network Marketing eine von Natur aus gute Branche war, in der es darum ging, andern dabei zu helfen, sich selbst zu helfen. Der Vorgang des Niederschreibens war es, der Dr. Neff zugute kam. Wir finden seine Analyse großartig und hätten diese Parallelen nicht wortgewandter ausdrücken können - obwohl wir beide zu berufsmäßigen Theologen ausgebildet sind! Wenn man diese Ähnlichkeiten zwischen Network Marketing und dem Christentum liest, wird es leicht zu verstehen, wie sie Dr. Neff seine Depressionen mildern halfen: Hier lesen Sie, was er aufgeschrieben hat:

- Es ist sehr unwahrscheinlich, davon zu erfahren, es sei denn, jemand lädt Sie ein, es kennen zu lernen.

- Sie kriegen etwas zu sehen, das anfangs zu schön klingt, um wahr zu sein.

- Sie erhalten die Bestätigung für seine Stichhaltigkeit vorwiegend durch persönliche Geschichten, folglich fußt Ihr Glaube hauptsächlich auf Vertrauen.

- Man sagt Ihnen, Sie müssten zuerst glauben, bevor Sie in den Genuss der unglaublichen Vorteile kommen.

- Sie können Ihren Glauben anhand der Menge des Guten messen, das um Sie herum geschieht.

- Sie erhalten ein Handbuch, an dem Sie sich orientieren können.

- Auch wenn Sie es anfangs vielleicht nicht verstehen, sollten Sie lernbereit sein und denen nacheifern, die bereits Erfahrung mit den Dingen besitzen, die noch vor Ihnen liegen.

- Auf Ihrem Weg werden Sie auf Schwierigkeiten stoßen und Sie werden um Beistand bitten müssen.

- Wenn Sie sich in Hochform fühlen, helfen Sie anderen unter Ihnen, wenn Sie „unten“ sind, können Sie Hilfe von „oben bekommen.

- Diese Hilfe erhalten Sie in einer Form, die Sie stärker macht und Ihnen mehr Selbstvertrauen schenkt.

- Sie werden auf Ihrem Weg nicht perfekt sein, aber wenn Sie glauben, werden Sie Ihr Ziel erreichen.

- Sie werden gebeten, ein Gefühl der sofortigen Befriedigung aufzuschieben, indem Sie Ihre eigenen Bedürfnisse vorläufig beiseite legen, so dass Sie zuerst anderen helfen können.

- Dieses Angebot, Hilfe zu leisten, erfordert Hingabe, Beharrlichkeit und harte Arbeit.

- Haben Sie keine Angst vor Menschen, bieten Sie ihnen vielmehr Hilfe an, auch wenn viele sagen mögen, dass sie Ihre Hilfe nicht brauchen.

- Wenn Sie sich mit anderen guten Menschen umgeben, die Ihre Ansichten und Verpflichtungen teilen, sind Sie geschützt vor Negativem, das Ihnen schaden kann.

- Sie werden eingeladen, regelmäßig zusammenzukommen, um Ihre Vision zu erneuern.

- Dadurch werden Sie mehr über sich selbst, über andere und über das Leben lernen.

- Schließlich werden Sie, direkt oder indirekt, Tausenden von Leuten dazu verholfen haben, ein besseres Leben zu führen und sich weiter zu entwickeln.

Network Marketing sorgt für Chancengleichheit, weil es auf der persönlichen Einstellung jedes Einzelnen beruht. Charmes Swindoll, Pastor und Bestsellerautor, schrieb: „Je länger ich lebe, desto klarer wird mir die Auswirkung der Einstellung auf das Leben. Die Einstellung ist meiner Meinung nach wichtiger als so genannte Fakten. Sie ist wichtiger als die Vergangenheit, als Erziehung, als Geld, als die Umstände, als Misserfolge, als Erfolge, als das, was andere Menschen denken, sagen oder tun. Sie ist wichtiger als Auftreten, Begabung oder Fertigkeiten....

Das Bemerkenswerte ist, wir haben jeden Tag die Wahl bezüglich der Einstellung, die wir für diesen Tag einnehmen wollen. Wir können an unserer Vergangenheit nichts ändern, wir können nichts dagegen tun, dass Menschen sich auf eine bestimmte Art verhalten. Wir können das Unvermeidliche nicht ändern. Das Einzige, was wir tun können ist, auf der Saite zu spielen, die wir haben, und das ist unsere Einstellung. Ich bin überzeugt, dass das Leben zu zehn Prozent aus dem besteht, was mir zustößt, und zu 90 Prozent, wie ich darauf reagiere. Und so geht es auch Ihnen. Wir selbst sind verantwortlich für unsere Einstellung."

Programme, die das persönliche Wachstum durch das Mittel der Einstellungsänderung bejahen, sind im Kommen. Das Edge-Programm „Increasing Human Effectiveness", und „Investment in Excellence" vom Pacific Institute sind zwei solche Programme. Viele der Konzepte in diesem Abschnitt können indirekt auf das Konto von Lou Tice gebucht werden, der uns mit Dr. Albert Bandura in Kontakt brachte, Psychologe seit fünfundvierzig Jahren und wohl der meist zitierte Experte in kognitiven Strategien für Selbstkontrolle und Höchstleistung. Es war Dr. Bandura, von dem wir die wichtigsten neuen Entwicklungen auf dem Gebiet der selbstgesteuerten Effizienz und des menschlichen Potentials gelernt haben, welche heute die Grundlage unseres eigenen Planes für die Persönlichkeitsentwicklung darstellen.

Einfach glauben und weitergehen!

Es scheint auf der Hand zu liegen, aber wir sprechen es dennoch aus: Das Geheimnis des Überlebens ist es einfach, nicht aufzugeben; das Mittel, Verzagtheit zu vermeiden, ist, das Vertrauen nicht zu verlieren! Natürlich sind beide Sätze wahr. Die Herausforderungen des Lebens sind für unser Wachstum unbedingt notwendig. Ohne sie würden wir in einen Zustand der Behaglichkeit verfallen und unsere Kreativität käme mit quietschenden Bremsen zum Stillstand. Darrell Moore aus Baton Rouge, Louisiana, passierte das im Dezember 1994, als er und seine Frau Mable sich dem gegenüber sahen, was er als den dunkelsten Monat in ihrem Network Marketing-Geschäft beschreibt. „Im August reichten wir unseren Antrag ein, eine leitende Position der Firma anzustreben. Im September und Oktober erreichten wir unsere Qualifikationsziele, aber im November mussten wir um einen Monat Aufschub bitten. Wir hatten bereits einen Erstlinien-Berater, der seine Leistungsqualifikation im vergangenen September abgeschlossen hatte, also war der Dezember für uns der „Jetzt-oder-nie"-Monat in unserem Geschäft. Würden wir es nicht schaffen, müssten wir nicht nur von vorne anfangen, wir würden auch unsere einzige Führungskraft verlieren, die an uns vorbeiziehen würde. Wir waren beide bis auf den Kern ausgelaugt. Alles, was wir je gehört hatten war, dass der Dezember der schlechteste Monat des Jahres war, weil die Leute zu nichts anderem zu bewegen sind, als an die bevorstehenden Feiertage zu denken.

Mable redete mit mir in einem Ton, der mir sagte, dass wir am Scheidepunkt angelangt wären. Ich kam mir vor wie ein Arzt, der sich um ein geliebtes Familienmitglied gekümmert hat und die Intensivstation schließlich mit den Worten verlässt: ‚Wir haben getan, was wir konnten.' Meine Frau schaute mich verzweifelt an und fragte: ‚Was können wir jetzt noch tun?' Die einzige Antwort, die mir noch einfiel, war, mit dem weiterzumachen, was wir bisher getan hatten, und nicht aufzugeben. Ich war überzeugt, dass harte Arbeit, gepaart mit Vertrauen in unsere Tätigkeit, uns über diesen Augenblick der Krise wegbringen würde. Gleich in der folgenden Woche, am 10. Dezember, gewannen wir einen neuen Erstlinien-Berater, Bryant Miller - noch dazu durch eine Niederlage beim Münzenwerfen in Jackson, Mississippi. Mit einer unserer Erstlinien-Beraterinnen,

June Lyle, schalteten wir nämlich eine Gemeinschaftswerbung und warfen eine Münze, um zu entscheiden, bei wem der erste Partner eingeschrieben würde. June gewann und sponserte einen Geschäftsmann, der eine Erfolgskarriere von einer Meile Länge aufzuweisen hatte. Den nächsten Interessenten, Bryant, bekamen dann wir, wenn auch noch mehr als eine Woche verging, bevor er sich unter Mable und mir einschrieb. Er hatte extrem gute Beziehungen, war hoch motiviert und reichte seinen Antrag in der folgenden Woche ein. Das half uns, unsere Qualifikationsstufe für Dezember zu erreichen und rettete unser Geschäft. Heute sind Bryant wie auch wir noch immer im Geschäft (der Geschäftsmann allerdings, der sich unter June eingeschrieben hatte, nicht mehr) und wir marschieren weiterhin auf unser Ziel zu. Vertrauen ist das Einzige, was uns durch diese problematische Zeit gebracht und in Gang gehalten hat, als kein Ende in Sicht schien. Wir hatten Vertrauen in unsere Firma, Vertrauen in unsere Produkte und Vertrauen ins uns selbst. Am meisten vertrauten wir darauf, dass uns Gott, wenn wir unseren Teil erledigten und aus dem Herzen heraus arbeiteten, den Weg zeigen würde.“ Er tat es und brachte sie aus der Niedergeschlagenheit in das Gelobte Land.

John Cini aus Annandale, Virginia, verbrachte äußerst kurze Zeit in der amerikanischen Arbeitswelt: Sie endete, als er dreiundzwanzig war. „Nach zwei Jahren auf dem College, zwei Jahren in der Army und zwei weiteren Jahren am Computer wurde mir klar, dass ich nie ein Vermögen machen würde, solange ich für jemand anderen arbeitete. Im letzten Hungerjob meines Lebens war ich für die Computer in einer Auto-Vertretung verantwortlich. Mit einer 70- bis 80-Stunden-Woche für 2000 Euro im Monat. Ich bin kein Genie, aber ich brauchte nicht lange, um herauszubekommen, dass ich eine Menge mehr wert war als sechs Euro die Stunde.“ John wollte sein eigenes Unternehmen als Franchisepartner gründen, hatte aber kein Kapital. Er rief auf jede Anzeige in verschiedenen Zeitungen an, und nachdem er sich viele Network-Firmen angesehen hatte, fand er die richtige. „Was der wichtigste Grund für meine Entscheidung war? Die erfolgreichen Leute, die Millionen in dem Geschäft verdienten, waren Beispiele, die ich nachahmen wollte. Und sie waren bereit, mir alles beizubringen, was sie wussten! Hier war eine Gruppe von integren Leuten und eine Firma mit Produkten, die einen bedeutenden Marktanteil erreichen würden.

Das Problem war allerdings, dass ich in meinem ersten Jahr wahnsinnige Angst davor hatte, mit irgendjemandem über das Geschäft zu reden. Ich war schüchtern, hatte kein Selbstvertrauen, und ich hoffte, wusste aber nicht, ob dieses Geschäft funktionieren würde. Daher fühlte ich mich der Situation überhaupt nicht gewachsen, wo ich doch so jung, unerfahren und arm war. Aber meine Sponsorin Barbara Groff-Feldman, glaubte an mich, rief mich jeden Morgen an, um mich zu ermutigen, das Telefon in die Hand zu nehmen und anderen die unglaubliche Botschaft, die ich hatte, mitzuteilen. Irgendwie habe ich es hingekriegt, in meinen ersten Monaten etwa hundert Leute zu kontaktieren. Die meisten machten sich über mich lustig. Tatsächlich habe ich nur eine von diesen hundert gesponsert, und sie gab nach einer Woche auf. Nach sechs Monaten hatte ich gerade mal 1500 Euro verdient.

Inzwischen hatte genau vor meinen Augen eine interessante Entwicklung stattgefunden: Ich hatte beobachtet, wie das Einkommen von Barbaras Sponsorin im selben Sechs-Monats-Zeitraum von 4.000 Euro auf über 20.000 Euro stieg. Diese Frau, Lisa Fairbanks, war eine 26-jährige ehemalige Journalistin und allein erziehende Mutter mit einer tollen Einstellung. Und sie kam in zweiundzwanzig Monaten vom Start weg auf über 60.000 Euro im Monat. Das machte sie in unserer Firma zur Legende. Und ich hatte das Glück, alles aus nächster Nähe zu erleben, was sie tat, um dieses Geld zu verdienen. Wissen Sie, was ich da mitbekam? Sie tat nichts, was ich nicht tun konnte. Sie war einfach nur fleißig und hatte völliges Vertrauen in die Firma, ihre Produkte und in ihre eigene Fähigkeit, Millionen zu machen. Obwohl ich nichts auf die Beine brachte und mein Einkommen nahe bei Null lag, begann das Ausmaß meiner Überzeugung aus allen Nähten zu platzen. Das war der Zeitpunkt, der mein Geschäft für immer änderte: Ich glaubte jetzt, dass ich den Erfolg meiner Mentoren duplizieren konnte.

Im darauf folgenden Jahr stieg mein Monatseinkommen von etwas über 1.000 auf nahezu 10.000 Euro. Und heute glaubt mir keiner mehr die Geschichte meines Einstiegs: Schüchtern, pleite und bereit, aufzugeben. Aber das macht nichts. Denken Sie nur immer an vier magische Worte: ‚Immer die Sieger beobachten!‘ Heute haben wir so vielen Leuten geholfen, ihre Jobs aufzugeben und dasselbe enorme persönliche Wachstum durchzumachen. Es wäre so einfach gewesen, Network Marketing aufzugeben, fort zugehen und zu sagen: ‚Solche Geschäfte funktionieren nicht.' Aber ich habe eine Geisteshaltung, die ich liebe: Wenn jeder andere aufgibt, dann gehe ich erst richtig an die Arbeit. Und ich hatte große Vorbilder, die mir halfen, mich weiter auf meine positive Einstellung zu konzentrieren.

Im Rückblick betrachtet waren die Opfer, die ich anfangs brachte, winzig - verglichen mit dem, was ich für meine Investition zurück erhielt. Außerdem - wie sonst kann jemand ein Geschäft, das nach ein oder zwei Jahren in die Profitzone kommt, mit geringen oder keinerlei Krediten starten und dann von zu Hause aus beständig ein sechsstelliges Einkommen erzielen? Mit zwanzig habe ich etwa 1.000 Euro für eine Makler-Lizenz investiert, von der ich nie Gebrauch machte. So gesehen war es kaum ein Glücksspiel, 1.000 Euro für meine Firma zu riskieren. Ich schaue zurück, wo ich heute stehen würde, wenn ich vor sieben Jahren das Kapital zum Kauf dieser Pizza-Franchise hätte aufbringen können. Vielleicht würde ich jetzt gerade die letzten Kreditraten abbezahlen, nachdem ich vierundzwanzig Stunden am Tag im Laden gelebt hätte, und würde von den täglichen Pepperoni-Pizzas, ohne Zeit für sportliches Training, 350 Pfund wiegen. Stattdessen reise ich um die Welt, habe meinen Seelenfrieden, keinen Stress, und kann für den Rest meines Lebens von Beruf Vater sein."

In jungen Jahren hat es John bis zur Spitze seiner Firma geschafft - weil er eine Fülle von Vertrauen anstatt einer Fülle von Investitionen fand, die er glaubte, zum Funktionieren seines Lebens tätigen zu müssen. Die einzigen Schranken, die sich vor unseren Erfolg stellen, sind die negativen Ansichten über uns selbst. Man kann eine wichtige Lektion von John lernen: Anstatt sich Ihren Depressionen zu ergeben, beobachten Sie einfach andere erfolgreiche Menschen, und erkennen Sie, dass auch Sie es können, wenn die es schaffen!

Was immer Sie tun, geben Sie nur nicht auf!

John und Patricia Dwyer aus New York City begannen ihr Network - Geschäft im August 1991. Direkt nach dem Unterschreiben kamen sie heim und sahen im Fernsehen die Sendung *20/20*. Barbara Walters interviewte einen Generalbundesanwalt namens Frank Kelly, der gelobte, genau die Firma, in die sie gerade gesponsert worden waren, zu schließen, weil er sie beschuldigte, ein illegales Pyramidensystem zu sein. So absurd es klingt: Was sie weiter machen ließ, war der Umstand, dass viele Freunde anriefen, um sicher zu stellen, dass sie von der Sendung wussten, die gerade lief. Was sie erlebten, war dem klassischen Witz über die Ermordung von Abraham Lincoln im Theater ähnlich: „Abgesehen davon, wie fanden Sie das Stück, Mrs. Lincoln?" Was glücklicherweise bei vielen ihrer Freunde hängen blieb, war nicht der Angriff auf die Firma der Dwyers, sondern eher Barbara Walters Abschlussbemerkung: „...aber ich höre, die Produkte sind gut."

Patricia erzählt weiter: „Bei all diesem öffentlichen Aufsehen war das nicht die erfreulichste Zeit, ein Geschäft aufzubauen. Wir hätten sagen können: ‚Ja, sie haben recht, es ist zu hart, niemand will bei unserem Geschäft mitmachen` - und, glauben Sie mir, sie machten nicht mit. Für sie war es ein Pyramidensystem. Wir hatten das Gefühl, wir könnten ebenso gut aufgeben. Niemand würde uns böse sein! Aber das wäre ein schrecklicher Fehler gewesen. Wir hätten all die tollen Freunde nie getroffen, die wir in den sechs Jahren unseres internationalen Geschäftsaufbaus zu unserer Freude kennen gelernt haben.

Einer unserer Wendepunkte war die Teilnahme am Network Marketing-Kurs der Universität von Illinois in Chicago. Dies war der erste seiner Art überhaupt, abgehalten von den Yarnells und Dr. Charles King. Wir trafen Networker aus so vielen verschiedenen MLM-Firmen, freundeten uns mit ihnen an und gingen mit der Gewissheit nach Hause, dass diese Branche das Geschäft der Zukunft sein würde."

Heute haben Patricia und John ein internationales Geschäft mit weltweit über 8.000 Beratern. Network Marketing hat ihnen ermöglicht, ihre frühere Restaurant-Tätigkeit hinter sich zu lassen und den Lohn für ihre Zusammenarbeit zu genießen. Es hat ihnen unbegrenzte Freizeit sowie finanzielle Freiheit verschafft. Sie bereisen die Welt und unterstützen dabei ihre Partner. Besonders dankbar sind sie, dass sie nicht - wie so viele andere, die damals absprangen - der Medienkampagne aufsaßen, die ihre Firma angriff. Statt dessen haben sie sich auf ihr eigenes Urteil verlassen und sich, ungeachtet der harten Anfänge, einfach geweigert, aufzugeben!

Denken Sie daran, die Depression kann nicht die Oberhand gewinnen, wenn Sie kontinuierlich lernen, sich selbst verbessern und sich mit anderen positiven Menschen zusammen schließen.

Steve und Cynthia Rose aus Colorado Springs, Colorado, machten eine ähnliche Erfahrung. Sie erfuhren 1987 zum ersten Mal von dieser Branche, als sie in Austin, Texas lebten. Sie waren zu einem Treffen mit Mark Yarnell eingeladen, der, wie sie gehört hatten, sehr erfolgreich bei einer neu eröffneten MLM-Firma arbeitete. Wegen eines zu vollen Terminkalenders ergriffen sie die Gelegenheit damals nicht. Nach einer Reihe von gescheiterten Unternehmungen boten ihnen vier Jahre später ein junger Anwalt und seine Frau aus Albuquerque, New Mexico, noch einmal dieselbe Gelegenheit an. Als sie hörten, Yarnell sei noch immer in der Branche aktiv, riskierten sie - mit dem Rücken zur Wand - einen zweiten Blick. Sie verkauften ein Sofa, um das Bargeld für ihr Starterset zusammenzukriegen, und sie hoben ab wie ein Wirbelwind. Nur um erleben zu müssen, dass ihnen dieselben Medienattacken und amtlichen Ermittlungen einen Strich durch die Rechnung machten, mit denen schon die Dwyers zu kämpfen hatten.

Bei der Beschreibung der Katastrophe erinnerten sich Steve und Cynthia: „Wir sahen unsere Downline aus Chiropraktikern, Bankern und Geschäftsleuten davon laufen wie Ratten von einem sinkenden Schiff. Während wir am Ruder blieben, wurde unser Glaube an die Firma und ihre Produkte immer stärker, weil wir sahen, wie die Firma internationale Märkte eröffnete, eine zehnstöckige Firmenzentrale mit Lager baute und trotz des ganzen Aufruhrs eine neue Abteilung einführte. Und all dies im ersten Jahr unserer Network Marketing-Zeit! Nach der unfairen Berichterstattung der landesweiten Medien konnten wir den Namen unserer Firma monatelang nicht erwähnen, ohne gleichzeitig die Position unserer Firma und unsere eigene verteidigen zu müssen. Was wir aus unserer Erfahrung lernten, war jedoch unschätzbar: Erfolg im MLM erfordert die Bereitschaft zu inneren Veränderungen, weil dies wirklich ein Geschäft der Wandlungen ist - innerlich und äußerlich.“ Vor allem anderen dürfen wir uns nie den entmutigenden Phänomenen von außen ergeben, wenn wir innerlich überzeugt sind, dass unsere wichtigsten Führungskräfte Integrität besitzen und dass unsere Produkte oder Dienstleistungen allen zugute kommen.

An die 95 Prozent der Leute, die zehn oder mehr Jahre in dieser Branche bleiben, erreichen die höchsten Einkommensstufen in ihren jeweiligen Firmen. Was immer Sie also tun, geben Sie nur nicht auf!

Jordan Adler aus Tempe, Arizona, stieg im September 1992 bei seiner Firma ein - mit 36.000 Euro Schulden bei Kreditkartengesellschaft und Finanzamt, einem sich immer mehr verschlechternden Job und einem schrottreifen Jeep. „Ich entschied mich, mich durchzukämpfen, welche Herausforderungen auch immer auf mich warteten. Ich wusste, dass Menschen, die aufgeben, nie ein dauerhaftes passives Einkommen erreichen würden. Und obwohl ich es wusste, hatte ich die Gewohnheit, aufzugeben. Tatsächlich hatte ich in sechs der elf anderen MLM-Firmen, in denen ich gewesen war, aufgegeben. Die anderen waren den Bach hinunter gegangen, bevor ich die Chance hatte, sie zu verlassen. Heute weiß ich, dass es nicht zählt, wie oft man zu Boden geht, sondern wie oft man bereit ist, wieder aufzustehen. Das ist es, was die Gewinner von den Verlierern unterscheidet. Einige Leute sahen in mir den „Erfolg über Nacht“, nachdem ich zu dieser Firma gekommen war. Was sie nicht sahen, waren die zehn vorhergehenden Jahre, in denen ich nicht einen einzigen Berater gesponsert hatte und wieder und wieder gescheitert war.

Anfang 1993 sponserte ich einen Freund in Peabody, Massachusetts. Nach zwei 1.000-Dollar-Reisen nach Boston mit geliehenem Geld, um mit seiner Organisation zu arbeiten, bauten wir eine Gruppe von etwa dreißig Beratern auf. Mein Freund und sein Bekannter waren zwei Stufen im Vergütungsplan aufgestiegen. Wir waren begeistert. Einige Monate später belastete ich meine Kreditkarte mit einem weiteren Flugticket und einer Wagenmiete, um für sie ein Meeting drüben im Osten zu halten. Ich flog über 1.000 Meilen und fuhr durch einen scheußlichen Schneesturm, um zu dem Meeting zu kommen. Und ich konnte es nicht glauben. Alle Gäste tauchten entweder nicht auf oder sagten ab, und mein Freund und sein Kumpel gaben an diesem Abend auf und wurden nie wieder gesehen. Als Reaktion darauf gaben alle dreißig Leute in ihrer Downline auf. Keinen einzigen konnte ich wieder beleben. Die Hälfte meiner Gruppe verdampfte in diesem kalten Winter, aber das Feuer brannte weiter in mir, und ich ging zurück nach Phönix und fuhr fort, aufzubauen. Heute hat meine Organisation Zehntausende von Beratern und wächst jeden Monat weiter. Das Versagen kann gegen die Beharrlichkeit nicht ankommen, die Beharrlichkeit wird am Ende immer gewinnen." Jordan, ein lebendes Beispiel dafür, dass sich Beharrlichkeit immer auszahlt, ist in seiner Firma jetzt ein ranghoher Direktor und gehört zu den hundert bestverdienenden seines Unternehmens.

Alle diese Geschichten haben eines gemeinsam: Wenn Menschen - genau wie Sie - ihre dunkelsten Augenblicke durchlebt haben, allesamt in den frühesten Phasen dieses Geschäfts, haben sie sich nicht vom Depressions-Torpedo versenken lassen. Wenn sie von Umständen erwischt wurden, die sich außerhalb ihrer Kontrolle befanden, haben sie einfach nicht aufgegeben. In der gesamten Branche wurde beobachtet, dass, statistisch gesehen, ein enormer Prozentsatz von Leuten das Geschäft in ihrem ersten Jahr aufgaben. Wie auch immer, von größerem Interesse für uns ist folgende aufschlussreiche Tatsache: An die 95 Prozent der Leute, die zehn oder mehr Jahre in dieser Branche bleiben, erreichen die höchsten Einkommensstufen in ihren jeweiligen Firmen. Was immer Sie also tun, geben Sie nur nicht auf!

Zusammenfassung

- Network Marketing erfordert den optimistischen, enthusiastischen Menschen, der im Gegenzug andere Leute anzieht, die ihr eigenes Wohl suchen.

- Die Ausstiegsquote ist eine grundsätzliche Tatsache in der Network Marketing-Branche.

- Die Enttäuschung über jene, die nicht bei Meetings auftauchen oder, schlimmer noch, aufgeben, kann dadurch gemildert werden, dass Sie Ihre Energie daran setzen, eine größere Zahl neuer Interessenten anzusprechen.

- Verschwenden Sie nicht Ihre Energie damit, jene zu unterstützen, die sich Ihnen widersetzen. Denken Sie einfach: „Der Nächste bitte!" und machen Sie weiter.

- Arbeiten Sie mit den Leuten, die Interesse zeigen und die Sie bei guter Laune halten.

- Wenn Sie aufgeben wollen, bitten Sie Ihre Upline um Unterstützung und Förderung.

- Teilen Sie Ihre Begeisterung mit Ihrer Downline, nie Ihre Negativität.

- Damit Geschäftsleute und leitende Angestellte im Network Marketing erfolgreich werden, müssen sie bereit sein, ihren Ruf und ihre Glaubwürdigkeit beim Aufbau ihres Geschäftes einzusetzen. Ihr Engagement gegenüber ihrem Bekanntenkreis zu verleugnen, setzt sie nur selbst dem Scheitern aus.

- Dies sind die Gründe, warum wir stolz und optimistisch sein können, wenn wir anderen unser Geschäft nahe bringen:

1. Wir haben die einzige unternehmerische Beschäftigung anzubieten, die man von zu Hause aus ohne Einkommensbegrenzung und Verlustrisiko durchführen kann.

2. Völlige zeitliche Freiheit geht mit dem Wohlstand, den wir erreichen, Hand in Hand.

3. Von Anfang an sorgfältig zu arbeiten ermöglicht uns letztlich ein stressfreies Leben. Wir halten es für schlauer, den herkömmlichen 40-Jahres-Plan gegen den neuen Vier-Jahres-Plan eintauschen.

4. Anerkennung und Reisen erwarten all jene, die beim Aufbau ihrer Network-Organisation erfolgreich sind.

5. In unserer Branche leitet sich Anerkennung von den Dingen des Lebens ab, die wirklich zählen, so z.B. Menschen zu helfen, ein erfolgreicheres Leben zu führen.

6. Weltweites Reisen beinhaltet oftmals, neue Freunde kennen zu lernen und aufregende kulturelle Erfahrungen mit ihnen zu teilen - Abenteuer, die denen versagt bleiben, die im 40-Jahres-Plan gefangen sind.

- Wenn Sie versuchen, andere zu sponsern, während Sie deprimiert sind, werden Ihre Bemühungen zwecklos sein.

- Sie allein haben die Kontrolle über Ihre Einstellung. Wenn Sie diese Kontrolle ausüben, indem Sie Ihre Einstellung aus Ihrem Inneren regulieren, wird Ihr entsprechendes Verhalten von alleine folgen.

- Um Ihre Einstellung zu ändern und Depressionen zu vermeiden, sollten Sie unsere folgenden Ratschläge beachten:

    1. Halten Sie sich von den Nachrichten fern

    2. Lesen Sie ermunternde Bücher

    3. Hören Sie inspirierende Kassetten und CDs an

4. Reden und denken Sie nur positiv und anspornend über sich selbst
5. Rufen Sie sich positive emotionale Erfahrungen aus der Vergangenheit in Erinnerung.
6. Konzentrieren Sie sich auf die Zukunft, nicht auf vergangene Enttäuschungen, die nur Ihre Möglichkeiten einschränken.
7. Setzen Sie sich Ziele und gebrauchen Sie regelmäßig Selbstsuggestionen, um diese Ziele zu erreichen. Uns unsere Persönlichkeit so vorzustellen, wie wir sein wollen, ist der erste Schritt hin zu Veränderung und Wachstum.
8. Meiden Sie negative Menschen oder vereinbaren Sie zumindest mit ihnen, ihr negatives Verhalten in Ihrem Umfeld zu unterlassen.

- Geben Sie Ihre Ziele niemals auf.
- Eine Affirmation oder Selbstsuggestion ist ein Auslöser - eine positive Beteuerung des Vertrauens, die so formuliert und wiederholt wird, als sei Ihr Ziel bereits eine vollendete Tatsache.
- Während Sie Ihren neuen Zustand visualisieren - voll leidenschaftlichen Vertrauens, dass Ihnen das Visualisierte genau in diesem Moment passiert -, überwinden Sie allmählich den alten Zustand: Das ist der Moment, in welchem die Veränderung stattzufinden beginnt.
- 95 Prozent derjenigen, die zehn oder mehr Jahre in dieser Branche bleiben und stetig am Aufbau ihrer Gruppen arbeiten, erreichen die höchste Einkommensstufe in ihren jeweiligen Firmen - geben Sie also einfach nicht auf!

KAPITEL 4

Wie man den Panzer der falschen Erwartungen blockiert

Gewinnen Sie durch Ehrlichkeit statt durch Übertreibung

Unsere Branche hat sich den Ruf erworben, Millionäre hervorzubringen. Folglich glauben die Leute, sie hätten irgendwie versagt, wenn sie in ihrem ersten Jahr nicht 100.000 Euro monatlich verdienen. Viel schlimmer als diese falsche Erwartung vorzeitigen Reichtums ist die Vorstellung, die von einer Reihe fehlgeleiteter Berater verbreitet wird. Nämlich dass Erfolg im MLM keine besonderen Anstrengungen und keinen größeren Zeitaufwand erfordert. In Wahrheit ist dies eine Branche für Fleißige. Diejenigen von uns, die hohe Einkommen erreicht haben, haben sich rechtschaffen bemüht, erfolgreich zu werden, und sind eine ganze Reihe von Jahren am Ball geblieben. Genauso falsch ist die Vorstellung, man müsse nichts weiter tun, als Leute zu einem wöchentlichen Hotelmeeting zu schicken, und die Führungskräfte übernähmen dann den Rest. Allerdings waren bei solchen Meetings einige Führungskräfte tatsächlich dafür bekannt, alles zu tun . . . inklusive, Ihre Interessenten für sich selbst einzuschreiben. Tatsächlich arbeiten wir in einer Branche von zu Hause aus, in der die Vergütung von der Leistung abhängt. In diesem Kapitel wollen wir uns genau anschauen, was wir ‚den Panzer der falschen Erwartungen' nennen. Dabei decken wir zahlreiche Mythen auf, mit denen ahnungslose Menschen zur Mitarbeit überredet werden und widerlegen diese sorgfältig, Und wir werden sie durch Fakten über Ihre Aufgaben im ersten Jahr ersetzen.

Eine Analogie

Stellen Sie sich das folgende Szenario vor: Basketball-Superstar Michael Jordan sitzt zufällig in einem Café nebenan, wo Sie gerade mit einem Freund frühstücken wollen. Natürlich erkennen Sie Michael sofort, aber Sie wollen ihn auf keinen Fall an einem Sonntagmorgen belästigen. Der Tisch neben ihm ist frei, und Sie setzen sich dorthin, um ihm nahe zu sein. Beim Hinsetzen stellen Sie fest, dass seine beiden Begleiter im Rollstuhl sitzen. Einer von ihnen ist gelähmt, der andere trägt eine Metallschiene am Bein - sie mag auf Multiple Sklerose oder eine andere Muskelkrankheit hindeuten Die beiden sind keine zwanzig Jahre alt. Obwohl Sie mit dem Rücken zu Michael sitzen, sind Sie so nahe, dass Sie den Dialog verfolgen können. Sie wollen nicht lauschen, aber das Gespräch ist einfach nicht zu überhören.

„ Jim, Danny, Ihr werdet mir beide nicht glauben, aber viele von uns in der NBA verdienen über 30 Millionen Euro im Jahr, weil wir bereit waren, den Preis harter Arbeit und ungezählter Stunden von Anstrengung zu bezahlen. Ich habe angefangen, als ich in eurem Alter war, und ich habe immer daran geglaubt, dass ich es eines Tages ins Team schaffe. Ihr seid es euch schuldig, einen Blick auf dies hier zu werfen." Aus den Augenwinkeln sehen Sie, wie Michael einem der Jungs ein Stück Papier reicht.

Der Heranwachsende schaut es sich genau an und ruft aus: „Mein Gott, Mr. Jordan, das ist mehr, als mein Dad in den letzten zehn Jahren verdient hat, und er ist Arzt!"

„Ich weiß," antwortet Michael, „und das ist nur ein Monatseinkommen!"

„Jimmy, schau Dir das an!" sagt Danny, und streckt die Hand so weit aus, wie er kann, um ihm den Scheck zu reichen.

Jimmy schaut auf den 2,8-Millionen-Dollar-Scheck und schüttelt seinen Kopf in kompletter Ungläubigkeit. Er hat noch nie so viel Geld gesehen und kann sich kaum vorstellen, dass man in einem Monat so viel verdienen kann.

Als beide weiter auf den Scheck starren, wirft Michael ein: „Und wisst Ihr was, Jungs? Ihr könnt das auch. Warum irgendeiner billigen Arbeit nachgehen, wenn Ihr bei einer Sache mit unbegrenztem Potenzial einsteigen könnt, wie etwa in einem Basketball-Team zu spielen?"

Sie schütteln den Kopf und sehen genauer hin. Nur um fest zu stellen, dass Ihnen Ihre Augen wirklich keinen Streich gespielt haben. Nein, sie sitzen wirklich beide im Rollstuhl!

Er fährt fort: „Ich sage ja nicht, dass es nicht hart wird - das war es für uns alle. Ich bin bei meinem High School-Team rausgeflogen, ich weiß also, wie weh es tut, zu scheitern. Aber ich habe nicht aufgegeben. Ich habe trainiert und trainiert, bis ich von überall auf dem Spielfeld werfen und die Hälfte der Zeit sogar die Netze zerreißen konnte!"

„Ich habe Sie einige bemerkenswerte Dinge tun sehen, Mr. Jordan..."

„Ja, Danny, und das kannst Du auch. Ich unterschätze keine Minute die Probleme und Herausforderungen, die Ihr beide haben werdet. Aber Ihr müsst wissen, dass Ihr alles könnt, was Ihr Euch fest vornehmt. Euer Potenzial ist wirklich unbegrenzt, und lasst Euch nicht dadurch, dass Ihr an den Rollstuhl gefesselt seid, von dem Versuch abhalten. Macht mich stolz. Arbeitet hart, gebt alles, und eines Tages könnt auch Ihr das Leben führen, das Ihr wollt, und ich weiß, Ihr werdet mit vollem Recht verdienen, was Ihr verdient."

Natürlich könnte so ein Szenario nie stattfinden, weil Michael Jordan genau weiß, dass diese jungen Rollstuhlfahrer nie in die NBA kommen können. Hindernisse aller Art nehmen Millionen Menschen die Chance, bis zur Spitze eines beliebigen Bereichs menschlichen Strebens zu gelangen. Probleme aus dem körperlichen, bildungsmäßigen oder intellektuellen Sektor halten die meisten Menschen in fast allen herkömmlichen Firmen auf den unteren Stufen - wie etwa bei IBM oder Coca-Cola. Das sind die echten Pyramidensysteme in unserer Gesellschaft, in denen die einfachsten Arbeiter am schlechtesten bezahlt sind und in Krisenzeiten am ehesten entlassen werden. Während sich nur einige wenige durch das System hindurch nach oben bewegen, hat kaum einer auch nur die Spur einer

> **Es gibt nichts, was Sie bremsen kann - außer den Grenzen, die Sie sich durch Ihre eigene Einstellung auferlegen.**

Chance, das verdienen zu können, was der Mann an der Spitze verdient, geschweige denn, ihn zu ersetzen oder an ihm vorbei ziehen zu können.

Für buchstäblich jeden ist es jedoch vorstellbar, die Spitze im MLM zu erreichen, weil es keine Herausforderung gibt, die man nicht bestehen könnte. Und jedes Wort, das Michael Jordan in dieser hypothetischen Szene gesagt hat, könnte aufrichtig an die beiden körperbehinderten jungen Männer gerichtet sein - in Bezug auf die Network Marketing-Branche. Im MLM werden sogar oft jene, die schüchtern oder ungebildet sind oder keinerlei frühere Erfolge aufzuweisen haben, ermutigt zu glauben, sie könnten eine Million Euro und mehr im Jahr verdienen - wie so viele Führungskräfte unserer Branche Im Network Marketing hat jedermann die Chance, die Dinge im Zweifelsfall zu seinen Gunsten zu entscheiden, und er hat die Möglichkeit, an den Großverdienern der Firma vorbeizuziehen. Es gibt nichts, was Sie bremsen kann - außer den Grenzen, die Sie sich durch Ihre eigene Einstellung auferlegen.

Nachdem wir dies festgestellt haben, wollen wir jetzt zwischen dem Potenzial des Geschäfts und der Realität dessen, was zum Erfolg nötig ist, unterscheiden. So wahr es ist, dass jeder, ungeachtet seiner Behinderungen, im Network-Marketing ein hohes Einkommen erreichen kann, sind wir doch wegen jener Führungskräfte besorgt, die suggerieren, in diesem Geschäft seien große Erfolge leicht zu erzielen. Manchmal, wenn nach Jahren harter Anstrengung alles missglückt ist, werden manche Leute, die wirklich nicht für dieses Geschäft geeignet sind, weiterhin irregeführt, sie könnten noch immer die Spitze erreichen.

In unserer Branche gibt es Platz für jeden. Aber jeder wird Erfolg auf seine eigene Art und zu seiner Zeit erleben und das Maß des Erfolgs kann sich immens unterscheiden. Erfolg muss auch nicht nur in Geld gemessen werden - viele werden solide, lebenslange Freundschaften schließen, und das allein ist den Aufwand schon wert. Einige Introvertierte kommen aus ihrem Schneckenhaus heraus und haben das Gefühl, unschätzbar davon profitiert zu haben, was diese Branche für sie getan hat. Andere verdienen einige hundert Euro im Monat und sind dankbar, etwas Vernünftiges zu tun und über etwas Taschengeld zu verfügen. Einige verarmte Pastoren werden schon in ihrem vierten Monat 15.000 Euro verdienen. Fast jeder wird in dieser Branche persönliches Wachstum erleben, und das ist ohne Frage von unschätzbarem Wert. Welcher Weg wäre besser, um solche positiven Ergebnisse zu erzielen - und das alles von zu Hause aus und zu so niedrigen Kosten!

Wir beide haben uns durch dieses Geschäft kennen gelernt, uns verliebt und geheiratet. Wenn Sie uns alles andere wegnehmen, würde allein diese Tatsache unserer Zeit im Network Marketing einen unschätzbaren Wert verleihen. Nichts ist wertvoller, als eine verwandte Seele zu finden. Zeigen Sie Interessenten also unbedingt das Potenzial, das in diesem Geschäft steckt, aber lassen Sie jeden Berater sein eigenes Erfolgsniveau herausfinden. Und mit Erfolg meinen wir, lohnende Ziele zu haben und die notwendigen Schritte zu gehen, um sie zu erreichen. Solange Sie einen Schritt nach vorne machen, sind Sie erfolgreich.

Hohes Potenzial und realistische Vorstellungen abgleichen

Einkommen können sich im MLM recht dramatisch entwickeln. Wir glauben, jeder, der einigermaßen selbstbewusst ist, Freude an der Kommunikation mit kleinen Gruppen von Menschen bei sich zu Hause hat, lernfähig ist und den ernsthaften Wunsch hat, im Leben der Menschen etwas zu verändern, kann potentiell 100.000 Euro im Monat verdienen. Jedoch ist es wichtig, ein realistisches Bild dessen aufzuzeichnen, wie viel harter Arbeit es bedarf, finanzielle Sicherheit und zeitliche Freiheit zu erreichen. Zu viele Berater vermögen einfach nicht die Wahrheit über die notwendigen Anstrengungen zu sagen. Eine kürzlich in USA Today erschienene Anzeige bot die folgende Beschreibung einer MLM-Gelegenheit:

Kein Verkauf, kein Warenlager, keine monatlichen Umsatzvorgaben, keine persönlichen oder Gruppenumsätze erforderlich, keine Meetings, rufen Sie einfach (Telefonnummer) an, um anzufangen.

Diese Anzeige war absichtlich irreführend. Wir riefen die Nummer an, um die Sache zu überprüfen und stellten fest, dass Einkäufe keine Pflicht waren, um aber die volle Vergütung auf verschiedenen Stufen zu erhalten, waren beträchtliche Umsätze erforderlich. Wenn eine Network-Führungskraft im Wirtschaftsteil inserieren will, um am großen Geld interessierte Führungskräfte zu finden, stellt sich die Frage, warum man so tun soll, als sei keine Investition oder kein monatlicher Verkauf nötig? Das ist nicht nur irreführend, das ist Betrug. Und es ist richtig, dass die Handels-Kommissionen und andere Aufsichtsbehörden solchen Vertriebspartnern und Firmen nachstellen. Sie täuschen unschuldige Menschen und machen sie glauben, MLM bedeute - wie in der Lotterie - etwas für nichts zu bekommen. Und falls Sie denken, die meisten Leute seien klug genug, solche absurden Behauptungen zu ignorieren, dann schauen Sie einmal genau hin, wie viele Männer und Frauen ihr Haushaltsgeld jede Woche auf eine Lotterie mit einer Chance von Eins-zu-zehn-Millionen setzen.

Untersuchen wir doch einmal, was zum Erreichen eines hohen Einkommens nötig ist. Das Verdienst im Network Marketing ist ein direktes Ergebnis der Menge von Produkten und /oder Dienstleistungen, die von den Einzelpersonen in Ihrer Organisation bezogen werden. Da die meisten Familien nur so viel kaufen, wie sie brauchen und nutzen, braucht man für ein hohes Einkommen eine ziemlich große Organisation - eine Menge Leute, von denen jeder nur geringe Produktmengen bestellt und nutzt. Große Organisationen werden von den Menschen aufgebaut, die persönlich eine große Zahl von Erstlinien sponsern und ihnen als kompetente Ausbilder beibringen, das Verfahren zu duplizieren. Das führende Unternehmen unserer Branche baute in vier Jahrzehnten ein weltweites Multi-Milliarden-Dollar-Imperium auf - mit einer Person nach der anderen. Im Wesentlichen ist MLM viel mehr ein Lehr- als ein Verkaufsberuf. Diejenigen, die es bis an die Spitze einer Firma - welcher auch immer - schaffen, sind gewöhnlich einfach nur gute Gesprächspartner. Eine Rede vor einer großen Menschenmenge halten zu können, ist überhaupt nicht nötig. Entscheidend ist die Duplikation. Es spielt keine Rolle, wie großartig wir als Einzelperson sind, sondern vielmehr, wie toll wir anderen beizubringen vermögen, unser System zu duplizieren. Was wir nicht wollen, ist falsche Hoffnungen zu wecken, indem wir vor Leuten mit übergroßen Schecks wedeln, ohne darüber zu reden, was wirklich nötig ist, um sie zu verdienen.

Die harte Arbeit und Beharrlichkeit herunterzuspielen, die für große Erfolge nötig ist, ist die am häufigsten angewandte Strategie der Leute, die falsche Erwartungen wecken wollen. Die meisten Menschen durchschauen diese falschen Versprechungen in kurzer Zeit und geben dann auf. Wir sind felsenfest überzeugt, dass die extrem hohe Absprungsrate unter den Beratern im ersten Jahr direkt vom Zusammenprall mit dem Panzer der falschen Erwartungen herrührt. In diesem Kapitel nehmen wir uns die Zeit, viele Aspekte dieses Problems anzusprechen, einschließlich dessen, was so viele Neulinge in unserer Branche so völlig unvorbereitet überrascht: Die völlig unrealistische Einschätzung, wie viel Arbeit zum Erzielen riesiger Einkommen nötig ist.

Der Irrglaube, dass dieses Geschäft keine Mühe erfordert

Stellen Sie sich eine hypothetische Situation vor: Steve geht zu seiner ersten Network Marketing-Präsentation und ist von dem exponentiellen Wachstumspotential sofort beeindruckt. Zum allerersten Mal sieht er für sich die Möglichkeit eines unbegrenzten Einkommens. Aber er hat folgendes Problem: Einerseits kennt Steve buchstäblich Hunderte von hervorragenden Interessenten. Andererseits verdient er gegenwärtig in der Management-Position bei einer Softwarefirma etwa 100.000 Euro im Jahr, gibt aber auch aus, was er verdient. Der Gedanke, seinen Job aufzugeben, bevor er sein Einkommen durch die Einnahmen aus seinem MLM-Geschäft ersetzen kann, ist also schlichtweg irrational. Während der „Frage-und-Antwort-Phase" der Präsentation fragt Steve, ob er danach bleiben und sich mit den Gastgebern Bill und Angela zusammen setzen kann. Natürlich stimmen die beiden einem persönlichen Gespräch zu.

Als alle gegangen sind, legt Steve dem erfolgreichen Paar seine finanzielle Situation dar. Anstatt Steve die Wahrheit zu sagen, nämlich dass er ein Jahr lang sehr hart in Vollzeit oder vielleicht zwei bis drei Jahre in Teilzeit zu arbeiten haben wird, um sein Einkommen zu ersetzen, wecke sie falsche Erwartungen.

Bill sagt: „Kein Problem, Steve. Sie haben ein Adressbuch voll großkalibriger Interessenten, und Angela und ich können diese Leute für Sie abarbeiten und sie dann als Ihre Erstlinien einschreiben."

Das wird natürlich nie funktionieren, weil Bill und Angela schon alle Hände voll zu tun haben, ihre eigenen Linien aufzubauen und in Gang zu halten. Sie könnten es versuchen, aber erfahrungsgemäß kann niemand dieses Geschäft für irgendjemand anderen betreiben. Und wir wissen alle, dass Freunde am positivsten reagieren, wenn sie zuerst von ihren Freunden von einer neuen Geschäftsgelegenheit hören. Danach kann ein erfolgreicher Sponsor oder Upliner verstärken, was der neugierige Interessent von seinem Freund erfahren hat. Die Kraft des Networking ist in der Situation „Freunde-berichten-Freunden" am stärksten. Dies kann Steve jedoch alles zu diesem Zeitpunkt unmöglich wissen, wo er die Branche doch gerade erst kennen gelernt hat. Daher hört sich das Angebot der beiden für ihn gut an. Aufgrund dessen, was ihm Bill gesagt hat, schreibt er sich ein, erstellt eine Liste seiner 200 besten Interessenten und gibt sie seinem Sponsor.

Der Panzer der falschen Erwartung erwischt ihn hart und schnell. Es dauert nicht lange, bis er merkt, dass er auch in diesem Geschäft nichts bekommt, wenn er nichts tut. Auch wenn Bill sein Versprechen hält und einige gute Berater für Steve als Erstlinien einschreibt, wird Steve immer noch seine Ärmel aufkrempeln und äußerst hart arbeiten müssen, oder die Leute unter ihm könnten an seinem Einkommensniveau vorbeiziehen. Normalerweise aber wird Bill Steves Freunde nicht überzeugen können, etwas zu tun, wenn Steve sich nicht wirklich selbst mit ihnen beschäftigt.

Der springende Punkt ist folgender: Selten, wenn überhaupt, hat jemand im Network Marketing die Zeit und Energie, mehr als seine persönliche Erstline zu sponsern, aufzubauen und zu schulen. Wir haben niemanden getroffen, der es fertig gebracht hat. Typischerweise gibt Steve nach einem halben Jahr auf, in welchem er wenig oder nichts auf die Beine gestellt hat. Aber er gibt nicht nur auf, sondern von jenem Tag an bemerkt er immer, wenn in seiner Gegenwart die Rede auf Network Marketing kommt: „Ja, Network Marketing ist ja so eine Betrügerei. Ein halbes Jahr lang habe ich alles versucht, hatte einen Sponsor, der vermutlich dickes Geld gemacht hat, aber ich habe nie einen Cent gesehen!" Es gibt Tausende von Steves da draußen, die schlecht über unsere Branche reden, weil unrealistische Aussagen anderer sie zu übertriebenen Erwartungen geführt haben.

Unglücklicherweise gibt es zahlreiche Bills und Angelas, denen man beigebracht hat, lediglich zu „filtern und zu sieben“ anstatt Beziehungen aufzubauen. Ihre zugrundeliegende Motivation ist einfach die, Steves Adressbuch in der Hoffnung durchzugehen, einen Sieger zu finden. Statt - wie es sein sollte - Steve zu helfen, ein Geschäft auf der Basis seiner engen freundschaftlichen Beziehungen aufzubauen. Was also hätte getan werden müssen? Nun, Bill und Angela hätten auf Steves Chancen ehrlich eingehen sollen. Steve hätte sie nicht nur mehr respektiert, sondern es wäre ihm völlig klar geworden, wie viel Mühe er hätte aufwenden müssen, um das Geschäft für ihn zum Funktionieren zu bringen.

Hier lesen Sie nun, wie man es in Wirklichkeit hätte machen sollen: Bill sitzt mit Steve zusammen und sieht ihm in die Augen. „Wissen Sie, Steve, ich bin mir Ihres Dilemmas bewusst. Ich weiß, Sie brauchen weiterhin ein Einkommen, während Sie Ihr Geschäft aufbauen. Aber nehmen wir an, Ihre Firma würde sich beispielsweise zu einem Stellenabbau entscheiden, um dadurch ihre Gewinnstruktur zu verbessern. Wenn es Sie träfe, dann würde man keinen Gedanken daran verschwenden, Sie weiter zu bezahlen, bis Sie wieder ein entsprechendes Einkommen finden. Sie müssten über Nacht mit einem Abfindungspaket gehen, das Sie lediglich beschwichtigen, aber keine langfristigen Bedürfnisse befriedigen soll. Die Wahrheit ist, in unserer Branche erreichen nur die das große Geld, die es professionell angehen. Investieren Sie Ihre vollständige Energie, und es ist klar, dass Sie eher ans Ziel kommen. Betreiben Sie es in Teilzeit und bleiben kontinuierlich dabei, dann werden Sie es schließlich auch schaffen. Aber es gibt keine Möglichkeit, das große Geld mit nur geringer Mühe zu verdienen, d. h. einfach alle Ihre Interessenten ihrem Sponsor zu überlassen.“

Steve hört zu, versteht aber noch nicht vollständig. Er antwortet: „Nun, wie betreiben Leute wie ich dieses Geschäft? Wie kommt irgendjemand jemals zu dem vielen Geld, von dem ich gehört habe?“

„Steve, es stimmt, dass viele Führungskräfte in unserer Branche über 50.000 Euro im Monat verdienen, und die meisten könnten es sich leisten, sich mit diesem Einkommen innerhalb von fünf Jahren zur Ruhe zu setzen. Verglichen mit einem Ruhestand mit einer kleinen Pension nach vierzig Jahren in Ihrem Beruf ist unser Angebot sehr attraktiv. Aber ich würde

Denken Sie dran, im Network-Marketing ist Ehrlichkeit alles. Verkaufen Sie jemanden an Ihrem Arbeitsplatz für dumm, kriegen es vielleicht acht Bürokollegen mit. Täuschen Sie jemanden in unserer Branche, wissen es innerhalb einer Woche 200.000 Leute in zwanzig Ländern.

Ihnen einen Bärendienst erweisen, wenn ich Ihnen nicht die Wahrheit sagen würde.

Und die Wahrheit ist, um diese Zahlen zu erreichen, müssten Sie Ihren Gürtel enger schnallen und das Geschäft in Vollzeit betreiben. Die andere Option ist, äußerst intensiv in Teilzeit zu arbeiten, bis Sie Ihr Einkommen ersetzt haben, und dann auf Vollzeit umzusteigen. Was immer Sie tun - ich respektiere Ihre Entscheidung! Angela und ich werden Seite an Seite mit Ihnen arbeiten, bis Sie Ihre Ziele erreicht haben. Andernfalls schreiben wir Sie lediglich ein, damit Ihre Familie unsere Produkte und Dienstleistungen zu Großhandelspreisen nutzen kann, und ich nehme in sechs Monaten wieder Kontakt mit Ihnen auf, um zu sehen, ob sich Ihre Verhältnisse geändert haben."

Erraten Sie, was Steve tun wird? Er wird heimgehen und dieses Geschäft gründlich überdenken. Er macht sich keine Illusionen darüber, wie hart er zu arbeiten haben wird, und, kurz gesagt, wird er Bill für seine Ehrlichkeit enorm schätzen. Bill hat ihn im ersten Anlauf gewonnen und ihn damit völlig aus dem Schussbereich des Panzers der falschen Erwartungen gebracht. Er wird alles sorgfältig durchdenken:

1. Entweder wird seine Zukunft durch Network Marketing besser und er hat den Mumm dazu, ein halbes Jahr von seinen Ersparnissen zu leben und sich in Vollzeit um dieses Geschäft zu bemühen.

Oder, 2., Er entscheidet sich für die vorsichtige Variante und macht sich daran, sein Einkommen Schritt für Schritt zu ersetzen, indem er seinen Job behält und das Geschäft in Teilzeit aufbaut, was beträchtlich länger dauert.

Oder, 3. Er bestellt einige Produkte oder Dienstleistungen zum Großhandelspreis und wird ein Stammkunde. Entscheidet er sich gegen all diese Optionen, hat Bill schließlich wenigstens einen netten Interessenten, den er alle sechs Monate anrufen kann, bis der richtige Zeitpunkt gekommen ist. Statt einen ärgerlichen Berater produziert zu haben, der die gesamte Branche auf Grund von Fehlinformationen schlecht macht, wann immer es geht.

Denken Sie dran, im Network-Marketing ist Ehrlichkeit alles. Verkaufen Sie jemanden an Ihrem Arbeitsplatz für dumm, kriegen es vielleicht acht Bürokollegen mit. Täuschen Sie jemanden in unserer Branche, wissen es innerhalb einer Woche 200.000 Leute in zwanzig Ländern. Und wenn ein Upline-Berater einen Downline-Berater täuscht, ist es nicht einfach vergeben oder vergessen. Es ist das verabscheuungswürdigste Vergehen in unserem Geschäft. Denken Sie darüber in Bezug auf Ihre eigene Firma nach: Diejenigen, die andere betrügen, sind die meistverachteten Leute. Und das Traurige daran ist, egal, wie oft Sie sich auch entschuldigen, wenn es einmal passiert ist, erholen Sie sich nie mehr davon. Ihr Ruf in der Firma ist unwiderruflich ruiniert. Wir haben es in mehreren Firmen beobachtet, und es ist eine der am leichtesten vermeidbaren Tragödien in unserem Geschäft.

Unsere Branche bietet uns tägliche Gelegenheiten, um unseren wahren Wert zu entdecken. Es gibt zahllose Momente, in denen uns moralische Entscheidungen abverlangt werden. Jeder einzelne ist ein persönlicher Test unserer Integrität, und manchmal merkt es niemand außer uns. Aber wir sind mehr als andere in irgendeinem Bereich menschlichen Strebens gefordert, die Maßstäbe menschlicher Werte zu erhöhen. Diese Integrität hat schon mit unserer allerersten Präsentation zu beginnen. Sagen Sie über Ihren Marketingplan und über die für den Erfolg nötige Arbeit die Wahrheit. Bieten Sie Ihre Unterstützung an, aber bieten Sie nie an, einem neuen Berater die Arbeit abzunehmen, wo Sie doch kaum Ihre eigene schaffen. Je ehrlicher wir mit dem notwendigen Arbeitspensum in unserem Geschäft umgehen, desto geringer wird unsere Ausfallquote und desto mehr Achtung werden wir vor unserer Branche aufbauen.

Unrealistische Annahmen über die zum Erfolg nötigen Zahlen

Hüten Sie sich vor unrealistischen Annahmen bezüglich der Anzahl von Personen, die Sie persönlich sponsern müssen. Einige Firmen haben sich mit ihren Führungskräften verbündet, um den Mythos zu fördern, man müsse beim Sponsern nicht besonders produktiv sein, um erfolgreich zu werden. Quatsch! Es gibt Ausnahmen, aber die meisten erfolgreichen Führungskräfte mussten eine große Zahl von Leuten als Erstlinien einschreiben.

Im Network-Marketing haben die meisten der wirklichen Großverdiener im Laufe der Zeit mindestens einhundert Erstlinien-Berater gesponsert, und viele noch mehr. Jedoch gibt es von dieser Regel immer einige Ausnahmen, und Michael DiMuccio aus Keinburg, Ontario, ist so ein Beispiel. Nachdem er sich dreizehn Monate in einer MLM-Firma abgemüht hatte, fand Michael eine andere, mit deren bemerkenswerten Produkten er sich bereitwillig identifizieren konnte. Seine Erfahrung in der neuen Firma beschreibt er so:

„In der Anfangsphase habe ich etwa hundert Leute angesprochen und sechsundzwanzig Erstlinien gesponsert. Dadurch, dass ich den Beziehungen zwischen mir und diesen sechsundzwanzig Neulingen so viel Wert beimaß, wurden fünf davon langfristige Geschäftspartner. Nicht jeder, der sich einschrieb, war so engagiert wie ich, sonst wären sie selbstverständlich noch bei mir. Doch ihr Beitrag am Anfang brachten Zusammengehörigkeitsbewusstsein, Begeisterung und Umsatz, der mir half, meine persönliche Erfolgsstory zu schaffen: 126.000 Euro Gruppenumsatz im Eröffnungsmonat, woraus 15.000 Euro persönliches Einkommen resultierten. Dieser Erfolg goss Öl ins Feuer, und der Schwung hielt die nächsten drei Monate an.

„Ich sponserte fast ein Jahr danach nicht mehr, stattdessen führte ich eine Infrastruktur zur Kommunikationsförderung und Mitarbeitergewinnung ein und entwickelte ein Modell, das man duplizieren konnte. Ich kümmerte mich dann um die Eröffnung von Mexiko, wo ich fünf neue Linien aufbaute und im Eröffnungsmonat etwa 150.000 Euro Verkaufsumsatz erzeugte - nahezu ausschließlich durch den kalten Markt. Sechs Monate später war mein monatliches Einkommen auf 20.000 Euro angestiegen.

„Zu diesem Zeitpunkt hatte ich insgesamt etwa dreißig bis fünfunddreißig Erstlinien-Berater gesponsert. Dann nahm ich den Quebec-Markt ins Visier, gewann etwa fünfundvierzig Interessenten und sponserte fünf neue Beine - von denen zwei ein Monatseinkommen von etwa 12.000 Euro erreichten.

„Dann hatte ich das Glück, an einen phantastischen Geschäftsmann aus Manitoba verwiesen zu werden. Sein Geschäft in Gang zu bringen, trug bis heute die reichsten Früchte. Er arbeitete nur im Bekanntenkreis und sponserte zwölf seiner dreizehn Interessenten, von welchen im ersten Monat vier zu einer gewaltigen Form aufliefen, denen in den ersten sechzig Tagen zwei weitere folgten. Sein Geschäftsstart erbrachte den Rekord von 219.000 Euro Gruppenumsatz und brachte ihm 17.900 Euro persönliches Einkommen. Folglich wuchs mein Einkommen auf bis zu 40.000 Euro im Monat.

Erfolg schafft Erfolg. Jetzt habe ich mit relativ geringem Aufwand in den letzten achtzehn Monaten zwölf neue Linien aufgebaut, vier davon erhalten durchschnittlich 2.000 bis 8.000 Euro im Monat. Gleichzeitig half ich meinen Führungskräften zu expandieren und habe mein Monatseinkommen auf bis zu 100.000 Euro erhöht.

Heute, mit dreiunddreißig und nach sechs Jahren im Geschäft, habe ich persönlich sechzig Erstlinien gesponsert, sechs davon mit einem durchschnittlichen Monatsverdienst zwischen 8.000 und 45.000 Euro, drei nehmen annähernd 2.000 bis 4.000 Euro monatlich ein, und ein paar andere fangen gerade an. Viele anderen Leuten steht die tatsächliche Anerkennung für meinen Erfolg zu, aber es reicht, wenn ich sage, dass ich mich einer außerordentlichen Karriere in einem unglaublichen Beruf erfreue."
Michael wurde für diese außergewöhnlichen Leistungen von seiner Firma als „Berater des Jahres" ausgezeichnet. Gegenwärtig entwickeln wir Strategien, um Geschichten wie diese zur Welle der Zukunft im Network Marketing zu machen. Da solche Verhältnisse in unserer Branche immer erreichbarer werden, sehen wir eine Flut neuer Partner, die sich in den nächsten zehn Jahren auf unserem Niveau zu uns gesellen werden.

Diejenigen, die neu im Network Marketing sind, sollten eine einfache Vorstellung von den vier beliebtesten Arten von Vergütungsplänen haben: Breakaway, Unilevel-, Matrix- und binärer Plan. Es gibt auch Mischpläne, eine Kombination daraus, aber im allgemeinen sind diese vier die verbreitetsten. Zugegebenermaßen sind die folgenden Erklärungen etwas vereinfacht, aber für einen Berater im ersten Jahr ist es nicht nötig, die Vergütungspläne bis ins Einzelne zu verstehen. Eine Grundvorstellung davon zu haben, ist alles, was Sie für den Augenblick brauchen.

Der älteste und traditionellste ist der Breakaway-Plan. Er ermöglicht Beratern, auf der Basis einer unbegrenzten Anzahl von Erstlinien-Partnern zu sponsern und darauf auch bezahlt zu werden. Wenn Führungskräfte entstehen, weil sie die von der Firma bestimmten Grundanforderungen erfüllen, ‚brechen sie von ihrer Upline-Organisation weg' (engl. „to breakaway") und bilden damit ihre eigenen Organisationen. In einem Breakaway-Plan erhalten Führungskräfte eine unbegrenzte Provision auf ihre eigenen Gruppen, sowie eine Provision auf eine begrenzte Anzahl von Ebenen ihrer „weggebrochenen" Gruppen. Obwohl generell ein höherer Prozentsatz auf den eigenen Gruppenumsatz bezahlt wird, wird das wirkliche Geld durch die große Zahl der Leute in den weggebrochenen Gruppen verdient. Da der Hauptakzent in einem Breakaway-Plan auf der Anzahl Ihrer Erstlinien-Berater liegt, ist es schwierig, neue Partner darüber im Unklaren zu lassen, dass der volle Nutzen des Vergütungsplans nur durch viele Erstlinien erreicht wird.

Der Unilevel-Plan zahlt Provisionen im Wesentlichen auf eine begrenzte Zahl von Ebenen - im Gegensatz zu zwanzig oder mehr Generationen in die Tiefe -, die von der Firma vorgegeben werden. Dies ist vergleichbar mit der Vergütung, die auf den Bereichsumsatz nur aus dem Breakaway-Plans bezahlt wird - außer dass eben die Zahl der Ebenen begrenzt ist. Ein Unilevel-Plan hat natürlich kein Breakaway-System, aber er ist insofern ähnlich, als die einzige Verdienstmöglichkeit darin besteht, viele Erstlinien zu sponsern und so die Chancen für ein größeres exponentielles Wachstum zu vergrößern. Im Breakaway- wie im Einstufen-Plan wächst jede Ebene unter Ihnen stärker, als die Ebenen darüber. Die Anzahl der Partner in Ihrer sechsten Ebene sollte zum Beispiel letztlich größer sein als die Zahl der Partner auf den fünf Ebenen darüber zusammengezählt. Je größer also Ihre Erstlinie ist, um so größer wird letztlich Ihre sechste Ebene werden. Da der Unilevel-Plan nicht so lukrativ wie andere Bonus-Programme ist, wird er oftmals in Kombination mit einem anderen Programm angewandt. Es ist, um es noch mal zu sagen, auch hier schwierig, jemanden über die zum Erfolg notwendige Anzahl neuer Partner zu täuschen.

Der Matrix-Plan als Vergütungsplan begrenzt sich durch seine Definition von Natur aus. Nehmen wir die 3 x 7-Matrix als Beispiel: Sie befinden sich an der Spitze und haben drei Partner in Ihrer Erstlinie. Ihre zweite Ebene hat neun, die dritte 27, die vierte 81, die fünfte 243, die sechste 729 und die siebte 2.187. Ihre gesamte Organisation, wenn sie aufgefüllt ist, würde Sie für insgesamt 3.279 Leute vergüten.

Viele Führungskräfte haben zehn bis 100 mal so viele Leute in ihren Organisationen. Es handelt sich buchstäblich um das Umwandeln einer unbegrenzten Gelegenheit in ein begrenztes Einkommen. Was noch schlechter ist, ist die Tatsache, dass es die Leute unter Ihnen sehr schwer haben, in diesem System Erfolg zu haben. Nehmen wir mal an, jeder auf Ihrer siebten Ebene habe den ernsthaften Wunsch, erfolgreich zu werden, indem er jeweils die Matrix-Organisation auffüllt. Dazu bräuchte man eine Organisation von über zwei Millionen Beratern. Jetzt kommen die Probleme, weil die Leute für den Erfolg auf dieser siebten Ebene so viele Menschen wie die Bevölkerung von China, den USA und Deutschland zusammen sponsern müssten.

Ungeachtet der Wirklichkeit des Matrix-Plans ist die Verkaufstechnik noch immer: „Du musst nur drei sponsern! Nur drei!“ Die Firmenliteratur und das gesamte Verkaufspersonal wirbt mit dem Argument, Sie könnten in Ihrem Unternehmen erfolgreich sein, wenn Sie nur drei andere persönlich sponsern. Und genau das ist alles, was die meisten Leute schließlich tun - wenn überhaupt. Sie sollten aber wissen: Niemand in irgendeiner Firma zu irgendeiner Zeit in der Geschichte unserer Branche hat die wirklich großen Schecks bekommen, nachdem er nur drei oder vier Leute gesponsert hatte. Das hieße, sich in allerhöchstem Maß falsche Hoffnungen machen! Wenn Sie mit einem Matrix-Plan arbeiten, seien Sie bereit, persönlich genug Partner zu sponsern, um Ihre ersten vier oder fünf Ebenen aufzufüllen. Tun Sie es und Sie werden wahrscheinlich Erfolg haben. Ein Matrix-Plan funktioniert nur, wenn auch Sie funktionieren.

Der binäre Plan ist die allerneueste Kombination in der Reihe der Vergütungspläne. Wenn Sie die Matrix mögen, werden Sie den binären Plan lieben. Hier ist die Prämisse, dass Sie nur zwei einzelne Erstlinienpartner sponsern müssen, die man auch als Ihre „Profit Center" bezeichnet. Wenn Sie Ihre beiden Partner gefunden haben, bringen Sie beiden bei, das zu duplizieren, was Sie getan haben, und so weiter, bis Sie - ‚Zack!' - reich sind! In den meisten Fällen funktioniert dies allerdings nicht. In der Zukunft mögen die binären Pläne ja perfektioniert werden, aber während wir dies schreiben, verlangen die meisten, die wir geprüft haben, dass die Berater die Umsatzvolumina auf beiden Seiten ihrer Organisation im Gleichgewicht halten. Und auf sich gestellt, neigt jede Seite dazu, in radikal unterschiedlichem Tempo zu wachsen. Da ausgeglichene Umsätze sich einfach nicht von selber einstellen, müssen die Berater konstant darauf achten, genug qualifizierte Leute auf eine oder beide Seiten einzubringen, um die Umsätze ausgeglichen zu halten. Andernfalls werden die Berater nur auf Basis der schwächeren der beiden Seiten ihrer binären Organisation bezahlt.

Wir können die Matrix- und Binärfirmen schon aufschreien und -heulen hören, die dieses Kapitel nicht sorgfältig lesen. Also machen Sie sich bitte klar, was wir sagen, bevor Sie reagieren. Wir haben in jeder Art von Vergütungssystem Leute getroffen, die äußerst erfolgreich sind, und wir ziehen keines dem anderen vor. Ob im Breakaway-, Unilevel-, Matrix- oder binären Plan, Sie müssen persönlich sponsern oder eine langfristige persönliche Rolle beim Sponsern einer erheblichen Anzahl von Beratern spielen, um erfolgreich zu werden. Wir haben auch anders lautende Vorschläge von bekannten Autoren und Top-Führungskräften gehört. Lassen Sie sich aber nicht verleiten, zu glauben, sie brauchten nur zwei oder drei Erstlinien-Networker, um Ihren Weg zu unbegrenztem Reichtum zu finden. Egal, für welchen Vergütungsplan Sie sich entscheiden, Erfolg erfordert eine Menge harter Arbeit.

Nochmals: Wir wollen kein Urteil über Vergütungspläne fällen, sondern Führungskräfte in einem Matrix- oder binären Plan davor warnen, falsche Erwartungen zu wecken, wenn sie neuen Interessenten ihren Plan präsentieren. Unrealistische Annahmen pflegen oftmals aus solchen Plänen zu resultieren, die die Anzahl der Erstlinien-Berater begrenzen.

Carol Fitzgerald aus Dundee, New York, wurde in einer brandneu gegründeten Firma zum Opfer falscher Erwartungen. Sie fühlte sich doppelt getäuscht, weil sie Network-Erfahrung hatte und im Nachhinein glaubte, sie hätte es kommen sehen müssen. „Ich hatte etwa drei Jahre lang für eine große Network Marketing-Firma in Teilzeit gearbeitet und zugleich zwei Kinder zu Hause unterrichtet. Ich war Beraterin in einer großen, soliden Firma für Ernährungs- und Haushaltsprodukte. Ich brach keine Rekorde, aber für meinen wöchentlichen Zeitaufwand hatte ich ein nettes Einkommen mit einem stetigen monatlichen Zuwachs. Meine Organisation bestand vorwiegend aus Frauen mit Firmenkarrieren, die in der Lage sein wollten, bei ihren Kindern zu Hause zu bleiben und weiterhin ein Einkommen beziehen wollten.

Alles ging gut voran, bis mich eine Freundin anrief, um mir von einem „unglaublichen Umweltprodukt“ zu erzählen, das ich unbedingt probieren müsse. Ich fragte, ob es eine Network Marketing-Firma sei und erklärte ihr, ich sei meiner derzeitigen Organisation wirklich verpflichtet und nicht interessiert daran, mit mehr als einer Firma zu arbeiten. Sie ist sehr kreativ und war nicht leicht zu entmutigen, zumal sie von meinem gegenwärtigen Erfolg wusste. Vier Tage später war mein Geburtstag, und es kam eine große Schachtel, die eine komplette Auswahl von Produkten und eine kurze Erklärung eines unglaublichen Vergütungsplans enthielt. Jetzt wusste ich, warum meine Freundin so begeistert war! Die Produkte waren toll und das angebotene Geld Schwindel erregend.

Binäre Vergütungspläne waren brandneu. Ich hatte mit einem Matrix-Plan gearbeitet und wusste nicht viel über Binärpläne. Sie schienen zu gut, um wahr zu sein. (Warum gingen die Alarmglocken nicht an?) Dies war wirklich eine unglaubliche Gelegenheit zu schnellem Wachstum und raschem Geld! Die Bezahlung erfolgte wöchentlich: Für jede 1.000 Euro Produktumsatz (mit 500 Euro in jedem Bein) wurden 250 Euro Provision bezahlt.

Sponsern spielte keine Rolle, es gab keine Begrenzung in die Tiefe, und das Beste war, es ging nie Umsatz verloren, sondern dieser wurde aufrecht erhalten, bis das Gleichgewicht erreicht war. Typisch für diese Art von Plan war, dass Berater zum Empfang von Provisionen qualifiziert waren, wenn sie einmal für 100 Euro Produkte gekauft und zwei Leute gesponsert hatten, die das Gleiche taten. Berater konnten bis zu drei Positionen persönlich kaufen, es gab keine Altersgrenze, und jeder in einem Haushalt konnte eine eigene Beraterschaft haben. Ich hing an der Angel. Diese Firma hatte alles! Die Produkte waren wirklich revolutionär, sie konnten der Umwelt helfen, und die Einkommensmöglichkeiten waren fantastisch. Ich konnte meiner Familie und allen meinen Freunden helfen (die damals noch meine Freunde waren). Sie mussten nur für 100 Euro von diesen wunderbaren Produkten kaufen, und ich konnte sie in meiner Organisation platzieren und unter ihnen aufbauen.

Ich startete mit einem Sprung ins kalte Wasser. Ich begann mit drei Positionen, platzierte meine Kinder (hier kam ihr Studiengeld!) unter mir, gefolgt von meinem Mann, meinen Eltern, Schwägerinnen, Schwägern, Großeltern, Geschwistern und jedem, den ich kannte. Es war egal, ob sie Network Marketing-Erfahrung hatten oder nicht, jeder konnte diesen Vergütungsplan verstehen, und außerdem halfen sie der Umwelt. Natürlich tat jeder in meiner Gruppe das, was ich tat. Fast alle fingen mit drei Positionen an und ermutigten Freunde und Familie, dasselbe zu tun. Wir schrieben Kirchengemeinden ein, Schulen und andere gemeinnützige Organisationen, die der Reihe nach alle ihre Anhänger sammelten.

Meine Produkte kamen in der zweiten Woche an. Wir hatten noch keine Berater-Kits oder Schulungs-Handbücher, also schrieb ich selbst Unterlagen für meine Gruppe. Der Firma gefielen meine Hilfsmittel, also nutzte sie diese rundum. Ich organisierte Telefonkonferenzen und hielt Schulungsveranstaltungen ab. Das Geld strömte herein und jeder war begeistert. Dann passierte es! Produktlieferungen kamen verspätet und Schecks waren fehlerhaft ausgestellt. Die Direktoren der Firma sagten mir, es läge an dem enormen Wachstum, das meine Gruppe verursacht hatte, und es sei doch gut, ein solches Problem zu haben. Man versicherte mir, es werde zusätzliches Personal eingestellt, um die Probleme zu beseitigen. Und wir faxten ihnen weiterhin Hunderte und Aberhunderte von Anträgen! Aber ich war vorsichtig genug, um meine eigene Organisation im Auge zu behalten. Ich veranlasste meine Gruppe, deren Faxanträge auch an mich zu faxen, sodass ich das Wachstum überwachen konnte. Ich entdeckte eine größere Diskrepanz in dem, was meiner Gruppe zustand, und sprang, bewaffnet mit meinen Unterlagen, sofort in ein Flugzeug.

Als ich ankam, schauten sich die Firmenchefs meine Dokumentation an und waren entsetzt. Sie hatten ‚keine Ahnung, dass das Problem so ernst war!' Sie schalteten ihre Programmierer ein und entschieden, dass das Programm einen Fehler hätte und dass sie all die Tausende von Anträgen neu eingeben müssten, um alles aufzuarbeiten. Wir sollten natürlich nicht den Schwung verlieren, und so wurde ich gedrängt, positiv zu bleiben und weiter zu sponsern. Sie behaupteten, sie hätten denjenigen, der für das Vermasseln der Produktbestellungen verantwortlich war, gefeuert, und man garantierte mir, dass alles innerhalb von zwei Wochen wieder in der richtigen Spur sei. Wir sponserten weiter. Obwohl Schecks und Produktlieferungen nur sporadisch eintrafen, schienen sie sich zu bemühen.

Dann kam der schwarze Montag. Es begann, als meine Post ankam und ich feststellte, dass meine beiden letzten Schecks als ungedeckt zurückgegangen waren. Das Telefon begann zu läuten, und die Leute waren nicht länger ‚begeistert'. Hunderte von Leuten hatten alle dieselbe Post bekommen, und sie hatten alle meine Telefonnummer. Die Firmennummer ließ nur eine Bandaufnahme hören, der zu Folge das Telefon abgestellt sei. Die Realität setzte ein.

Als ich schließlich den Firmenchef erreichte, erklärte mir dieser, die Situation sei ‚gänzlich meine Schuld'. Allem Anschein nach hatten sie nie damit gerechnet, dass jemand seine Organisation vollständig ausbalancieren, und, noch schlimmer, jedem beibringen würde, dasselbe zu tun. Meine ausgeglichene Gruppe hatte den Vergütungsplan bereits nach acht Ebenen gesprengt, und meine Organisation erreichte mit insgesamt mehreren tausend Beratern mehr als dreißig Ebenen. Die Firma schloss ihre Tore und verpasste mir eine Lektion und ein Geburtstagsgeschenk, die ich nie vergessen werde.

Unglücklicherweise hinterließ die Angelegenheit auch bei meiner Familie und vielen meiner Freunde sehr negative Gefühle bezüglich Network Marketing, die zu überwinden ich Jahre brauchte. Ich habe noch immer eine Kopie meines größten uneinlösbaren Schecks in meinem Tagesplaner, um mich daran zu erinnern, dass es im Network Marketing so wenig wie in irgendeinem anderen Geschäft ein ‚Schnell-reich-werden'-Programm gibt - es sei denn, jemand wird dabei geschädigt. Langsame

Network Marketing ist ein großes Geschäft auf internationaler Ebene, das ein Schwindel erregendes Einkommenspotenzial, enorme Mengen an Freizeit, Reisen, Macht und Prestige bietet.

und stetige Anstrengung macht definitiv das Rennen." Glücklicherweise konnte Carol schnell wieder neu anfangen und arbeitet jetzt mit einem erfahrenen Team für den Start einer Network Marketing-Firma, die, wie sie hofft, all das widerspiegelt, was für unsere Branche Gültigkeit haben soll. Carol fügt hinzu: „Für alle meine Freunde, die dies lesen - Blumen, Schokolade oder einfach eine Grußkarte stellen viel hübschere Geburtstagsgeschenke dar."

Die Lehre für Leute, die gerade im Network Marketing anfangen, ist diese: Binärpläne neigen aufgrund ihrer Struktur dazu, kurzfristige Erträge zu versprechen - im Gegensatz zu einem langfristigen, stetig verbleibenden Einkommen. Wenn Sie bei einer Firma einsteigen wollen, die so neu ist, dass sie noch keine Erfolge aufzuweisen hat, vergewissern Sie sich zumindest, dass die Gründer der Firma eine Karriere zeigen können . . . . und zwar eine positive! Es ist immer riskant, bei einer Firma einzusteigen, die nicht mindestens seit ein paar Jahren besteht. Wenn Sie dringende Gründe fühlen, einzusteigen, und keine Informationen aus erster Hand über die Integrität der Firmengründer haben, wenden Sie die nötige Sorgfalt auf: Überprüfen Sie sie, fragen Sie nach Referenzen, und wenn ihr Vergütungsplan unerprobt ist und zu schön klingt, um wahr zu sein, ist er es wahrscheinlich auch.

Wenn Sie sich in einer soliden Firma befinden, und Ihnen, wie es Carol passierte, ein übereifriger Sponsor dicke Schecks oder einen Vergütungsplan zeigt, der zu schön klingt, um wahr zu sein, haben Sie hoffentlich den gesunden Menschenverstand, zu bleiben, wo Sie sind. Network Marketing ist ein großes Geschäft auf internationaler Ebene, das ein Schwindel erregendes Einkommenspotenzial, enorme Mengen an Freizeit, Reisen, Macht und Prestige bietet. Zu den erfolgreichen Leuten zu zählen heißt, wie ein Rockstar behandelt zu werden, der vor großem Publikum unter tosendem Beifall auf jedem Kontinent spielt. Sie werden überall, wo Sie hinkommen, in die besten Restaurants eingeladen und verkehren mit den einflussreichsten Leuten aus Industrie, Recht und Wissenschaft. Denken Sie daran, wenn Sie versuchen, Menschen aus den verschiedensten Berufsständen für Ihr Geschäft zu gewinnen: In jeder Branche gibt es Unzufriedenheiten, und häufig sind den erfolgreichsten Menschen anderer Branchen Einkommenszahlen wie die unseren geläufig. Wenn Sie sich aus Ihrem Bekanntenkreis hinaus an Interessenten des kalten Marktes wenden, müssen Sie wissen, dass es nur ein Zahlenspiel ist, und Sie sich nicht davon einschüchtern lassen dürfen.

MLM ist der „große Gleichmacher“, in welchem frühere Fabrikarbeiter mit Doktoren oder Firmenchefs konkurrieren oder sie sogar überholen können. Unter dem Gesichtspunkt des Arbeitsaufkommens und in Bezug auf die Anzahl der Leute, die Sie tatsächlich sponsern müssen, wurden Sie vielleicht unter falschen Voraussetzungen ins MLM gebracht, aber niemand kann Ihnen wirklich von dem Spaß erzählen, den es macht, fünf- bis sechsstellige Monatseinkommen zu verdienen, bis Sie es selbst erleben. Jammern Sie also nicht, gehen Sie an die Arbeit! Wie sieht Ihr Plan aus - vier Jahre oder vierzig?

Falsche Einschätzung des Zeitaufwandes, der zum Erfolg nötig ist

Der nächste Problembereich - Zeitaufwand - muss sicherlich erwähnt werden, weil er zukünftige Berater oft über einen der wichtigsten Aspekte des Geschäfts irreführt. Obwohl wir viele unserer Partner, uns eingeschlossen, in nur wenigen Monaten ein fünfstelliges Monatseinkommen erreichen sahen, gelingt dies der Mehrzahl nicht. Neue Networker sollten sich realistische Ziele setzen, die von Ein-, Zwei- und Dreijahres- bis zu Fünf- und Zehnjahreszielen reichen. Gehen Sie dann die Linien entlang nach oben, bis Sie in Ihrer Firma jemanden finden, der das verdient, was Sie in Ihrem zehnten Jahr verdienen möchten. Bitten Sie diese Person um Hilfe beim Setzen realistischer Ziele, orientiert an dem Zeit- und Energieaufwand, den sie an jedem dieser monatlichen und jährlichen Meilensteine betreiben musste. Wenn jemand anderer in der Lage war, zu erreichen, was Sie sich wünschen; wenn Sie sich vorstellen können, dies ebenfalls zu erreichen, und wenn Sie bereit sind, dieselbe Zeit und Mühe aufzuwenden, dann sollten auch Sie dasselbe verdienen können. Einen Bericht über

Durchschnittsverdienste kann und sollte Ihre Firma veröffentlichen. Praktische Ziele setzt man, indem man sie auf tatsächlich von anderen Vertriebspartnern verdienten Einkommen auf verschiedenen Ebenen basieren lässt. Seien Sie bezüglich des notwendigen Zeitaufwands realistisch, aber seien Sie im Festlegen der richtigen Ziele für sich selbst auch anspruchsvoll. Das Entfesseln Ihres begrenzten Denkens wird Ihnen das Erreichen Ihres vollen Potentials ermöglichen.

Entsprechend der für den Erfolg notwendigen Zeit verdienen Teilzeitler im Network Marketing beträchtlich weniger als Vollzeitkräfte. Wenn jemand, der in Vollzeit arbeitet, 200.000 Euro im Monat verdient, könnte ein Neuling logischerweise annehmen, er könnte in der halben Arbeitszeit 100.000 Euro im Monat verdienen. Nicht unbedingt! Das meiste, was Rene als ernsthafte Teilzeitlerin jemals verdiente - sie konnte wegen ihrer Wahl in ein öffentliches Amt vier Jahre lang nicht vor Ende der Amtszeit aufhören - , waren nicht einmal zehn Prozent dessen, was wir beide in Vollzeit verdienen. Der Grund ist, dass dies eben weitgehend ein Geschäft der Duplikation ist. Teilzeitler ziehen Teilzeitler nach. Wenn Sie als Führungskraft mit einem Teilzeitjob zufrieden sind, dann wird die Teilzeittätigkeit auch jedem angemessen erscheinen, den Sie sponsern. Wenn Sie andererseits all Ihre Energie investieren und Networking als großes Geschäft betrachten, werden dies auch mehr Mitglieder Ihrer Downline tun. Stellen Sie sich eine einfache Frage: Wann haben Sie zuletzt jemanden getroffen, der in seiner Freizeit Millionär wurde? Wohlstand ist eine Unternehmung, die Ihre vollständige Aufmerksamkeit erfordert.

Unser Buch Power *Multi-Level Marketing* soll lehren, wie man eine große, dynamische Multi-Level Marketing-Organisation aufbaut, und gleichzeitig die unvermeidlichen Unterschiede zwischen Teilzeit- und Vollzeitarbeit aufzeigen. Wir haben verschiedene Firmen in Bezug auf durchschnittliche Teilzeit- und Vollzeit-Einkommen untersucht. Sie können einfach Vollzeit-Ziele nicht mit Teilzeitaufwand erreichen. Es liegt auf der Hand, dass diejenigen, die in diesem Geschäft „Alles“ geben, ihre Ziele früher erreichen. Wenn dies für Sie in Frage kommt - und wenn Sie durch Ihre Rücklagen sechs Monate Stehvermögen haben, dann ermutigen wir Sie nachdrücklich, sich Ihre Firma sorgfältig auszusuchen und alles zu geben, was Sie können.

Es gab nie eine rentablere Zeit, um in diese Branche einzusteigen. Wenn Sie an sich selbst glauben, an die Organisation, der Sie sich angeschlossen haben, an Ihre Firma und an die Branche, dann erzählen Sie der Welt einfach von Ihrer Entdeckung! Mark hat genau das getan - manchmal im Feuer seiner Begeisterung 60- bis 70-Stunden-Wochen eingelegt - und innerhalb von dreieinhalb Jahren brachte ihm seine Anstrengung seinen ersten Monatsscheck in Höhe von 100.000 Dollar ein.

Wenn Sie Verantwortlichkeiten, finanzielle Beschränkungen, Zweifel oder einfach nur Ihr gesunder Menschenverstand davon abhalten, dieses Geschäft auf Vollzeit-Basis zu beginnen, dann sollten Sie Rene nacheifern. Obwohl nur in Teilzeit, übte sie ihr Network Marketing-Geschäft als ernsthaftes Geschäft aus, während sie in Vollzeit im Vorstand des Landesausschusses in Reno, Nevada, arbeitete. Sie erklärt: „Ich arbeitete mit fester Regelmäßigkeit, sprach jeden Tag zwölf bis fünfzehn Leute an, hielt jede Woche zu Hause für mindestens fünfzehn Leute eine Präsentation und nahm an zwei bis drei verschiedenen Treffen teil: Mit dem Ergebnis, dass ich im Monat mindestens fünf Leute sponserte. Mit zusätzlichem Zeitaufwand am Wochenende stieg diese Zahl manchmal auf bis zu zehn neue Partner. Ich ließ nie nach - obwohl ich in meinem Beruf einen vollen Terminkalender hatte - so dass ich nach eineinhalb Jahren im Geschäft ein jährliches Einkommen von 100.000 Euro erreichte.“ Beständigkeit ist entscheidend ob Sie fünf oder dreißig Interessenten am Tag erreichen.

Es ist nicht falsch, den Leuten das Ausmaß der Möglichkeiten in dieser Branche zu schildern. Wahre Geschichten sind für sich genommen stark genug. Übertreibung ist unnötig, aber jeder muss sich der Menge der Arbeitszeit und der konzentrierten Anstrengungen bewusst sein, mit denen wir diese Ziele erreicht haben. Wir nahmen nicht an den Treffen anderer Leute teil, wir hielten unsere eigenen. Wir managten nicht unsere Downlines, wir unterstützten unsere Erstlinien-Partner, indem wir ihnen bei den Abschlüssen halfen, und bauten so Organisationen auf, die unsere Anstrengungen duplizierten.

Die irrige Vorstellung, dass Ihre Upline alles für Sie erledigt

Viele neue Berater werden dadurch geworben, das man ihnen sagt, sie müssten nicht hart arbeiten. Man versichert ihnen, sie müssten nur ihre Interessenten zu einem Hoteltreffen der Upline schicken, ihr Sponsor oder ihre Upline würde die Präsentationen halten und jeden für sie ins Geschäft bringen. Aber zurück zu den Grundlagen - die Definition von Networking ist *„Freunde erzählen es Freunden"*. Aber Sie müssen mitarbeiten - mit Freunden reden und Ihre Begeisterung über dieses Geschäft weitergeben.

Networking ist nichts anderes, als Freunden von einem guten Film zu erzählen oder von einem neuen Restaurant, das Sie entdeckt haben. Sie müssen kein Experte sein. Sie kennen den Regisseur des Films nicht oder wissen nicht, wo er gedreht wurde. Sie kennen den Choreographen nicht oder den Komponisten der Filmmusik. Vielleicht können Sie sich noch nicht einmal mehr an die meisten Schauspieler erinnern. Sie wissen nur, der Film hat Ihnen gefallen. Sie haben gelacht oder geweint oder fühlten sich einfach großartig. Das erzählen Sie den Leuten. Niemand erwartet, dass Sie alles darüber wissen. Aufgrund Ihrer Erzählung gehen sie, wenn sie in der Stimmung sind, wahrscheinlich in den Film, nur weil Sie ihn empfohlen haben. Dass Freunde mit Freunden darüber reden ist die Grundlage dessen, was Network Marketing zu einer effektiven Vertriebsmethode macht.

Was würden Sie aber sagen, wenn Sie ein enger Freund anriefe und sagen würde: „Hallo, ich bin's. Ich habe hier eine Frau am Telefon, die mir letzte Woche einen neuen Film nahe gebracht hat. Wir haben ihn uns angeschaut, und er hat uns beiden so gefallen, dass wir Dich angerufen haben. Sprich doch mal mit ihr. Sie ist am Apparat, um Dir jede Frage über den Film zu beantworten, weil sie ihn schon öfter gesehen hat als ich." Verstehen Sie, was ich meine? Sicher gibt es einen Zeitpunkt für Upline-Unterstützung. Er ist gekommen, *nachdem* die Interessenten den „Film", also *nachdem* sie die Präsentation gesehen haben. In diesem Moment ist es sinnvoll, eine Autorität hinzuzuziehen, um Ihren Interessenten zum Einsteigen zu bewegen. Egal, ob Sie ihn durch eine audiovisuelle Geschäftsinformation oder eine Präsentation bei sich zu Hause in das Geschäft einführen, nutzen Sie Ihre Upline, um Ihre Sache *nach* der ersten Einführung mit Glaubwürdigkeit zu untermauern.

Sie müssen keine Autorität in Bezug auf MLM, Ihre Firma oder Ihre Produkte sein, um die erste Vorstellung durchzuführen. Sie müssen auch keine geschliffene Rede halten oder Ihre Upline mit am Telefon haben. Nach unserer Erfahrung bringt Sie in unserem Geschäft auch etwas weniger Perfektion sehr weit. Wenn Sie Ihre Begeisterung über das Gehörte hinüberbringen - besonders bei der Präsentation - wollen Sie erreichen, dass die Leute mit dem Gedanken heimgehen „Das kann ich auch!“, und nicht „Ooh, was war das für eine brillante Sprecherin!“

Steven Friedberg aus Parkland, Florida, lernte diese Lektion, indem er direkt bei seinem ersten Meeting ins kalte Wasser geworfen wurde. Er glaubte, sein Sponsor würde sein erstes Meeting für ihn halten, lud einige Freunde ein und forderte sie auf, selbst noch Freunde mitzubringen. Fünf Minuten vor dem Meeting (mit neunzehn Leuten in seinem Wohnzimmer) erfuhr Steven, dass sein Sponsor es nicht schaffen werde, zu erscheinen. „Da stand ich kurz vor dem Herzinfarkt. Ich hatte solche Angst und schwitzte so sehr, dass mir die Brille vom Gesicht fiel. Ich zitterte so, dass ich, ganz ehrlich, keine gerade Linie auf der Tafel ziehen konnte. Das Meeting, für das eine Stunde vorgesehen war, dauerte nur neunzehn Minuten, weil ich ihnen dann bereits alles erzählt hatte, was ich wusste.

Um alles noch schlimmer zu machen, füllte jemand, den ich schon gesponsert hatte, die Minuten des Schweigens, indem er das Publikum „übernahm“. Das tat er, indem er jedem „Du schaffst es!“ zurief und mit großen Schritten von einem Ende des Raumes zum anderen marschierte. Ich konnte nur noch beten, der Boden möge sich auftun und mich verschlucken, um mir weitere Peinlichkeiten zu ersparen. Es war mein schlimmster Albtraum - bis zum nächsten Tag. Drei Leute schrieben sich ein, mein Geschäft war gestartet und begann zu laufen.“ Obwohl wir Sponsoren beibringen, die ersten paar Meetings für ihre neuen Partner zu halten, zeigt diese Geschichte eines: Was passieren kann, wenn Leuten nichts anderes übrig bleibt, als raus zu gehen und, es (mit den Worten der berühmten Nike-Werbekampagne, „just do it!“) einfach zu tun.

MLM ist ein Geschäft in Teamarbeit. Lassen Sie sich nicht von der Erwartung irreführen, dass Ihre Upline Sie irgendwie an die Hand nehmen und alles für Sie tun soll. Gleichzeitig ist jedoch der Grund dafür, dass wir aus vielen Ebenen bezahlt werden, der, dass wir bei unseren Interessenten die Saat ausbringen, und unsere Upline-Mentoren dazu da sind, um diese für uns zu gießen. Wenn Ihre Leute dann deren Interessenten mitbringen, sind Sie dazu da, diese für sie zu sponsern, indem Sie für Kompetenz sorgen. Es geht nicht darum, dass die Upline alles übernimmt. Es geht darum, dass jeder seinen Teil dazu beizutragen hat, dass die ganze Organisation wie ein einziger gesunder Körper funktioniert. Vergessen Sie nicht, Sie brauchen nicht annähernd so sehr Unterstützung, wie Sie für andere Menschen Unterstützung bieten müsen. Wenn Ihnen das in Fleisch und Blut übergegangen ist, beginnt für Sie Ihr wirklicher Marsch in Richtung Wohlstand.

Jetzt werden Sie vielleicht sagen: „Ich verdiene aber noch gar nicht das große Geld." Das macht nichts. Die meisten Leute müssen dieselbe Sache nur wiederholt zu hören bekommen - so wie eine Schlagkombination beim Boxen, „Eins, zwei, eins, zwei". Wenn die Rede darauf kommt: „Wie viel verdienen Sie?" - sagen Sie ihnen, dass Sie noch in der frühen Aufbauphase sind, aber geben Sie ihnen die Telefonnummer von jemandem in Ihrer Upline, der richtig viel verdient. Nach unserer Erfahrung werden nur wenige die Sache verfolgen und anrufen. Alles was sie hören wollen, ist, dass das, was man ihnen gesagt hat, schon ein anderer erreicht hat - jemand, zu dem auch sie Zugang haben. Wenn sie der Sache jedoch nachgehen, muss der Großverdiener natürlich auch erreichbar sein.

Die Erläuterung des Ruhestands im Network Marketing

Die Definition von Ruhestand ist ‚sich total zurückziehen oder trennen und damit das Ende seiner Karriere bekannt geben.' Ist Ihnen schon aufgefallen, dass das Thema Ruhestand praktisch bei jedem Meeting aufkommt, das eine Führungskraft hält? Dies ist eine falsche Erwartung, die im Network-Vertrieb oft versprochen und selten verwirklicht wird. Das Geschäft macht einfach zu viel Freude und kann sogar per Telefon von einem Sessel aus geführt werden. Viele von uns gebrauchen das Wort Ruhestand beim ersten Kontakt mit Interessenten, als ob es das Ziel wäre, mit unserer Tätigkeit aufzuhören. Was wir aber in Wirklichkeit meinen, ist, dass wir uns nach einer bestimmten Zeit, die wir ins Geschäft investiert haben, einfach nur mehr Ruhe gönnen können. Ab einem bestimmten Punkt müssen wir nicht länger unser Leben mit dem Ansprechen von

Leuten verbringen, um Wohlstand und Unabhängigkeit zu erlangen. Jedoch müssen wir einen angemessenen Mittelweg finden, um unsere Unterstützung und Erreichbarkeit für jene zu erhalten, die damit rechnen.

Wenn irgend eine Network Marketing-Firma den Ruhestand ohne weitere Produktionsanforderungen zur Wahl stellt, entscheiden sich nur wenige erfolgreiche Berater für einen kompletten Rückzug. Eine wirkliche Führungskraft ermöglicht sich viel Zeit mit der Familie und schafft sich dabei sehr häufig einen Lebensstil, der Qualitätsfreizeit mit Qualitätsarbeitszeit verbindet. Diese Führungskraft wird aber normalerweise weiterhin telefonisch erreichbar sein und niemals Gerüchte in seiner Downline zulassen, er habe sich vollständig zurückgezogen. Das könnte ein Fehler sein, der vermieden werden muss. Aber lassen Sie sich nicht von dieser Ruhestands-Geschichte nervös machen. Und zwar aus folgenden Gründen:

Erstens gibt es kein anderes Geschäft, das so universelle Einsatzmöglichkeiten und gleichzeitig solche Einkommen bietet wie Network Marketing. Nicht jeder kann ein Spitzensportler oder eine Schauspielerin von Weltformat sein. Nicht jeder hat das Geld zum Kauf einer eigenen Franchise-Lizenz. Aber fast jeder *kann* Network Marketing in ernst zu nehmendem Ausmaß betreiben. Und wenn es Sie einmal gepackt hat, können Sie kaum mehr etwas anderes tun. Zweimal haben wir versucht, uns zur Ruhe zu setzen, und beide Male haben wir uns selbst überzeugt, dass kaum ein anderes produktives Vorhaben so viel Spaß macht. Dem berühmten Psychiater William Glasser zufolge haben wir alle zwei grundsätzliche Bedürfnisse im Leben: Das Bedürfnis, Liebe zu geben und zu empfangen, und das Bedürfnis, uns vor uns selbst und gegenüber anderen nützlich zu fühlen. Die beiden Male, in denen wir unsere Aktivitäten beträchtlich zurückschraubten, entdeckten wir schnell, dass wir den engen Kontakt mit Freunden und Bekannten, den wir im Laufe unseres Geschäfts gepflegt hatten, vermissten. Wir entdeckten bald, dass das Sponsern und Schulen neuer Berater mehr Spaß macht, mehr Herausforderung bietet und lohnender ist als die meisten anderen produktiven Vorhaben. Was wir auch immer versuchten, wir landeten immer wieder beim Network Marketing.

Vielleicht hängen wir so sehr daran, weil diese Branche eine solch große Vielfalt an Erfahrungen bietet. Wenn wir schreiben, zu Gruppen sprechen oder persönlich mit Leuten am Telefon arbeiten, sind wir an persönlichem Wachstum, Eheberatung, Familienwerten, Firmenpolitik, Fragen der Integrität, Kleinunternehmen, Großunternehmen und den verschiedensten Kulturen überall auf der Welt beteiligt. Die persönlichen Ziele und unternehmerischen Träume jeder einzelnen Person, mit der wir Kontakt haben, sind für uns von äußerster Wichtigkeit. Angesichts unser beider Herkunft hat es sich als unmöglich herausgestellt, einen anderen Beruf mit solch einem entscheidenden Einfluss auf so viele Menschen zu finden.

Es ist uns egal, wie oft Sie vom Ruhestand durch Network Marketing gehört haben. Aber Tatsache ist: Unsere Downline wird uns immer nacheifern, und das letzte, was wir wollen, ist eine Downline von Führungskräften im Ruhestand. Craig Bryson, eine große internationale Nummer im Networking, hat Führungskräfte in dieser Branche immer vor dem Auflösungs-Effekt gewarnt: Jede Firma, die den wahlweisen Ruhestand ohne monatliche Arbeitsanforderungen genehmigt, könnte sich von oben nach unten selbst zerstören. Wir stimmen dieser Aussage zu. Tatsächlich teilen auch viele der Top-MLM-Firmen ein oder zwei Prozent des gesamten Ertrags unter den Spitzenführungskräften auf, die weiterhin produktiv sind. Das lohnt sich nicht nur für die Führungskräfte, sondern auch für die Downline-Berater, die zum Duplizieren der Aktivität (oder Passivität) ihrer Uplines neigen.

Ob Sie zu Gruppen von fünf oder fünfhundert Leuten sprechen, denken Sie daran, schwenken Sie nicht die Karotte des Ruhestands vor der Nase der Interessenten, ohne näher auf die damit verbundene Problematik einzugehen. Noch besser, konzentrieren Sie sich auf die Fähigkeit des MLM, Selbstbestimmung in das Leben der Menschen zu bringen. Den meisten Leuten würde es sehr gefallen, wenn sie auch nur zehn oder zwanzig Stunden pro Woche zu Hause bei ihren Familien verbringen könnten, Stunden, die sie gegenwärtig im Büro verbringen müssen. Weil wir das lieben, was wir tun, ist es manchmal schwierig, zu wissen, wann die Arbeit aufhört und das Spiel beginnt. Statt eines Zwölf-Stunden-Tages investieren wir heute ein paar Stunden in produktive Arbeit, und den Rest des Tages in Aktivitäten mit unserer Familie, spielen Tennis, fahren Ski, betreiben Paragliding und lesen oder schreiben Bücher.

Betrachten Sie Network Marketing nicht als Beruf, sondern als Hilfsmittel dazu, die Dinge tun zu können, die in Ihrem Leben wirklich wichtig sind.

Wegen der uns in dieser Branche zur Verfügung stehenden Freiheit können wir uns die Zeit nehmen, zu schreiben und Kurse zu geben - wie z.B. den Diplom-Kurs, den wir mit Dr. Charles King in Amerika und Asien halten. Unsere darüber hinaus gehende Arbeit ist indes nicht auf Network Marketing begrenzt. Mark schreibt gerade eine Liebesgeschichte, und Rene schreibt ein Selbsthilfebuch auf Grund ihrer eigenen Lebenserfahrungen. Mark entwickelt ein Programm für Strafgefangene und Rene hat den Vorsitz bei einem Obdachlosenprojekt.

Mit anderen Worten, Interessenten sollten wissen, dass sie sich auf unbegrenzte Freiheit in sehr wenigen Jahren freuen können - die Freiheit, zu tun, was sie wollen und wann sie es tun wollen, während sie weiterhin als Musterbeispiel und Unterstützung für ihre Downline handeln. Betrachten Sie Network Marketing nicht als Beruf, sondern als Hilfsmittel dazu, die Dinge tun zu können, die in Ihrem Leben wirklich wichtig sind. Diese Erklärung entspricht viel mehr dem, was im Leben erfolgreicher Networker wirklich geschieht.

Die irrige Ansicht, es müsse kein Produkt oder keine Dienstleistung verkauft werden

Network Marketing ist der direkte Vertrieb von Produkten und Dienstleistungen vom Erzeuger zum Verbraucher. Werden Produkte oder Dienstleistungen verkauft, erhalten die Berater, die für diese Bestellungen verantwortlich sind, Vergütungen aus mehreren Ebenen ihrer Organisation. Dies ist die Definition von Network Marketing und auch der Grund, warum es oftmals Multi-Level-, also mehrstufiges Marketing genannt wird. Da genau dies die Grundlage unserer Branche ist, finden wir es unverständlich, wie sich irgendjemand vor ein Publikum stellen und sagen kann: „In unserem Geschäft verkaufen Sie keine Produkte. Sie müssen nur den Vergütungsplan präsentieren und Leute einschreiben.“ Von all den falschen Erwartungen, die geweckt werden, ist dies die Unzutreffendste, weil sie genau am Kern unseres Geschäfts vorbei geht und unsere Branche für den Gesetzgeber verdächtig macht.

Wir verstehen, warum einige wohlmeinende Führungskräfte solche Aussagen treffen, aber deshalb schadet es unserer Branche nicht weniger. Wertvolle Interessenten meiden Network Marketing häufig, weil sie fürchten, sie müssten mit Produkten handeln - vielleicht sogar von Tür zu Tür. Einige Männer und Frauen haben Angst, dass sie tatsächlich zu Haustürverkäufern von Kosmetika werden müssten. Um diese irrige Vorstellung zu korrigieren, deuten viele dynamische Führungskräfte an, neue Interessenten müssten überhaupt nichts verkaufen.

Die Wahrheit ist folgende: Network Marketing bedeutet, dass aus einer großen Gruppe von Leuten jeder nur ein wenig Ware nutzt und weitergibt. Damit das System funktioniert, muss jeder von uns seinen Teil dazu beitragen. Unser Haus sollte voll mit unseren Produkten und Dienstleistungen sein. Neulingen bringen wir den Schlachtruf „Finden Sie zehn!“ bei. Nachdem sie unsere Waren selbst gebrauchen, bestehen wir darauf, dass unsere neuen Erstlinien-Berater damit anfangen, zehn Kunden unmittelbar in ihrer Familie und ihrem engen Freundeskreis zu finden. Das ist alles - nur zehn. Jeder sollte zehn reguläre Abnehmer finden, bevor er eine ansehnliche Network-Organisation aufbaut. Dazu ist keine monatelange Arbeit nötig. Man kann es in ein paar Tagen schaffen, aber es muss geschehen, bevor sie bereit sind, mit dem ernsthafteren und einträglicheren Teil des Geschäfts zu beginnen: Andere zu sponsern, die dasselbe tun.

Ein einfaches Rechenexempel macht es leicht verständlich, warum es so wichtig ist, dass jeder Einzelne Produkte bewegt. Wenn Sie sich einschreiben, ohne Produkte zu bestellen und anderen weiter zu geben, haben Sie null Umsatz erzeugt. Duplizieren Sie Ihren Vorgang und sponsern Sie 100 Leute, die ihrerseits jeweils 100 Leute sponsern - und Sie können bei jedem damit angeben, dass Sie 10.000 Leute in Ihrer Organisation haben. Die Kehrseite ist, wenn diese alle Ihre Anstrengung duplizieren, ist 10.000 mal 0 noch immer 0. Es gibt zwei Arten von Produktbewegung, die jeder von uns bezwecken muss: Persönlicher Verbrauch und Kundenbestellungen.

Wir ermuntern Sie, sich auf der Basis des Vergütungsplans Ihrer Firma bestimmte Ziele zu setzen und diese in Ihrer gesamten Organisation zu duplizieren. Wir ermuntern unsere Berater z.B., ein monatliches persönliches Umsatzvolumen von 500 € anzustreben - darin eingeschlossen der persönliche Verbrauch der engeren Familie des Beraters und Kundenbestellungen vom Rest der Familie und von Freunden.

Für die Männer und Frauen, die total geschäftsorientiert sind und sich einfach nicht vorstellen können, Produktdemonstrationen und Schulungssitzungen durchzuführen, hier unser Vorschlag: Sobald Sie selbst mit dem Verbrauch von Produkten und / oder Dienstleistungen begonnen und Ihre zehn Kunden gefunden haben, verwenden Sie alle Energie darauf, Leute zum Geschäftsaufbau zu finden. Wenn Sie kleinen Gruppen von Interessenten die Geschäftspräsentation zeigen, haben Sie unausweichlich Leute dabei, die sich nicht zum Geschäftsaufbau einschreiben. Trotzdem haben sie vielleicht Interesse an den Waren oder an den Serviceangeboten Ihrer Firma. Ohne besondere Mühe oder Energieaufwand bedienen Sie diese Leute einfach als Einzelhandelsverbraucher. Andere werden sich einschreiben, weil sie die Produkte nur zum Großhandelspreis haben wollen. Anstatt sich Kundenclubs mit jährlichem Mitgliedsbeitrag anzuschließen, bekommen eifrige Kunden schnell mit, dass sie in unserer Branche ihre Produkte und Dienstleistungen direkt geliefert bekommen.

Bringen Sie Ihren Leuten, die sich weigern, Produkte zu verkaufen, bei, wie einfach es ist, Interessenten zu Kunden zu machen, die zu Sponsertreffen kommen, sich aber gegen eine Teilnahme am Geschäft entscheiden. Diese Methode ist für leitende Angestellte und andere Geschäftsleute gedacht, die unter der Angst leiden, ihr Ansehen als ‚Profis‘ zu verlieren und von ihresgleichen als Produkthausierer oder Tür-zu-Tür-Vertreter betrachtet zu werden. Das ist der ehrliche Weg, das Problem anzugehen, anstatt die falsche Erwartung zu wecken, in unserem Geschäft müssten keine Produkte oder Dienstleistungen verkauft werden.

Der Irrglaube, Erfolg könne ausschließlich durch Einzelhandels-Verkäufe erzielt werden

Steve und Jeanette Baack aus Portland, Oregon, kamen in die Welt des Network Marketing ohne vorherige Geschäftserfahrung. Beide waren Sportstudenten. Steve spielte fünf Jahre lang professionell Football bei den Detroit Lions, und Jeanette lehrt noch immer Hochleistungs-Aerobic. Sie erläutert: „Uns zog das große Geld und die Freizeit an. Wir schlossen die Produktlinie ins Herz, machten aber anfangs den fatalen Fehler, uns keine im Geschäft schon erfolgreichen Mentoren aus der Upline zu suchen. Wir bauten eine Einzelhandelsbasis mit mehr als 100 Kunden auf, schauten nach einem Jahr im Geschäft auf unseren Scheck und sagten: ‚Das muss doch auch besser gehen.“ Es ging! Jetzt konzentrierten wir uns auf Duplikation, hielten es einfach und gewannen beständig neue Vertriebspartner hinzu. Sobald wir diese Prinzipien in unserem persönlichen Geschäft eingeführt hatten, war es auch einfach, sie anderen beizubringen. Wenn Sie ständig nach neuen Leuten Ausschau halten, die zur rechten Zeit am rechten Platz in ihrem Leben sind, müssen Sie sich nicht über die ärgern, die *„Nein"* sagen. Heute funktioniert unser Leben. Wir haben unser Einkommen aus der National Football League ersetzt und, noch wichtiger, unsere Zeit gehört uns.“

Es kommen so viele Leute in dieses Geschäft, die von dem Potenzial der erfolgreichen Geschäftspartner hören und glauben, alles, was sie tun müssten, um an das große Geld zu kommen, wäre, ein paar Produkte zu verkaufen. Falsch. In unserem Geschäft muss jeder seinen kleinen Teil dazu leisten, Produkte oder Dienstleistungen zu bewegen. Wie bei Steve und Jeanette kommt das Geld erst, wenn Sie erfolgreich eine große Downline geschaffen haben, die diesen Prozess dupliziert.

Der Durchschnittsbürger fällt nicht auf Übertreibungen herein

Heutzutage sind die Menschen weitaus cleverer als vor zwanzig oder dreißig Jahren. Kaum dass wir das Alter von Jugendlichen erreicht haben, sind wir schon mit Millionen von raffinierten Werbekampagnen bombardiert worden. Sind wir dann erwachsen, haben wir schon eine Menge

Marktschreier, Profiverkäufer und aufdringlich-überheblicher Vertreter erlebt. Heute ist ein Zwanzigjähriger abgestumpfter und zynischer als ein Sechzigjähriger im Jahr 1940. Das wirklich letzte, was die Leute wollen, ist ein aggressiver Vortrag über eine MLM-Gelegenheit. Die meisten Menschen schöpfen heute schon beim geringsten Anlass Verdacht und durchschauen Lügen und Erfindungen sehr schnell. Unser Geschäft scheint sowieso schon fast zu schön, um wahr zu sein. Es gibt daher überhaupt keinen Grund zu versuchen, es mit Fehlinformationen über übertriebene Einkommen, frühzeitigen Ruhestand und angeblich nicht erforderlicher Verkäufe noch besser wirken zu lassen.

Wir vermuten, dass die meisten ‚Profis' deshalb einen Bogen um unsere Branche machen, weil sie nicht nachvollziehen können, dass ein gewöhnlicher Mensch praktisch ohne Risiko und Kapital innerhalb von drei Jahren zum Millionär werden kann. Wenn ein intelligenter Mensch zum ersten Mal von einer kompetenten Führungskraft mit Network Marketing in Berührung gebracht wird, die einfach nur ehrlich die Fakten aufzeigt, wird eine von zwei Möglichkeiten eintreten: Entweder geht dieser Interessent mit ungläubigem Kopfschütteln davon, oder er wird vor Begeisterung über unsere Möglichkeiten bezüglich Einkommen und Lebensstil eine Woche lang schlaflose Nächte haben. Kein Mensch braucht jemals wieder zu übertreiben oder unsere Branche falsch darzustellen. Die Fakten sprechen einfach für sich.

Denken Sie einen Moment darüber nach, wie grotesk diese Tatsachen einem Interessenten vorkommen müssen, der nur wenig - wenn überhaupt - über unsere Branche weiß. Obwohl wir es alle auf die verschiedensten Arten ausdrücken - im Grunde genommen zeigen wir den Leuten doch nur Folgendes: Zuerst bitten wir sie, zu glauben, dass Network Marketing wesentlich profitabler ist als die meisten Franchise-Systeme, schließlich braucht man für einen Start weniger als 100 oder 200 Euro Wenn z.B. ein McDonald's-Franchisenehmer ein Jahr nach seiner Investition von einer Million Euro vielleicht 200.000 Euro jährlich verdient, wie um alles in der Welt soll dann ein MLM-Berater 200.000 Euro im Monat aufgrund einer Investition von ein paar hundert Euro verdienen? Die Rechnung geht für die meisten Menschen einfach nicht auf. Der Franchisenehmer muss Eigentum erwerben und eine umfassende Struktur aufbauen, der Network-

Berater arbeitet von zu Hause aus. Der Franchisenehmer muss wöchentlich 10.000 Euro an Löhnen zahlen. Der Networker braucht keine Angestellten. In den ersten sechs Jahren ist der Franchisenehmer nichts als ein Schichtwechsel-Aufseher für pickelgesichtige Teenager, bevor er die Gewinnzone erreicht. Nach der Hälfte dieser Zeit arbeitet der MLMler fünfundzwanzig Stunden die Woche und hat durch und durch Spaß an seinem Leben. Wir könnten unendlich auf diese Weise fortfahren, weil es scheint, dass das Leben eines erfolgreichen Networkers jedem anderen herkömmlichen Geschäft vorzuziehen sei. Sie verstehen - MLM scheint zu schön, um wahr zu sein. Daher gibt es einfach keinen Grund für irgendwelche Übertreibungen.

Wir raten Ihnen eindringlich dazu, diese Geschäftsgelegenheit ehrlich und professionell zu präsentieren. Falsche Erwartungen können potenziell erfolgreiche Berater buchstäblich für das Geschäft verderben. Wenn Leute dazu gebracht werden, Unwahrheiten zu glauben, geben sie auf, sobald sie die Wahrheit herausfinden. Wir haben tatsächlich Leute aufgeben sehen, die monatlich über 10.000 € verdienten, weil ihnen jemand die falsche Vorstellung eingeredet hatte, sie müssten das Dreifache verdienen. Es mag lächerlich klingen, aber es ist die Wahrheit.

Dies ist die einzige Branche auf der Welt, in der ein ehemaliger Arbeiter jeden Monat mehr verdienen kann als ein Spezialist für Kinderkardiologie in einem ganzen Jahr. Warum sollte man den Leuten also erzählen, dieses Ergebnis ließe sich in vier Monaten erzielen, wo doch die meisten zufrieden wären, in vier Jahren so weit zu kommen? Um jemanden zu überzeugen, in unserer Branche zu arbeiten, funktioniert nichts besser als der folgende ehrliche Dialog nach Ihrer Präsentation:

„Wissen Sie, Sie und Ihre Frau wären, glaube ich, tolle Partner in diesem Geschäft, und ich will Sie nicht mit falschen Erwartungen gehen lassen. Denken Sie also an meine abschließenden Bemerkungen. Dies ist der Beruf, der auf der ganzen Welt am meisten einbringt und den größten Spaß macht, aber es ist zu Beginn auch die härteste Arbeit, die Sie je tun werden. Es ist nicht wie eine Lotterie und ganz bestimmt kein „Wie-werde-ich-schnell-reich?"-Programm. Wenn Sie jedoch bereit sind, nur für einige Jahre lange Abende und arbeitsintensive Tage zu investieren, könnten

Sie bei einem Monatseinkommen von über 100.000 Euro landen und sich über all die Freizeit freuen, die Sie sich immer gewünscht haben. Es ist anstrengend, das kann ich Ihnen sagen, weil Sie eine Menge Leute ansprechen müssen, um nur einen zu finden, der bereit ist, ernsthaft zu arbeiten. Aber bedenken Sie, nur ein guter Erstlinien-Berater kann Ihnen leicht 50.000 Euro oder mehr im Monat bringen!"

Ihre Interessenten werden Ihre Ehrlichkeit schätzen und man wird Sie nie beschuldigen, falsche Erwartungen geweckt zu haben.

Ray Faltinski, Rechtsanwalt mit Abschluss der Yale-Universität, ein guter Freund von uns und Mitbegründer einer bedeutenden Network Marketing-Firma, erzählte uns folgendes: Dass die große Mehrheit von Klagen und gesetzgeberischen Ohrfeigen in der Geschichte unserer Branche daher kam, dass übertriebene Behauptungen bezüglich Einkommen und Produkten aufgestellt wurden. Um unserer Kinder willen sollten wir zusammenstehen und diesen Übertreibungen Einhalt gebieten, die für die Langlebigkeit unserer Branche eine echte Bedrohung darstellen könnten. Nebenbei gesagt: Selbst wenn wir nur die Wahrheit sagen, klingt es immer noch „zu schön, um wahr zu sein".

Zusammenfassung

- Lassen Sie sich nicht von falschen Erwartungen in die Irre führen. Erfolg im Network Marketing verlangt Ausdauer und intensive Arbeit.

- Es gibt niemanden, dem man die MLM-Gelegenheit nicht als eine Erfolgschance präsentieren kann. Bedenken Sie jedoch, dass es zwar jeder kann, aber nicht jeder will.

- Im Zusammenhang mit großen Schecks ist es auch nötig, über den nötigen Arbeitsaufwand im MLM zu reden.

- Je ehrlicher wir über die zum Erfolg notwendige Arbeit reden, desto geringer wird die Ausstiegsquote und desto mehr Achtung verschaffen wir der Branche.

- Egal welcher Marketingplan - je größer die Zahl der persönlich gesponserten Berater, desto höher das Einkommen.

- Network Marketing ist der „große Gleichmacher“, in dem frühere Arbeiter finanziell mit Ärzten und Firmenchefs wetteifern können.

- Setzen Sie sich realistische Ziele bezüglich des Zeitaufwandes, den man für dieses Geschäft betreiben muss. Tun Sie dies am besten aufgrund tatsächlicher Leistungen von Upline-Beratern oder Durchschnittseinkommen, die von der Firma veröffentlicht wurden.

- Teilzeit-Aufwand wird so gut wie nie Vollzeit-Ergebnisse hervor bringen.

- Es ist in Ordnung, den Leuten die Spitzenmöglichkeiten dieses Geschäfts aufzuzeigen, aber es bedarf keiner Übertreibungen, da die Wahrheit an sich schon bemerkenswert genug ist.

- Wenn Sie andere in dieses Geschäft bringen, unterstützen Sie sie, ohne ihnen zu versprechen, die ganze Arbeit für sie zu tun.

- Networking heißt ‚Freunde berichten Freunden', und es funktioniert einfach nicht, wenn Sie nicht bereit sind, Ihre persönliche Begeisterung mit Ihren Freunden zu teilen.

- Man kann nicht besser starten, als einfach loszulegen: Setzen Sie Ihr erstes Meeting zu Hause an und beginnen Sie.

- Im Network Marketing bedeutet Ruhestand, dass wir die Arbeit erheblich zurückfahren, indem wir aufhören, unser Leben ausschließlich mit der Suche nach Interessenten zu verbringen. Wir sollten aber immer noch geeignete Mittel und Wege finden, um denjenigen weiterhin unsere Hilfe zukommen zu lassen, die auf unsere Verfügbarkeit angewiesen sind.

- Betrachten Sie Networking nicht als Beruf, sondern als ein Mittel, das Ihnen ermöglicht, die Dinge im Leben zu tun, auf die es wirklich ankommt.

- Einfach gesagt, ist Network Marketing der Vertrieb von Produkten und Dienstleistungen mittels persönlicher Empfehlung, für welche die für die Bestellungen verantwortlichen Berater durch verschiedene Ebenen ihrer Organisation hindurch vergütet werden.

- Selbst die ernsthaftesten Geschäftsgründer müssen eine kleine Kundenbasis aufbauen, aber das große Geld werden Sie mit dem Produkthandel nicht verdienen.

- Beim Network Marketing geht es darum, dass viele Leute jeweils ein wenig Ware nutzen und weitergeben.

- Haben Sie sich einmal eine Kundenbasis geschaffen, können Sie sich darauf konzentrieren, Ihre Organisation aufzubauen, indem Sie das System Ihres Upline-Mentors duplizieren und anderen beibringen, dasselbe zu tun.

- Zusätzliche Kunden und Großhandelskäufer sind ein zwangsläufiges Nebenprodukt Ihrer Geschäftspräsentationen.

- Network Marketing ist wesentlich einträglicher als die meisten Franchise-Systeme, und das bei einem Bruchteil der Investitionen, ohne Raummieten, ohne Angestellte, und ohne von zu Hause weg zu sein.

- Falsche Erwartungen können potenziell erfolgreiche Berater buchstäblich verderben und die Glaubwürdigkeit der gesamten Network Marketing-Branche zerstören.

- Gehen Sie ehrlich und professionell vor, wenn Sie Network Marketing als Geschäftsgelegenheit präsentieren. Tragen Sie gleichzeitig dazu bei, dass die Übertreibungen aufhören, die eine erhebliche Bedrohung für das Wohl und die Langlebigkeit unserer Branche bedeuten.

KAPITEL 5

Wie man den Sprengkopf „Bekanntenliste" unschädlich macht

Überwinden Sie den Widerwillen, Ihrer Familie und Ihren Freunden ein besseres Leben anzubieten

Die ersten sechs Monate in der Laufbahn eines neuen Beraters sind entscheidend. Ähnlich wie die ersten sechs Jahre im Leben eines Kindes sind die ersten sechs Monate im Network Marketing eine prägende Zeit. Und da während dieser Monate jeder neue Berater noch leicht zu beeindrucken ist, müssen die Erfolgsmuster in seinem Kopf sofort fest verankert werden. Nur wenige Berater überleben das erste Jahr, wenn man ihre ersten Wochen vergeudet. Wir glauben, dass man die hohe Ausstiegsquote in unserer Branche bis zu dieser Saat des Scheiterns, die in dieser frühen Phase ausgebracht wurde, zurückverfolgen kann. Wenden Sie an, was wir Ihnen in diesem Kapitel beibringen, und Sie werden sich viel wahrscheinlicher unter den Überlebenden und Erfolgreichen des ersten Jahres finden, als unter den Aussteigern.

Von grundsätzlicher Bedeutung für die Gründung eines Network Marketing-Geschäftes ist die Aufstellung einer so genannten ‚Bekanntenliste'. Tatsächlich ist diese so entscheidend für den Erfolg, dass wir ihr dieses ganze Kapitel widmen, um zu definieren, zu erklären und Ihnen Schritt für Schritt zu zeigen, wie Sie diese höchst ergiebige Quelle nutzen können. Eine ‚persönliche Namensliste' besteht aus der Gruppe von Einzelpersonen aus Ihrer Vergangenheit und Gegenwart, die Sie so gut kennen, dass man Sie bei Nennung Ihres Namens am Telefon sofort erkennen würde.

Je größer Ihre persönliche Namensliste ist,
auf um so festeren Füßen wird Ihr Geschäft stehen.

Der Wert einer persönlichen Namensliste liegt darin, dass neue Berater in den ersten Monaten mit Leuten reden können, die sie kennen und, noch wichtiger, mit denen sie gerne eine lebenslange Geschäftsbeziehung knüpfen würden. Ein Motiv für die jüngste Partnerschaft mit anderen Fachleuten in unserer Expertenkommission und der Beratungsfirma 21st Century Global Trust ist, Networkern beizubringen, im neuen Jahrhundert erfolgreich zu arbeiten, indem sie sich eher auf „Beziehungsmarketing“ konzentrieren. Statt einfach nur riesige Zahlen von Interessenten durchzuarbeiten.

Gegenwärtig arbeiten wir an einem einfachen, leicht duplizierbaren System, das es noch viel mehr Beratern ermöglichen wird, aus den Beziehungen ihres persönlichen Marktes Nutzen zu ziehen - im Gegensatz zum bisherigen Verfahren, genug Spaghettis an die Wand zu werfen‘ und zu hoffen, dass etwas kleben bleibt.

Darüber hinaus macht es dieser Gruppe von Familie und Freunden wenig aus, wenn Berater neu oder ihre Präsentationen mittelmäßig sind. Mit dem Start in diesem inneren Kreis, den persönlichen Kontakten also, bereiten sich neue Berater auf den Eintritt in die kritischere Welt der Fremdkontakte vor. Also auf die ‚Kaltkontakte‘, wo sie versuchen, ihnen bisher unbekannte Menschen ins Geschäft zu bringen. Ab diesem Moment wird es entscheidend, große Zahlen von Interessenten anzugehen. Ihre persönliche Namensliste unterscheidet Sie von jedem anderen im Geschäft. Es ist Ihr Sprungbrett. Ohne diese Liste unterscheidet sich Ihr Start in diesem Geschäft nicht sehr davon, an der Straßenecke Zeitungen zu verkaufen.

Wie erstelle ich eine umfangreiche persönliche Namensliste?

Je größer Ihre persönliche Namensliste ist, auf um so festeren Füßen wird Ihr Geschäft stehen. Im Alter von dreißig kennt der Durchschnittsmensch nach Erkenntnissen von Sozialpsychologen mehr als 2000 Leute mit Vornamen. Einer der ersten Schritte für neue Berater ist es, eine Liste mit 2000 Personen anzulegen, die sie persönlich kennen. Wir hören schon das Stöhnen und Seufzen. Warum fordern wir eine so große persönliche Namensliste? Aus folgendem Grund: Wenn Berater eine 200-Personen-Liste aufstellen sollen, schaffen sie im Schnitt sechzig oder siebzig Namen und sind stolz darauf. Wenn sie gedrängt werden, das Zehnfache ins Visier zu nehmen, kommen sie gewöhnlich mit Hunderten von Namen und entschuldigen sich, das Ziel nicht erreicht zu haben. Wenn Sie eine ansehnliche Liste erstellt haben, suchen Sie Ihre besten fünfundzwanzig Leute heraus, mit denen Sie am liebsten zusammenarbeiten würden. Weil wir so davon überzeugt sind, dass die persönliche Namensliste der Schlüssel dafür ist, jeden Networker gleich in die richtige Spur zu bringen, werden wir diesem Thema etwas Zeit widmen. Sie sollen wissen, welche Einwände Sie hören werden und wie sie zu überwinden sind. Und wie Sie die persönliche Namensliste aufstellen und als Handwerkszeug zum Geschäftsaufbau nutzen müssen.

Jedermann hat eine persönliche Namensliste, aber die meisten wissen nicht, wie sie die Namen bestimmen und behalten sollen. 2000 ist eine erschreckend große Zahl, aber noch viel erschreckender ist unsere Unfähigkeit, uns auch nur an bloße zehn Prozent solcher Bekanntschaften zu erinnern, ohne spezielle Denkauslöser zu benutzen. Solche Auslöser sind z.B. Auflistungen von Leuten, Orten oder Beschäftigungen, und Verzeichnisse oder Dinge, die uns die Erinnerung an Menschen aus der Vergangenheit hervorrufen. Als wir das erste Mal mit Network Marketing in Berührung kamen, hatten wir beide sehr umfangreiche persönliche Namenslisten erstellt und haben seitdem andere Menschen gesponsert, deren Listen weit über die unseren hinausgingen. Wir benutzten Telefonbücher, alte Schuljahrgangslisten und Berufsverzeichnisse, die uns dabei halfen, Listen von einigen hundert Leuten zusammenzustellen. Der nächste Abschnitt des Buches besteht aus einer Gedächtnisstütze, die Ihnen beim Aufstellen Ihrer eigenen persönlichen Namensliste helfen soll.

Gedächtnisstütze für den Aufbau Ihrer persönlichen Namensliste

Wen kennen Sie, der/n...
Sie achten; sich ehrlich um andere Menschen Gedanken macht; in einer Kirchengemeinde aktiv ist; Menschen zu mögen scheint; persönliche Beratung praktiziert (wie Gemeindevorsteher, Ärzte, Anwälte usw.); Akademiker/-in ist; in Vereinen, unterschiedlichen Gruppen oder in Bürgerinitiativen aktiv ist; in einer Lehrerposition in Schule oder Wirtschaft tätig ist; in der Öffentlichkeit steht (als Polizist, Feuerwehrmann, Briefträger, städtischer Beamter usw.); in einer Management-, Vorgesetzten-, Beratungs- oder Schulungsposition ist; der mehr vom Leben haben will; ehrgeizig, selbstbewusst, und ‚auf Draht' ist; Führungsqualitäten hat; mit Führungspersonen zu tun hat; Kinder hat, die gerade mit Schule oder Universität beginnen; Kinder hat mit besonderen Begabungen, die es zu entwickeln gilt; der seinen Kindern ein gutes Beispiel zum Nacheifern geben will; ein Geschäft betreibt; eine sehr verantwortliche Stellung mit viel Druck und Stress hat; sich mehr Freiheit wünscht; über einen neuen Beruf oder Jobwechsel nachdenkt oder kürzlich den Job gewechselt hat; in seinem Job nicht voran kommt; Begabungen hat, aber gebremst wird; mit einer Verkaufstätigkeit begonnen hat oder ein erfahrener Direktverkäufer ist; für seinen Lebensunterhalt auf Ideen /Anregungen (Schriftsteller, Designer, Promoter, Werber) angewiesen ist; nie in der Lage war, im Geschäftsleben zu starten oder gescheitert ist, aber noch immer große Wünsche hat; zur Universität, Berufs- oder Handelsschule usw. geht oder gerade einen Abschluss gemacht hat; unlängst geheiratet hat und gerade durchstartet; jeden in der Stadt kennt; internationale Kontakte hat; Glaubwürdigkeit ausstrahlt; in ein Amt gewählt wird; gegenwärtig mit Ihnen zusammenarbeitet; den Sie im Fitness-Studio treffen; der einen Job sucht; mit Ihnen Tennis spielt; den Sie aus Ihrer früheren Nachbarschaft kennen; der Ihr Haus geschätzt hat; bereits einen tollen Job hat; Ihr Auto pflegt; auf Ihrer Weihnachtskartenliste steht; Ihre Sachen reinigt; Ihr Steuerberater ist; mit Ihnen ehrenamtlich arbeitet; Ihre Haare schneidet; Ihr Bademeister ist; Sie im Copyshop treffen; der Ihre Post austrägt; oft seine Arbeitsstelle zu wechseln scheint; Ihre Reparaturen zu Hause erledigt hat; sich Gedanken um seine/ihre Haut und Haare macht; sich Gedanken um sein Gewicht macht; Sport und Fitness mag; sich mehr Zeit für die Familie wünscht.

Wer sind unsere Verwandten . . .
Eltern, Großeltern, Geschwister, Tanten, Onkel, Cousins/Cousinen, Kinder, Schwiegerverwandte.

Wer ist unser . . .
Briefträger, Zeitungsausträger, Zahnarzt, Arzt, Pfarrer, Florist, Anwalt, Versicherungsvertreter, Steuerberater, Abgeordneter, Apotheker, Tierarzt, Optiker.

Wer verkaufte uns unser/e/en . . .
Haus, Auto/Reifen, Fernsehapparat/Stereoanlage, Angelschein, Jagdschein, Anzug, Krawatte, Schuhe, Visitenkarten, Eheringe, Brille/Kontaktlinsen, Staubsauger, Boot, Wohnmobil, Motorrad, Fahrrad, Wohnungseinrichtung, Klimaanlage, Küchengeräte, Rasenmäher, Koffer, Avon-Produkte, Tupperware, Teppich.

Kennen Sie jemanden, der/n . . .
nebenan/gegenüber wohnt; Friseur meines Ehepartners ist; unsere Kinder an der Schule unterrichtet; Trauzeuge, Brautführer, Brautjungfer war; Fotograf bei unserer Hochzeit war; Händler ist; bei dem ich arbeite; Verwaltungsdirektor der Schule ist; mit mir jagt oder angelt; mein Militärkamerad war; der Architekt ist; der unsere Hauspläne gezeichnet hat; mit mir/uns kegeln geht; Vorsitzender des Schulelternbeirats ist; mit meinem Ehepartner in derselben Verbindung war; wir beim Camping getroffen haben; Kreditmanager des Ladens ist, wo ich einkaufe; Lehrer/Rektor meines Ehepartners war; mein Fernsehgerät repariert hat; meine Couch aufgearbeitet hat; den wir in früheren Jobs kennen gelernt haben; der mit uns zu Sportveranstaltungen gegangen ist; mit uns gemeinsam zur Arbeit fährt; unser Telefon installiert hat; einen Waschsalon hat; Töpfern unterrichtet; ein Taxiunternehmen besitzt; den Rasen mäht; das Haus anstreicht; die Tierhandlung besitzt, wo ich unseren Hund gekauft habe; unseren Kühlschrank angeschlossen hat; mir meinen Führerschein neu ausgestellt hat; eine Wohnung besitzt; mit mir im Rotary- oder Lions-Club ist; mit mir/uns Skat oder Doppelkopf spielt; im Kleingärtnerverein ist; im Buchclub ist; Kindergarten-Betreuer meiner Kinder ist; Dekan in meiner Kirchengemeinde ist; ein Raumausstattergeschäft betreibt; Vorsitzender eines Sportvereins ist; mir ein Strafmandat verpasst hat; unsere Einkommen-

steuer bearbeitet; unsere Kleidung reinigt; bei uns tapeziert hat; unseren Kindern diesen Sommer das Autofahren beigebracht hat; beim Rettungsdienst arbeitet; der Eigentümer unserer Ferienwohnung ist; unser Tankwart ist; meiner Frau die Perücke verkauft hat; eine Kindertagesstätte besitzt; Pakete ausliefert; Kammerjäger ist; in der Nachbarschaft Eis verkauft; den Wintermantel meiner Frau aufbewahrt; den Juwelierladen in der Fußgängerzone betreibt; Aluminium-Markisen verkauft; im Reisebüro arbeitet.

Wen kennen Sie, der einem der folgenden Berufsstände angehört . . .
Krankenschwester; Golf-Profi; Model; Sicherheitsdienst-Angestellter; Polizist; Brandinspektor; Sekretärin; Schweißer; Kranführer; Süßwaren-Verkäufer; Kriminalbeamter; Musiklehrer; Kunstlehrer; Schriftsetzer; Förster; Näherin; Schreiner; Pilot / Steward; Wohnmobil-Verkäufer; Bankkassierer /-angestellter; Schneider; Automechaniker; Redakteur; Labortechniker; Restaurator; Sozialarbeiter; Rettungsschwimmer; Autorennfahrer; Maurer; technischer Zeichner; Drucker; Bürovorsteher; Bäckereibesitzer; Betriebsleiter; Ernährungswissenschaftler; Mechaniker; Anästhesist; Chirurg; Bibliothekar; Leichenbestatter; Missionar; Immobilienmakler; Fahrkartenverkäufer; Zeitungsmanager; Bulldozerfahrer; Busfahrer; Flugticket-Agent; Computer-Programmierer; Wohnwagen-Händler; Büromaschinen-Verkäufer; Limonaden-Händler; Fluglotse; Raumausstatter; Schwimmlehrer; Schreibmaschinen-Verkäufer; Lebensmittelhändler; Versicherungs-Schadensregulierer; Lagerhaus-Verwalter; Möbelwagenfahrer; Mietwagenvertreter; Baseball-Profi; TV-Arbeitsgruppenleiter; Werkzeugmacher; Küchengerate-Verkäufer; Tanzlehrer; Sägemühlen-Arbeiter; Industrie-Ingenieur; Forschungstechniker; Lithograf; Fischer; Werkbankarbeiter; Kellner; Möbelhändler; Notar; Landwirt; Schauspieler;-in; Pferdehändler; Statistiker; Estrichleger; Antiquitätenhändler; Brauereivertreter; Ingenieur; Subunternehmer; Chiropraktiker; Fußpfleger; Auktionator; Elektriker; Zahntechniker; Schuhmacher; Krankengymnast; Motel-Betreiber; Verkehrspolizist; Richter.

Nehmen Sie sich die Zeit und nutzen Sie die obigen Quellen, um Ihre Liste zu entwickeln. Alle neuen Berater sollten mit verschiedenen Denkauslösern in einem ruhigen Raum sitzen und versuchen, ihre persönliche Sponserliste von 2000 Leuten aufzustellen. Zwei oder drei Tage sollte es dauern, um einen guten Start hinzulegen, und am Ende des ersten Monats sollten Sie auf dem besten Wege sein, Ihr Ziel zu erreichen. Sie werden es nie bereuen, Ihr Geschäft mit diesem Handwerkszeug zu beginnen. Network Marketing verlangt von Natur aus, dass Sie mit einer großen Zahl von Menschen reden. Je länger Ihre persönliche Namensliste ist, desto größer ist Ihre Erfolgschance.

Der ‚Persönliche Namenslisten'-Sprengkopf schlägt ein

Im allgemeinen schlägt der ‚Persönliche-Listen'-Sprengkopf ein, nachdem Sie Ihren neuen Partnern diese Aufgabe gestellt haben. Das ist der Punkt, an dem die Auseinandersetzungen zwischen Sponsoren und neuen Beratern ihren Anfang nehmen. Manchmal werden die Einwände nicht einmal in Worte gekleidet, weil Ihre neuen Partner sie oft lieber für sich behalten. Die meisten neuen Networker sind in der Lage, ein Dutzend guter Gründe anzuführen, warum sie keine 2000 Interessenten kennen und warum sie unmöglich zuerst auf Freunde und Familie zugehen können. Wir haben im Laufe der Jahre alle Argumente gehört. Und keins davon ist stichhaltig. Für den Erfolg Ihrer neuen Berater ist es notwendig, dass die Phase des persönlichen Marktes im Geschäft nicht übergangen wird.

Gehen wir auf ein paar Begründungen und Entschuldigungen ein, die neue Berater benutzen, damit Sie wissen, wie Sie darauf regieren sollen. Und denken Sie daran: Nicht alle neuen Partner werden ehrlich sein und erklären, dass sie nicht die Absicht hätten, mit ihrer Bekanntenliste zu arbeiten. Es gibt viele Gründe, warum Leute nicht geneigt sind, ihre Familien und Freunde anzurufen. Und diesen Widerstand meinen wir, wenn wir davon reden, auf den Sprengkopf der persönlichen Liste zu achten. Wenn er einschlägt, kann er zum Killer vieler potenziell erfolgreichen Berater werden.

Erster Sprengkopf: Mangelnde Überzeugung

Network Marketing ist der Vorgang, anderen seinen Glauben an ein Marketing-Konzept mitzuteilen. Ein Konzept, das so einzigartig ist und von dem Sie so begeistert sind, dass Sie es nicht für sich behalten können. Sie haben schlaflose Nächte. Sie können es kaum erwarten, den Leuten von Ihrer Entdeckung zu erzählen. Wenn jedoch diese Überzeugung fehlt, neigen die Menschen dazu, sich zurückzuhalten. Es ist eine Zwickmühle. Wenn Sie darauf warten, bis Ihre Überzeugung jenes hohe Niveau erreicht, riskieren Sie, die Gelegenheit zu verpassen. Wenn Sie ohne diese Überzeugung vorwärts zu stürmen versuchen, hören Ihre Freunde die Zurückhaltung in Ihrer Stimme. Tun Sie also zuerst alles, um die Probleme zu bewältigen, die Sie bremsen. „Es klingt zu schön, um wahr zu sein“, „Bei anderen hat es vielleicht funktioniert, aber kann ich sicher sein, dass es bei mir funktioniert?“, „Was ist, wenn ich falsch liege und meine Freunde in die Irre führe?“ Besprechen Sie diese Bedenken mit jemandem in Ihrer Upline, dem Sie vertrauen.

Was immer Sie tun, verfallen Sie nicht in den Fehler, damit zu warten, Ihre Entdeckung Ihren Freunden mitzuteilen. Eine übliche Entschuldigung ist: „Ich will meine Freunde erst anrufen, wenn ich Geld verdiene.“ Die Lösung ist natürlich, sich auf die Unterstützung Ihrer Upline-Führungskräfte zu verlassen, die bereits gute Erfolge vorzuweisen haben. Dieser Team-Gedanke macht ja Network Marketing so wirksam. Was Mimi Joy Swenson aus Los Gatos, Kalifornien, passierte, kann Ihnen auch passieren, wenn Sie diese Entschuldigung gebrauchen. „In meinem ersten Jahr baute ich mein Geschäft in Teilzeit auf,“ erklärt Mimi Joy, „und hatte meine Liste mit 2000 Namen aufgestellt. Ich dachte, ich sollte meine Liste kategorisieren, und eine dieser Kategorien hieß: Die ,‘Feiglingsliste‘. Hierauf waren die Namen von Leuten, von denen ich glaubte, sie seien in ihrem gegenwärtigen Beruf erfolgreich. Leute, mit denen ich erst später sprechen sollte, wenn ich besser geschult wäre, mehr Geld verdienen und das Geschäft in Vollzeit betreiben würde.

Ich nahm an einer Firmenveranstaltung in San Francisco teil, und als ich zu der Versammlung kam, hatte ich eine beängstigende Begegnung. Ich sah den Mann, der die Nummer eins auf meiner ‚Feiglingsliste‘ war. Ich ging entspannt hinüber und dachte mir, er wäre wohl nur als Gast von irgendjemandem da. ‚Hallo, komisch, Sie hier zu treffen . . .ach, übrigens, warum sind Sie hier?‘ fragte ich verblüfft. Er sagte ‚Ich habe diese tolle Gelegenheit erst kürzlich kennen gelernt und mich entschieden, das Geschäft aufzubauen, um mein Einkommen zu ersetzen.‘ Ich lief grün an, schluckte und sagte: ‚Na, ist das nicht toll? Ich weiß, Sie werden sehr erfolgreich werden‘. Dann wünschte ich ihm Glück, und zog mich Trübsal blasend auf der Suche nach einer Sitzgelegenheit in den hinteren Teil des Raumes zurück. Ich fasste mich wieder, fühlte mich aber hundeelend. Als das Treffen begann, bemerkte ich die Leiterin der Schule, die meine Tochter besuchte . . . und sie befand sich noch nicht einmal auf meiner Liste! Für mich lautet die Moral dieser Geschichte, Menschen niemals zu beurteilen - sie könnten schließlich beim nächsten Mal im selben Raum sitzen wie Sie!“ Nachdem Mimi die Bedeutung des Arbeitens mit den Leuten auf ihrer persönlichen Namensliste erkannt hatte und sich von nichts abhalten ließ, diese anzurufen, hat sie jetzt schon die meisten Stufen des Vergütungsplans auf dem Weg zur Spitze passiert und liebt die Arbeit und den Lebensstil eines Networkers.

Bis Ihr Vertrauensniveau bei 1000 Prozent liegt, sollten Sie den folgenden Text ausprobieren, wenn Sie Ihre persönliche Namensliste angehen: „Ich bin gerade mit einem neuen Geschäft in Berührung gekommen, das mich so fasziniert hat, dass ich Dir sofort davon erzählen muss. Das gibt es Leute, die verdienen in einem Monat mehr Geld als die meisten in einem Jahr! Aber was mich am meisten begeistert, ist ihr Lebensstil. Sie arbeiten nur so viel sie wollen - von zu Hause aus - und schaffen sich ein dauerhaftes Passiveinkommen, das mich ganz nervös werden lässt. Ich habe noch nicht alles überprüft, aber ich muss dauernd darüber nachdenken. Als ich die Menschen sah, die da auftauchten, dachte ich gleich an Dich und Deine/n Frau/Mann. Ich kann mir keine anderen vorstellen, mit denen ich lieber zusammenarbeiten würde. Nebenbei, Ihr beide kennt jeden hier, und alle respektieren Euch. Ich glaube wirklich, ich bin da einer großen Sache auf der Spur, aber ich wünschte mir, Ihr beide würdet euch das mal ansehen und mir sagen, ob ich verrückt bin. Ein paar enge Freunde kommen Mittwochabend herüber, und ich würde mich freuen, wenn Ihr dabei wärt, dann kann ich Euch genau zeigen, wie es funktioniert. Oder passt Euch Donnerstag im Laufe des Tages besser? Ich würde Eure Meinung wirklich schätzen.“

Bis Sie Ihr derzeitiges Einkommen in diesem Geschäft ersetzt haben, ist es verständlich, dass Sie gewisse Vorbehalte haben. Aber versuchen Sie nicht, dieses Problem dadurch zu lösen, dass Sie Ihre persönliche Namensliste umgehen. Fremde anzugehen ist viel schwieriger als Familie,

Freunde und Bekannte. Finden Sie Worte, bei denen Sie sich wohl fühlen, aber was Sie auch tun, fangen Sie damit an, die Menschen auf Ihrer persönlichen Liste anzurufen. Sie wollen doch mit den Leuten im Geschäft sein, die Ihnen am liebsten sind - schließlich ist Ihre Network-Organisation eine Sache fürs Leben. Gehen Sie also zuerst Ihre fünfundzwanzig Favoriten an. Wenn Sie es zulassen, dass Ihnen Ihre Zweifel beim Geschäftsstart im Wege stehen, werden Sie garantiert scheitern. Wenn Sie auf ehrliche Weise voranschreiten, können Sie es schaffen. Glauben Sie uns, wenn wir sagen: „Mit dem Erfolg kommt die Überzeugung."

Zweiter Sprengkopf: Mangelnde Selbstachtung

Viele Leute umgehen ihren persönlichen Markt aufgrund ihres mangelnden Selbstwertgefühls. Es ist eine heikle Frage, der man sich mit Empfindsamkeit nähern muss. Manche Menschen glauben nicht, dass ihre Freunde und Verwandten für sie Respekt empfinden. Tatsächlich glauben viele Leute, dass die Freunde, auf die sie zugehen, sie auslachen und sie für den Versuch, Unternehmer zu werden, verspotten könnten.

Schauen wir uns ein klassisches Szenario an: Bob ist ein Busfahrer, der an den Wochenenden gerne Karten spielt. Als Bob seine persönliche Namensliste aufstellt, schreibt er zwölf Namen von Männern auf, die er vom Skatverein kennt. Das einzige Problem ist, dass sich Bob unter diesen Männern auf der untersten Stufe der Erfolgsleiter befindet. Die anderen Männer sind leitende Angestellte, und obwohl sie Bobs Skatfertigkeiten schätzen, nimmt dieser wie selbstverständlich an, dass sie ihm in geschäftlichen Dingen niemals Aufmerksamkeit schenken werden. Bob liegt aber völlig daneben. Wenn Sie dieses Thema bei Ihren Schulungen nicht von vornherein ansprechen, wird Bob diese Leute niemals angehen. Folgendes sollten Sie im Training gleich zu Beginn ansprechen, weil sich in Ihrer Gruppe immer jemand wie Bob finden wird:

„Leute, eure größte Herausforderung, sobald ihr in diesem Geschäft erfolgreich seid, wird der Zorn der Leute sein, denen ihr diese Geschäftsgelegenheit noch nicht einmal gezeigt habt. Ihr habt Freunde, vielleicht sogar Ärzte oder Anwälte, die ihr nicht anzusprechen wagt. Sie werden aber nicht länger eure Freunde sein, wenn sie herausfinden, dass ihr ein

Geschäft betreibt, das euch 30.000 Euro im Monat einbringt, während sie noch immer sechzig Stunden die Woche ins Büro rennen. Warum wären sie sauer auf euch? Weil ihr euch nicht einmal die Mühe gemacht habt, an sie zu denken, um ihnen das Geschäft vorzustellen. Wenn sie nicht an der Präsentation teilnehmen wollen, sagt ihnen frei heraus, dass es ihre Entscheidung ist, ob sie mitmachen wollen oder nicht. Aber Ihr wolltet eben absolut sicher sein, dass sie nicht in einem Jahr auf euch losgehen würden, weil ihr ihnen nicht die Chance gegeben habt, diese Geschäftsgelegenheit kennen zu lernen."

Beachten Sie die Strategie hier. Wir bleiben bei einer sanften Annäherung und beziehen uns auf Berufsbereiche wie etwa Recht oder Medizin. Fast jeder, der kein Anwalt oder Arzt ist, schaut zu solchen Berufen herauf. Und in unserem Geschäft ist es wirklich nicht ungewöhnlich, dass ein Student oder Zimmermädchen einen Steuerberater oder den Vorstandsvorsitzenden einer Firma sponsert. Wenn Sie sich auf einer Skala von eins bis zehn selbst bei fünf einordnen und eine Zehn sponsern, werden Sie selbst eine Zehn. Gehen Sie aus sich heraus und bieten Sie jedem auf Ihrer Liste diese Gelegenheit an. Die Wahrheit ist: Potenziell sind wir alle Zehner, wir müssen uns nur ernsthaft dahinter klemmen und so viele Erstlinien-Berater sponsern, wie wir können. Lassen Sie sich nicht vom Sprengkopf Ihrer persönlichen Bekanntenliste zurückhalten.

Dritter Sprengkopf: Die Angst, Ihre Glaubwürdigkeit zu verlieren

Während immer mehr ‚Profis', d.h. Angehörige „gehobener" Berufe in der Network Marketing mitmachen, wollen diese oftmals zu Beginn nicht offiziell zugeben, dass sie in diese Branche eingestiegen sind. Einige werden z.B. vorgeben, es sei das Geschäft ihrer Frau. Das Problem ist, dass andere gerade dann misstrauisch werden, wenn sie Ihren Zweifel oder Ihre Unsicherheit unserer Branche gegenüber spüren. Einige werden nicht mitmachen, andere machen mit, bauen aber das Geschäft über jemand anderen auf, z.B. den Ehepartner. Wenn sich aber tatsächlich jemand von Format und Ansehen der Branche anschließt, beginnen sich die Schleusen für jeden zu öffnen. Es sind nämlich viel öfter die normalen, alltäglichen Leute, die es bis zum Gipfel schaffen, nicht die ‚großen Tiere', die Führungskräfte aus Wirtschaft, Recht oder Medizin. Obwohl auch sie natürlich enormen Wohlstand erwerben können - und damit ihre Sponsoren in die höchsten Einkommensstufen befördern.

Wir könnten zahllose Geschichten von Leuten erzählen, die in diesem Geschäft gescheitert sind, weil sie Angst hatten, ihre Verwandten zu informieren, dass sie eine Network-Organisation aufbauen wollen. Eine Geschichte führt zurück ins Jahr 1990, als Rene ein Paar, Susan und Richard, aus dem Gebiet der San Francisco Bay sponserte. Sie war im Vorstand einer Firma, auf Mutterschaftsurlaub und hoch motiviert, weil sie mit ihrem Baby zu Hause bleiben und nicht ins Büro zurückkehren wollte. Susan war kompetent, gut organisiert und ein echter Selbststarter. Richard war ein hochrangiger Vertreter einer Nahrungsmittelfirma, der einräumte, dass ihn sein Beruf nicht mehr begeisterte, obwohl er eine glänzende Position in einer der 500 größten Firmen innehatte, die weltweit erfolgreich war. Richard machte sich Sorgen darüber, wie sein Image unter den Kollegen in der Firma leiden würde, wenn er sich Network Marketing anschließen würde. Er konnte es sich nicht leisten, dass sein Chef von seinem Engagement erfahren würde, was seiner Meinung nach dafür sorgen würde, dass er seinen Job verlöre, bevor ihr Network Marketing-Geschäft für ein gutes Einkommen sorgen würde.

Richard ging auf Nummer Sicher und versorgte seine Frau mit Kontakten aus sorgfältig ausgesuchten Geschäftspartnern und Bekannten. Er hatte höchstes Vertrauen in das Talent seiner Frau und für die professionelle Behandlung seiner besten Interessenten. Das Problem war, dass *seine* Partner *ihn* kannten und *seinem* Urteil und Einblick in eine Geschäftsgelegenheit trauten, seiner Frau aber nicht wirklich nahe standen. Sie investierte Monate, seine Kontakte anzurufen und Präsentationen zu halten. Er war sogar bei einigen ihrer Meetings zugegen. Aber aufgrund seiner Angst vor dem Verlust seiner professionellen Glaubwürdigkeit gab er nie offen zu, dass er kompromisslos an das Geschäft glaubte. Er ließ die Interessenten nie wissen, dass er vorhatte, sich in einer etwas ferneren Zukunft diesem Geschäft voll zu widmen. Er vermittelte weiter das Bild, dass dies ausschließlich ihr Geschäft sei und er sie nur begeistert dabei unterstütze.

Nach einem Jahr hatte sie einige ihrer Freundinnen gesponsert, ein paar jüngere Männer, die sie von der Arbeit kannte und die Ehefrauen von einigen Geschäftspartnern ihres Mannes. Aber ihr Geschäft kam nie wirklich so in Gang, wie beide es erwartet hatten. Schließlich kamen Susan und Richard vom Geschäftsaufbau ab, blieben nur Großhandelskunden, und sie ging schließlich wieder zurück zu ihrer Arbeit. Beide waren von Network Marketing enttäuscht. Rene entwickelte zu beiden eine enge Beziehung und wusste, wenn es zwei Leute in diesem Geschäft schaffen würden, dann wären es Susan und Richard. Sie hatten die Beziehungen, die Motivation, die angeborene Begabung und die Achtung ihrer Freunde und Partner. Susan hatte jedoch offensichtlich das Gefühl, dass, wenn sie ihr MLM-Geschäft nicht auf die Reihe brächte, es auch keiner aus Familie und Freundeskreis könnte. Bei Richard hingegen war es die Angst vor dem Verlust von Job und beruflicher Reputation, was ihn davon abhielt, das Geschäft gemeinsam mit Susan zu betreiben. Die Angst vor etwas, was vielleicht nie eingetreten wäre, zerstörte die Möglichkeit ihres Erfolgs.

Die Lehre daraus ist - wer die Interessenten der persönlichen Sponserliste am besten kennt, sollte sie kontaktieren. Die indirekte Partnergewinnung verunsicherte Susan natürlich, weil sie nicht begriff, was vor sich ging. Sie nahm einfach an, sie sei kein Selbststarter. Sie, eine der größten Verdienerinnen in der amerikanischen Geschäftswelt, hatte in ihrem eigenen Network-Geschäft versagt. Sie war deprimiert, und Rene war kaum in der Lage, das Geschehene zurechtzurücken, zu ändern oder ihr zu helfen, es zu verstehen. Zu diesem Zeitpunkt war Rene selbst gerade zwei Jahre im Geschäft und konnte das Problem noch nicht richtig analysieren. Im Nachhinein aber hat sie keine Zweifel, dass Richard und Susan, wenn sie ihn so geschult hätte, dass er sich und seine Reputation in das Geschäft eingebracht hätte, zwei Top-Verdiener in der Branche wären. Sie hatten ein phänomenales Potenzial. Hätten sie Seite an Seite gearbeitet, wären sie ein großartiges Team gewesen. Diese Angst, nicht glaubhaft zu wirken, bremst zahllose neue Berater in unserer Branche. Als Führungskräfte dürfen wir keine Angst haben. Wenn wir einmal von ihrem Potenzial völlig überzeugt sind, müssen wir Männer und Frauen ermutigen, einen festen Standpunkt zu vertreten und diesen den ganzen Weg über konsequent zu verfolgen!

Wir haben nicht vor, die ganz reale Angst, die beim Start eines neuen Unternehmens besteht, wegzudiskutieren. Sie ist durchaus berechtigt. Warum die Brücke einreißen, die Sie gegenwärtig trägt? Bevor Sie wissen, ob die neue, die Sie bauen wollen, den Stürmen und dem Druck von außen standhalten? Die Lösung dafür nennen wir ‚ein ausgewogenes Risiko eingehen'. Wenn Sie Ihre Interessenten nicht wissen lassen, wie vollständig und total Sie von dieser Branche und von Ihrer Firma überzeugt sind, werden Sie scheitern. Das ist sicher. Wenn Sie andererseits Ihr neues Geschäft überall im Büro zur Schau stellen, könnten Sie Ihren Job und Ihre Einkommensquelle verlieren, bevor Sie sie ersetzt haben. Die Antwort liegt irgendwo dazwischen. Sofern Sie nicht über nennenswerte Ersparnisse verfügen, sollten Ihren Boss nicht zur Geschäftsvorstellung einladen, wenn dieser sich durch Ihre Nebenbeschäftigung bedroht fühlen könnte. Sie sollten es sogar verschieben, jeden in Ihrer unmittelbaren Umgebung zu sponsern. Dafür gibt es viele andere potenzielle Kunden und Partner aus anderen Bereichen, die interessiert sein könnten. Oder die wiederum andere Leute kennen, die an einer Geschäftsgelegenheit interessiert wären, welche persönliche Unabhängigkeit und finanzielle Sicherheit schafft. Bei diesen Leuten halten Sie sich nicht zurück. Interessenten müssen wissen, dass Sie überzeugt sind. Erzählen Sie ihnen mit eindeutigen Worten von der Tiefe und Breite Ihrer Überzeugung und davon, dass diese Art Geschäft die Kraft hat, Ihr Leben und das Ihrer Interessenten zu verwandeln. Ermutigen Sie Ehemänner wie Richard dazu, bei jedem Treffen ihre absolut feste Absicht zu erklären, dieses Geschäft bald in Vollzeit zu betreiben.

Steve Sledge aus Dallas, Texas, ging das Risiko ein, seine berufliche Glaubwürdigkeit zu verlieren. Er und seine Frau Caroline schlossen sich dieser Branche etwa zur selben Zeit an wie Susan und Richard, aber sie betrieben es als Team und setzten alles aufs Spiel. In Steves eigenen Worten: „Einem meiner früheren Maklerkollegen zeigte ich die Kraft, die im Network Marketing steckt, die riesigen, sich ausdehnenden Märkte, in denen wir uns bewegen, die Ehrlichkeit meiner Firma und das Potenzial des Vergütungsplans - und er hatte kein Interesse. Er fragte mich, was mich dazu gebracht habe, so etwas ‚Unprofessionelles' zu tun. Ich war zu 1000 Prozent überzeugt, dass ich im Besitz der finanziellen Gelegenheit des Jahrhunderts war, und antwortete ihm: ‚Bill, wenn ich mich irre, dann werde ich scheitern und Du kannst jedem erzählen, dass Steve bei diesem komischen Pyramidengeschäft pleite gegangen ist. Andererseits, wenn ich richtig liege . . . bin ich reich. Was für eine Geschichte erzählst du ihnen dann?'" Die entscheidenden Worte waren „zu 1000 Prozent überzeugt". Steve war es, Richard nicht. Aber auch, wenn Richard überzeugt gewesen wäre, war er nicht bereit, diese Tatsache seinen Partnern mitzuteilen, und darin liegt der Unterschied. Heute freuen sich Steve und Caroline, mit vielen erfolgreichen Führungskräften ihrer Organisation an der Spitze ihres Vergütungsplans zu stehen. Es ist jetzt eine weltweite Organisation, die ein Dutzend Länder umspannt, aber es begann als eine einfache, unabänderliche Überzeugung in ihren Herzen und führte zum Erfolg, weil beide bereit waren, dies auch jedermann zu sagen.

Sie schafften es bis an die Spitze, weil sie ihre Bereitschaft weitergaben, alles zu tun, was nötig war, um ihr Geschäft zum Laufen zu bringen. In ihren ersten Tagen waren sie knapp bei Kasse, obwohl sie sehr engagiert waren. Um zurechtzukommen, fuhr Steve tatsächlich in einem nahe gelegenen exklusiven Viertel am frühen Morgen Zeitungen aus, um etwas nebenbei zu verdienen. Er behauptete, er sei so begeistert von seinem Geschäft gewesen, dass er ohnehin nicht hätte schlafen können. Steve erinnert sich: „Ich muss lachen, wenn ich an die Gesichter der Leute denke, als sie - weil ich manchmal etwas spät dran war - in ihrem Vorgarten warteten und mich plötzlich in meinem goldfarbenen Mercedes vorbeiwischen und eine Zeitung aus meinem Schiebedach fliegen sahen. Sie konnten ja nicht ahnen, dass ihr ‚Zeitungsjunge' innerhalb von ein paar Jahren ein weltweites Geschäft von zu Hause aus aufbauen würde, das ihm über eine Million Euro einbringen sollte."

Vierter Sprengkopf: Verlegenheit durch früheres Scheitern im MLM

Ein anderer Grund, den Leute zur Rechtfertigung anführen, ihren persönlichen Markt nicht anzugehen, ist Verlegenheit. Sie schämen sich, weil sie schon in drei MLM-Firmen tätig waren, und sie ertragen den Gedanken nicht, ihre Familie und enge Freunde ein viertes Mal anzugehen. Das sind durchaus berechtigte Bedenken. Es liegt im menschlichen Wesen, aber es ist keine ausreichende Rechtfertigung. Weil einige Leute in verschiedenen Firmen tätig waren, haben sie jetzt eine der besten Ein-

Im Voraus zu entscheiden, dass eine Person zu bedeutend ist, um wegen Ihres Geschäftes angegangen zu werden, oder ein anderer Mensch nicht das Zeug zum Erfolg hat, kann buchstäblich geschäftlicher Selbstmord sein.

stiegsmöglichkeiten überhaupt. Dies ist das grundlegende Argument, das wir unseren neuen Beratern beibringen, die dieses Problem beschäftigt. Nach einem kleinen allgemeinen Gespräch bieten sie ihren Interessenten in ihrem persönlichen Markt diese Information an:

„Sie und Ihre Frau wissen, dass ich das Gebiet des MLM sorgfältig studiert habe. Um tatsächlich ausgiebige Kenntnisse zu bekommen, habe ich mich in den letzten Jahren in verschiedenen Firmen eingeschrieben, um von den unterschiedlichen Fachleuten zu lernen. Ich freue mich sagen zu können, dass sich die ganze Analyse schließlich ausgezahlt hat. Sie hat mir ermöglicht, genug über die Branche zu wissen, um die globale Organisation herauszufinden, die es Leuten ermöglicht, in kürzester Zeit 30.000 bis 50.000 Euro im Monat zu verdienen. Ich habe viel Zeit, Geld und Energie investiert, um meine Hausaufgaben zu machen, und jetzt bin ich so begeistert, dass ich nachts kaum schlafen kann. Ich möchte Sie so schnell wie möglich treffen, um herauszufinden, ob Sie so viel Geld verdienen wollen."

Statt Ihr früheres Engagement oder das Ihrer Berater als Belastung darzustellen, wandeln Sie es in einen Gewinn um! Würden Sie nicht viel lieber eine Lebensversicherung, ein Auto oder irgendetwas anderes von jemand kaufen, der Erfahrung aus Tätigkeiten in mehr als einer Firma hat? Wenn dies bei Ihnen der Fall ist, dann nutzen Sie diese Strategie, um Leute in Ihrem persönlichen Markt anzugehen.

Fünfter Sprengkopf: Taxieren der Interessenten

Es gibt einen entscheidenden Unterschied zwischen dem herkömmlichen Geschäftsleben und MLM: Traditionellen Verkaufs- und Marketing-Repräsentanten wird beigebracht, immer ihre Interessenten zu taxieren. Ein Xerox-Vertreter zum Beispiel würde nicht versuchen, einer Firma einen 3,5 Millionen € teuren Laserdrucker zu verkaufen, die ihn nicht braucht oder ihn sich nicht leisten kann. Einen Interessenten zu taxieren heißt, vor dem angestrebten Verkauf herauszufinden, ob dieser Interessent Ihr Produkt oder Ihre Dienstleistung derzeit sowohl brauchen als sich auch leisten kann. Wir nennen MLM aber den „großen Gleichmacher", weil jeder schwindelerregende Ebenen des Erfolgs erreichen kann. Im Voraus zu entscheiden, dass eine Person zu bedeutend ist, um wegen Ihres Geschäftes angegangen zu werden, oder ein anderer Mensch nicht das Zeug zum Erfolg hat, kann buchstäblich geschäftlicher Selbstmord sein. Versuchen Sie unter keinen Umständen, im Voraus herauszufinden, wer qualifiziert ist und wer nicht; wer interessiert sein könnte und wer nicht; wen man angehen kann und wen nicht.

Schauen wir uns eines der erfolgreichsten Beraterteams an: Tom und Terry Hill. Terry verließ die Firmenwelt als Nummer-Eins-Verkäuferin von Xerox in ganz Nordamerika. Sie war Expertin im Klassifizieren ihrer Führungskräfte. Tom war Aktienbroker bei Merrill Lynch. In ihrem ersten Jahr im Network Marketing mussten sie eine ganze Reihe alter Gewohnheiten ablegen: Sie durften ihre Führungskräfte nicht taxieren! Was für sie letztlich zum Schlüsselerlebnis wurde, war ein Geschäftstreffen bei ihnen zu Hause zu Beginn ihrer Network-Karriere. Während das Video lief, verließen Tom und Terry den Raum (Das sollte man in unserem Geschäft nie tun!) Als das Video zu Ende war, kam ein Mann in ihr Büro und sagte: „Danke, aber das Geschäft ist nichts für mich. Vielen Dank für Ihre Zeit." Als er sich zum Gehen wandte, steckte er noch mal den Kopf zur Tür herein und flüsterte: „Nebenbei gesagt, der andere Typ schläft." Tom ging hinein, stellte den Videorekorder ab, und der Mann wachte auf. Als Tom ihm fürs Kommen dankte und begann, ihm etwas Informationsmaterial auszuhändigen, stand der Interessent auf und sagte mit überschäumender Begeisterung: „Das klingt unglaublich, ich bin dabei!"

Wenn der richtige Zeitpunkt im Leben gekommen ist, dann ist er da, egal, wie falsch alles zu sein scheint. Sogar einen bewusstlosen Mann kann man offensichtlich zur Begeisterung hinreißen. Heute hat dieser Berater Hunderte von Beratern unter sich - in den Vereinigten Staaten wie in Australien. Er ist eines der starken Beine der Organisation, die von Tom und Terry aufgebaut wurde, welche jetzt ihr MLM-Geschäft verkauft haben und mit ihrer Familie in eine kleine Stadt in Tennessee gezogen sind. Nach all den Jahren in der Firmenwelt sind die beiden äußerst glücklich, den Stress hinter sich gelassen zu haben. Jetzt haben beide die Zeit und das Geld, das gelassene Leben zu führen, das sie sich immer gewünscht haben.

Ein anderer von unseren Erstlinien-Beratern war ein College-Student, der 800 Euro im Monat mit Nachhilfe verdiente. Sein Bruder David war Detektiv, der in Houston, Texas, bei Unfällen mit Fahrerflucht ermittelte. Wir beziehen uns natürlich auf Dennis und David Clifton, zwei wahre Legenden in der Network Marketing-Branche. Sie kamen mit Dennis' Schwiegervater ins Geschäft, dem Wissenschaftler und Theologen Dr. Roy Blizzard, Jr. Alle drei Männer ebenso wie ihre Frauen wurden Multimillionäre und geachtete Führungskräfte der Branche. Die Brüder erzählen oft die Geschichte, dass niemand den roten Teppich ausrollte, als sie ins Geschäft kamen. Der Firmenchef erschien nicht persönlich, um sie in der Firma willkommen zu heißen, weil er voraus gesehen hätte, dass sie so einschlagen würden. Sie waren nichts weiter als ein examinierter Student und ein Polizist. Sie schlotterten vor Angst, und ihre Frauen waren wie versteinert. Davids Frau Jackie war sich völlig bewusst, dass ihr Mann nur noch dreizehn Jahre abreißen müsste, um in den Genuss einer 17.000-Dollar-Jahrespension zu kommen. Welche intelligente Frau wie Jackie gibt gerne eine solche Sicherheit auf? Jeder im Network Marketing beginnt als „Mitläufer". Stars werden durch das Team gemacht und als solche aufgrund ihrer Ergebnisse anerkannt. Der Beweis steht in der Provisionsabrechnung.

Heute sind Dennis und David buchstäblich zwei der begehrtesten Sprecher in der gesamten Network-Branche. Bevor sie sich Network Marketing anschlossen, hätten sie noch nicht einmal ein Bewerbungsgespräch bei Exxon oder Sony bekommen, weil sie weder eine Wirtschaftsausbildung noch frühere Erfahrungen im Management mitbrachten. Heute führen sie eine internationale Organisation mit mehr als 100.000 Beratern in zwanzig Ländern und stehen für mehr als die Hälfte unseres Einkommens.

Wir könnten immer weiter andere Berater aufführen, die vor MLM keinerlei Erfolge aufzuweisen hatten, aber diese Geschichten zeigen bereits unseren Standpunkt: „Spiel' nicht ‚Lieber Gott' "! Auch wenn ein Mann oder eine Frau einen untergeordneten Posten hat, nehmen Sie nicht an, sie wären unfähig, eine große, dynamische Organisation aufzubauen. Andererseits, glauben Sie nicht, dass MLM unter seiner oder ihrer Würde wäre, wenn ihr/e Freund/in z.B. Arzt ist. Viele Ärzte sind vielleicht so weit, dass sie das Praktizieren als Mediziner verabscheuen und nach einer Alternative suchen, mit der sie genauso viel Geld verdienen. Was Sie auch tun, lassen Sie sich nicht von diesem Sprengkopf Ihrer persönlichen Namensliste treffen: Machen Sie nicht den Fehler, Ihre Führungskräfte zu klassifizieren!

Sechster Sprengkopf: Interessenkonflikt

Einige ‚Profis' halten sich beim Aufbau ihres Network Marketing-Geschäftes zurück, weil sie sich über Interessenkonflikte Gedanken machen. Als Pastor fürchtete Mark, es könne ein Konflikt für ihn werden, Menschen in seiner Gemeinde anzusprechen. Rene war in der Bezirkskommission und hatte Angst, ihre Wähler anzugehen. Da diese Gruppen einen großen Teil unseres Bekanntenkreises umfassten, legte uns diese Angst eine ernsthafte Beschränkung unseres persönlichen Marktes auf. Wir wissen also, dass dies berechtigte Sorgen sein können. Es kann sogar eine Frage der Ethik sein. Was immer Sie tun, Sie wollen nicht Ihre gegenwärtige Karriere gefährden. Sie wollen entscheiden, wann Sie Ihren Beruf aufgeben. Sie wollen es nicht von anderen entscheiden lassen.

Wir haben zwei vielleicht hilfreiche Vorschläge. Erstens erwähnen Sie, bei Ihrer Arbeit nie den Namen Ihrer eigenen Network Marketing-Firma. Wecken Sie Interesse durch ‚Lifestyling', das heißt, gehen Sie an Menschen während Ihres normalen Tagesablaufs heran - Klienten, Kunden, Verkäufer, Leute im Fitnessclub, in der Bank, im Lebensmittelladen - und machen Sie ihnen Komplimente aufgrund ihrer Persönlichkeit, die Sie attraktiv fanden (Seien Sie dabei ehrlich!). Machen Sie ihnen klar, dass sie mit diesen Eigenschaften in Ihrem Geschäft eine außergewöhnliche Erscheinung darstellen könnten und dass sie genau die Art von Leuten wären, mit denen Sie zusammenarbeiten wollten. Sagen Sie ihnen ganz offen, dass sie darüber hier nicht sprechen könnten (sagen Sie z.B. „Dies ist nicht der richtige Ort" oder „es widerspricht den Firmenrichtlinien"), aber dass Sie gerne einen Zeitpunkt finden möchten, der Ihnen beiden passen würde. Fragen Sie dann nach der Erlaubnis, anzurufen. Tauschen Sie

Visitenkarten aus und schreiben Sie auf die Rückseite der Karte Ihres Gegenüber die beste Zeit, ihn/sie zu erreichen. Diese Methode hat Rene im großem Stil angewandt, und sie war äußerst wirkungsvoll. Da sie die Situation ganz offen handhabte, klagten wenige Wähler darüber, dass hier ein Interessenkonflikt herrschen könnte.

Wenn diese Methode bei Ihnen nicht funktioniert, erwägen Sie vielleicht Marks Vorgehensweise. Er ging nie seine Gemeinde an, aber er sponserte ein Paar aus der Kirche, die es tat. Und sie nutzten seinen Namen, um für Glaubwürdigkeit zu sorgen.

Zielgruppen-Marketing

Vielleicht erwägen Sie, bei Ihrer persönlichen Liste Prioritäten zu setzen, indem Sie Zielgruppen-Marketing betreiben. Dies erfordert, dass Sie Ihre Anstrengungen beim Ansprechen der Leute auf ausgewählte Gruppen in Ihrem engsten Einflussbereich konzentrieren, die ein potenzielles Interesse entweder 1. an einem Teilzeiteinkommen oder daran haben, ihr Einkommen durch MLM-Provisionen zu ersetzen und/oder ihre Steuerlast zu reduzieren, oder 2. sich für Ihr Produkt und seinen speziellen Nutzen interessieren.

Die Forschungen von Dr. Charles King geben uns ein Beispiel von Zielgruppen-Marketing: Eine Aerobic-Lehrerin in einem Fitness-Center stellte den Mitgliedern ihrer Aerobic-Gruppe, alle im mittleren Einkommensbereich und zwischen 30 und 50 Jahre alt, ihre Nahrungsergänzungsmittel vor. Aufgrund der Gemeinsamkeiten in ihrer Lebensweise und des Interesses an Gesundheit, körperlicher Fitness und Bewegung übernahmen einige der Gruppe die Produkte. Innerhalb von sechs Monaten hatte die Leiterin einen Kundenstamm von über sechzig regelmäßigen Käufern. Einige der Kunden wurden später Berater, um die Produkte zum Großhandelspreis zu kaufen oder sich ihr eigenes Geschäft aufzubauen. Aufgrund ihres ‚Rezeptes' für Zielgruppen-Marketing in Fitness-Centern traf sich die Aerobic-Lehrerin weiterhin mit Kollegen von Fitness-Centern in anderen Gegenden. Sie stellte das Konzept vor, sponserte die anderen Trainer in ihre Downline und schulte diese, damit sie mittels Duplikation des Vorgangs wiederum ihre Organisationen aufbauen konnten. Wenn Sie vorhaben, ein riesiges internationales Geschäft aufzubauen, ist der Schlüssel zum Erfolg im Zielgruppen-Marketing folgender: Nehmen Sie sich mehrere Gruppen vor, zu denen Sie Zugang haben, anstatt Ihre gesamte Energie in nur eine einzige zu investieren.

Wann man Dreier-Konferenzen einsetzen sollte

Gehen wir davon aus, Sie seien überzeugt, dass es wichtig ist, die Leute auf Ihrer persönlichen Namensliste anzurufen. Was passiert dann als nächstes? Wie funktioniert diese Ansprache am besten? Dreier-Konferenzen können ein wertvolles Arbeitsmittel sein, sofern sie zum rechten Zeitpunkt eingesetzt werden.

Die meisten Neuen im Geschäft werden die Vorstellung von einer Dreier-Konferenz vor einer persönlichen Präsentation ganz und gar nicht mögen. Wenn sie wissen, dass sie sich die Blöße geben müssen, bei ihrer Familie und ihren Freunden gemeinsam mit ihrem Sponsor anzurufen, werden sie sich buchstäblich weigern, mehr zu tun, als sich ein Starterset zu kaufen. Deshalb haben wir in unseren gemeinsamen zwanzig Jahren Dreier-Konferenzen als Erstkontakt mit Interessenten immer vermieden. Tatsächlich hat der neue Berater recht, wenn er diese Strategie vermeiden möchte.

Denken Sie mal sorgfältig darüber nach. Muss sich ein ‚Profi' oder Leitender Angestellter wirklich mit anderen gegen seine Freunde verbünden? (So kommt es dem Angerufenen zumindest vor.) Wenn ein Berater noch nicht einmal sein eigenes Telefon abheben und seine Familie und Freunde zu einem Treffen einladen, oder, mit ihnen gemeinsam seine audiovisuelle Präsentation in den eigenen vier Wänden ansehen kann, ist er höchst wahrscheinlich nicht der Richtige für Erfolg im Network Marketing. Punkt. Ende der Geschichte. Einmal geschult, sollte es Ihren neuen Beratern immer gestattet sein, mit ihren engsten Freunden und ihrer Familie zu sprechen - ohne die Gegenwart eines unter Strom stehenden Sponsors, der versucht, Einwendungen zu entkräften und zu beweisen, wie brillant er sich dem neuen Berater gegenüber verhält. In diesem Stadium ist eine Dreier-Konferenz eine sehr unnatürliche Art des Networking. Nebenbei gesagt: Wenn das Geschäft beim ersten Gespräch richtig präsentiert wird, sollte es keine ernsthaften Einwände geben, die es zu überwinden gilt. Und wenn es viele Einwände gibt, ist die Person derzeit sowieso kein Interessent. Rufen Sie ihn oder sie in sechs Wochen wieder an. Belästigen Sie ihn/sie nicht noch, wenn sich Ihre Upline am Nebenanschluss befindet. Das wäre nur dann hilfreich, wenn Ihr Sponsor während Ihrer ersten Telefonate still in der Leitung zuhörte, um Ihnen hinterher mit konstruktiver Kritik zu helfen.

Der beste Zeitpunkt für Dreier-Konferenzen ist, *nachdem* ein Interessent die Präsentation gesehen hat. Am effektivsten ist es, Vorbehalte per Dreierkonferenz mit Ihrer Upline auszuräumen, wenn jemandem das Konzept des Network Marketing bereits vorgestellt wurde.

Hier ist ein Muster, was Sie zu einem ernsthaften Interessenten sagen könnten: „Sie haben einige wirklich gute Fragen gestellt, und wie ich Ihnen gesagt habe, ist mir dies alles auch noch neu. Aber mein Geschäftspartner ist schon länger dabei. Lassen Sie mich mal sehen, ob ich ihn jetzt gleich ans Telefon kriege." Sie drücken einfach an Ihrem Telefon auf den Knopf für eine Konferenzschaltung, wählen die Nummer Ihres Sponsors oder Uplinepartners, drücken den Knopf noch mal - und, Bingo, Sie haben gleich ein Dreiergespräch. Oder geben Sie, wenn Ihnen dies lieber ist, Ihrem Interessenten die Privatnummer Ihres Upliners und lassen ihn oder sie anrufen, wenn es passt. Ernsthafte Interessenten werden anrufen.

Jede dieser Strategien hat ihre Vorteile. Das Dreier-Konferenz-Gespräch ermöglicht einem neuen Partner, durch Zuhören zu lernen, wie man einen Interessenten motiviert. Außerdem stärkt es das Vertrauen des neuen Partners in das Geschäft. Manchmal ist das für einen neuen Networker sehr hilfreich. Der direkte Anruf von Interessent zu Upliner bietet eine flexiblere Planungsmöglichkeit und unterscheidet einen ernsthaften von einem „Vielleicht" - Interessenten. Schon die Tatsache, dass der Interessent die Initiative ergreift, beweist einen gewissen Eifer für das Geschäft. Mark zieht das direkte Gespräch vor. Rene fühlt sich beim Dreier-Telefonat wohler. Seien Sie sicher, diese Gesprächsmöglichkeit in angemessener Weise zu nutzen - das heißt, niemals vor einer kompletten Präsentation oder ehe Ihre audiovisuelle Geschäfts-Einweisung stattgefunden hat.

Wie man ein System zum Nachfassen einrichtet

Reden wir jetzt über das wichtigste Handwerkszeug zu Erstellung und Pflege einer persönlichen Namensliste. Achten Sie auf diesen Ratschlag, folgen Sie ihm ohne Umwege und Sie werden wahrscheinlich unter den Großverdienern landen. In kürzester Zeit ermöglicht Ihnen diese Methode, mehr Interessenten zu finden, als Sie jemals anrufen können.

Kaufen Sie einen Karteikasten, dazu zwölf Trennblätter, für jeden Monat eines, und einunddreißig nummerierte Trennblätter für jeden Tag des Monats. Registerblätter sind etikettiert und nummeriert erhältlich. Dann kaufen Sie einige hundert Karteikarten und schreiben die Namen der Interessenten aus Ihrer Liste oben auf jeweils eine Karte. Dazu schreiben Sie seine oder ihre Telefonnummer. Unter den Namen auf der linken Seite der Karte schreiben Sie die Überschrift „Letzter Kontakt". Auf die rechte Seite schreiben Sie „Aktivitäten und Ergebnisse". Jedes Mal, wenn Sie einen Namen und eine Telefonnummer erhalten, besonders von neuen Leuten, die Sie gerade getroffen oder angesprochen haben, nehmen Sie eine neue Karte. Natürlich gibt es für auch Software-Programme für Organisation und Nachbearbeitung - wichtig ist nur, *dass* Sie ein System haben, um Ihre Interessenten im Auge zu behalten.

Nun zum entscheidenden System: Von diesem Zeitpunkt an rufen Sie jede einzelne Person auf Ihren Interessenten-Karten alle sechs Monate an, bis sie sich entweder einschreiben oder sterben. Werfen Sie *niemals* Notizen über Leute weg, bis diese entweder zum Berater geworden sind oder Sie bei ihrer Beerdigung waren. Wenn Sie mit Ihren Interessenten sprechen und diese Ihnen alle möglichen Gründe mitteilen, warum es nicht der richtige Zeitpunkt ist, sich zu treffen, fragen Sie höflich, ob Sie sie später wieder kontaktieren dürften. Fast immer werden sie ein ‚Ja' als Antwort erhalten. Ordnen Sie die Karteikarte in Ihrer Fortsetzungsakte unter diesem Monat ein, die Tagestrennblätter werden immer nur im laufenden Monat benutzt. Wenn Sie einige Leute nicht erreichen, legen Sie ihre Karte beim nächsten Tag ab.

Der durchschnittliche Angestellte in Amerika, Europa und Asien wechselt alle 3,7 Jahre den Arbeitsplatz. Versuchen Sie, Ihre Interessenten alle sechs Monate zu kontaktieren. Egal, wie unnachgiebig man Sie vorher zurückgewiesen hat - eines Tages werden Sie auch diesen Menschen in einer Phase des Jobwechsels erwischen. Wenn Sie es dann richtig präsentieren, kann Ihre Network-Gelegenheit nahezu unmöglich zurückgewiesen werden. Denken Sie daran, was wir bereits betont haben: Network Marketing ist einzig eine Frage des richtigen Zeitpunkts. Wenn Interessenten in ihrem Leben am richtigen Zeitpunkt für einen Wechsel angelangt sind, werden sie - egal, wie schlecht das Geschäft erklärt wird - vielleicht einen Versuch wagen. Umgekehrt werden Interessenten, für die es vielleicht nicht der richtige Zeitpunkt ist, nicht empfänglich sein, egal, wie leicht verständlich oder professionell das Geschäft präsentiert wird.

Steve Sledge sagt, es hat ihm Spaß gemacht, das Nachfass-System zu benutzen: „Manchmal, wenn ich einigen meiner früheren Geschäftskollegen die Kraft des Network Marketing erklärt und ihnen die 5 x 5 x 5-Darstellung des logarithmischen Wachstums gezeigt hatte, lächelten sie. Einige lachten sogar und sagten: ‚Hey, Steve, ruf‘ uns an, wenn Du reich bist!‘ Das tat ich - jeden Einzelnen von ihnen!“

So beginnen Sie die Partnergewinnung mit Ihrer Bekanntenliste

Sie haben jetzt einige der Ausreden kennen gelernt, die Ihnen die Leute entgegen halten, um das Sponsern anhand ihrer Bekanntenliste aufzuschieben. Warum aber ist es so wichtig, dass Sponsoren ihre Partner dazu ermutigen, es dennoch zu tun? Weil Partnergewinnung im persönlichen Markt viel einfacher ist, als die kalte, grausame Welt, in der man fremde Leute zu überreden versucht, ihren Job zu kündigen und sich Ihnen im MLM anzuschließen. Partnergewinnung im „kalten Markt“ erfordert Professionalität, Begeisterung, Kompetenz und Standvermögen. Sie versuchen, völlig Unbekannte zu überzeugen, ihr regelmäßiges Gehalt, ihre Jobs und Berufe in behaglicher Umgebung aufzugeben, um Ihnen in ein Pyramidensystem zu folgen. So sieht die Sache zumindest aus Sicht der Interessenten aus. Hier spielt Ihre „Schlagzahl” eine wichtige Rolle. Sie werden mit mehr Menschen im kalten als im persönlichen Markt reden müssen, um die gleiche Anzahl an positiven Reaktionen zu erzielen. Unter diesen Umständen sollten Sie besser selbstbewusst, selbstsicher und kompetent auftreten, um die Haupteinwendungen zu entkräften, die bei Sponsertreffen aufkommen. Partnergewinnung im kalten Markt trägt seinen Namen zu Recht - es ist „kalt".

Da Ihr Bekanntenkreis aus Leuten besteht, die Sie kennen, sind diese viel verständnisvoller und verzeihender als Fremde. Es gibt ein altes Sprichwort in unserer Branche: „Jeder große MLMler war zu Beginn ein lausiger MLMler." Niemand startet gelassen und selbstbewusst. Deshalb macht es also durchaus Sinn, Ihre nächsten Bekannten wie Familie und Freunde zuerst anzugehen. Und Sie sind nicht allein. Ihr Sponsor sollte Ihre ersten zwei oder drei Präsentationen mit Ihren Freunden gemeinsam bei Ihnen zu Hause halten oder Sie telefonisch unterstützen, wenn er weit weg ist (Darauf kommen wir später in diesem Kapitel zurück). Schauen wir uns jetzt aber die richtige Vorgehensweise an, unsere Bekannte zu kontaktieren.

Erfolg entsteht eher durch Einstellung als durch Fähigkeit

Da zu wirklichem Erfolg im Network Marketing eher Einstellung führt als Fähigkeit, ist Begeisterung Ihr größter Vorteil. Wir sprechen hier nicht von einer aufgesetzten, einstudierten *Begeisterung* oder dem Festhalten an irgend einem Skript, das Ihr Upline-Partner geschrieben hat. Wir sprechen über natürliche Begeisterung, also Ihre Aufregung, nachdem Sie begriffen haben, dass Sie nur Monate von einem 20.000-Euro-Einkommen entfernt sein könnten! Nochmals: Wenn Sie diese Geschäftsgelegenheit nicht wirklich aufregend finden, dann lesen Sie oder hören Sie sich irgend etwas an, das Ihre Begeisterung aufbaut - ohne echte Begeisterung ist effektive Partnergewinnung unmöglich. Welche Strategie Sie auch immer motivieren und in eine positive Gemütsverfassung bringen kann, bevor Sie Ihre Interessenten anrufen - wenden Sie sie an. Je höher Ihr *Grad der Überzeugung,* desto größer Ihre Erfolgschance!

Es ist auch hilfreich zu begreifen, dass Sie in erster Linie ein Lehrer sind. Sie sind weder Verkäufer, noch sind Sie ein professioneller Anwerber. Ihr Job ist es, so vielen Menschen wie möglich beizubringen, dass es eine bessere Möglichkeit gibt, zu leben und ein dauerhaftes passives Einkommen zu erwerben. Die einzige, was Sie tun müssen, um Menschen zu überzeugen, ihren Beruf zu wechseln und bei Ihnen im MLM mitzumachen, ist, sie dazu zu bringen, sich eine Dreiviertelstunde mit Ihnen hinzusetzen und Ihr Geschäft objektiv anzusehen. Wenn Sie Ihre Bekannten anrufen, ist Ihr einziges Ziel, dass diese sich ernsthaft Gedanken über Ihre Firma machen. Niemand in der Geschichte des Network Marketing war wohl so überzeugend, dass er Interessenten per Telefon mit dem ersten Anruf dazu brachte, den Job zu wechseln und sich seiner Firma anzuschließen. Auch kennen wir keine Berater, die beständig Produkte oder Dienstleistungen per Telefon verkaufen können. Versuchen Sie es also gar nicht erst! Network Marketing ist ein Geschäft der Information. Vielleicht können Sie damit beginnen, Ihre Interessenten einige audiovisuelle Materialien betrachten zu lassen, aber letzten Endes müssen Sie Auge-in-Auge mit Ihnen verhandeln. Es geht darum, Leuten beizubringen, wie sie anderen beibringen können, eine Gruppe von Leuten aufzubauen, die Ihre Produkte und/oder Dienstleistungen benutzen und diese an Andere weitergeben.

Und bedenken Sie stets folgendes: Je mehr Informationen Sie Interessenten am Telefon geben, um so weniger sind diese bereit, sich eine Kassette anzuhören oder an einer Geschäftspräsentation teilzunehmen. Versuchen Sie, sie am Telefon neugierig zu machen, aber nicht, ihre Neugier zu befriedigen! Geben Sie bei Ihrem ersten Anruf keine Informationen heraus und beantworten Sie auch keine Fragen. Übermitteln Sie Ihre Begeisterung und legen Sie Zeit und Ort für das Treffen fest, zu dem Sie sie einladen wollen. Seien Sie sicher, aus tiefstem Herzen zu sprechen, wenn Sie diejenigen einladen, die Sie wirklich als Geschäftspartner wollen.

MLM ist eine wundervolle Branche, in welcher deren Gründer vor langer Zeit erkannt haben, dass die Menschen Entscheidungen gewöhnlich auf Basis ihrer Gefühle treffen. Der *Wunsch nach mehr Geld* ist nur einer der Gründe, auf die Sie sich beim Motivieren von Interessenten zur Teilnahme an Treffen verlassen können. An anderer Stelle werden wir Ihnen auch zeigen, wie *Angst vor Verlust* viele Leute dazu bringt, Wohlstand zu schaffen. Kein Produkt und keine Dienstleistung mit Ausnahme vielleicht der Verlockung einer besseren Karriere ist aufregend genug, Menschen zu einem Berufswechsel zu bewegen. Aber die Möglichkeit der *totalen Kontrolle über ihre Zeit* und eines monatlichen Einkommens von 20.000 bis 30.000 - vielleicht sogar 50.000 Euro! - erregt die Aufmerksamkeit der meisten und sogar der allerzynischsten Menschen.

Hier ist nun ein anderer Ansatz, Freunde und Familie anzugehen. Beginnen Sie mit Geplaudere, aber stellen Sie dieses sobald wie möglich ein und sagen Sie mit größter Begeisterung, nahezu außer Atem vor Aufregung, etwa folgendes:

„Jetzt muss ich Dir aber den wahren Grund für meinen Anruf sagen. Ich kann es wirklich nicht länger zurückhalten. Meine Frau und ich sind so aufgeregt darüber, worüber wir gestolpert sind, und wir wollen es Dir gleich sagen, weil wir uns offen gestanden niemand besseren vorstellen können, den wir lieber für den Rest unseres Lebens als Partner haben wollen als euch beide. Pass auf, ich stell‘ Dir dieselbe Frage, die mir vor ein paar Wochen gestellt wurde: ‚Wenn Du nach sorgfältiger Prüfung absolut überzeugt wärest, dass es für Dich möglich ist - völlig legal und moralisch einwandfrei - , ohne größere Investition bis zu 20.000, 30.000 oder sogar 50.000 Euro im Monat zu verdienen und dich dann in ein paar Jahren zurückzuziehen und zu erholen, während Du immer noch so viel verdienst - wäre das ein Geschäft, das Dich interessieren könnte?‘“

Wenn Sie sich diese Vorgehensweise etwas genauer ansehen, stellen Sie fest, dass es hierbei absolut keinen Grund für das Auftauchen von Einwänden gibt. Sie haben dem Interessenten eine Frage gestellt, in der alle möglichen Einwände geschickt angesprochen wurden. Zuerst haben Sie ihn ermutigt, sich die Gelegenheit genauer anzusehen. Sie ist moralisch und ethisch einwandfrei, und es gibt nur eine minimale Anfangsinvestition. Die Einkommensmöglichkeiten sind beträchtlich, sie sind dauerhaft und, für die meisten Menschen noch wichtiger, der Erfolg ermöglicht ihnen beträchtliche Freizeit. Wenn Ihr Freund nach dieser Frage weiter diskutieren will und irgendwelche Einwände hervor bringt, wissen Sie, dass er oder sie heute kein Interessent ist. Nerven Sie solche uninteressierten Menschen nicht. Achten Sie darauf, Ihr Gespräch mit einer positiven Bemerkung abzuschließen und stellen Sie sicher, dass Sie in ein paar Monaten noch einen Versuch machen dürfen. Schreiben Sie auf die Karteikarte einfach „nicht interessiert“ und ordnen Sie diese so ein, dass sie Sie in genau sechs Monaten daran erinnert, wieder anzurufen. Denken Sie daran, dies ist ein Geschäft des Timings - Leute zu einem Zeitpunkt zu erreichen, an dem sie für einen Wechsel bereit sind.

Es ist nicht nötig, Leute von Network Marketing zu überzeugen

Einer der größten Fehler, den die meisten neuen Berater begehen, ist, zu diskutieren und zu versuchen, Leute zum falschen Zeitpunkt für das Geschäft zu begeistern. Denken Sie kurz darüber nach: An welcher Stelle gibt es einen Einwand auf die Frage, die wir gestellt haben? Es gibt keinen. Was bringt es also einem neuen Berater, seinem Freund länger am Telefon aufzuhalten, um jeden Einwand zu entkräften und ihn endlos zu belästigen? Oder schlimmer, was ist, wenn sein Upline-Partner den Interessenten auch noch mit Anrufen nervt? Dieser Freund wird dann auch nach sechs Monaten nicht offen und empfänglich sein - selbst wenn die Zeit für ihn gekommen ist.

Alex Marr aus San Francisco, Kalifornien, lernte seine Lektion auf die harte Tour. „Als ich mich das erste Mal entschied, Network Marketing zu betreiben, war ich in meinem letzten Jahr an der juristischen Fakultät. Als ich meinen Freunden und Mitstudenten von meiner Entscheidung erzählte, war ich auf die verbale Attacke gutmeinender, aber enorm negativer Ratschläge völlig unvorbereitet, die ich bekam. Die meisten Freunde lachten, einige zeigten offen ihren Abscheu vor der Branche, und einige wenige gingen so weit, Broschüren mit meinem Namen zu drucken, in denen Sachen standen wie ‚Wundermittel‘ und ‚Betrüger im Anmarsch‘. Keiner von ihnen wollte jedoch die Tatsachen über meine Firma und die damit verbundene Geschäftsgelegenheit zur Kenntnis nehmen Obwohl diese Freunde nicht nur intelligent waren, sondern auch vorhatten, eine juristische Karriere zu beginnen - wo das Berücksichtigen von Fakten vor der Urteilsfindung zur Grundlage des Berufs gehört.

Anfangs war ich entmutigt, aber ich wusste, dass ich eine tolle Geschäftsgelegenheit anzubieten hatte Ich stellte Berge von Beweismaterial zusammen, um zu zeigen, dass Network Marketing im allgemeinen und meine Firma im besonderen eine legale Sache war. So lernt man es an der juristischen Fakultät. Nach einem Jahr des Sammelns von Büchern, Artikeln, Zeitungsausschnitten sowie Kassetten und Videobändern ging ich noch einmal auf einige meiner Freunde zu. Ich war viel selbstbewusster, da ich die Fakten in der Hand hielt, die mir Recht gaben. Aber fast alle meine Freunde lehnten es nach wie vor ab, zu einer Präsentation zu kommen - obwohl sie alle Fakten und Zahlen gesehen hatten, die ich zusammengestellt hatte! Ich war völlig von den Socken! Wie konnten sie es ablehnen, sich meiner Firma anzuschließen, wenn doch alle meine Statistiken deutlich bewiesen, dass es in ihrem Interesse gelegen hätte, es zu tun?

In den nächsten Wochen akzeptierte ich die Lektion, die ich gelernt hatte. Ich kann einen Menschen intellektuell überzeugen, dass es eine tolle Entscheidung wäre, sich meiner Firma anzuschließen, aber wenn jemand nicht glaubt, in meinem Geschäft Erfolg haben zu können, oder wenn er nicht an sich selbst und seine eigenen Fähigkeiten glaubt, zu lernen und zu wachsen, sind alle meine Fakten und Statistiken nutzlos. Er wird sich meiner Firma nicht anschließen, und selbst, wenn er es tut, wird er nichts leisten, nachdem er sich eingeschrieben hat. Ich habe ein Jahr damit verschwendet, Informationen zusammenzustellen, um Leute zu überzeugen, die einfach nicht interessiert waren. Während ich in der Zwischenzeit hätte Präsentationen für Leute halten können, die wirkliches Interesse gezeigt hatten. Mark Yarnell fasste diese Lektion gut zusammen: *‚Ein Mensch, überzeugt gegen seinen Willen, bleibt seiner Meinung doch im Stillen.‘* Heute verschwende ich keine Zeit mehr damit, irgendjemandem Tatsachen vorzulegen, wenn ich nicht zuerst sein wahres Interesse registriert habe. Ich hätte mir ein Jahr meiner Lehrzeit sparen können, wenn ich diesem Ratschlag früher gefolgt wäre.“

Patrick Schumacher aus Payson, Arizona, machte eine ähnliche Lernerfahrung. Im Magazin *Success* las er, dass man das nächste Mal, wenn man mit einem Freund zusammen ist, ihn fragt, ob er sich jemals habe selbstständig machen wollen. ‚Wie wäre es, wenn ich Dir ein Geschäft zeigen könnte, das Du mit nur 500 Euro starten könntest, das Dir aber so viel einbringen kann wie das Gehalt eines Vorstandsvorsitzenden? Außerdem würde sich Deine Partnerfirma um alles kümmern wie z.B. Forschung und Entwicklung, Verpackung, Gehaltsabwicklung, Eröffnung fremder Märkte und juristische Angelegenheiten. Würdest Du gerne etwas über dieses Geschäft erfahren?‘ Genau diese Nachricht sandte ich einem Freund, der in einer High Tech-Firma arbeitet, weil er sich bei mir beschwert hatte, dass ihm die Firma gerade seine Provisionen gekürzt habe. Er antwortete, er sei nicht interessiert. Rob fragte mich noch nicht einmal, was das für ein Geschäft wäre, kein Interesse, nichts. Ich konnte es nicht glauben!

Zwei Wochen später besuchte mich meine Schwägerin und benutzte die Pflegeprodukte, die bei uns im Bad stehen. Sie mochte sie und wollte wissen, wo sie sie beziehen könnte. Sobald ich sie gesponsert hatte, gab sie etwa 1000 Euro für Produkte aus und konnte nicht aufhören, darüber zu reden, wir begeistert sie sei. Nach zwei Monaten teilte sie mir mit, sie höre auf, weil sie keine Zeit habe. Da sie die Praxis ihres Mannes für plastische Chirurgie führt, fragte ich sie, ob sie nicht dächte, dass Leute, die Tausende von Euro in Schönheitsoperationen investierten, diese Produkte benutzen wollten, um ihr jugendliches Aussehen zu erhalten. Keine Antwort. Ich dachte, vielleicht hätte ich etwas falsch gemacht, bis mir die alte W-Regel in den Sinn kam: ‚Einige wollen, einige wollen nicht, was soll's, weil immer schon jemand anderer wartet.‘ Sobald ich den Begriff ‚Der Nächste bitte‘ verstanden hatte, ging ich nur noch vorwärts und schaute nicht mehr zurück.“

Patricks Herangehensweise ist sinnvoll. Und so ist jetzt auch seine Einstellung. Network Marketing verlangt zwangsläufig, dass Sie mit vielen Leuten in Ihrem Umfeld sprechen. Wenn Sie sich an genügend Menschen wenden, finden Sie schließlich jene, für die der richtige Zeitpunkt gekommen ist. An dieser Stelle beginnen die persönlichen Beziehungen - was wir „Beziehungs-Marketing“ nennen.

Es ist nicht nötig, Freunde ins Geschäft zu drängen

Ein anderer Fehler neuer Berater ist es, zwanzig Freunde dazu zu drängen, ins Geschäft einzusteigen (und sie tun es oftmals nur, um den Sponsor ruhig zu stellen!); dann verbringt der neue Berater die nächsten sechs Monate damit, diese Leute über die Ziellinie zu schleppen. Für viele, viele gut meinende Menschen bedeutet Network-Marketing, Leute für unsere Branche zu begeistern und dann alles Mögliche zu tun, diese Leute erfolgreich zu machen. Leider ist dies buchstäblich die Antithese, das genaue Gegenteil dessen, worum es in unserem Geschäft wirklich geht. Es ist nicht unsere Aufgabe, alles für sie zu tun, sondern ihnen beizubringen, wie sie es für sich selbst tun können. Wir sind Ausbilder. Wir bringen Leuten eine neue Vorgehensweise bei, Produkte und Dienstleistungen zu kaufen und zu verkaufen, und sich eine neue Form der Lebensgestaltung aufzubauen. Je mehr Leute wir ausbilden (indem wir sie dazu bringen, sich Informationen anzuschauen und dann bei uns zu Hause zu sitzen und die ganze Geschichte zu hören), desto mehr Geld verdienen wir alle. Und je mehr Leuten wir mit größter Begeisterung anbieten, Partner in einem Geschäft zu werden, das viel Geld und Freizeit bringen wird, desto mehr Leute werden unsere Geschäftsvorstellung besuchen.

Stellen Sie also absolut sicher, dass Sie niemanden auf Ihrer Bekanntenliste auslassen. Und wenn Sie anfangen, sie anzurufen, - allein, keine Dreier-Verbündeten-Anrufe - seien Sie sicher, in einer begeisterten Gemütsverfassung zu sein. Teilen Sie ihnen Ihr Bedürfnis mit, mit ihnen gemeinsam im Geschäft zu sein und konzentrieren Sie Ihre das Interesse weckenden Fragen auf das große Geld, viel Freizeit und eine lebenslange Partnerschaft.

Der Philosoph Maurice Nichol, ein Schüler des als Russe geborenen spirituellen Lehrers Georgei Gurdjieff, sagte immer: „Alle Leute schlafen fest. Und um sie aus ihrer Betäubung aufzuwecken, um ihnen eine neue Idee oder eine neue Art, Dinge zu tun, vorzustellen, müssen Sie ihnen eine Art Bewusstseinsschock verpassen." Das stimmt. Wir haben gelernt, dass die meisten Leute weiter schlafen, bis Sie hohe Einkommenszahlen erwähnen. Das Versprechen von 20.000, 30.000 oder sogar 50.000 Euro im Monat - Einkommensstufen, die von den Topverdienern tatsächlich erreicht werden - ist gewöhnlich Bewusstseinschock genug, um die meisten Leute für Ihre Präsentation aufzurütteln. Wenn dann die Zeit gekommen ist und sie über einen Berufswechsel nachdenken oder fürchten, entlassen zu werden, könnten sie positiv reagieren, sich eine Präsentation auf CD oder Kassette anhören und wirklich zu einem Treffen kommen. Das ist einer der Schlüssel zu effektivem Network Marketing. Viele Leute mögen das Führungspotential für dieses Geschäft haben, offenbaren es Ihnen aber nicht, wenn die Zeit einfach noch nicht reif ist.

Das Knüpfen unerwarteter Freundschaften durch die Bekanntenliste

Manchmal kann sich Ihre Bekanntenliste sogar bis ans andere Ende des Spektrums ausdehnen, einfach dadurch, dass Sie Ihr Geschäft und Ihre Produkte den Leuten innerhalb Ihres Einflussbereichs bekannt machen. Neldia Hudman Ahlquist kam, wie so viele Ex-Ehefrauen, nicht mit der neuen Frau ihres Ex-Mannes, Joyce Hudman, klar. Beide kommen aus Kleinstädten in der Nähe von Houston, Texas. Neldia beschreibt die Situation: „Die Spannung zwischen uns war so stark, dass einmal, als Joyce in der Anwaltskanzlei eines gemeinsamen Freundes arbeitete, sie diesen bat, mich zu veranlassen, nicht in die Kanzlei zu kommen, solange sie da war. Als sie diese Kanzlei verlassen hatte, kaufte einer der Partner für alle Sekretärinnen Geschenk-Päckchen mit meinen Produkten, die ihnen so sehr gefielen, dass sie Joyce davon erzählten. Einmal forderte ich meinen Ex-Mann sogar auf, ihr eins zum Valentinstag zu kaufen. Er lachte und sagte: ‚Sie würde nichts benutzen, was Du verkauft hast', kaufte es aber trotzdem. Nachdem sie benutzt hatte, was er für sie gekauft hatte, rief sie mich zu meiner Überraschung an und fragte, was für andere Produkte wir hätten und ob sie herüber kommen könne. Wir führten eine Hautpflege-Schulung durch und sie ging als meine neue Beraterin.

Jetzt sind wir enge Freundinnen und arbeiten zusammen im Geschäft. Für meine Kinder bedeutet dies eine wunderbare Veränderung. Kürzlich teilten wir uns ein Zimmer bei einer Regionalkonferenz unserer Firma in Dallas. Jeder schaute verwirrt, als ich sie als meine ‚Schwiegerfrau' vorstellte. Um alles noch komischer zu machen, ging ich letzte Woche zu ihr, um auf meinen Sohn zu warten. Da waren noch zwei Frauen - eine war beim Ehemann der anderen angestellt und wollte ihren Sohn abholen.

Auch sie waren durch unser Geschäft zusammen gekommen. Es ist erstaunlich, welche Freundschaften man knüpft, wenn man in diesem Geschäft arbeitet. Man schließt Freundschaften mit Leuten, von denen man es nie für möglich gehalten hätte."

Wie man die Liste am umfassendsten und besten nutzt

Lassen Sie sich von keinem der Sprengköpfe der Bekanntenliste treffen. Gehen Sie auf jeden zu, der auf Ihrer Liste steht und starten Sie mit denjenigen in Ihrer Stadt, die Sie gern als Geschäftspartner hätten. Sprechen Sie Ihre wichtigsten zwanzig oder dreißig Familienmitglieder und Freunde an und laden Sie sie ein, einen Blick auf diese aufregende Geschäftsgelegenheit zu werfen. Wenn möglich, sollte Ihr Sponsor bei den ersten zwei oder drei häuslichen Treffen dabei sein. Am besten präsentieren Sie das Geschäft vor kleinen Gruppen von jeweils drei bis sechs Leuten. Laden Sie doppelt so viele Gäste ein, wie sie gerne hätten - wegen der Ausfälle, die unvermeidlich zu diesem Geschäft gehören. Konzentrieren Sie sich in den ersten neunzig Tagen auf „Beziehungs-Marketing" - das heißt, gehen Sie auf diejenigen zu, die Ihnen am nächsten stehen, um aus der Einladung eine Geschäftspartnerschaft werden zu lassen und die Lebensqualität aller Beteiligten zu verbessern. Im Verlauf Ihres ersten Jahres nutzen Sie fast Ihre gesamte Zeit dazu, den Rest Ihrer Liste aufzuarbeiten, Verabredungen zu treffen und die Geschäftsgelegenheit zu präsentieren. Beachten Sie, wir haben <u>nicht</u> gesagt „Bringen Sie Menschen zu einem Meeting, das andere halten". Es sind *Ihre Interessenten*, *Ihre Verabredungen* und *Ihre Präsentationen.* Gebrauchen Sie Ihre persönliche Namensliste, tun Sie es immer und immer wieder, bis Sie Ihr gewünschtes Ziel erreicht haben. Wenn Sie neue Partner gesponsert haben, schulen Sie sie, Ihre Anstrengungen zu duplizieren: Ihre Produkte und Dienstleistungen zu nutzen und sie mit einem kleinen Kreis von Freunden zu teilen. Dann helfen Sie ihnen, Interessenten zu finden, Verabredungen mit diesen zu treffen und eigene Treffen mit den Leuten ihrer eigenen Namensliste durchzuführen. Wie auch die Präsentation, führen Sie diese Schulung in kleinen Gruppen einmal pro Woche zu Hause durch - wir schlagen Samstag vormittag vor. Sobald Ihre neuen Partner ihre Aufgaben erfüllt haben - Produkte bestellen, ihre Ziele schriftlich fixieren und mit

Denken Sie daran, nach Empfehlungen zu fragen. Wenn Sie sich angewöhnen können, jedes Nein durch nur einen neuen Interessenten zu ersetzen, wird Ihre Namensliste unerschöpflich sein.

dem Erstellen der persönlichen Namensliste beginnen - dann sind sie für ein persönliches Einzel-Training mit Ihnen qualifiziert.

Wenn Sie Ihre Liste bis zur umfassendsten und optimalen Anwendung ausnutzen wollen, lernen Sie, nach Empfehlungen zu fragen. Wenn jemand auf Ihrer Liste Nein sagt, fragen Sie nach Namen von ein oder zwei Kollegen, die an der Gelegenheit interessiert sein könnten. Das Geheimnis des Erfragens von Empfehlungen ist es, gezielt zu fragen. z.B.: „Wen kennen Sie in der Fabrik, der darüber nachdenkt, zu kündigen? Wer ist der dynamischste unter Ihren Arbeitskollegen . . . oder derjenige, zu dem jeder aufschaut?“ Denken Sie daran, nach Empfehlungen zu fragen. Wenn Sie sich angewöhnen können, jedes Nein durch nur einen neuen Interessenten zu ersetzen, wird Ihre Namensliste unerschöpflich sein.

Zusammenfassung

- Eine „persönliche Namensliste“ ist eine Gruppe von Personen aus Ihrer Gegenwart und Vergangenheit, die Sie gut genug kennen, dass sie Sie bei einem Anruf erkennen, sobald sie Ihren Namen hören.

- Im 21. Jahrhundert konzentriert man sich auf den Beziehungsaufbau im persönlichen Markt - im Gegensatz zur Philosophie des „Spaghetti-an-die-Wand-Werfens“ und darauf zu hoffen, dass schon „etwas kleben bleibt”.

- Je mehr Namen Sie auf Ihre Liste schreiben, desto solider werden Sie Ihr Geschäft gründen.

- Sorgen Sie dafür, dass neue Berater lernen, wie man die Denkauslöser nutzt. So helfen Sie ihnen, sich an mindestens 2000 Freunde und Bekannte zu erinnern.

- Denken Sie daran, sich nie auf Argumente und Begründungen neuer Berater einzulassen, warum diese ihren Bekanntenkreis nicht angehen können.

- Wenn Sie zulassen, dass Ihnen Ihre Zweifel beim Aufbau Ihres Geschäfts im Wege stehen, können Sie sicher sein zu scheitern. Wenn Sie aber einfach vorwärts schreiten und durchhalten, werden Sie Erfolg haben.

- Überwinden Sie Ihre Trägheit und bieten Sie Ihre Geschäftsgelegenheit jedem Menschen auf Ihrer Liste diese an, besonders jenen, von denen Sie glauben, sie seien schon zu erfolgreich, um dieses Geschäft in Erwägung zu ziehen.

- Leitende Angestellte und Geschäftsleute neigen dazu, ihr Engagement im Network Marketing nicht offen zuzugeben. Diese Weigerung kann sich jedoch negativ auf ihr Geschäft auswirken, da andere Menschen diese Zweifel und Unsicherheiten spüren werden.

- Wenn Sie Ihren Kollegen am Arbeitsplatz nichts von Ihrem Engagement im Network Marketing sagen dürfen können, zeigen Sie ihnen bei Präsentationen zu Hause, dass Sie von der Branche und vor allem von Ihrer Firma begeistert sind.

- Der Widerwille, Ihren Bekanntenkreis zu kontaktieren, weil Sie bereits in anderen MLM - Firmen waren, kann leicht dadurch überwunden werden, dass Sie Ihren Freunden und Verwandten versichern, Ihre Suche und Analyse habe Sie schließlich zur richtigen Firma geführt.

- Taxieren Sie niemals Ihre Interessenten: Vorab zu entscheiden, dass eine Person zu bedeutend ist, um kontaktiert zu werden, oder eine andere nicht das Zeug zum Erfolg hat, ist wirtschaftlicher Selbstmord.

- Wenn Ihr Hauptberuf und Ihr Network Geschäft einen Interessenkonflikt bilden, so dass Ihre Rekrutierungsaktivitäten behindert werden, können Sie entweder:

    1. Menschen ohne Erwähnung Ihres Firmennamens zu einer Geschäftsvorstellung zu sich nach Hause einladen, oder

    2. jemanden sponsern, der Ihre Kollegen kennt und sie unproblematisch kontaktieren kann.

- Eine Möglichkeit, Ihre Liste nach Dringlichkeit zu ordnen, ist es, „Zielgruppen-Marketing" anzuwenden. Diese Vorgehensweise ist besonders wirksam, wenn Sie mit Ihren Kontaktpartnern eine gemeinsame Grundlage teilen.

- Erweisen Sie Ihren neuen Beratern immer die Höflichkeit, sie mit ihren engsten Freunden und Familienmitgliedern ohne die Gegenwart ihres Sponsors telefonieren zu lassen.

- Dreier-Konferenzen sind nach der Präsentation höchst effektiv - nicht vorher. Alternativ können Sie Ihren Interessenten direkt bei Ihrem Upline-Partner anrufen lassen.

- Benutzen Sie ein Karteikarten-System, um Ihren Interessenten auf der Fährte zu bleiben.

- Rufen Sie alle Leute auf Ihren Interessentenkarten alle sechs Monate an, bis sie sich entweder einschreiben oder sterben.

- Mit der Bekanntenliste zu beginnen ist deshalb am besten, weil das Kontaktieren von Freunden und Verwandten viel leichter ist als das Kontaktieren von Fremden.

- Einstellung ist im Network Marketing viel wichtiger als Fähigkeit.

- Denken Sie während Ihrer Sponseraktivitäten daran, dass Sie eher Lehrer als ein Verkäufer sind.

- Bis zur tatsächlichen Präsentation sollen Sie die Neugier Ihres Interessenten erregen, nicht stillen.

- Wenn Sie Ihre Bekannten mit der Geschäftsgelegenheit vertraut machen, legen Sie mehr Betonung auf das hohe Einkommen und die Freizeit, als auf irgendwelche Einzelheiten über die Firma oder die Produkte.

- Wenn Ihre Interessenten Einwände gegen ein hohes Einkommen und viel Freizeit anbringen, diskutieren Sie nicht mit ihnen. Legen Sie einfach ihre Karte ab und rufen Sie in sechs Monaten wieder an.

- „Ein Mensch, überzeugt gegen seinen Willen, bleibt seiner Meinung doch im Stillen."

- Denken Sie an die W-Regel: Einige wollen, andere wollen nicht, was soll's, weil immer schon ein anderer wartet.

- Konzentrieren Sie sich in den ersten neunzig Tagen auf „Beziehungs-Marketing" - das bedeutet, diejenigen zu kontaktieren, die Ihnen am nächsten stehen. Um aus der Einladung eine Geschäftspartnerschaft entstehen zu lassen, die Ihre Lebensqualität verbessern soll.

- Während Ihres ersten Jahres widmen Sie nahezu Ihre gesamte Zeit dem Gewinnen von Interessenten, indem Sie Verabredungen treffen und die Geschäftsidee präsentieren, bis Sie Ihr angestrebtes Ziel erreichen. Gleichzeitig bringen Sie Ihren Partnern bei, dasselbe zu tun.

- Wenn jemand auf Ihrer Liste 'Nein' sagt, fragen Sie nach den Namen von ein oder zwei Arbeitskollegen, die Interesse an Ihrer Geschäftsgelegenheit haben könnten.

- Wenn Sie lernen, jedes Nein durch nur eine neue Empfehlung zu ersetzen, wird Ihre persönliche Namensliste unerschöpflich sein.

KAPITEL 6

Wie man die Streubombe „Ablenkung" abwehrt

Bleiben Sie inmitten all der Zerstreuungen konzentriert

Das nächste große Hindernis in der Schlacht um den Erfolg sucht wahrscheinlich jeden einzelnen Berater heim, der sich jemals unserer Branche anschließt. Wir nennen es die Streubombe. Wegen der vielen verschiedenen Aufgaben in unserem Geschäft ist es sehr einfach, in diese versteckt Falle zu tappen. Einfach gesagt, besteht die Streubombe in der mentalen Zerstreuung des Beraters, durch die seine geschäftliche Zielrichtung verwischt wird. In Folge dessen benutzt er nicht mehr das System zu, das man ihm beigebracht hat, sondern er beginnt, wie wild jeglichem neuen Network Marketing-System hinterherzulaufen, das gerade des Weges kommt. Die Streubombe taucht häufig im ersten Jahr auf und schickt neue Berater auf die Suche nach irgendwelchen neuen Führungskräften, Firmen, Verkaufshilfen oder Systemen, die es ihnen scheinbar ermöglichen, schneller und leichter zum Erfolg zu kommen.

Diese Zwietracht säende Waffe ist recht trügerisch, da sie als das ultimative neue Werkzeug oder die perfekte Erfolgsstrategie daherkommt. Manchmal ist es ein neues Handbuch oder ein Video, das viele neue Berater für effektiver halten als das gegenwärtig benutzte Arbeitsprogramm - nur weil es neu ist. In anderen Fällen ist es eine neue Führungskraft, die mit einer brandneuen Art, das Geschäft zu betreiben, in die Stadt kommt, und da er mehr Geld verdient als Sie, muss sein System ja besser sein als

Ihres. Wenn Sie stimmungsmäßig wirklich am Boden sind, kann es sogar eine neue Firma mit einem besseren Vergütungsplan sein. Egal, ob die Streubombe die Form einer Person, eines Systems oder einer Firma annimmt, das Allerschlimmste, was Sie in Ihrem ersten Jahr tun können, ist jedes Mal der Versuchung nachzugeben, wenn ein neues System „vorbeikommt".

Dieses Geschäft ist ein Prozess der System-Duplizierung, und deshalb wird jedes Mal, wenn Sie Ihr System ändern, jeder in Ihrer Downline Verwirrung empfinden. Die schlimmsten Schlachten im Network Marketing sind die internen Kämpfe, die sämtlich im ersten Jahr geschlagen werden, und zwar jedes Mal, wenn Sie versucht sind, einen schnelleren, besseren oder leichteren Weg zu finden. Denken Sie daran: Wenn jemand in Ihrer Upline so viel Geld verdient, wie Sie sich von Herzen wünschen, und Sie duplizieren weiterhin genau das System, das ihm oder ihr den Wohlstand gebracht hat, werden auch Sie schließlich dahin kommen . . . aber nicht, wenn Sie ständig das System ändern.

Es gibt viele verschiedene Arten, Network Marketing zu betreiben, und glücklicherweise kann jede gleich lukrativ sein. Es gibt keinen Königsweg zum Erfolg. Aber wenn ein Networker die Richtung verliert, indem er oder sie ständig von System zu System wechselt und damit seine Downline-Partner zwingt, mitzuwechseln, muss er unausweichlich scheitern. In diesem Kapitel wappnen wir Sie, die unvermeidliche Streubombe abzuwehren, indem wir Ihnen die Umwege aufzeigen, die Sie und Ihre neuen Berater vermeiden müssen.

Ständig das System wechseln

Wir haben tolle Erstlinienpartner verloren, von denen viele hätten Legenden in dieser Branche werden können. Warum? Weil sie einfach nicht aufhören konnten, ständig das System zu wechseln. Tatsächlich haben wir in einem Fall sogar die Führungskräfte eines ganzen ausländischen Marktes verloren.

Stellen Sie sich diese Möglichkeit vor: Sie starteten am Eröffnungstag in einem völlig neuen Land mit 1.500 ernsthaften Interessenten, die kamen, um mehr über Ihr Geschäft in Erfahrung zu bringen; Ihre Firma war eine Milliarden-Dollar-Network-Firma, die bereits in zwanzig anderen Ländern Erfolg hatte; und alle neuen Berater, die sich einschrieben, befanden sich innerhalb Ihrer ersten fünf Ebenen. Nehmen Sie weiterhin an, dass Ihre Sponsoren überaus gut bekannt waren, alle Schulungs-Hilfsmittel (Kassetten, Videobänder, Bücher), in der Sprache Ihres Landes besaßen, und sogar einen zweiten Wohnsitz in Ihrem Land zu gründeten, um alle nötige Zeit für Ihre Unterstützung aufzuwenden. Unter solchen Umständen scheint es einfach unmöglich, zu scheitern.

Glauben Sie es oder nicht, das Endergebnis war ein Fehlschlag: Die Hauptführungskräfte gaben das Geschäft innerhalb von achtzehn Monaten auf. Sie scheiterten, weil sie ihren Namen von „Yarnell-Organisation" gegen den einer anderen, unbekannten Gruppe tauschten, allmählich jedes System eliminierten, das wir ihnen beigebracht hatten, und viel Zeit damit verschwendeten, routinemäßig ihr Schulungsmaterial zu ändern - es war die absolute Streubombe. Jedes unserer Systeme war bewiesenermaßen erfolgreich, und jedes der ihren scheiterte blitzschnell. Aber noch immer behaupten sie, dass ihre Organisation nur deshalb zusammenbrach, weil der Vergütungsplan angeblich nicht gut genug war. Und dabei haben wir sie noch auf viele andere Weisen unterstützt, finanzieller und anderer Art, was wir noch nicht einmal erwähnt haben! Die Wahrheit ist, sie und ihre gesamte Downline waren Opfer der Streubombe geworden. Aber offen gesagt müssen wir als ihre Sponsoren einen großen Teil der Verantwortung für ihr Scheitern übernehmen, weil wir jedes Mal, wenn sie das System wechselten - und das war sehr häufig der Fall -, nicht ausreichend protestierten.

Im Gegensatz zu den typischen gegensätzlichen Beschuldigungen die nach einem solchen Zusammenbruch im Geschäftsleben gang und gäbe sind, sind wir mit dieser Beratergruppe ungeachtet des Scheiterns noch immer befreundet. Dieses Experiment war für uns eine wichtige und schmerzliche Lektion, die wir Ihnen weiter geben wollten, damit Sie unseren Fehler vermeiden können. Und dies ist die wichtigste Lektion: Neue Berater müssen buchstäblich dazu gezwungen werden, Ihr System zu duplizieren. Sie müssen gleich zu Anfang lernen, dem System ihres Sponsors zu folgen und nicht davon abzuweichen. Heute sagen wir unseren neuesten Beratern mit klaren Worten, dass sie an dem Tag, an dem sie von unserem System abweichen, unsere Unterstützung verlieren. Das ist eine ernsthafte Angelegenheit für uns. Wir haben folgendes gelernt: Auch wenn Sie sich die besten Vertriebspartner und engagiertesten Leute in einem neu eröffneten fremden Markt einzeln herauspicken, sie mit allem Schulungsmaterial versorgen, Sie ihnen helfen, ihre besten Interessenten zu sponsern, diese am Eröffnungstag im Beisein der Top-Führungskräfte der Firma einschreiben - selbst wenn Sie all dies tun -, wenn diese Leute nicht bereit sind, ein einziges, einfaches System zu duplizieren, das sich bereits bewährt hat, sind sie dazu verurteilt, zu scheitern. Das ist die beängstigende Wirklichkeit der Streubombe.

Geschäft ohne Scheuklappen

Das Bild von der Streubombe bezieht sich auch auf die Unfähigkeit neuer Berater, alle unvermeidlichen Ablenkungen im ersten Jahr zu ignorieren und eine klare Vorstellung davon aufrecht zu erhalten, wohin sie gehen und wie sie dahin kommen werden. Neue Berater werden sehr schnell aus der Spur geworfen durch ein reichhaltiges Büfett von Firmen, Sponser-Systemen, Videos, Handbüchern und zahlreichen anderen bereit stehenden Verkaufssystemen. Neue Berater müssen in ihrem ersten Jahr Scheuklappen tragen. Die beständige Duplikation eines einfachen Erfolgssystems ist die Grundlage, um Verwirrung in der gesamten Downline zu vermeiden. Und diese tritt genau jedes Mal auf, wenn eine Führungskraft „mitten auf dem Weg“ das System wechselt.

Noch schlimmer ist es, wenn sich einige übereifrige „Schnellstarter” gleich ins Sponsern stürzen - ohne irgendwelche Zielsetzungen oder Systeme, auf denen ihre Arbeitsweise basieren kann. Viele neue Networker sind wie der Mann, der eines Nachts seine Schlüssel verloren hat: Eine Nachbarin beobachtet, wie der Mann Stunden damit zubringt, mühsam etwas im Gras zu suchen. Schließlich fragt sie, ob sie helfen kann.

„Wonach suchen Sie?“ fragt sie.

„Ich habe meine Schlüssel verloren,“ antwortet er. Als sie beginnt, mit ihm auf dem Boden herumzukriechen, erkundigt sie sich: „Haben Sie sie in diesem Garten verloren?“

„Nein,“ antwortet er, „aber hier ist das Licht besser.“

Es gibt zahllose Berater, die das Geschäft so betreiben wollen, dass es für sie bequemer ist, besser zu ihrem Selbstbild passt und sie ihre herkömmlichen Arbeitsmethoden beibehalten können. Das „Licht“ mag da besser sein, aber wenn Sie sich zum Ziel gesetzt haben, finanzielle Sicherheit und persönliche Freiheit zu erreichen, müssen Sie schon auf Ihre Bequemlichkeit verzichten und da arbeiten, wo das Licht nicht so gut und das Ambiente nicht so elegant ist. Das gute Leben kommt früh genug, wenn Sie im ersten Jahr den Preis dafür bezahlen.

Nachdem sie sich vielen Herausforderungen in ihrem Leben gegenüber gesehen hatte, lernte Pia Dietzen aus El Dorado, Arkansas, diese Lektion mehrere Male, bevor sie sich in die Welt des Network Marketing begab. Sie verließ Dänemark in Richtung Amerika und erwarb fünf Monate nach ihrer Ankunft ihre Makler-Lizenz; kurz danach wurde sie Vollzeit-Studentin und betrieb „nebenbei“ noch einen Vollzeitjob - alles während ihrer Schwangerschaft. Sie ging innerhalb weniger Wochen wieder zur Arbeit, nachdem sie ihr Baby durch einen Kaiserschnitt zur Welt gebracht hatte; während all dessen schaffte sie es noch, ihren Schwarzgurt zu erwerben. „Was lässt mich während all dieser hässlichen Tage weiter machen, wenn nichts zu klappen scheint?“ fragt sie. „Ich glaube, in uns allen wirkt eine treibende Kraft, die uns weiter hilft, solange wir unsere Ziele im Auge behalten. Ich bringe meinen Beratern bei, nicht aufzugeben, egal, was passiert. Ich sage jedem Berater: ‘Je länger du dabei bleibst und weiter mit den Leuten redest, desto näher kommst du Deinem Ziel. Verlier nie das Licht am Ende des Tunnels aus dem Auge.‘“

Dr. Joe Rubino und Dr. Tom Ventullo aus Andover, Massachusetts, waren zehn Jahre lang Zahnärzte, bevor sie Network Marketing kennen lernten. Obwohl sie eine sehr erfolgreiche Zahnarztpraxis aufgebaut hatten, war ihnen sämtliche Begeisterung für Zahnmedizin abhanden gekommen. Das Feuer war erloschen, aber Zahnmedizin war alles, was sie beherrschten. Das Konzept des Network Marketing erschien ihnen anfänglich anziehend, aber beide waren schüchtern und introvertiert. Um ein erfolgreiches Geschäft aufzubauen, hätten sie aus ihrer Zurückgezogenheit herauskommen und lernen müssen, mit anderen Menschen zu

Wie Norman Cousins schrieb:
„Die wahre Tragödie des Lebens ist nicht der Tod, sondern das, was in uns stirbt, während wir noch am Leben sind."

reden. Natürlich kamen ihnen all die üblichen Bedenken: Was würden die Leute denken? Wie kämen sie ihren Verwandten vor?

Auf Grund ihrer selbst errichteten Begrenzungen fühlten sie sich gefangen und richtungslos. Was konnte zwei Introvertierte zu Spitzen-Networkern werden lassen? In einem Geschäft, in dem sich üblicherweise Extrovertierte hervor tun? Schließlich hatten sie bisher ihr Leben in Bescheidenheit geführt, auf Sicherheit gespielt und sich darauf konzentriert, Risiken zu vermeiden.

Obwohl sie diese Philosophie vor den Gefahren des Lebens schützte, kostete sie doch auch einen enormen Preis. Ihre Vorgehensweise, „das Spiel nicht zu verlieren" statt „zu gewinnen", laugte sie von innen her aus. Die Widrigkeit, die sie, wie so viele andere Menschen, die in stiller Resignation leben, zu überwinden hatten, war es, eine Weltangst zu besiegen, die langsam, aber sicher ihren Lebensmut aufzehrte. Wie Norman Cousins schrieb: „Die wahre Tragödie des Lebens ist nicht der Tod, sondern das, was in uns stirbt, während wir noch am Leben sind."

Sobald Joe und Tom sich bewusst wurden, wie ernst zu nehmend ihre Resignation war und was diese sie in Bezug auf Gesundheit, Glück und Beziehungen kostete, fällten sie die bewusste Entscheidung, aufs Ganze zu gehen. Sie mussten einen zwingenden Grund finden, das Unbequeme zu tun. Und gleichzeitig ihr Selbstvertrauen bezüglich dessen, wer sie waren und was sie zu bieten hatten, zu stärken Ein Teil ihrer Vision war und ist es, Menschen, die in Resignation leben, die unbegrenzten Veränderungsmöglichkeiten in ihrem Leben anzubieten, wenn diese sich einfach dafür entschieden, sich ihnen zu öffnen. Mit der Unterstützung ihres Network Marketing-Teams und verschiedenen persönlichen Trainern entschieden sie sich, einen Aktionsplan durchzuführen und den Erfolg einfach vorauszusetzen. Äußerlich änderte sich nichts. Die wahre Veränderung geschah in ihrer Geisteshaltung.

Nach sechs anstrengenden Jahren im Network Marketing zogen sich Dr. Joe und Dr. Tom völlig von der Zahnmedizin zurück. Mit einem Einkommen, das um vieles höher war als der Ertrag ihrer Zahnarztpraxis. Sie sprechen und schreiben weltweit darüber, wie man im Network Marketing erfolgreich wird. Im Dezember 1995 sah man Joe auf dem Titel des Magazins *Success*, das ihn in seiner Titelgeschichte „Wie Network Marketing in halsbrecherischer Geschwindigkeit Vermögen aufbaut" als den „Millionärsmacher" bezeichnete. Die beiden sind lebende Beweise, dass wir alle uns die lebensverändernde Kraft dieser Branche zu Nutze machen können, um in unserem eigenen Leben Veränderungen herbeizuführen und dabei auch das Leben zahlloser anderer zu bereichern.

Karen Johnson, frühere Gewinnerin eines rosa Cadillac bei Mary Kay und eine der überzeugendsten Rednerinnen unserer Branche, schloss sich gemeinsam mit ihrem Mann Bill Curtain einer neuen Network Marketing-Firma an. Sie blickte in ihrer Upline auf Vorbilder wie Charlie Miller, Jay Primm und Marc Barnett, die allesamt in ihrer Firma die höchste Ebene in Rekordzeit erreicht hatten. Sie war überzeugt: Wenn diese es geschafft hatten, könnte sie es auch. Sie gab also ihren Job auf, Bill verkaufte das Geschäft und sie schrieben sich ein. In Minimalzeit erreichten sie im Januar 1991 die Führungsebene, im selben Monat, als der Golfkrieg ausbrach. Leider hingen die vier Führungskräfte, die für ihre Qualifikation nötig gewesen waren, am Fernsehapparat und verschlangen die Nachrichten, anstatt im Geschäft zu arbeiten, und innerhalb von sechzig Tagen hatten alle vier ihre Zielvorstellungen eingebüßt und gaben auf.

Karen erläutert: „Sieben Monate später stiegen Bill und ich wieder auf und hatten vier neue Führungskräfte in der Qualifikation. Nur um dann Barbara Walters in *Nightline* zu sehen, die über unsere Firma mit der infamen Frage berichtete: „Ist es ein *Traum* oder ein *betrügischer Plan?*" Diese Fernsehsendung löste die intensivste Medien- und Untersuchungskampagne aus, der sich jemals eine Network Marketing-Firma ausgesetzt sah. Als unsere Firma in den nächsten zehn Monaten rücksichtslos von den Medien angegriffen wurde, gaben alle vier qualifizierenden Führungskräfte die Hoffnung auf. Obwohl unsere Firma nach der Untersuchung entlastet wurde, verloren wir drei weitere Führungskräfte, die sich in der Qualifikation befanden. Unsere Firma in den Medien und gegenüber den

Ihre Ziele zu erreichen ist ein Prozess, sich an eine neue und bessere Wirklichkeit zu gewöhnen - eine Wirklichkeit, in der Sie sich selbst tatsächlich sehen können.

Untersuchungsinstanzen zu verteidigen, forderte einen hohen Tribut. Nach all dieser Arbeit hatten wir schließlich elf Führungskräfte verloren. Unsere Familien bettelten darum, dass wir wieder ins „normale“ Geschäftsleben zurückkehren sollten. Wir konnten einfach nicht. Wir hatten einen Traum.

Im Juni 1992 wurden wir einer neuen Herausforderung gegenüber gestellt: Unsere Firma weitete die Produktpalette aus, und plötzlich mussten wir - die anerkannten Kosmetikfachleute - alles über Antioxidantien, Mineralien und Stoffwechsel-Beeinflussung erlernen. Aber wir schafften es, und im August 1993 entstand unsere erste flügge gewordene Führungskraft in unserer Organisation. Nach drei weiteren Jahren harter Arbeit erreichten wir schließlich im September 1996 die oberste Ebene in unserer Firma.“ Karen denkt an ihre Tage bei Mary Kay zurück, wo sie oft folgenden Satz hörte „Je größer das individuelle Erfolgspotenzial ist, desto größer sind die Widrigkeiten, denen sich der Einzelne ausgesetzt sieht. Gold wird durch Feuer geläutert - wie können wir nach etwas so Großem wie einer Führungsposition streben, wenn unsere Einsatzbereitschaft nie auf die Probe gestellt wird?“ Karen und Bill, die die Herausforderung erfolgreich angenommen haben, leben jetzt in Redondo Beach in Kalifornien, befreit davon, ein herkömmliches Geschäft führen zu müssen. Gefragt, wie sie dabeibleiben konnte, als alle um sie herum aufgaben, sagte Karen: „Es ist unerlässlich, das Ziel deutlich im Auge zu behalten, besonders schon, bevor die Reise beginnt.”

Erfolg war für Dr. Joe und Dr. Tom, Pia oder Karen und Bill untrennbar mit ihrem unverzagten Zielbewusstsein verbunden. Alle waren sie aufgrund ihrer Fähigkeit erfolgreich, weil sie jede Ablenkung um sich herum ausschließen konnten. Gleichzeitig hielten sie mit einer klaren Vorstellung den Kurs, wohin sie gehen und wie sie dorthin gelangen würden. Ihre Ziele zu erreichen ist ein Prozess, sich an eine neue und bessere Wirklichkeit zu gewöhnen - eine Wirklichkeit, in der Sie sich selbst tatsächlich sehen können. Und so bleiben Sie auf das Endergebnis konzentriert: 1.) Bewahren Sie sich Ihren Glauben, dass es möglich ist, 2.) blocken Sie negative Einflüsse ab und 3.) machen Sie sich keine Sorgen, *wie* es ablaufen wird.

Mitten im Fluss das System wechseln

Eines der ersten Zeichen der Streubombe wird höchstwahrscheinlich die Versuchung sein, das Sponsersystem zu ändern, das man Ihnen beigebracht hat. Ihr Sponsor erzählt Ihnen vielleicht, von wie wichtig ist, die Namensliste zu bearbeiten. Und während Sie zustimmend nicken, denken Sie in Wirklichkeit: „Ich kann meinen Freunden und Verwandten nicht mit einer derart unerhörten Idee kommen." Also ändern Sie Ihre Vorgehensweise: Sie meiden Ihre besten Interessenten oder erwähnen eine kleinere Einkommenssumme oder überhaupt keine, und machen lieber Werbung für Ihre Produkte. Auch wenn Ihnen Ihr Sponsor erklärt hat, dass Sie das Argument des großen Geldes und der Freizeit nutzen müssen, in Ihrem Herzen wissen Sie, dass Ihre Freunde und Verwandten einfach kein Verhältnis zu solchen Summen haben.

Da Sie ja versprochen hatten, sein System anzuwenden, diskutieren Sie nicht mit Ihrem Sponsor. Aber Sie glauben selbst zu wissen, was am besten ist. Und raten Sie mal! Wenn Sie so denken, werden alle Ihre neuen Geschäftspartner auch so denken. Wir wissen nicht, was unsere Branche so leicht erscheinen lässt, aber alle, die sich eingeschrieben haben, fangen sofort an zu glauben, dass sie mehr wissen als ihr Sponsor, oder davon sogar mehr verstehen als jeder andere, der je in dieser Branche tätig war. Je größer ihre angeborenenen Führungsqualitäten sind, desto wahrscheinlicher wollen sie das Rad neu erfinden.

Um neue Berater davon abzuhalten, die Herangehensweise zu ändern, muss man deren Vorstellungen schon während der Schulung voraussehen. Neue Berater verstehen vielleicht nicht, was es heißt, ihr Geschäft mit Beziehungs-Marketing zu beginnen. Oder hohe Einkommenszahlen zu erwähnen, um einen Bewusstseinsschock zu bewirken. Zeigen Sie ihnen also, wie leicht es ist, abgelenkt zu werden. Sagen Sie ihnen direkt ins Gesicht: „Sie werden jetzt in Versuchung geraten, die Nutzung Ihrer am leichtesten zu erreichenden Kontakte zu verschieben oder die Zahlen zu ändern, weil es Ihnen unangenehm ist, über so viel Geld mit Ihren Freunden zu diskutieren. Tun Sie es trotzdem. Es ist wichtig, dass Sie genau die Vorgehensweise benutzen, die wir Ihnen beibringen.“

Sorgen Sie dafür, dass neuen Beratern folgendes klar ist: Network Marketing beginnt mit Beziehungen und erfordert zahlreiche Kontakte sowie hartnäckiges Nachfassen. Ein anderer Teil der Vorgehensweise, den zu ändern sie sich gezwungen sehen werden, ist es, jegliche Zahlen, die Sie ihnen in der Schulung genannt haben, herabzusetzen. Wenn Sie vorschlagen, sie müssten persönlich im Laufe der Zeit mindestens 100 Leute sponsern, entscheiden sie oftmals, dass fünfzig neue Erstlinien-Mitglieder genug sind. Wenn Sie raten, dass Vollzeit-Berater jede Woche mindestens 100 Interessenten angehen müssen, wenn sie am kalten Markt arbeiten wollen, entscheiden diese oft, dass dreißig oder vierzig mehr als genug sind. Wenn Sie vorschlagen, 2000 Leute auf ihre persönliche Namensliste zu bringen, werden diese - normalerweise ohne es Ihnen zu sagen - denken, Sie seien nicht ganz bei Trost. Solche Veränderungen Ihres Systems, von denen neue Berater überzeugt sind, dass sie ihrem Erfolg nicht schaden, sind der erste Bestandteil der Streubombe. Bedenken Sie, dass Sie jedes Mal, wenn Sie neuen Mitgliedern eine Lektion Ihres Systems beibringen, absolut deutlich betonen, dass jede Abweichung von Ihrem System im Scheitern enden kann.

Die bloße Tatsache, Ihre neuen Mitarbeiter während eines amüsanten, entspannten Schulungs-Treffens vor den Herausforderungen des ersten Jahres zu warnen, wird Ihnen später helfen. Nämlich dann, wenn Sie sie konstruktiv kritisieren müssen, weil sie rebellisch oder unkonzentriert geworden sind. Wenn Sie natürlich keine Zeit damit verschwenden wollen, über all diese Dinge zu reden und kein System haben, das ein Upline-Partner erstellt hat, der viel Geld verdient, geben Sie einfach allen neuen Beratern dieses Buch, wenn sie sich eingeschrieben haben. Denken Sie aber daran, der beste Rat kommt immer von den Führungskräften der Upline, weil sich diese schon in Ihrer eigenen Firma bewiesen haben.

Die Verlockung anderer Geschäfte

Einige Veränderungen werden von außerhalb Ihrer Einflusssphäre kommen und jenseits Ihrer Kontrolle zu sein scheinen. Wir wollen, dass Sie gegen alle Ablenkungen und Herausforderungen gewappnet sind, die Ihrer Downline drohen. Etwas erstaunlich Wahres über MLM ist, dass man Sie kaum noch wegzulocken versucht, wenn Sie sich einmal in einer Firma einen Namen gemacht haben. Im ersten Jahr aber, in dem Sie Berater werden, kommt die Konkurrenz aus dem Unterholz und bittet Sie, die Firma zu wechseln. Erfolg und Beharrlichkeit wird Ihnen Respekt einbringen, während Sie Ihr Status als Neuling verwundbar macht.

Mark berichtet davon, wie er das allererste Mal einem erfolgreichen Upline-Berater gegenüberstand. „Da stand ich, begeistert darüber, endlich dem Namen eines Typen, den ich wegen seines Einkommens und Lebensstils bereits geachtet hatte, endlich ein Gesicht zuordnen zu können. Er lebte in einer anderen Stadt, und als er anrief und fragte, ob er mir irgendwie helfen könnte, fragte ich ihn, ob es für ihn in Frage käme, irgendwann die 150 Meilen in meine Stadt zu fahren, mit meinen Top-Beratern zusammenzukommen und für sie eine Schulung über das Geschäft zu halten. Ich war verblüfft über seine sofortige Entscheidung, meine Einladung anzunehmen. Er sagte mir, ich solle jeden auf ein Fortgeschrittenen-Training vorbereiten und dass er in einer Woche da wäre. Ich war in Hochstimmung. Ich lud nur fünfundzwanzig meiner besten Berater zu mir nach Hause zum Training mit unserem Upline-Helden ein. Obwohl mein eigentlicher Mentor Richard Kall war, wohnte diese Führungskraft näher und war nur drei Ebenen über mir in der Firma. Angeblich verdiente er über 15.000 Euro monatlich, also schätzte ich, dass meine Leute in guten Händen wären.

„Ich erinnere mich, als ob es gestern gewesen wäre. Wir hatten ein echtes Texas-Grillfest - große gegrillte Spareribs und all die tollen Beilagen. Während die anderen aßen, war ich erfreut, dass mein großer Upline-Held mit mir in ein ruhiges Zimmer kommen wollte, um mit mir das bevorstehende Meeting zu besprechen. Ich nahm ihn mit nach oben in mein Büro und wir setzten uns in zwei gegenüber stehende Sessel. Bevor ich den Mund aufmachen konnte, sagte mein eigenwilliger Upliner: ‚Mark, mach' dich heute auf eine schlaflose Nacht gefasst! Ich habe die ultimative Verdienstmöglichkeit mit dieser Firma namens ‚USA-Vitamins' gefunden. Wenn Du glaubst, unsere Firma habe einen guten Vergütungsplan, hör' Dir das an . . .

Ich war völlig schockiert. Die erste große Streubombe in meinem ersten MLM-Jahr war gerade explodiert. Und sie würde ganz sicher alle vom Kurs abbringen, weil Doug dabei war, sich an meine 25 besten Berater zu wenden. Ich musste ganz schnell nachdenken, weil ich keine Szene machen wollte und nur eine halbe Stunde hatte, um eine Strategie vorzubereiten. Während er sprach, zermarterte ich mir das Gehirn, um etwas zu erfinden, was ich tun könnte. Schließlich dachte ich an ein weiteres Treffen: „Schau, Doug, damit hast Du mich kalt erwischt, und wir können meiner Frau nicht sagen, das Du mir dies gezeigt hast, ohne dass sie dabei war - wenn wir nicht wollen, dass sie beleidigt ist."

Doug sagte: „Ich verstehe, meine Frau ist genau . . ." Ich unterbrach ihn mit meiner Abschlussbemerkung:
„Schau, nehmen wir einfach an, Du hättest gar nichts gesagt. Ich möchte, dass meine Frau dieses tolle Geschäft sieht, und das letzte, was wir wollen ist, dass Du irgend etwas zu einem dieser Berater sagst. Meine Frau und ich müssen in Deinem Team sein, wenn Du sie ins Visier nimmst, Du weißt, was ich meine?"

Doug nickte zustimmend und wurde extrem herzlich. Er war sicher, uns zu gewinnen. Er versprach, nicht ein einziges Wort zu sagen, bis wir drei später am Abend allein sein würden. Das Meeting lief reibungslos und keiner hatte eine Ahnung, dass unser großer Mentor bereits in einem anderen Geschäft zugange war. Natürlich habe ich es ihm, als alle gegangen waren, aus allen Läufen gegeben und besonders betont, was für ein Narr er sei, im ersten Jahr von der Fahne zu gehen. Wir trennten uns als Feinde, weil er es so wollte. Aber er ruft noch immer ab und zu an, um von seinem neuesten MLM-Unternehmen zu erzählen und zu erklären, warum ich dabei mitmachen sollte. Seitdem war er in einem halben Dutzend Firmen. Stellen Sie sich vor, was er denken würde, wenn ihm klar würde, dass er über 100.000 Euro monatlich für den Rest seines Lebens allein aus unserer Arbeit verdient hätte, wenn er geblieben wäre und weitergearbeitet hätte."

Berater, die über viele Jahre bei einer Firma geblieben sind und in jedem dieser Jahre neue Linien aufgebaut haben, sind jetzt äußerst wohlhabend.

Wir haben ein Sprichwort, das wir jedem neuen Berater nahe legen: „Das Gras ist anderswo immer grüner - bis es Zeit zum Mähen ist." Wir garantieren Ihnen, dass, so sicher morgen die Sonne im Osten aufgeht, Ihre neuen Mitglieder in ihrem ersten Jahr von anderen MLM-Firmen hofiert werden. Es ist eine absolute Tatsache und muss im Schulungsprozess aller neuen Berater angesprochen werden. Es wäre gut, wenn alle neuen Berater immer in Erinnerung behielten, dass die Weitergabe von Wissen in unserem Geschäft besser funktioniert als anderswo. Bringen Sie Ihren Führungskräften bei, was immer Sie wollen, und wenn es klappt, wird es jeder in Ihrer Organisation schnellstens lernen. Diejenigen unter uns, die schon viele Jahre in dieser Branche tätig sind, haben ein einfaches Erfolgsprinzip gelernt: *Beharrlichkeit*. Berater, die über viele Jahre bei einer Firma geblieben sind und in jedem dieser Jahre neue Linien aufgebaut haben, sind jetzt sehr wohlhabend. Diejenigen, die glauben, das Gras sei anderswo grüner, werden bald lernen, dass wahrer, dauerhafter Wohlstand nur durch langfristiges Engagement in <u>einer</u> Firma zu erreichen ist.

Wir kennen all die Argumente jener Berater, die ernsthaft glauben, dass man, um im MLM Erfolg zu haben, zwei oder mehr Firmen angehören müsse. Aber die Provisionslisten der Firmen zeigen, wie die Dinge wirklich liegen. Wir haben noch keinen Menschen getroffen, der erfolgreich mehr als eine Downline zur selben Zeit aufgebaut hat. Und wir haben im Laufe der Jahre Hunderte von Leuten getroffen, die auf das Zwei-Firmen-System schwören. Aber hören Sie jetzt genau zu: ES FUNKTIONIERT NICHT! Es bedarf all der Konzentration und Anstrengung, zu der Sie fähig sind, um die Top-Vergütungsposition einer einzigen soliden Network Marketing-Firma zu erreichen. Seien Sie sicher, mehrere Ihrer Berater werden von anderen Programmen in Versuchung geführt werden, und einige werden tatsächlich versuchen zu beweisen, dass wir Unrecht haben. Bis ihnen das jedoch gelingt, müssen wir immer wieder die Fakten betonen: Bis jetzt hat es noch keiner geschafft!

Einige Leute werden sich für eine Vorgehensweise entscheiden, die wir ‚auf den Start lauern' nennen. Das heißt, sie werden von Firma zu Firma springen - im vollen Bewusstsein, dass diese Firmen nicht langfristig im Geschäft bleiben werden. Aber sie springen vom Gold-Geschäft zum Offshore-Geschäft, in der Hoffnung, etwas schnelles Geld aus den frühen Stadien der Firmenentwicklung mitzunehmen. Es stört sie nicht, dass es sich um Schneeballsysteme handelt. Es macht ihnen nichts aus, dass die Firma wahrscheinlich jede Minute eingehen wird. Alles, was zählt ist, dass sie nebenbei ein bisschen schnelles Geld zu machen. Vorsicht mit solchen Schurken - sie sind die Typen, die den Ruf unserer Branche verderben.

In der klassischen Unternehmenswelt gibt es so genannte „Headhunter-Agenturen", um leitende Angestellte zu suchen. Wenn Sie ein Arzt sind, der seine Privatpraxis satt hat und nach einer Partnerschaft mit Fachärzten oder einer Chefarztstelle in einem Krankenhaus Ausschau hält, müssen Sie lediglich die Nummer einer solchen Agentur mit dem Spezialgebiet „Medizin" finden. Es gibt Dutzende davon. Wenn IBM einen Spezialisten für die Position eines technischen Ingenieurs braucht, schalten sie nicht nur Anzeigen, sondern rufen häufig auch die passende Agentur.

Das ist unsere Meinung: In einer freien Gesellschaft wollen sich die Leute immer verbessern. Firmenvorstände fühlen sich nicht besonders verletzt, wenn ‚Kopfjäger'-Agenturen ihr oberes Management abwerben. Es passiert halt - so ist das Leben. Doch wenn eine Ihrer Führungskräfte nach anderen Network Marketing-Firmen Ausschau hält, oder, schlimmer noch, tatsächlich zu einer Präsentation geht, mein Gott, dann denken Sie gleich, der Himmel stürzt ein. Gerüchte beginnen mit Lichtgeschwindigkeit umherzuschwirren. Upline-Partner werden umgehend benachrichtigt, und ein komplettes "Such- und Rettungs-Programm" wird von jedem beteiligten Sponsor gestartet, der sich innerhalb der Verdienstebenen befindet, um den armen Narren vom Überlaufen abzuhalten. Alle denken, wenn die Firma diese Führungskraft verliert, seien sie ruiniert und damit seien auch die Begeisterung und Schwung der gesamten Organisation vernichtet. Quatsch!

In Wahrheit werden wohl alle neuen Berater in Versuchung geführt werden, die Firma zu wechseln, und das mehrere Male in ihrer Laufbahn. Denken Sie an die W-Regel: „Einige <u>w</u>erden, einige <u>w</u>erden nicht, <u>w</u>as soll's, weil immer irgendwo ein anderer wartet." Wir sind alle erwachsene Menschen, und wir wollen gewiss nicht diejenigen zurückhalten, die sich in unserer Firma dahinschleppen, nicht vorwärts kommen und unsere Zeit verschwenden, wenn sie vielleicht in einer anderen Firma glücklicher wären. Wir sagen: „Geht mit Gott, und viel Glück!" Aber lange, bevor sie überhaupt eine Konkurrenzfirma kennen lernen, stellen wir sicher, dass sie auf diese Möglichkeit vorbereitet waren. Dadurch ist ihnen klar, dass sie ihren Ruf mit jedem Neubeginn etwas mehr schädigen und sich ein weiteres Mal ein Stück von ihrem Wohlstand entfernen. Falls Sie sich nicht gerade einen echten Blindgänger von MLM-Firma aussuchen, ist es in praktisch jedem Unternehmen möglich, voranzukommen.

Der Schlüssel zum Erfolg ist, nicht weiter von Gelegenheit zu Gelegenheit zu springen, sondern bei einer zu bleiben. Peter Hirsch hat der hektischen Suche der Leute, die auf der Suche nach dem schnellen 10.000-Euro-Kick von Firma zu Firma wechseln, den Namen „Kokain-Mentalität" gegeben. Er hingegen empfiehlt den sichereren, ungefährlicheren Weg, die „Karottensaft-Mentalität". Deren Anwender haben erkannt, dass ein langfristiges, passives Einkommen nur aus dem konstanten Aufbau einer gesunden Organisation entsteht. Im MLM gilt - wie im sonstigen Leben: Wir ernten, was wir säen.

Verwirrung durch andere Führungskräfte

Die Versuchung, den Lehren so genannter ‚Experten' zu folgen oder sich bei anderen MLM-Firmen zu engagieren, könnte man noch als natürlichen Teil des Geschäfts ansehen. Aber was hat es mit den Streubomben auf sich, die von Führungskräften in unserer eigenen Firma abgeworfen werden? Wie gefährlich sind solche Ablenkungen? Extrem gefährlich. Tatsächlich veranlasst dieses Problem Berater - besonders in ihrem ersten Jahr - zerstreut und ineffizient zu werden, und diese Herausforderung ist am schwierigsten zu bekämpfen. Wenn man seinen Partnern diese Tatsache nicht umfassend erklärt, kann man leicht zum Ziel von Spott und Verachtung anderer Führungskräfte in der eigenen Firma werden.

Noch öfter wird die Streubombe von Pseudo-Führungskräften gezündet, die niemals zuvor eine erfolgreiche Downline aufgebaut haben mögen, aber aufgrund der früheren Erfahrung zu wissen glauben, was sie tun. Es besteht ein erheblicher Unterschied zwischen einer Erfahrung von zehn Jahren und zehn einjähriger Erfahrungen. Deshalb ermuntern wir unsere Berater immer, vorrangig Menschen ohne vorherige MLM-Erfahrung zu sponsern, weil Menschen ohne „Altlasten" so viel leichter zu schulen sind. Gerade die „MLM-Junkies" - Leute, die immer wieder von Firma zu Firma gesprungen sind - spielen oft den „Alleswisser". Diese Menschen können Ihren neuen Beratern die größten Probleme bereiten.

Schauen wir uns einmal die Verwirrung an, die eine Zündung der Streubombe durch fremde Führungskräfte verursachen kann. Nehmen wir an, Sie sind in Ihrem ersten MLM-Jahr und haben außerordentlich gute Arbeit beim Aufbau Ihrer Organisation geleistet. Sie haben insgesamt 850 Leute und verdienen etwa 3000 € im Monat. Ihre Gruppen wachsen exponentiell, und alle Partner folgen Ihren Schulungsvorgaben. Dann fangen Ihre Leute an, aufgeregt darüber zu reden, dass die Führungskraft einer anderen Gruppe des Unternehmens zur Schulung seiner Leute in die Stadt kommt. Und, da es ein offenes Meeting ist, sei jeder in der Stadt eingeladen. Leider können Sie diesen Strom der Begeisterung nicht eindämmen, wenn Sie es vorher versäumt haben, die dahinter liegende Gefahr mit Ihren Leuten zu besprechen. Außerdem wollen Sie natürlich auch nicht eifersüchtig oder zu fürsorglich erscheinen.

Darüber hinaus ist es erst Ihr sechster Monat im Geschäft, daher war keine Ihrer stärksten Führungskräfte bisher lange genug dabei, um schon richtig Geld verdient zu haben. Also sind sie zum jetzigen Zeitpunkt ihrer Laufbahn für jedes neue Konzept extrem anfällig, das sie dem Wohlstand etwas schneller und leichter nahe zu bringen scheint. Das Meeting findet statt und Sie sitzen da und erschauern, als der Sprecher ein brandneues Interessenten-Gewinnungssystem vorstellt, das sich angeblich als sehr erfolgreich erwiesen hat. Sie stellen fest, dass sich Ihre Leute reichlich Notizen machen. Es handelt sich hier um dasselbe System, das Ihnen Ihre Upline-Partner schon als wenig wirkungslos geschildert haben. Tatsächlich hatten Ihre Kollegen es vor Jahren selbst ausprobiert und herausgefunden, dass es nicht leicht zu duplizieren war. Seien Sie auf folgende

Situation vorbereitet: Üblicherweise wird die Hälfte Ihrer Führungskräfte hinausstürmen und mit diesem aufregenden neuen System beginnen - nur um dann herauszufinden, dass es in sechs Monaten verpuffen wird. In der Zwischenzeit wird es aber Ihre Führungskräfte ausreichend ablenken, um ihnen völlig den Schwung zu nehmen. Wie um alles in der Welt halten Sie diese Art von ‚interner' Streubombe auf?

Ein von uns überaus geschätzter Psychiater sagte einmal: „Neunzig Prozent der Lösung eines jeden Problems bestehen darin, das Problem erst einmal wahrzunehmen." Nochmals: Wenn Sie Ihre Leute gleich in der Anfangsphase effektiv schulen, haben Sie sich dieses Problems bereits angenommen, ja es vielleicht sogar erledigt. Und so schaffen Sie es: Während Ihrer Schulungstreffen mit neuen Beratern sollten Sie folgendes erklären:

„Als Ihre Mentoren betrachten wir es als unsere Aufgabe, Ihnen zu helfen, Millionen von Euro zu verdienen und so schnell wie möglich wieder vollständig Herr über Ihre Zeit zu werden. Und zwei Dinge können wir Ihnen versichern: 1.) Wir werden Ihnen niemals Informationen über Systeme vorenthalten, die funktionieren, und 2.) Wir werden Ihnen nie erlauben, die Fehler zu begehen, die Sie - wie uns die Erfahrung gelehrt hat - scheitern lassen können. Können Sie unsere Motive verstehen? Wir wollen erleben, dass Sie Erfolg haben. Als Ihre Mentoren bestehen wir darauf, dass Sie mit einer wichtigen Bedingung einverstanden sind, denn wir können Ihnen nicht helfen, wenn Sie dieser nicht zustimmen. Einverstanden? (Achten Sie an dieser Stelle auf Zustimmung!) Sie müssen bereit sein, uns hier und jetzt zu versprechen, dass Sie niemals, unter keinen Umständen, zu anderen Systemen übergehen, nur weil eine Führungskraft in der Stadt dafür geworben hat. Gleichfalls sollten Sie Ihrer Downline keine Bücher und Arbeitsmaterialien empfehlen, wenn Sie diese nicht mit uns abgestimmt haben. Dies gilt, bis wir Sie auf ein Monatseinkommen von 15.000 € gebracht haben. Danach können Sie machen, was Sie wollen. Ist das ein faires Angebot? (Und achten Sie wieder darauf, dass Sie an diesem Punkt Zustimmung erhalten). Wir können es uns nicht leisten, dass Sie zerstreut und unkonzentriert sind oder Ihrer Downline neue Konzepte beibringen oder sonst etwas Kontraproduktives tun! Wir möchten Ihnen vorschlagen, sich wirklich mit uns abzustimmen, bevor Sie in Ihrem ersten Jahr an irgendeinem großen Treffen teilnehmen. Vorschlag angenommen?"

Indem Sie die Aufmerksamkeit neuer Berater auf diese unausweichliche Falle lenken, haben Sie schon eine Menge getan, um dieser zuvorzukommen. Viel wichtiger, Sie bitten vorab um ihre Genehmigung, diese Ermahnung jedesmal wiederholen zu dürfen, wenn eine neue Führungskraft in die Stadt kommt, um Verkaufshilfen feilzubieten. Und wenn Sie es eine Woche, bevor die Führungskraft in der Stadt ankommt, per Voice Mail Ihrer gesamten Downline mitteilen, wird sie Ihre Warnung nicht als mangelnde Geradlinigkeit oder als Ausdruck von Eifersucht betrachten. Wenn Sie bei der Schulung das Thema nicht anschneiden und nicht all Ihren Leuten beibringen, dasselbe mit ihren gesamten Erstlinien jedesmal zu tun, wenn eine neue Führungskraft in Ihre Stadt kommt, können Ihre Leute in ihren Anstrengungen um Monate zurückgeworfen werden. Sie sehen, es muss nicht notwendigerweise so sein, dass das neue System nicht funktioniert. Das Problem liegt darin, dass jedes Mal, wenn Sie Ihrer gesamten Downline ein neues System vorstellen, jeder wieder komplett beim Punkt Null beginnt. Und wir wissen alle, dass es monatelanger Anstrengungen bedarf, um irgendeine neue Marketing-Strategie zu beherrschen.

Der ahnungslose Mentor

Den nächsten Faktor, der neue Berater dazu verleitet, sich zu verzetteln, nennen wir den „ahnungslosen Mentor" - jemand, der dieses Geschäft nicht wirklich verstanden hat, jedoch ein Mentor sein will. Sagen wir, eines Tages ruft Sie eine neue Beraterin aus der zweiten Ebene an, um sich vorzustellen, und dabei rutscht ihr aus Versehen heraus, dass ihr Sponsor (Ihre Erstlinie) mit irgend einer neuen Sponseraktivität beschäftigt ist, von der Sie überhaupt nichts wissen. Sie rufen also Ihren Erstlinien-Berater an, erwähnen behutsam Ihr Gespräch mit diesem neuen Mitglied, und nach einem kurzen Small Talk fragen Sie ihn aus nach diesem neuen Direkt-Mailing-System. Er wird verlegen, erklärt Ihnen aber dann, er habe gerade ein tolles Buch gelesen. Ungeachtet der Tatsache, dass Massensendungen noch nie für irgend jemanden in Ihrer Gruppe wirklich funktioniert haben, benutzt er dieses Mittel und bringt es anderen bei.

Leute, wir respektieren und erkennen die Tatsache an, dass wir alle unabhängige Berater sind, die das Recht haben, dieses Geschäft auf jede Art zu betreiben, die wir wünschen. Aber als Kopf unserer eigenen

Organisation hat jeder von uns auch das Recht zu entscheiden, wen unter unseren Leuten wir aktiv unterstützen möchten. Stellen Sie bei der Schulung neuer Berater sicher, dass diesen klar ist, dass Sie nur jene unterstützen werden, die Ihr System befolgen. Und jene, die Ihr System ohne Ihre Zustimmung ändern, werden Ihre Unterstützung verlieren. Warum wir in Bezug darauf so unnachgiebig sind? Weil wir wollen, dass Sie Erfolg haben, und wir wissen, dass unser System funktioniert. Von anderen wissen wir das aber nicht.

Ein weiteres Problem kann von einem erfolgreichen Networker herrühren, der das brennende Verlangen verspürt, Autor zu werden. Aber hüten Sie sich vor diesen Büchern - sie können recht viel Phantasie enthalten. Wir haben eine Menge Material gesichtet, das erfolgreiche Networker am laufenden Band produziert haben, und welches Systeme und Strategien enthält, das *niemals* angewendet wurden, weder von diesen selbst noch von sonst jemand. Der Feuereifer, der dazu geführt hat, solch ein Buch oder eine Kassette herauszubringen, lässt jedoch die Konzepte nur auf den ersten Blick logisch erscheinen. Das Problem ist, dass die meisten neuen Berater, die Veröffentlichungen von Führungskräften lesen, diese als Evangelium akzeptieren. Wir haben oft darüber nachgedacht, wie viele arme Seelen im Network Marketing dadurch gescheitert sein müssen, dass sie diese unerprobten Sponser- und Schulungs-Techniken nachgeahmt haben, die von erfolgreichen Beratern präsentiert, aber von diesen selbst niemals wirklich angewandt wurden. Es ist traurig, aber wahr.

Wenn Sie als Berater neu im Geschäft sind, ermuntern wir Sie, die Upline entlang zu gehen, bis Sie einen höchst erfolgreichen Berater finden, und dessen/deren System genau zu folgen. Wenn es Ihnen Spaß macht, weitere Kenntnisse über die Branche zu erlangen, so rufen Sie wenigstens einen Veteranen Ihrer Firma an, um Vorschläge für wirklich nützliche Bücher zu bekommen. Verlieren Sie nicht Ihren klaren Blick, indem Sie Systemen von „ahnungslosen Mentoren" folgen oder von neuen Autoren, die unerprobte Systeme beschreiben. Einige Autoren verbreiten Strategien, die nicht funktionieren oder nicht erprobt wurden, und wenn Ihr neuer Berater darüber liest und sie anwendet, bedeutet das Monate verschwendeter Zeit.

Streubomben-Fieber

Die nächste Ablenkung wird oft unbeabsichtigt durch Ihre eigene Firma bewirkt, wenn neue Produkte oder Dienstleistungen eingeführt werden. Oft handelt es sich dabei um ein „brandheißes“ Produkt“ - eine neue, aufregende Technologie oder einen ganz exklusiven Nischenartikel, der Berater dazu veranlasst, jeden Anstand und Sinn für gutes Benehmen zu verlieren und herumzuhüpfen wie Old Festus Bean, als er während des großen Goldrauschs mit der Eisenbahn zum Yukon unterwegs war. Irrationale Bemerkungen und unberechenbares Verhalten auf der Seite neuer Berater begleiten gewöhnlich die Ankündigung dieser neuen Produkte. Besonders wenn eine bedeutende Führungskraft diesem Fieber anheimfällt, kann die Streubombe des „heißen“ Produkts äußerst verheerend sein. Sehen wir uns ein Beispiel an.

In einer Firma nahm diese Art von Streubomben-Fieber ihren Anfang in einem harmlosem Einmaleins, als ein Berater sich ausrechnete, er würde im nächsten Monat 30.000 Euro dazu verdienen, wenn jeder in seiner Gruppe nur ein Exemplar des neu erschienenen Produktes bestellen würde. Dies ging so weit, dass wildgewordene Ärzte Lagerhaus-Kapazitäten mieteten und Medizinalassistenten den Gebrauch von Gabelstaplern beibrachten, um den Vorrat lagern zu können, der im nächsten Jahr einen Verdienst von 20 Millionen Euro einbringen würde. Was diese Situation noch viel schauerlicher machte - diese Hektik begann, bevor noch irgendjemand das Produkt gesehen, geschweige denn benutzt hatte und keine Untersuchungen über das Produkt veröffentlicht worden waren. Diese ganze Aktivität rührte von Gerüchten her, dass das neue Produkt wirklich toll sei, und jedermann in Amerika würde meilenweit Schlange stehen, um es kaufen zu können Firmenführungskräfte gaben den Hinweis, dass der Vorrat begrenzt wäre und Lieferengpässe entstehen könnten, womit sie das Fieber auf hohem Niveau hielten. Dadurch kauften sich die Berater mehr, als sie brauchten, um sicher zu sein, dass die Ware nicht knapp würde. Wir sahen Tausende von Opfern dieser fehlgeleiteten Aktivitäten, und noch ein Jahr später waren einige Berater vom sinnvollen Aufbau ihres Geschäftes abgelenkt. Einige drohten damit, jeden in der Welt zu verklagen, andere waren wegen der verlorenen zwanzig Millionen Euro immer noch zornig.

Wie um alles in der Welt also schützen wir uns und unsere Berater vor dieser Art von Streubombe, wenn es sich um ein neues Produkt unserer eigenen Firma handelt? Wie können wir angesichts des kreischenden Wahnsinns Vernunft bewahren, der von unseren Upline-Führungskräften verursacht wird? Also, um ehrlich zu sein, wir sind nicht sicher, dass es irgend einen Schutz vor der Gier und der menschlichen Natur gibt. Wenn eine gute, solide Firma eine neue, aufregende Dienstleistung oder ein solches Produkt heraus gibt, kann die Menschen nichts wirklich davon abhalten, begeistert zu sein.

Aber Sie können wenigstens ausgeglichen bleiben. Sagen Sie Ihren Führungskräften, sie sollten das neue Produkt ausprobieren und es jedermann in ihren Gruppen empfehlen Jedoch sollte Sie ihr Haus nicht mit einer Hypothek beleihen, um eine Bestellung aufzugeben. Warten Sie, bis sich das neue Produkt völlig bewährt hat, bevor Sie zu begeistert sind. Und vor allem, mieten Sie bitte noch keinen Lagerraum!

Wir haben gelernt, dass Geld wirklich erst einige Monate später verdient wird, wenn sich die neuen Produkte bewährt haben. Und nicht während des anfänglichen Wirbels. Wenn Berater bei der Eröffnung eines neuen Marktes oder der Einführung eines neuen Produktes voreilig handeln, bleiben sie gewöhnlich nur kurz in diesem Geschäft. Etwa in der Mitte des zweiten Monats, wenn wir über die Langlebigkeit der Angelegenheit noch nichts Definitives wissen, kann es immer noch Stornierungen geben. Etwa im dritten oder vierten Monat, wenn sich das Produkt oder die Dienstleistung wirklich als das erwiesen hat, als was es angekündigt wurde, und wenn die Firma genug produziert hat, um die Nachfrage zu befriedigen und uns dadurch ermöglicht, die Mengen zu verkaufen, die an den Mann bringen wollen - erst dann beginnt der wahre Umsatz, der auf Verbrauch statt nur auf Wirbel beruht. Dann benachrichtigen wir tatsächlich unsere Freunde und Verwandten und fangen an, unserem Sponservortrag eine Ergänzung anzufügen.

Die größte Gefahr von allen ist vielleicht, wenn ein neues Produkt wie ein Blitz einschlägt, und Berater so sehr gefangen nimmt, dass sie den Schwerpunkt ihrer Arbeit vergessen. Und damit das Angebot von finanzieller Sicherheit und Freizeit einfach auf den Verkauf des neuen Produktes verschieben. Das ist eine wahre Gefahr - Sie werden nicht wollen, dass Ihre besten Sponsoren ihr Interesse vom MLM-Traum auf eine einzelne Dienstleistung oder ein Produkt verlegen. Vergessen Sie nicht, Interessenten werden von einer neuen Zahncreme oder CD-ROM nie so begeistert sein, wie wir es sind. Mitten in ihrem Produkt- oder Dienstleistungsverkauf sollten Berater weiterhin ihre Perspektive im Blick behalten, 20.000, 30.000 oder sogar 50.000 € im Monat zu verdienen und völlige finanzielle Unabhängigkeit zu erreichen. Verlocken Sie, wenn Sie wollen, Ihre Interessenten mit Ihrer Begeisterung über den neu zu erwartenden Artikel oder über eröffnende Märkte, aber bleiben Sie damit in einem vernünftigen Rahmen. Geben Sie vor allem jedem neuen Produkt eine ausgewogene Gewichtung. Geraten Sie nicht vollkommen aus dem Häuschen und lassen Sie Ihre Präsentation nicht auf einzelnen Produkten oder Dienstleistungen basieren, bevor sich diese nicht als echter Erfolg erweisen. Wilde Aufregung führt niemals zu stabilem Wachstum.

Unzureichende Strukturierung

Vielen Beratern mangelt es an der Planungsfähigkeit, in ihrem Geschäft Strukturen zu schaffen - besonders jenen, die aus dem herkömmlichen Geschäftsleben kommen. Schließlich waren sie die „Montag-Morgen-Blah-Blah-Meetings" gewohnt, die Produktionsquoten und die Vorgsetzten, die einem im Nacken saßen und mehr und mehr forderten. Im Network Marketing sind Sie Ihr eigener Boss, lassen Ihre eigenen Motoren hochdrehen und bestimmen Ihre Geschwindigkeit selbst. Die Systeme im herkömmlichen Verkauf sind das Gegenteil von denjenigen, die im Networking genutzt werden. Einige Firmenvertreter - wie Terry Hill, nachdem er die Firma Xerox als ihr Nummer-Eins-Verkäufer verlassen hatte - fühlen sich ohne die traditionelle Struktur zuerst desorientiert und heimatlos.

Viele Leute brauchen einen täglich voll ausgefüllten, detaillierten Arbeits- und Stundenplan. Dies verhindert, dass sie sich verzetteln und schafft einen starken Richtungssinn. Sobald Sie sich spezifische Ziele gesetzt haben, benutzen Sie einen Tagesplaner, ein Programm oder irgend etwas anderes, das Sie beim Spurhalten unterstützt.

Für andere ist die Zeit an sich ein Problem. Solche Leute fühlen sich vielleicht schon durch ihr ohnehin ausgefülltes Leben überfordert. Wie könnten sie da möglicherweise noch eine weitere Tätigkeit einfügen - besonders etwas so Zeitintensives wie ein Network Marketing-Geschäft? Oder sie gehen, nachdem sie den Sprung in das Geschäft ohne Plan gewagt haben, mit ihrer Zeit nicht wirtschaftlich um, laufen in der Stadt herum, hierhin und dorthin, kämpfen mit dem Verkehr und veranstalten planlos Einzelgespräche, Präsentationen und Schulungen. Sie haben das Gefühl, mit sich selbst nichts Rechtes anfangen zu können, und sind sich völlig unsicher, was produktive Arbeit eigentlich bedeutet.

Pam Delahanty aus Francestown, New Hampshire, fand die Lösung, indem sie sich an ihre Upline-Partner wandte und um ein Training bat. Sie beschreibt, wie richtungslos sie sich bei dem Versuch fühlte, mit ihrem Leben und ihrem Geschäft zurechtzukommen. „Die größte Schwierigkeit war die Zeit. Schließlich arbeitete ich schon in Vollzeit als Zahntechniker, zusätzlich hatte ich zwei quicklebendige Kleinkinder, und dann war da noch mein Mann, mit dem ich etwas Zeit verbringen wollte. Ich fühlte mich angespannt, zerrissen und manchmal schuldig, weil ich mich in alle Richtungen zu strecken versuchte. Ich fühlte mich aus dem Gleichgewicht, außer Kontrolle, und ohne innere Einheit. Ich sah mich zu viele Rollen spielen - als Mutter, Ehefrau, Freundin, Angestellte und jetzt als Networkerin. Obwohl ich von dieser Branche und den Möglichkeiten, die sie bieten kann, sehr überzeugt war, war es für mich schwierig, angesichts meines vollen und hektischen Zeitplans die Zeit und Energie zu finden, das Geschäft anderen Menschen nahe zu bringen.

Ich wandte mich um Unterstützung an meine Upline-Partner, Dr. Jay Clark und Linda Young. Auf ihren Vorschlag hin begann ich, die inneren Werte zu erforschen, die für mich am wichtigsten waren. Was mir am allerbedeutendsten erschien, sind Beziehungen, Spaß, Spontaneität und der Seelenfrieden, welcher aus finanzieller Freiheit resultiert. Sobald ich dies ermittelt hatte, schaute ich mir genau an, wie ich diese Werte in mein Leben und mein Geschäft integrieren konnte. Wie wäre es, wenn ich den Nutzen der Produkte und des Geschäftes während meines Alltagslebens vermitteln könnte, ohne noch eine weitere Rolle übernehmen zu müssen? Was, wenn es spontan wäre und zugleich Spaß machen würde? Seit ich diese Elemente in mein Geschäft eingebaut habe, habe ich mehr Energie. Ich verschwende keine Zeit mehr damit, mir Sorgen zu machen, was ich sagen werde, wie ich aussehen werde oder sogar, wie die Reaktion sein wird. Ich dachte immer, Energie hinge davon ab, wie lange ich schlief oder was ich aß. Heute glaube ich, dass ich all die Energie, die ich brauche, allein dadurch haben werde, dass ich mich zu lohnendem Handeln durchringe. Handeln schafft Energie.

Ich werde nie eines meiner ersten, unglaublichen und unvorbereiteten Gespräche vergessen, nachdem ich meine neue Begeisterung entdeckt hatte. Ein Polizist hielt mich auf dem Weg zu meinem ersten Sponsorgespräch an, weil ich ein Stoppschild überfahren hatte. Mit viel Begeisterung erklärte ich ihm, wie nervös ich wegen dieser neuen geschäftlichen Herausforderung sei, und er ließ mich mit nur einer Warnung und einem Lächeln gehen, und wünschte mir Glück. Als Dankeschön gab ich dem Beamten eine Probe unserer Zahncreme. Eine Woche später stoppte mich derselbe Beamte wieder, dieses Mal, um Ware zu kaufen, und Jahre danach ist er immer noch ein treuer Kunde.“

Als eine langjährige Freundin Sunie Nelson aus Fresno in Kalifornien, das erste Mal mit Network Marketing bekannt machte, arbeitete diese zwischen sechzig und achtzig Stunden in der Woche an zwei verschiedenen Arbeitsstellen. Sunie sagte ihrer Freundin sofort, sie könne nicht im Network Marketing arbeiten, denn sie hätte absolut „keine freie Zeit. Punkt!“ Je mehr sie aber über ihre missliche Lage nachdachte - einen erbarmungslosen Wochenarbeitsplan und das Damoklesschwert von 40.000 Dollar Schulden über ihrem Kopf -, desto näher kam sie dem Entschluss, sie habe nichts zu verlieren. Sie gab das Fernsehen und einen Teil ihres Schlafpensums auf, weil sie entschieden hatte, Fernsehen würde sie niemals dahin bringen, wohin sie wollte, und den versäumten Schlaf könne sie später nachholen. Sunie begann jedem, den sie kannte, über die Geschäftsgelegenheit und die Produkte zu erzählen. Sie stellte einen Arbeitsplan auf, blieb ihm treu, und innerhalb von zwei Monaten errang sie die Auszeichnung, die Erste in ihrer Firma zu sein, die es in so kurzer Zeit zum Direktor geschafft hatte, ein Rekord, der fünf Jahre Bestand hatte. Nach weiteren zwei Jahren erreichte sie die oberste Ebene ihrer Firma und hat jetzt die Freiheit erlangt, ihrer wahren Leidenschaft zu frönen: Dem Wettkampf im Wasserski-Slalom.

Eine der häufigsten Ausreden, warum Leute in unserer Branche nicht mitmachen, ist die, keine Zeit zu haben. Pam und Sunie fanden jedoch eine Lösung für dieses Problem. Sie wichen der Streubombe aus und konzentrierten sich ausschließlich auf die Arbeit, die für den Aufbau ihrer Gruppen notwendig war. Und sobald ihnen klar wurde, was das Geschäft für sie bedeuten könnte, fanden beide - gar nicht so überraschend - auch die nötige Zeit.

Wenn Sie Schwierigkeiten damit haben, Ihre Zeit zu organisieren, Ihre Energie nutzbar zu machen oder Ihre Aufmerksamkeit beständig auf das Geschäft zu konzentrieren, suchen Sie die Hilfe eines Mentors. Bitten Sie jemanden, vorzugsweise in Ihrer Upline, oder jemanden, dem Sie nacheifern möchten, Sie zu trainieren. Das kann einmal in der Woche in einem kurzen Zehn- oder 15-Minuten-Telefonat geschehen. Rene war eine Zeit lang Mentorin für Karen McGeehan aus West Linn, Oregon. Jeden Montag berichtete Karen Rene über ihre geschäftlichen Aktivitäten, fasste die Anzahl der Leute zusammen, die sie angesprochen hatte, die Anzahl ihrer Verabredungen und die Zahl der Leute, für die sie eine Präsentation gehalten hatte - die wahre Messlatte für Erfolgs. Ihr Ziel ist es, zehn Präsentationen in der Woche zu halten, die dazu führen, dass sie fünf bis acht Leute im Monat sponsert. Wenn Sie ihr Ziel nicht erreicht, sprechen Karen und Rene darüber, was dem Erreichen ihrer Ziele in dieser Woche im Wege stand, und dann hilft ihr Rene vielleicht dabei, ihre Einstellung zu überarbeiten, um negative Gedanken abzublocken. Wenn wir außer Landes sind, faxt oder mailt Karen ihren Bericht an Rene; auch wenn sie nicht miteinander sprechen, kommunizieren sie doch wenigstens schriftlich. Im Laufe der Zeit haben Karen und Rene eine enge Beziehung aufgebaut. Sie sehen, ein Mentor kann Ihnen bei der Strukturierung Ihrer Aktivitäten helfen und damit für den Unterschied zwischen Erfolg und Scheitern sorgen.

Alleingänge in einem Mannschaftssport?

Es ist die Aufgabe neuer Berater, die Samenkörner auszustreuen, welche dann von den verschiedenen Upline-Partnern bewässert werden müssen. Wenn man es in diesem Geschäft allein versuchen will, verzettelt man sich leicht. Tatsächlich sind wir jedoch alle Teil eines Teams. Neue Berater müssen lernen, die Unterstützung der Upline zu nutzen, bis sie, wie ihre Vorbilder, Wohlstand und Unabhängigkeit erreicht haben.

John Prange aus Kutztown, Pennsylvania, war ein Tierarzt in seinen Fünfzigern, der in allem, was er je angefasst hatte, erfolgreich gewesen war. Bis er es mit Network Marketing versuchte. John sagt, „Ich brauchte zwei Jahre, um festzustellen, dass etwas schief lief und dass ich nicht den gewohnten Erfolg hatte, wie in meinen anderen Unternehmungen üblich. Ich war in der Lage, eine Menge von Karteileichen ins Geschäft zu bringen, aber keinen, der im Team mitspielen wollte.“ John war durch sein offensichtliches Scheitern ernsthaft beunruhigt und bat sein Network Marketing-Team um Hilfe.

Man schlug vor, dass John einen Kurs für Persönlichkeits-Entwicklung belegen sollte, um herauszufinden, welches Defizit sein Leben aufweisen könnte - etwas, von dem er vielleicht noch nicht einmal wusste, dass es ihm fehlte. Ein Programm führte zum anderen, und er machte eine Entdeckung: „Mir wurde klar, dass ich nie jemanden ernsthaft zugehört hatte, sondern immer nur auf meine eigene Tagesordnung achtete. Ich stellte fest, dass ich die Kursrichtung für mein Leben vor vielen Jahren genau so angelegt hatte, wie es nun lief, und ich hatte gegenwärtig keine Kontrolle über diese Richtung - es sei denn, ich wäre bereit, mich selbst gewaltig zu ändern.

Es war faszinierend, ein neues Drehbuch zu schreiben, in dem ich, ohne besondere Bindung an das Ergebnis, ein größeres Spiel als das Leben selbst entwickeln konnte. Der wichtigste Teil dieses Plans kam aber, als ich mich mit einer Gemeinschaft von Leuten umgab, die mich in jeglichen Entscheidungen und Verpflichtungen unterstützen und die immer für mich da sein würden.

Das sich unser Geschäft über viele Ebenen hinweg erstreckt, sind wir alle Teil eines Teams - manchmal schulen wir, manchmal werden wir geschult.

Dann lernte ich, dass die Straße in beide Richtungen führte. Ich musste dazu fähig sein, meinen Spielern positives, richtungweisendes Feedback zu geben, um ihnen zu helfen, ihre eigenen Erwartungen zu erfüllen. Für meine Partner hatte ich immer der gute Freund sein wollen. Aber jetzt konnte ich erkennen, wie wertvoll es war, Mitglieder meines Teams auch objektiv zu kritisieren, wenn sie in ihrer Arbeit aus der Spur gerieten. Als jemand, der um Unterstützung bat, musste ich klare, überzeugende Wünsche äußern. Als derjenige, der Unterstützung anbot, kam ich zu der Erkenntnis, dass meine Partner nicht Gedanken lesen konnten. Sie schlossen sich mir in diesem Geschäft in der Erwartung an, dass ich ihnen den Weg zeigen würde. Also begann ich, Dinge von ihnen zu verlangen, die ihre persönlichen Visionen berücksichtigten, und unterstützte sie dabei, ihren selbst gewählten Pfad zum Erfolg einzuhalten."

John entdeckte, dass der Schlüssel zum Erfolg darin liegt, Teil eines unterstützenden Teams zu sein. Es läuft auf ein paar einfache Schritte hinaus: 1.) Bedenken Sie die unbegrenzten Möglichkeiten und erschaffen Sie Ihre Vision anhand der vielen Auswahlmöglichkeiten. 2.) Entwickeln Sie einen Spielpan, der die spezifischen täglichen Schritte zum Aufbau Ihres Geschäftes umfasst, von denen Sie glauben, dass sie verbessert werden könnten. 3.) Kommen Sie in Schwung! Schieben Sie es nicht auf - tun Sie es einfach! 4.) Äußern Sie bezüglich Ihres persönlichen Wachstums klare Wünsche an einen Trainer oder Upline-Mentor und geben Sie selbst ehrliche Rückmeldungen an Ihre Downline. Achten Sie dabei deren persönliche Ziele und schauen Sie Ihrem Geschäft zu, wie es über Ihre wildesten Erwartungen hinaus wächst.

Das sich unser Geschäft über viele Ebenen hinweg erstreckt, sind wir alle Teil eines Teams - manchmal schulen wir, manchmal werden wir geschult. Wenn alles nach Plan läuft, ist das Multi-Level-Vergütungs-Programm absolut garantiert und gerechtfertigt. Es in diesem Geschäft alleine zu versuchen, heißt, gegen den Strom zu schwimmen. Es ist eine Teamarbeit, in der es im Laufe eines jeden Tages immer um Geben und Nehmen geht.

Wenn Sie Ablenkungen vermeiden und Ihre Vision klar im Blick behalten wollen, müssen Sie neu bewerten, wie Sie Ihrem Team besser dienen können und wie das Team Ihnen besser dienen kann.

Ablenkungen durch persönliche Krisen

Keiner von uns arbeitet in einem Vakuum. Der Erfolg in unserem Geschäft entspricht unserer Begeisterung, und unsere Begeisterung wird von unserem Privatleben beeinflusst. Dr. Dennis Pezzolesi aus Middletown in Connecticut fand in der größten Tragödie seines Lebens Trost, indem er sich vollständig auf sein Geschäft konzentrierte. Dennis' Geschichte relativiert viele andere Krisen.

„Am 28. Februar 1992 war ich abends in einen Unfall verwickelt, der mein Leben für immer veränderte. Vor dieser Tragödie hatte ich mich für einen erfolgreichen Menschen gehalten. Alles, was ich in meinem Leben getan hatte, hatte ich hervorragend getan. Ich war ein Perfektionist, der in der Lage war, viele Dinge gleichzeitig zu erledigen, und sie alle gut zu tun. Das Problem war jedoch, dass ich tief in mir todunglücklich war. Nichts in meinem Leben vermochte meine Leidenschaft mehr zu erregen. Diese Instabilität führte zu meiner Scheidung, einem Alkoholproblem und schließlich zu dem Unfall, der der Wendepunkt in meinem Leben werden sollte.

„Ich hatte an diesem Abend getrunken - wie bei zahlreichen anderen Gelegenheiten in meinem Leben. Dadurch schaltete ich die Realität ab. In dieser Nacht überfuhr ich eine rote Ampel und rammte ein Auto mit zwei Insassen. Der Beifahrer blieb unverletzt - Renford Gilling aber, der Fahrer, wurde getötet.

„Von diesem Moment an bestand mein Leben aus Klageschriften, Gerichtsterminen, dem Versuch, weiterhin meine Arztpraxis - mit meinem Namen in den Schlagzeilen - zu betreiben, mich auf vielleicht zehn Jahre Haft gefasst machen zu müssen, und die Ehe mit meiner neuen Frau

Bonnie aufrecht zu erhalten - dem hilfsbereitesten Menschen der Welt. Innerlich empfand ich Schuld, Scham, Kummer, Angst und Verzweiflung - alles durcheinander. Ich wünschte, ich wäre das Todesopfer gewesen. Es war eine Tragödie von unermesslichem Ausmaß, in mir eingeschlossen und im Begriff, mich aufzufressen.

„Ich wurde wegen des Vergehens zu vier Jahren Haft verurteilt, nach dreißig Tagen aber wurde die Strafe für drei Jahre zur Bewährung ausgesetzt. Ich erhielt eine zweijährige Verpflichtung zu unangemeldeten Urintests, außerdem musste ich zur Alkoholberatung und zu Treffen der Anonymen Alkoholiker gehen. Mein Führerschein unterlag ebenfalls einer zweijährigen Bewährungsfrist. Ich ging pleite und musste meine Praxis schließen. Darüber hinaus leistete ich 3000 Stunden gemeinnütziger Arbeit. Aber nichts, so empfand ich, konnte das Leben zurück bringen, das ich zerstört hatte.

„Im August desselben Jahres entdeckte ich Network Marketing. Der Inhaber meiner Firma glaubt fest daran, dass Network Marketing die Gelegenheit zu persönlichem Wachstum bietet, welches dann zu finanziellem Wachstum führt. Mit Hilfe meiner neuen Network-Familie lernte ich aufzuhören, meine Tragödie zu verbergen, sie in eine positive Kraft zu verwandeln und sie zu einem Geschenk für die Menschen zu machen. Ich habe meine Geschichte Hunderten von Leuten erzählt, die wiederum Tausende andere damit in Berührung brachten - nicht alkoholisiert zu fahren. Anstatt mich in der Schande zu suhlen, ehre ich heute Renford Gilling, indem ich in seinem Namen Leben rette und anderen seine und meine Geschichte erzähle. Wäre da nicht die Philosophie unserer unglaublichen Branche, würde ich gewiss noch immer trinken und ein Leben in Schuld und Verzweiflung führen. Stattdessen habe ich eine herrliche Beziehung mit meiner Frau, einen wunderbaren dreijährigen Sohn, eine blühende Arztpraxis, eine progressiv wachsende Network-Organisation, und, vor allem, lebe ich für meine Leidenschaft - das Leben von Millionen mächtig zu beeinflussen."

Dennis hatte das Glück, eine hilfsbereite Frau und ein verständnisvolles Team in seiner Network-Firma gefunden zu haben. Er hätte es leicht zulassen können, dass die Tragödie seine Energie für den Rest seines Lebens

Krisen können wir nicht vermeiden, aber wir können verhindern, dass sie unsere Aufmerksamkeit zerstreuen, indem wir sie als Sprungbrett zu persönlicher und geschäftlicher Spitzenleistung akzeptieren.

zerstört hätte. Anstatt sich dem chronischen Alkoholismus und völliger Verzweiflung zu ergeben, hat er seine Aufmerksamkeit darauf gelenkt, sich auf die Leben zu konzentrieren, die er noch retten kann. Das exponentielle Wachstum, das von unserer Branche so laut verkündet wird, hat absolut nicht nur mit Geld zu tun. Wie Dennis‘ persönlicher Lebenslauf veranschaulicht, stellt das Konzept eine Kraft zur Veränderung im Leben von Hunderttausenden dar. Dennis hat seinen Widerwillen dagegen überwunden, seine Geschichte zu verbergen. Durch seine Offenheit hat er einen bedeutenden Eindruck auf andere gemacht.

Jedes Mal, wenn wir mit neuen Interessenten zusammen sitzen, erkennen wir die Gelegenheit, ihrem Leben eine Wende zu geben. Damit das aber geschieht, müssen wir einen Weg finden, um ihren Widerstand zu überwinden. Wenn Interessenten eine Geschäftsgelegenheit sehen, die zu schön scheint, um wahr zu sein, eine, die nicht in ihr Selbstbild passt, werden sie sie entweder links liegen lassen, oder nur kurz damit beginnen und schnell wieder aufhören. Nur wenn sich die Menschen das Endergebnis deutlich vorstellen können, werden sie sich überlegen, in diesem Geschäft mitzumachen.

Network Marketing ist ein Geschäft des Geschichtenerzählens. Haben Sie keine Angst, Ihre Verletzlichkeit zu zeigen. Wenn Ihre Geschichte menschliche Qualitäten hat, hat sie eine viel größere Chance, Menschen zu berühren und deren Barrieren bei der Präsentation niederzureißen. Krisen können wir nicht vermeiden, aber wir können verhindern, dass sie unsere Aufmerksamkeit zerstreuen, indem wir sie als Sprungbrett zu persönlicher und geschäftlicher Spitzenleistung akzeptieren.

Zusammenfassung

- Die Streubombe ist eine geistige Explosion, die die Zielgerichtetheit der Berater zerstört. Sie bringt sie dazu, nicht mehr das System anzuwenden, das man ihnen beigebracht hat, sondern hektisch jedem auftauchenden Network Marketing-System und jeder neuen Führungskraft nachzulaufen.

- Effektvolles Network Marketing ist ein Prozess des Duplikation von Systemen; jedes mal, wenn Sie das System ändern, kommt jeder in Ihrer Downline durcheinander.

- Neue Vertriebspartner können alles auf dem Silbertablett gereicht bekommen und trotzdem scheitern, wenn sie sich weigern, ein einfaches System zu duplizieren, das bereits ausprobiert und getestet wurde.

- Neue Vertriebspartner müssen lernen, den Lehren ihrer Sponsoren zu folgen und nicht davon abzuweichen.

- Vertriebspartner müssen darauf hingewiesen werden, sich aufgrund der Fülle konkurrierender Firmen, Sponser-Systeme, Videos, Hilfsmittel und zahlreicher anderer Verkaufssysteme Scheuklappen aufzusetzen.

- Erfolgreiche Networker bauen ihr Geschäft auf ihrer Fähigkeit auf, jeden negativen Einfluss um sie herum auszuschließen, durch klare Vorstellungen Kurs zu halten, und ihr Ziel und ihren Handlungsplan konzentriert zu verfolgen.

- Ein erstes Zeichen der Streubombe ist die Versuchung zum Wechsel des Sponsersystems, das Sie gelernt haben - entweder die Herangehensweise aufzuweichen, die Einkommensangabe herabzusetzen oder die Sponserzahlen zu senken.

- Um Ihre neuen Berater davon abzuhalten, ‚das Rad neu erfinden' zu wollen, müssen Sie dies frühzeitig voraussehen und bei der Schulung darauf hinweisen, wie wichtig es ist, einem erprobten System zu folgen.

- Kontern Sie die Bedrohung, dass Ihre Partner im ersten Jahr abgeworben werden, indem Sie

    1. Ihre Partner auf die dahinter liegende Gefahr hinweisen

    2. ihnen beibringen, dass der Schlüssel zum Erfolg im Durchhalten bei einer Firma liegt.

    3. ihnen erklären, dass der Versuch, zwei Downlines in verschiedenen Firmen aufzubauen, immer zum Scheitern führen wird.

- Die meisten neuen Berater werden mehrfach in Versuchung geraten, die Firma zu wechseln, aber denken Sie daran, keine Person in Ihrer Organisation ist völlig unentbehrlich.

- Wenn Sie mit dem Aufbau Ihrer Gruppe fortfahren, werden unter den Führungskräften, die ausscheiden, neue entstehen.

- Halten Sie Ihre Gruppe davon ab, von einem System zu anderen zu springen, indem Sie sie frühzeitig darauf vorbereiten, zwar Ideen eines neuen Sprechers zu sammeln, aber auf keinen Fall zu einem neuen Sponser- oder Schulungssystem überzugehen.

- Der Schlüssel zum Aufbau eines erfolgreichen Geschäftes ist, lange genug bei einem System zu bleiben, bis es sich bewähren und Ergebnisse hervorbringen kann.

- Fragen Sie einen Vertrauten aus Ihrer Upline nach empfehlenswerten Büchern. Verlieren Sie nicht Ihre Zielsetzung, indem Sie anderen Konzepten folgen, die nicht von Ihrem Mentor empfohlen werden.

- Das Streubomben-Fieber kann oft durch die Ankündigung eines in Kürze erscheinenden Produkts oder einer Dienstleistung verursacht werden. In vielen Fällen sogar durch hochangesehene Führungskräfte innerhalb Ihrer Firma, die von dem neuen Produkt sagen, es sei so unglaublich, dass jeder bald lautstark danach schreien werde. Seien Sie bezüglich dieser Aussagen skeptisch, bis Sie es selbst genutzt haben.

- Wenn Sie oder Ihre Partner gelegentlich dem Streubomben-Fieber zum Opfer fallen, ändern Sie nicht Ihren Aktionsplan. Verfolgen Sie einfach weiter Ihren geraden Kurs und erwähnen Sie die aufregende Neuerscheinung in Ihren Präsentationen.

- Viele Berater leiden darunter, dass es ihnen schwer fällt, Strukturen zu schaffen - besonders jene, die an die Strukturen des herkömmlichen Geschäfts gewöhnt waren.

- Wenn Sie ein Problem mit dem Organisieren Ihrer Zeit haben, benutzen Sie einen Zeitplaner, der Ihnen hilft, in der Spur bleiben.

- Äußern Sie klare Wünsche gegenüber einem Trainer oder Upline-Mentor bezüglich Ihres eigenen Geschäftes und Ihres persönlichen Wachstums, und geben Sie dafür Ihren Downline-Partnern Informationen ehrlich weiter, wobei Ihnen deren Ziele bewusst sein sollten.

- Wenn Sie es vermeiden wollen, abgelenkt zu werden und Ihre Zielvorstellung klar im Auge behalten wollen, überdenken Sie, wie Sie Ihrem Team besser dienen können und das Team Ihnen.

- Der Erfolg unseres Geschäfts entspricht unserer Begeisterung, die wiederum durch unser persönliches Leben beeinflusst wird.

- Nur wenn die Menschen das Endergebnis deutlich vor sich sehen können, ziehen sie in Erwägung, bei Ihrem Geschäft mitzumachen.

- Wenn Sie eine persönliche Krise durchlebt haben, scheuen Sie sich nicht diese in „Ihre Geschichte“ einzufügen. Ihre Präsentation reißt dadurch um so mehr Barrieren ein .

- Sie können Krisen nicht vermeiden, aber sie können verhindern, dass Ihre Aufmerksamkeit dadurch von Ihren Zielen ablenkt wird. Nützen Sie daher jede einzelne Krise als Sprungbrett, das Sie zu Ihrem Erfolg trägt.

KAPITEL 7

Wie man den Meeting-Minen entgeht

Vermeiden Sie die Fallgruben kontraproduktiver Treffen

Jeder, der aus dem herkömmlichen Geschäftsleben kommt, erinnert sich an unterschiedliche Höhepunkte dieser Erfahrung, aber ausnahmslos alle denken noch an die endlosen Meetings. Viele Manager, die noch ein gewisses Bedürfnis nach Produktivität haben, werden vom Meeting-Syndrom extrem frustriert; sie sind völlig überzeugt, dass bei Meetings niemals etwas Vernünftiges geschieht. Je zahlreicher die Teilnahme am Meeting ist, um so weniger produktiv scheint es zu sein. Meetings können für zielstrebige Arbeiter große Hindernisse sein.

Eine Flut von entlassenen leitenden Angestellten ist ins Network-Marketing geströmt. Sie verfügen über einige wertvolle Ressourcen - am bemerkenswertesten sind ihre vielen Kontakte und ihre Management-Erfahrung. Aber sie bringen auch einige katastrophale Angewohnheiten mit, von denen viele in erster Linie für das Schrumpfen der amerikanischen Firmenwelt verantwortlich sind (darauf gehen wir in Kapitel neun detaillierter ein). Derselbe leitende Angestellte, der in seiner früheren Karriere ein ziemlich hohes Gehalt dafür bezog, dass er von Meeting zu Meeting ging, ist sehr geneigt, diese Angewohnheit auch in unsere Branche zu übertragen.

Solange Sie nicht mit Leuten über unser Geschäft reden, betreiben Sie das Geschäft nicht wirklich.

Im allerersten Jahr im Network Marketing - wahrscheinlich schon im ersten Monat - sehen sich unsere Vertriebspartner einer der Hauptursachen für das Scheitern in unserem Beruf ausgesetzt: Der Lethargie. Da diese von genau den Leuten hervorgerufen wird, die als erfolgreich betrachtet werden, ist es schwierig, zu widerstehen. Lethargie resultiert aus dem, was wir Meeting-Minen nennen. Im Kampf um Erfolg verursachen diese Minen selten den ‚Tod' (sofortiges Scheitern), führen jedoch oft zu Verstümmelungen und Verunstaltungen einer Network-Karriere, das heißt, sie halten einige neue Partner davon ab, zu ihrem vollen Potenzial zu gelangen. Wenn sie einmal auf diese gut getarnten Sprengkörper treten, werden neue Berater vielleicht eine Behinderung davontragen und den Rest ihrer Karriere hinkend hinter sich bringen. Wenn neue Berater Glück haben, können sie diese besonders zerstörerischen Sprengkörper umgehen, bis sie ein vernünftiges Einkommen erreicht haben. Jene, die das Pech haben, von ihren Sponsoren in ihrem ersten Monat durch dieses Minenfeld geschickt zu werden, könnten tatsächlich die ersten von unseren ‚dahingeschiedenen' Partnern sein. Obwohl Meeting-Minen üblicherweise nur verstümmeln, *können* sie tödlich sein.

Nehmen Sie sich die Zeit zum Überlegen, wie unsere Branche funktioniert: Vergütungen werden dann bezahlt, wenn Produkte oder Dienstleistungen bestellt werden. Je größer unsere Organisation, desto mehr Bestellungen gehen ein. Die Inhaber unserer MLM-Firmen bezahlen Leute für ‚Mund-zu-Mund'-Propaganda, anstatt überteuerte Einzelhandelsläden zu bauen und kostspielige Werbeagenturen zu beauftragen. Je mehr Leute wir persönlich sponsern und schulen, desto größer ist unsere Vertriebsgruppe und desto höher unser Einkommen. Also sind effiziente Sponser - und Schulungs-Treffen die Grundlage unseres Geschäfts. Im Network Marketing bezahlt Sie keiner dafür, Zeit zu verschwenden, indem Sie auf Strategie-Meetings herumsitzen. Solange Sie nicht mit Leuten über unser Geschäft reden, betreiben Sie das Geschäft nicht wirklich. Neue Berater sind vom persönlichen Sponsern nie wieder so begeistert wie im ersten

Jahr. Es ist die entscheidendste Zeit in der Laufbahn eines Networkers. In diesem Kapitel wollen wir Meeting-Minen gründlich beschreiben und Ihnen eine effektvolle Verteidigung gegen jeden einzelnen Typ anbieten.

Erste Mine: Hotel-Meetings

Fast genau zu dem Zeitpunkt, wenn ein neuer Berater zur Führungskraft geworden ist und seine Gruppe in der Spur hält, schneit unvermeidlich irgendeine Führungskraft von außerhalb in die Stadt und hält ein öffentliches Hotel-Meeting ab. Obwohl es für neue Leute feudal und interessant wirken mag, kann diese Sache oftmals dazu führen, Ihrer Gruppe schlechte Angewohnheiten beizubringen. Oder es ist vielleicht ein regelmäßig stattfindendes Hotel-Sponser-Meeting, bei dem eine oder zwei der lokalen Führungskräfte sprechen und zu dem Sie neue Mitglieder mitbringen sollen. Solche Meetings finden ständig zu jeder Stunde in jedem größeren Hotel der Welt statt. Manchmal ist der Sprecher erstklassig, dann werden viele Berater ermuntert, teilzunehmen - dann können es um die tausend Leute werden. Aber von allen Arten, eine dynamische Network Marketing-Organisation aufzubauen, ist ein großes Hotelmeeting als erster und wichtigster Kontakt mit Ihren Interessenten vielleicht die schlechteste Möglichkeit.

Obgleich Marks Mentor Richard Kall gesagt hatte: „Mach‘ kein Hotel-Meeting, wenn ich zum ersten Mal nach Austin komme“, setzte Mark dennoch eines an. Er füllte einen Ballsaal mit 300 Leuten, überzeugt davon, dass sich bei seiner Kommunikationsfertigkeit, Richards Erfolg und einer brandneuen Network-Firma die Hälfte der Besucher einschreiben würde. Mark brachte die ganze Nacht damit zu, seine Kenn-Nummer auf mehr als hundert Beraterverträge zu schreiben. Von den 300 Interessenten schrieben sich nur drei ein, und alle drei hatten nach sechzig Tagen aufgegeben. Mark war gerade auf seine erste Meeting-Mine getreten und beschloss, es nie wieder zu tun.

Hotel-Meetings wurden ursprünglich von Network Marketing-Firmen entwickelt, die langlebige Gebrauchsgüter verkauften. Es sollte ein Mittel sein, schnell eine große Zahl von Leuten durchzugehen, um ein oder zwei Personen mit viel Geld zum Investieren zu finden. Ein früherer Präsident einer solchen Firma hat uns mal scherzhaft erzählt, dass ihre „abschlusssicheren" Verkäufer diese Methode einsetzten, um „übereifrige Interessenten mit mindestens 30.000 Euro Investitionskapital aufzuspüren“. Das Problem ist: Auch wenn diese Firmen nicht mehr im Geschäft sind oder daran gehindert wurden, Berater mit Garagen voller Produkte zu überhäufen, sind Hotel-Meetings noch immer beliebt.

Hotel-Meetings gehören aber zu den wirkungslosesten Sponser-Methoden. Network Marketing ist immer ein ‚Geschäft von Mensch zu Mensch‘ gewesen. Wenn Interessenten sich in einem großen, unpersönlichen Versammlungs-Saal finden, geht die Intimität unserer Branche völlig verloren. Lange vor dem Einsatz von Faxgeräten, Computern, Videorekordern und von Hotel-Meetings brachte die Firma Mary Kay mehr weibliche Millionäre hervor als irgend eine andere Firma in der Geschichte. Amway baute in Amerika ein Milliarden-Imperium durch private Meetings zu Hause auf und ist noch immer drei mal so groß wie seine nächsten Konkurrenten. Aus irgendeinem seltsamen Grund entschieden sich in der zweiten Hälfte der achtziger Jahre - als MLM richtig zu blühen begann - die meisten Firmen für Hotel-Meetings statt häuslicher Treffen. Hotel-Meetings können nur dann von Wert sein, wenn sie als gelegentliche Ergänzung regelmäßig angesetzter Präsentationen zu Hause eingesetzt werden. Schauen wir uns an, warum.

Hotel-Meetings sind nicht duplizierbar

Erstens ist die Umgebung eines Hotel-Meetings für Network Marketing völlig ungeeignet. Die größte Angst im Geschäft ist die Angst, vor anderen Menschen eine öffentliche Rede halten zu müssen. Neue Interessenten, deren erste Begegnung mit unserem Geschäft im Rahmen eines Hotel-Meetings stattfand, werden sofort Angst vor ihrem Erfolg haben. Sie gehen ins Steigenberger, sehen ein gutgekleidetes Paar per Mikrofon zu Hunderten von Teilnehmern sprechen und denken: „Das kann ich nie!“ Die meisten Leute haben vor öffentlichem Reden panische Angst. Manchmal fragen wir uns, wie viele Millionen von Menschen, die davon träumten, als MLM-Berater Erfolg zu haben, sich nach Hotel-Meetings entschieden haben, nie einzusteigen, weil sie fürchteten, aufgefordert zu werden, eine öffentliche Rede zu halten. Dieser Gedanke kann ziemlich einschüchternd sein. Niemand muss jemals eine Rede halten, um in unserem Beruf Millionär zu werden. Das ist vielen noch nicht klar, die aufgeben, bevor sie überhaupt beginnen. Weil sie glauben, dass öffentliches Reden ein großer Teil von Network Marketing sei.

Zusätzlich ist da die Frage des Geldes. Es kostet die Führungskräfte eine beträchtliche Summe, einen Ballsaal oder Konferenzraum in einem Hotel zu mieten. So verlieren die Führungskräfte bei einem Meeting entweder Geld, was sich die meisten nicht leisten können, oder sie machen Profit, was andere dazu ermuntert, sie nachzuahmen. Und wie wirkt die Botschaft, die Interessenten und andere Gruppenmitglieder aufnehmen, wenn sie im Saal herumschauen und mit einer ganz einfachen Rechnung feststellen, dass der Veranstalter an ihnen Geld verdient?

Der Gedanke, dass eine Führungskraft von dem Meeting profitiert, erzeugt einigen Groll. Außerdem werden einige unternehmerisch denkende Führungskräfte auf die Idee kommen, dass man im Network Marketing damit Geld verdient, dass man Meetings durchführt. Andere Führungskräfte gehen noch weiter und verkaufen Bücher und Kassetten an Teilnehmer. Das kann so ertragreich sein, dass uns eine Führungskraft, die früher bei einer der größten MLM-Firmen war, anvertraute, er könne an einem Wochenende über eine halbe Million Euro durch Berechnung von Hotelzimmern, Verpflegung, Büchern, Kassetten, CD-ROMs etc. einnehmen. Er ist jedoch insofern im Vorteil, als er ein professioneller Tagungsplaner mit viel Kapital ist, das er investieren kann. Nicht jede Führungskraft hat die Ressourcen, dies zu duplizieren, noch sollte er oder sie diese Vorgehensweise jemals nötig haben. Das Wesen unseres Geschäftes ist es, Geld mit dem Verkauf von Produkten und Dienstleistungen zu verdienen und nicht mit nebensächlichen Materialien.

Hotel-Meetings schaffen Abhängigkeit

Network Marketing ist erfolgreich, wenn Führungskräfte ins Geschäft gebracht werden, die wiederum andere Führungskräfte sponsern. Es bedeutet, Unabhängigkeit zu schaffen. Viele Firmen bestehen darauf, das der Begriff „Unabhängiger Berater“ verwendet wird. Hotel-Meetings jedoch haben genau den entgegengesetzten Effekt. Denn diejenigen, die mitmachen und an das Konzept glauben, denken: „Prima! Ich brauche nicht zu arbeiten, um Erfolg zu haben. Ich brauche nur meine Freunde, Familie und Partner jeden Donnerstagabend ins Hyatt schicken, und diese tollen Sprecher erledigen alles für mich.“ Das funktioniert natürlich nie, weil - von wenigen Ausnahmen abgesehen - letztlich nur die im MLM wirklich Geld verdienen, die ihre eigenen Meetings durchführen. Effektvolle Sponser-Treffen müssen nicht groß sein und niemand muss feierliche Reden halten.

Die Teilnahme an Meetings in Hotels sollte nicht mit der wirklichen Arbeit in diesem Geschäft verwechselt werden. Zu viele neue Berater finden es viel leichter, professionelle Meeting-Teilnehmer zu werden, als sich der Zurückweisung an der Sponserfront ausgesetzt zu sehen. Zu Anfang Ihrer MLM-Karriere müssen Sie wissen, dass es eine irrige Vorstellung ist, zu glauben, dass man Sponsern und Aufbau einer großen Organisation allein mit Hotel-Meetings und der Einstellung bezwecken kann: „Das ist ja ganz einfach. Ich brauche nicht zu arbeiten. Ich schicke nur Leute zu Meetings!“ Dies ist absolut nicht wahr!

Geringe Teilnehmerzahlen sorgen für Peinlichkeit.

Wenn Sie finden, das Nichterscheinen von Interessenten bei Ihrem häuslichen Treffen sei schwer zu ertragen, stellen sie sich vor, wie Sie sich fühlen würden, wenn das bei einem Hotel-Meeting passierte. Es gibt keine schlimmere Erfahrung in diesem Geschäft, als einen Raum in einem Hotel zu mieten, und mit nur einer Handvoll Leute dazustehen. Fragen Sie irgendeine Führungskraft im Geschäft. Fast jeder hat das mindestens schon einmal erlebt. Dave Johnson erinnert sich an ein solches Ereignis in seinem ersten Jahr im Geschäft, das vor nahezu zehn Jahren stattfand. „Am Anfang meiner Karriere hielt ich es für nötig, jede Chance zu ergreifen, um mit Leuten zu reden - in der Hoffnung, dass sie irgendwo in meiner Linie mitmachen würden. Einer meiner Zweitlinien-Berater, Dr. Hung-Tai Wang, lud mich ein, ein Schulungs-Treffen in Bethesda, Maryland, im Hyatt Regency durchzuführen. Er versprach mir, dass 175 Leute teilnehmen würden. Also plünderte ich meine Kreditkarte, opferte meine letzten freien Flugmeilen und machte mich auf, meine Downline zu unterstützen. An dem vereinbarten Samstag kam ich um halb neun morgens im Seminarraum an, eine Stunde vor Beginn der Veranstaltung. Niemand war da. Um neun Uhr kam Dr. Wang. Um 9.15 waren wir noch immer zu zweit. Um 9.25 Uhr waren fünf Gäste da. Gegen halb zehn ging Dr. Wang auf dem Flur auf und ab und hielt Ausschau nach verirrten Beratern. Um 9.45 war er ziemlich verzweifelt und fragte sich, wo die anderen 170 Gäste seien.

Wir haben das Ganztags-Seminar für die fünf Teilnehmer durchgeführt, und drei sind heute noch immer im Geschäft. Dr. Wang räumte jedoch später ein, dass er sich gewünscht habe, der Kronleuchter wäre auf ihn herabgefallen und hätte dort gleich alles beendet. Die Moral der Geschichte war für mich die Erkenntnis: „Man weiß nie, wann man seine nächsten Top-Führungskräfte trifft." Was, denken Sie, wäre mit jenen drei Führungskräften geschehen, wenn wir ihr Erscheinen so gering geschätzt hätten, dass wir das Seminar wegen mangelnder Teilnahme abgesagt hätten?"

Tatsache ist, das Meeting hätte in Dr. Wangs Wohnung gehalten werden können, und ihm hätte so die Peinlichkeit erspart werden können, dass so viele Leute nicht erschienen. Sie hatten großes Glück, dass sie für ihre Mühen nicht mit leeren Händen dastanden. Von all den zahllosen Geschichten, die wir im Laufe der Jahre gehört haben, hat keine andere in der gesamten Branche eine ähnliche Hotel-Erfahrung mit einem so positiven Ausgang beschrieben. Heute hat Hung -Tai Wang eine der größten Organisationen in Asien und ist einer der bestbezahlten Berater im Geschäft. Dave Johnson und seine Frau Coni leben in Reno, Nevada, wo auch wir wohnen. Rene arbeitete während jener Pioniertage intensiv mit ihm zusammen, und wir alle wurden enge Freunde. Als Upline von Dr. Wang sind die Johnsons die Führungskräfte einer der größten asiatischen Organisationen und gehören zu den höchstbezahlten Beratern unserer Firma. Sie sind viel auf Reisen und führen ein Leben, von dem andere nur träumen können.

Paula Cook-Ehrlich erzählt aus ihren frühen Tagen im Geschäft eine ähnliche Geschichte, als sie ihren Mann auf einer Geschäftsreise nach Texas begleitete. Da wir ohnehin da waren, setzte ich eine Geschäftspräsentation für einige Bekannte an. Ich wollte unsere Hotel-Suite für das

Meeting nutzen und hatte ein paar der wichtigsten Produkte mitgenommen, um sie allen zu zeigen.

Zufällig erwähnte ich das gegenüber meiner Upline-Führungskraft, und er sagte, er habe eine sehr große Organisation in Texas und wolle einen Rundruf wegen des Meetings machen. Er sagte, ich solle einen Konferenzraum in dem Hotel mieten, und das tat ich, für etwa 50 Leute. Ich rief ihn an, als ich das erledigt hatte, und er meinte, der Raum wäre nicht groß genug, ich sollte einen nehmen, wo ich 100 Leute unterbringen könnte. Das war zwei Tage vor dem Meeting, und zu diesem Zeitpunkt hatte das Hotel nur noch einen Raum für etwa 200 Leute. Wir entschieden uns also für diesen, stellten an der Rückwand Wasserspender und vorn einen großen Produktständer auf, der den ganzen übrigen Platz einnahm. Natürlich musste ich jetzt mehr Produkte und Ausstellungsmaterial haben, als ich mitgebracht hatte, und so veranlasste ich die Firma, per Nacht-Kurier ein komplettes Produktpaket zu schicken. Dann rannte ich durch die ganze Stadt, um die Dinge zu finden, welche ich für den Produktständer brauchte.

Als ich meinem Upliner Bericht erstattete, sagte er, er habe die Nachricht einige Male via Voice Mail ausgesandt, und wir könnten mit einer Menge Leute rechnen. Er fügte hinzu, dass dies für mich eine tolle Lernerfahrung wäre. Er hatte Recht - nur hatte ich überhaupt keine Ahnung davon, wie kostspielig diese Lektion für mich sein würde.

Nun, der Abend des großen Ereignisses kam, und wir hatten das schönste Produkt-Display und auf jedem Stuhl professionelle Flugblätter, auf denen die Geschäftsgelegenheit und die Produkte dargestellt wurden. Zwei meiner Partner waren früher gekommen, um sich um den Anmeldungstisch zu kümmern. Jedoch war, nur fünfzehn Minuten vor dem geplanten Beginn, *noch niemand erschienen!* An diesem Punkt sagten wir uns: ‚Wäre doch lustig, wenn niemand käme, ha, ha!‘ Nun, raten Sie mal . . . Zur geplanten Anfangszeit um halb acht waren vier Leute im Raum, und sie gehörten zu den ursprünglichen zehn Gästen, die ich eingeladen hatte - in einem Raum für 200 Gäste. Wir sponserten diese vier Gäste, und so war es kein Totalausfall - nur ein sehr teurer Abend. Sie müssen ein klares Bild davon bekommen haben, dass der Markt noch nicht gesättigt war . . . Mein Mann sagte im Scherz, wenn es in diesem Geschäft einen Betrug gäbe, dann den, dass meine Upline eine Downline in Houston habe. Darüber haben wir herzlich gelacht.

Als ich zurück auf mein Zimmer kam, war eine Nachricht von meinem Upliner eingetroffen, ich solle ihn anrufen und wissen lassen, wie das Meeting gelaufen sei. Als ich es ihm erzählte, war er entsetzt. Und ich werde nie seine erste Frage an mich vergessen: ‚Wirst Du aufgeben?' Ehrlich gesagt, war es mir nie in den Sinn gekommen, aufzugeben. Als ich ihm sagte: ‚Nein, natürlich nicht,' entgegnete er mir, dass ich ‚wirklich Charakter hätte. Wenn ich nicht vorhätte, aufzugeben, würde ich es in dem Geschäft auf jeden Fall schaffen.' Wie sich herausstellte, steckte ein Fehler in dem Voice Mail-System, so dass niemand die Ankündigung hören konnte. Mein Upliner bot an, den Raum zu bezahlen, was ich ablehnte, aber seitdem haben wir oft darüber gelacht.

In den folgenden Jahren dachte ich oft an diese Bemerkung, wenn mir wirklich nach Aufgeben war - sie ließ mich weiter machen!" Heute, nach sieben Jahren, leben Paula und ihr Mann Mort in Miami Beach, haben in ihrer Firma eine Spitzenposition erreicht und beziehen ein Einkommen aus einer Organisation, die sich über mehr als zwanzig Länder erstreckt. Sie führen das Leben, von dem sie immer geträumt haben und glauben noch immer, dass es in diesem Geschäft jeder schaffen kann, wenn er bereit ist, die zeitweiligen Rückschläge auf dem Weg zu überwinden.

Eine Handvoll Leute, die in einer Wohnung oder Hotel-Suite auftauchen, wären eine normale MLM-Zusammenkunft gewesen. Aber eine Handvoll Menschen in einem Hotel-Ballsaal erzeugen kein gutes Gefühl, wenn Sie der Gastgeber sind. Und es ist recht kostspielig. Die meisten Networker können sich diesen Fehler nur einmal leisten.

Hotel-Meetings sind kein privates Treffen

Hotel-Meetings schließen aufgrund ihres Wesens systematisch fünfundzwanzig Prozent der Bevölkerung aus. Benutzen Sie einfach nur Ihren gesunden Menschenverstand:

Viele Ärzte und Steuerberater können es sich nicht erlauben, sich von Patienten oder Klienten im Hotel bei einem Sponsertreffen für Multi-Level-Marketing sehen zu lassen. Viele Vorstände oder Firmeninhaber wollen nicht riskieren, dass ihre Untergebenen oder Kunden sie in diesen Meetings sehen. Lehrer fürchten, auf Eltern von Schülern zu stoßen oder, noch schlimmer, auf ihren Direktor. Wir sponserten einmal einen Kinder-Kardiologen, der in unserem Wohnzimmer saß und sagte: „Wissen Sie, meine eigene Schwester versuchte, mich zum Besuch eines ihrer Meetings zu bewegen, als irgend eine tolle Führungskraft von außerhalb in Austin sprach, aber ich lehnte ab. Wie überzeugt wären die Eltern eines Fünfjährigen, wenn sie bei einem MLM-Meeting auf seinen Arzt stoßen würden, der am nächsten Tag an ihrem Kind eine Herzoperation vornehmen soll? Der einzige Grund, warum ich jetzt hier bin: Es ist ein privates Treffen!" Bedenken Sie immer: Die bestmögliche Umgebung für das erste Mal, wenn ein neuer Interessent unser Geschäft sieht, ist Ihr Wohnzimmer, und sei es noch so bescheiden.

Hotel-Meetings stellen keine Freiheit dar

Wir bestehen gegenüber neuen Interessenten immer darauf, dass ‚Freiheit' unsere wichtigste Perspektive ist. Stellen Sie sich einen Zeitgenossen am Donnerstagabend, 19.30 Uhr vor, der seine Krawatte lockert und zu einem Meeting mit 100 Leuten geht. Er denkt daran, dass er diese Woche schon zweiundvierzig Stunden Arbeit in seiner Firma geleistet hat. Wie wird er seiner Frau und seinen Kindern erklären, warum er jetzt auch noch zu abendlichen Meetings gehen muss? Niemand will das bisschen kostbare Zeit, das er hat, damit verbringen, abends einen Parkplatz am Hilton zu suchen. Große wöchentliche Hotel-Meetings zerstören das Konzept der Freiheit, indem sie die Leute zwingen, ihren sowieso schon überladenen Terminkalender noch über ihre regulären Arbeitsstunden hinaus auszudehnen.

Hotel-Meetings lassen die Illusion der Sättigung entstehen

Es ist unmöglich, irgend ein Gebiet mit zu vielen Beratern zu sättigen - trotzdem kann der Eindruck der Sättigung neue Berater entmutigen. Eine Präsentation ist grundsätzlich ansprechender, wenn sie mit ein paar

Freunden in einem Wohnzimmer stattfindet, denen man die sagenhafte Einstiegsmöglichkeit ins Network Marketing vorstellt. Wir wissen alle, dass eine Zusammenkunft von 300 Leuten im Verhältnis zur Gesamtbevölkerung der meisten Städte nur ein „Tropfen auf dem heißen Stein" ist. Doch neuen Beratern mag es so vorkommen, als kenne bereits jeder in ihrer unmittelbaren Umgebung dieses Geschäft. Ein neuer Berater mag denken: „Mein Gott, allein in diesem Raum sind 299 Menschen, die vor mir in dieses Geschäft eingestiegen sind!" Der Eindruck, sich einer Firma in einem frühen Stadium anzuschließen, wird durch die anfängliche Wahrnehmung von Hunderten von Menschen zerstört, die zu einem großen Sponsertreffen in ein Hotel strömen.

Hotel-Meetings fördern nicht die Persönlichkeitsentwicklung

Persönliches Wachstum und Entwicklung waren schon immer der wahre Gewinn unserer Branche. Aber nur sehr wenige Leute erfahren persönliches Wachstum, indem sie mit einem Mikrofon vor einem Publikum stehen. Für die meisten Leute werden Führungsfähigkeiten besser in kleinen Sponser-Treffen zu Hause entwickelt, gepaart mit Wochenend-Schulungen, in denen Networker lernen, ihre eigenen heranwachsenden Gruppen zu führen. Wir glauben, das positivste Erfolgsergebnis in unserer Branche ist nicht finanzielle Unabhängigkeit oder Freizeit, sondern vielmehr persönliche Entwicklung.

Wir haben viele unserer persönlich gesponserten Neulinge - bei einigen von ihnen war es höchst unwahrscheinlich, dass sie zu Erfolgsgeschichten werden würden - stolz dabei beobachtet, wie sie sich durch reine Willenskraft zu bemerkenswerten Führungskräften entwickelten. Anstatt ihre Sponsertreffen für diese Partner zu halten, haben wir sie ermutigt, die Treffen selbst zu leiten. Und während einige erfolgreiche Führungskräfte stolz auf die ehemaligen Ärzte, Anwälte und Firmenvorstände sind, die sie gesponsert haben, sind wir außerordentlich stolz auf unsere einfachen Erstlinien-Neulinge wie eine Haushälterin, einen Studenten und einen Polizeibeamten, die allesamt Millionärslegenden unserer Branche geworden sind. Im Laufe der Zeit schafften wir es, ein paar dynamische ‚Profis' wie Terry und Tom Hill zu sponsern, aber zum größten Teil waren unsere erfolgreichen Erstlinien-Führungskräfte früher gewöhnliche Lohnempfänger.

Die Botschaft, die wir jedem einzelnen Interessenten und Berater bei unseren Treffen vermitteln wollen, ist ganz einfach: „Wir befinden uns in einem Vertriebssystem mit geringen Investitionen und geringen Unkosten, in welchem Durchschnittsmenschen durch den Vertrieb von Produkten und Dienstleistungen Wohlstand und Unabhängigkeit erreichen können.“ Die Botschaft, die wir **nicht** vermitteln wollen, ist folgende: „Wir befinden uns in einem Pyramidensystem, in dem diejenigen, die gut öffentlich reden können und früh einsteigen, viel Geld verdienen. Indem sie profitable wöchentliche, monatliche und jährliche Meetings durchführen und dabei Bücher und Kassetten verkaufen und Motivations-Versammlungen moderieren.“ Die letztgenannte Botschaft ist diejenige, die von denen vermittelt wird, die auf regelmäßige Hotel-Meetings bestehen. Deshalb ist die erste Meeting-Mine, auf die ein neuer Berater vermutlich zu Beginn seines Kampfes um Erfolg tritt, die regelmäßigen „schicken" Hotel-Meetings. Hotel-Meetings sind kein effizientes Mittel zum Aufbau eines legalen Network-Geschäftes, und sie sind für die meisten Menschen einfach nicht einfach duplizierbar. Hotel-Meetings sind eine tolle Sache, um Ihre Gruppe regelmäßig zu speziellen Gelegenheiten zusammenzubringen, wenn z.B. Upline-Führungskräfte Ihrer Gruppe die Stadt besuchen, für eine formelle Überreichung von Auszeichnungen und Anerkennungen, oder einfach zur Beziehungspflege. Den größten Teil Ihrer Zeit aber sollten Sie zum Telefonieren und zum Durchführen Ihrer eigenen Präsentationen zu Hause aufwenden.

Zweite Mine: Die Teilzeit-Tagesstätte für Erwachsene

Die zweite Meeting-Mine tritt übrigens meistens zu Hause auf. Wir nennen sie „die Teilzeit-Tagesstätte für Erwachsene". Sie wird im allgemeinen durch wohl meindende Upline-Führungskräfte geschaffen, die ihr Haus jederzeit und jedem Downline-Partner öffnen, wann immer diese nicht arbeiten. Neue und alte Leute erkennen, dass sie zu jeder Zeit vorbeikommen können, um Produkte abzuholen. Oder nur eine Tasse Kaffee zu trinken und ihre Upline zu besuchen. Es ist ein wenig wie eine Aufwertung ihres Ego für jene, die nie viele Freunde hatten, und es ist eine wunderbare Art, sein gesellschaftliches Leben zu bereichern. Es ist auch viel leichter, lediglich Berater zu trainieren, von denen Sie respektiert werden, als die Ablehnung durch neue Interessenten zu ertragen. Das

Wenn Sie eine Menge Geld verdienen und völlige Kontrolle über Ihre Zeit und Ihr Schicksal erreichen wollen, müssen Sie zur Führungskraft werden, Ihre eigenen Meetings durchführen und Ihren Erstlinien beibringen, dasselbe zu tun.

Problem ist nur, wenn Sie den Aufbau einer großen Organisation zum Ziel haben, wird Ihnen diese Methode nicht weiter helfen. Es ist wie ein 24-Stunden-Treff für Obdachlose und etwa genauso profitabel. Der gesellschaftliche Umgang mag Spaß machen - aber machen Sie sich nicht vor, dass Ihre täglichen oder wöchentlichen Besucher hilfreich für das Wachstum Ihres Geschäftes wären. Sie sind es nicht.

Dritte Mine: Der Gottesdienst

Eine weitere wenig effektive Zusammenkunft ist der so genannte „Gottesdienst". Hierbei handelt es sich um ein wöchentliches Sponsertreffen, in dem Erstlinien-Berater ihre Gäste zu einer Präsentation in die Wohnung einer Führungskraft bringen. Wenn diese Meetings wirklich funktionieren würden, würden sie sich innerhalb von Tagen als überholt erweisen, und zwar aus folgendem Grund: Wenn in der ersten Woche fünf Leute zu einem Sponsertreffen kommen und jeder den Prozess dupliziert, sollten in der dritten Woche 155 Interessenten da sein - die ursprünglichen fünf, ihre 25 und deren 125. Die meisten Wohnungen haben gar nicht so viele bequeme Sitzplätze. Und selbst wenn, in der vierten Woche können sie kaum 780 Leute aufnehmen.

Dass einige Führungskräfte ihre wöchentlichen Heim-Meetings für ihre Downline über Jahre hinweg weiter durchführen können, ist offensichtlich der, dass die Gruppe nicht exponentiell wächst. Wenn Sie zum Zwecke wöchentlicher persönlicher Unterstützung einen engen Freundeskreis aufbauen wollen oder wenn Sie nur einen kleinen Personenkreis haben wollen, der zu Ihnen aufschaut, gibt es keine bessere Möglichkeit als die wöchentliche MLM-Unterstützungsgruppe. Sie ist toll für Leute, die keine Bindung an eine Kirche haben, aber eine wöchentliche zweistündige Zusammengehörigkeits-Sitzung mit einer Gruppe Gleichgesinnter brauchen. Nur baut man so keine internationale Network Marketing-Organisation auf.

Würde das exponentielle Wachstum so funktionieren, wie es sollte, würden Führungskräfte - abgesehen von einer nicht zu bewältigenden Anzahl von Leuten - bald feststellen, dass sie eine zerstörerische interne Abhängigkeit geschaffen haben. Wenn Sie eine Menge Geld verdienen und völlige Kontrolle über Ihre Zeit und Ihr Schicksal erreichen wollen, müssen Sie zur Führungskraft werden, Ihre eigenen Meetings durchführen und Ihren Erstlinien beibringen, dasselbe zu tun.

Rene erzählt von dieser Art von Zusammenkunft in Reno: „Als ehemalige Nonne hatte ich das Recht, wöchentliche Gottesdienste durchzuführen. Die Freude daran, diese zu leiten, entsprang meinem Wesen, und zu der Zeit glaubte ich, dass ich meiner Downline einen großen Dienst erwies. Ich bin aus tiefstem Herzen Lehrerin, und ich liebte es, unseren neuen Interessenten die Geschäftsgelegenheit zu präsentieren. Ich würde es für meine eigenen Interessenten ja sowieso tun, warum also nicht genauso für meine Berater? Viele der selbständigeren Leute in meiner Gruppe dehnten ihr Tätigkeitsfeld mit ihren eigenen häuslichen Treffen aus, aber ein Mal die Woche, am Dienstagabend, hatte ich dreißig bis vierzig Leute beisammen - Berater und deren Interessenten. Solange ich sie weiterhin hielt, brachten diese Meetings eine Menge guter Ergebnisse. Viele Leute kamen in unser Geschäft, aber es war der Aufbau von Nähe und Freundschaft, die ich wirklich schätzte.

Ende 1991 heirateten Mark und ich. Mein Leben änderte sich entscheidend, einschließlich umfangreicher Reisen mit meinem Mann, um seine - jetzt unsere - Downline im ganzen Land zu unterstützen. Ich gab meine wöchentlichen Meetings auf, und meine Reno-Gruppe löste sich, quasi über Nacht, auf. Das ging teilweise darauf zurück, dass unsere Firma der rücksichtslosesten Untersuchung seitens der Medien in der Geschichte des Network Marketing ausgesetzt war. Vor allem aber geschah es, weil ich fast jeden in der Gruppe von mir abhängig gemacht hatte. Als ich die ‚Kirchen'-Tür schloss, bedeutete dies für viele meiner Partner das Ende des Geschäfts. Es war für mich eine harte, aber wichtige Lektion. Wenn Sie sich trotzdem entscheiden wollen, Ihren eigenen „Gottesdienst" zu halten, fördern Sie wenigstens weiterhin die Unabhängigkeit jeder einzelnen Person in Ihrer Gruppe.

Diese Erkenntnis ist wichtig - für ihr persönliches Wachstum und für das Wachstum des Geschäftes eines jeden Einzelnen."

Vierte Mine: Das Täuschungs-Meeting

Die nächste Meeting-Mine wird von einer Menge verschiedener Networker mit einer Menge verschiedener Namen bezeichnet. Einige nennen sie das ‚Dinnerparty-Meeting', weil gewöhnlich Freunde zu einem Abendessen eingeladen werden. Einige nennen sie das ‚Neugier-Meeting', weil die Methode, mit der Freunde und Partner zur Teilnahme bewegt werden, nicht offen legt, warum sie eingeladen werden. Die Freunde nehmen also teil, weil sie neugierig darauf sind, was ihre Gastgeber „ausgeheckt" haben. Wir nennen bezeichnen diese Art von Treffen übrigens das ‚Täuschungs-Meeting', weil sich jeder von uns, der einmal zu einem solchen Treffen eingeladen war, noch immer daran erinnert, wie sauer wir auf unsere Freunde waren, weil sie uns hinters Licht geführt hatten. Viele Menschen haben tatsächlich jahrelang einen Bogen um Network Marketing gemacht, weil unsere einzige Begegnung mit der Branche diese Art von Tricks beinhaltete. Bevor Sie diese Art Treffen anwenden, um neue Mitglieder einzufangen, lassen Sie sich warnen: Es ist nicht nur ineffizient, sondern kann zu wirklichem Ärger unter Freunden führen.

Das ‚Täuschungs-Meeting' basiert auf einer schwerwiegenden irrigen Annahme. Einige Berater, deren Firmen, seit über einem Jahrzehnt im Geschäft sind, haben Angst, ihren Freunden den Namen ihrer Firma zu nennen. Dahinter steht die Furcht, die Menschen könnten glauben, dass der Markt schon mit Beratern gesättigt sei und das diese deshalb nicht mehr zu einer Präsentation kommen würden. Diese Furcht ist aus zwei Gründen falsch. Erstens sollte der Name der Firma im Allgemeinen sowieso nicht erwähnt werden, wenn Sie jemanden zu einem Meeting einladen. Zweitens ist kein Geschäft in keiner Stadt jemals gesättigt. Die Tatsache, dass Ihre Freunde vielleicht schon von Ihrer Firma gehört haben, bedeutet nicht, dass sie nicht interessiert sind. Allerdings ist es definitiv geschmacklos, zu einem Abendessen im vertrauten Kreis einzuladen, das in Wirklichkeit ein verkapptes Sponsertreffen ist.

Täuschungs- oder Neugier-Meetings sind Geschäftspräsentationen zu Hause, bei denen man die Interessenten glauben macht, sie gingen nur zu einem Abendessen bei Freunden. Wenn Gäste ankommen, werden sie gewöhnlich anderen Teilnehmern vorgestellt, den Sponsoren des Gastgebers und vielleicht noch zwei oder drei Paaren aus dem Kreis der Interessenten. Sobald das Abendessen vorbei ist, gibt es eine formelle Präsentation, um das logarithmische Wachstum von MLM darzustellen. Dann erkennen die Gäste, dass sie reingelegt wurden.

Diese Art von Treffen ist nichts anderes als Schwindelei. Die meisten Leute, die auch nur ein wenig Anstand im Leib haben, lehnen es ab, ihre Freunde mittels einer solchen Täuschung sponsern zu wollen, und jene, die sich dazu überreden lassen, scheitern gewöhnlich. Bei unseren Reisen durch Amerika, Asien und Europa haben wir zahllose Menschen getroffen, die sich jahrelang geweigert haben, Network Marketing auch nur in Erwägung zu ziehen, weil ihre erste Begegnung auf einem Täuschungs-Meeting beruhte.

Fünfte Mine: Das Büro-Meeting

Eine andere Art von Meeting-Mine ist das Büro-Meeting. Obwohl ihn sein Upline-Mentor Richard Kall davor gewarnt hatte, ignorierte ihn Mark und ergab sich in seinem fünften Monat der Versuchung. Seit diesem Zeitpunkt verdiente er genug Geld, um sich das Büro leisten zu können. Mark erzählt in Schulungen oft die folgende Geschichte:

„Ich war ein ‚großer Geschäftsmann' geworden. Ich sage das mit ironischem Unterton. ‚Große Geschäftsleute' sind wichtige Burschen. Wir fahren gewöhnlich Mercedes, tragen Designer-Sportmäntel für 2000 Euro, lassen eine Rolex an unserem Handgelenk aufblitzen und besitzen eine Platin American Express-Karte. Darüber hinaus brauchen wir ein schikkes Büro und hohe Spesenrechnungen, um unsere Bedeutung unter Beweis zu stellen. Ganz im Ernst, gerade die Dinge, denen wir mit dem Eintritt ins Network Marketing zu entkommen versuchen, sind häufig die Dinge, die uns unser Ego als notwendig vorschreibt, wenn wir erst erfolgreich sind. Als ich über 15.000 Euro im Monat zu verdienen begann, entschied ich - gegen den Protest meines Mentors -, dass ich mein Network

Marketing-Geschäft in ein Geschäfts- und Büroviertel verlegen müsste. Schließlich dachte ich, mit einem solchen Einkommen wäre es an der Zeit, meine Meetings in einem Umfeld durchzuführen, in dem ich meinen eigenen Schreibtisch, meine Sekretärin, ein Faxgerät und einen Konferenzraum hatte. Ich fand wunderschöne Räumlichkeiten im schicksten Bürokomplex von Austin, Texas, und unterschrieb einen Mietvertrag für sechs Monate. Dann stellte ich eine Teilzeit-Sekretärin ein, um all meine wichtigen Gespräche anzunehmen, und - wow! - schon war ich ein ‚großer Geschäftsmann'!

Was glauben Sie, was dann passierte? Zuerst ging meine Sponserquote um fast fünfzig Prozent zurück. Nicht nur das - die Ausfallquote meiner Präsentationsteilnehmer stieg ebenfalls erheblich an. Die Telefonanrufe, die ich erhielt, kamen von Leuten, die sich über das Verhalten und die allgemeine Unfähigkeit meiner Sekretärin beschwerten. Also musste ich Zeit aufwenden, um ihr die Grundlagen des Verhaltens am Telefon beizubringen. Im zweiten Monat schrieb sich kein einziger meiner Gesprächspartner ein, und die wenigen, die ich im ersten Monat gesponsert hatte, erhoben lautstark die Forderung, ihre Meetings in meinem Büro zu halten und lehnten es ab, ihre eigenen Treffen zu Hause durchzuführen. Im dritten Monat hatte ich mein Büro wieder nach Hause verlegt. Und das habe ich gelernt: Büro-Meetings funktionieren in unserem Geschäft nicht annähernd so gut wie Geschäftsvorstellungen zu Hause. Als ich wieder ‚heimging', schoss meine Sponserrate gleich wieder hinauf in den zwanzig-Prozent-Bereich. Gleichzeitig waren meine Downline-Berater viel eher bereit, ihre eigenen Treffen zu Hause durchzuführen, als ich es auch wieder tat."

Es ist uns klar, dass wir uns bei vielen von Ihnen, die bereits Büros haben und das Geschäft auf diese Art betreiben, unbeliebt machen, wenn wir von Büros abraten. Aber wir wollen nicht erreichen, dass Sie uns lieben. Unser Ziel ist es, Sie zu einem Einkommen wie dem unseren zu bringen - ohne unnötige hohe Nebenkosten. Sollten Sie sich dafür entscheiden, ein Büro zu betreiben, tun Sie es erst, wenn Sie alle Fakten kennen: Erstens kann das Mieten eines Büros von den meisten Leuten aus Kostengründen nicht dupliziert werden. Zweitens verursacht ein Büro unnötige Betriebskosten. Drittens führen Büro-Meetings nicht die Freiheit vor Augen, der Sie sich als Networker erfreuen sollten.

Büro-Meetings können nicht dupliziert werden

Die meisten Menschen haben Arbeitsplätze, keine privaten Büros, und haben deshalb nicht die geringste Ahnung, wie man sie organisiert. Dies verursacht Chaos und unnötigen Stress, der die Produktivität behindert. Die meisten Menschen sind allein schon damit zu sehr beschäftigt, die Grundlagen des MLM zu lernen - geschweige denn, Zeit dafür zu haben, ein Büro zu betreiben. Außerdem können sich nur wenige ein Büro leisten. Keiner von uns hätte in seinen ersten paar Monaten im Geschäft ein Büro bezahlen können. Aus diesem Grund hätten wir uns wohl auch nie eingeschrieben, hätte man uns das Geschäft einem Büroumfeld vorgestellt. Büroräume sind überall auf der Welt teuer - auch wenn Sie sie mit anderen Geschäftsleuten teilen. Wir sind doch in einem Geschäft der Duplikation. Wenn wir es uns nicht leisten können, das Geschäft in einem Büro, auf einem Boot oder wo auch immer zu betreiben, wird es wohl auch für die Massen unmöglich oder unerreichbar sein.

Büros verursachen unnötige Betriebskosten

Eine der größten Stärken des Network Marketing ist vermutlich, dass es keine festen Betriebskosten gibt. In unserem Geschäft können Sie die Früchte des Unternehmerdaseins ernten, ohne jedoch die Gebühren für eine Konzession oder die laufenden Kosten eines Unternehmers zu haben. Das Schöne an diesem Geschäft ist, dass Sie es von Ihrem Wohnzimmer aus betreiben können - Sie brauchen nicht Tausende von Euro für Angestellte und Büroraum zu investieren. Warum also Geld für völlig unnötige Betriebskosten verschwenden, wenn ein Büro Ihre Produktivität nicht erhöhen würde?

Büros führen nicht die Freiheit vor Augen

Zwei besondere Attraktionen stehen für unsere Branche: Viel Geld und Freizeit. Interessenten, die zu einem Büro-Gespräch kommen, spüren, dass sie an ein Büro gebunden sind, wenn Sie sich Ihrer MLM-Organisation anschließen. Wo ist folglich die Freiheit? Wenn sie Ihr System duplizieren, werden sie bald nicht nur mit dem Verkehr zu kämpfen haben, während sie zu Ihrem Büro fahren, sondern werden sich auch genötigt sehen, einen großen Teil ihrer Zeit dort zu verbringen. Noch schlimmer, ihre Führungskräfte werden den Vorgang nachahmen. Sie werden denken, auch ihre Präsentationen sollten in einem derart professionellen Umfeld stattfinden. Wenn Sie ein Büro mieten, lösen Sie einen Trend in Ihrer Downline aus, der den Grundzügen unserer Branche widerspricht: Gewöhnlichen Menschen die Chance zu geben, sich einer Freiheit außerhalb der herkömmlichen Geschäftsregeln zu erfreuen.

In unserer Downline haben wir Leute, die mit Hotel- wie auch mit Büro-Meetings Erfolg hatten, aber keiner von ihnen verdient auch nur halb so viel wie wir. Ungeachtet dessen, wie viel Sie verdienen, bitten wir Sie, Ihre Entscheidungen davon abhängig zu machen, was Sie sich von Ihrem wünschen. Einige Berater, so wie auch einige fremde Kulturen, ziehen einfach die Umgebung eines Großraumbüros vor, weil sie es motivierender und gesellschaftlich ansprechender finden. Wir haben Verständnis für diese Vorlieben und akzeptieren, dass Networker ihre eigenen Chefs sind. Aber nichts wird uns davon abhalten, jedem Berater in jedem Land das System nahe zu legen, das uns Millionen eingebracht hat. Wir wollen Ihnen alle Fakten an die Hand geben, während Sie Ihr Network Marketing-Geschäft aufbauen, damit Sie für sich kluge Entscheidungen treffen können.

Sechste Mine: Das Restaurant-Meeting

Eine andere gefährliche Situation stellt das Restaurant-Meeting dar. Ein Networker kann nicht erwarten, dass ein Meeting an einem öffentlichen Ort erfolgreich verläuft, wo er keinen Zugang zu einem Videorekorder oder Flip-Charts hat und er gleichzeitig vielen Störungen ausgesetzt ist. Sie wissen schon, ‚kleine' Ablenkungen wie z.B. eine Gruppe angetrunkener, singender Büroangestellter, oder ein Sportereignis, das von diversen TV-Schirmen plärrt. Eine Präsentation in einem Restaurant ist in keiner Weise effizient oder professionell - es sei denn, die Bar hat eine Serviette in der Größe eines Flip-Charts, einen Videorekorder für Ihren persönlichen Gebrauch und spielt keine Musik, schenkt keinen Alkohol aus und unterhält die Kunden auch nicht anderweitig.

Das Geheimnis des Network Marketing ist es, unsere Geschäftsgelegenheit so vielen neuen Leuten wie möglich vorzustellen.

Die Methode, die Sie anwenden, um Ihre Interessenten zu sponsern, sollte einfach zu duplizieren sein und wiederum effektiv bei deren Interessenten angewandt werden können. Um dies richtig durchzuführen muss man sich konzentrieren können. Wenn Sie die Wahl haben, liegen Ihre besten Erfolgschancen darin, ein kleines Gruppen-Meeting bei Ihnen zu Hause zu halten, wo Sie völlige Kontrolle über das Umfeld haben.

Siebte Mine: Das "Zuhause des Interessenten"

Eine andere ernstliche Gefahr entsteht, wenn Sie Ihr erstes Sponsertreffen im Zuhause des Kandidaten durchzuführen. Wenn es sich vermeiden lässt, sponsern Sie nicht im Haus oder Büro irgendeines Interessenten. Es ist genauso ineffizient wie in einem Restaurant, weil hier die gleiche Gefahr der Ablenkungen besteht. Noch schlimmer, Sie haben keinerlei Kontrolle über das Gespräch. Ein Freund Ihres Interessenten schneit herein oder das Telefon klingelt und augenblicklich haben Sie den Faden Ihrer Präsentation verloren. Das Kind Ihres Interessenten kommt weinend mit einem aufgeschürften Knie ins Wohnzimmer gelaufen und die Aufmerksamkeit Ihres Gesprächspartners ist beim Teufel. Einige Leute, die sich unser Geschäft ansahen führten absichtlich Ablenkungen herbei, sobald wir zu ihnen nach Hause kamen. Ein Interessent, den wir in seinem Zuhause zu sponsern versuchten, lud tatsächlich zwei Freunde ein, die in anderen MLM-Unternehmen gescheitert waren, um uns abzulenken und sich somit gute Ausreden für unsere Erläuterungen zu verschaffen.

Es ist zeitaufwendig, zur Wohnung oder zum Büro eines anderen zu fahren. Warum sich also mit Einzelgesprächen belasten, wenn Sie in einem kleinen Gruppengespräch vielleicht das vier- bis achtfache Ergebnis erzielen könnten. Natürlich ist es besser, Interessenten zu Hause zu besuchen, als ihnen unsere Geschäftsgelegenheit überhaupt nicht zu zeigen. Mark zeigte Dennis Clifton das Geschäft bei ihm zu Hause, und diese Fahrt hat sich wahrlich gelohnt. Aber wann immer möglich, bemühen Sie sich, den Interessenten zur Präsentation zu sich nach Hause zu bekommen. Dieser Umstand ermöglicht Ihnen die für ein erfolgreiches Meeting nötige

Kontrolle. Und wenn man ihn für sich gewonnen hat, ist der Interessent viel eher geneigt, diesen Prozess korrekt zu duplizieren.

Achte Mine: Technologie

Obwohl in Zukunft immer mehr neue technologische Hilfsmittel zur Verfügung stehen, werden die Berater, die auf ein einfaches Sponsersystem vertrauen, umwerfende Erfolge verzeichnen. Denken Sie daran: Wenn nicht jeder Ihr System auf einfache Weise duplizieren kann, führt es nicht zum Erfolg. Wir kennen Networker, die das Internet und E-Mails nutzen, um neue Berater zu gewinnen und zu schulen. Aber noch sind über 75 Prozent der Nachkriegsgeneration nicht online, warum also Ihren Markt auf weniger als ein Viertel der „Baby Boomer"-Generation begrenzen? Andere haben versucht, mit Rufumleitungen, automatischen Wählsystemen, Faxabruf und anderen neuen Systemen zu arbeiten. In Verbindung mit Telefonaten und persönlichen Treffen kann dieses „Schrotflinten"-Sponsern funktionieren. Der Gebrauch nur einer Technologie zum Gewinnen von Führungskräften schränkt Sie jedoch ein und funktioniert nicht als ausschließliche Methode. Wenn Sie persönlich mit einer neuen Technologie als Bestandteil Ihrer ‚Schrotflinten'-Methode experimentieren, wollen Sie sicher nicht den Fehler machen und Ihrer Organisation vermitteln, diese neue Ergänzung sei Ihr Hauptsystem. Ihre Leute werden denken, sie könnten nur Erfolg haben, wenn sie dieselbe Ausrüstung anschaffen, die Sie benutzen, aber einige werden es sich nicht leisten können.

Denken Sie vor allem anderen an folgendes: Wir sind in der Vertriebs-Branche - wir werden entsprechend der Menge der Produkte oder der Anzahl der Dienstleistungen, die unser Network verkauft und benutzt, bezahlt. Ist es nicht einfach sinnvoll, Artikel auf eine Weise zu vertreiben und Systeme so zu lehren, dass sie die breite Öffentlichkeit lernen und duplizieren kann? Halten Sie sich an diese Regel und Sie werden es in Ihrem Geschäft weit bringen.

Der Schlüssel zu erfolgreichen Meetings ist Duplikation

Wir möchten Ihnen klar machen, warum häusliche Treffen so effizient sind, und wie Sie Ihre Zeit bei Präsentations- und Schulungs-Meetings am besten nutzen können. Vergessen Sie nicht: In diesem Buch geht es darum, wie Sie die Fallstricke vermeiden, die Sie in Ihrem ersten Jahr im zum Aufgeben bringen könnten. Wir selbst haben jede der eben besprochenen Arten von Meeting durchgeführt und herausgefunden, dass jede im Wesentlichen weniger erfolgreich ist als die Videorekorder-/Flip-Chart-Präsentation im eigenen Wohnzimmer. Wir wollen nicht behaupten, dass die Methode der häuslichen Meetings der einzige Weg zum Erfolg sei. Wir sind keine Absolutisten; wenn Sie Ihr erstes Jahr jedoch wirklich überleben wollen, müssen Sie unserer Meinung nach alle verschiedenen Arten von Treffen verstehen, von der wirkungsvollsten bis zur wirkungslosesten. Wir wollen ja nicht, dass Sie nur überleben. Wir wollen, dass Sie wohlhabend werden und alle Zeit der Welt haben, zu tun, was Sie wollen und wann Sie es wollen.

Nachdem dies gesagt ist, wollen wir Ihnen jetzt offenbaren, was wir für das beste und am einfachsten duplizierbare Verfahren im heutigen Network Marketing halten. Bei dem wahren Schlüssel zu erfolgreichen Meetings handelt es sich immer um das fundamentale MLM-Prinzip der Duplikation. Jede Art von Treffen, die nicht auch von den zurückhaltendsten und schwächsten Personen in Ihrer Gruppe kopiert und gelehrt werden kann, wird letztlich nie ein Erfolg werden und sollte eingestellt werden.

Mark war fast vier Jahre im Geschäft, als er ein anschauliches Beispiel für diesen Grundsatz erlebte: „Ich erhielt einen Anruf von einem überaus begeisterten Mitglied namens Barney, der mich aus Fort Lauderdale, Florida, anrief, um mir mitzuteilen, er habe persönlich mehr als 200 hochqualifizierte Berater gesponsert. Allerdings sei noch keiner erfolgreich geworden. Ich bat ihn, mir eine normale Arbeitswoche in seinem Leben zu beschreiben, damit ich heraus finden konnte, was er falsch machte. Seine Techniken zur Interessenten-Gewinnung waren hervorragend und seine Fähigkeit, Interessenten zu Meetings zu bringen, unvergleichlich. Und seine Quote der Meetinggäste, die nicht nur zusagten, sondern tatsächlich erschienen, war weitaus höher als meine eigene. Erst als Barney begann, seine Meetings zu beschreiben, fand ich das Problem heraus. Ich stelle Ihnen seine Erklärung genauso dar, wie er sie mir beschrieb:

„Mark, meine Frau und ich haben ein Verzeichnis voller prominenter Leute im südlichen Florida. Wir waren mit zwei Geschäften sehr erfolgreich und haben sie kürzlich für mehrere Millionen Dollar verkauft. Nach zwei Jahren Angelausflügen wurde es uns langweilig und es wurde uns klar, dass wir etwas Produktives tun müssten. Also schrieben wir uns im Network Marketing ein und begannen damit, unseren Bekannten einzuladen, jeweils zehn zusammen, zu zwei wöchentlichen Meetings. Wir führten unsere Meetings auf unserer 30-Meter-Yacht durch. Unsere Tochter ist in einer der besten Studentinnen-Verbindungen an der Universität von Florida, also heuerten wir sie diesen Sommer mit drei ihrer Freundinnen an, um Cocktails und Hors d'Oeuvres bei unseren Meetings zu servieren. Sie dauern zwei Stunden, während deren wir durch den Hafen kreuzen, das Firmen-Video zeigen und dann dieselben Flip-Chart-Darstellungen bieten, wie Sie sie lehren. Wenn wir fertig sind, legen wir an und laden sie zur Samstags-Schulung ein."

Barney fuhr fort zu erklären, dass das Einschreiben kein Problem sei. Alle oder jedenfalls die meisten seiner Freunde und Familienmitglieder hätten sich eingeschrieben und viele hätten tatsächlich mehr Produkte bestellt, als das Starter-Kit enthält. Jedoch hatte nur einer von seinen Dutzenden von Erstlinien-Partnern jemals weitere Berater gesponsert. Nachdem ich mir Barneys Bericht genau angehört hatte, stellte ich ihm eine Frage: ‚Wie viele Ihrer Erstlinien-Berater und Interessenten besitzen eine Yacht?' Er lachte und sagte: 'Keiner.' Er hatte es auf den Punkt gebracht. Keiner konnte die Art von Meeting duplizieren, die er durchführte. Sofort verlegte er seine Treffen in sein Gästehaus, hörte auf, Cocktails und Hors d'Oeuvres zu servieren, und schließlich gelang es ihm, weitere erfolgreiche Berater zu sponsern."

Wenn wir unseren Beratern ein Sponser-oder Schulungs-System beibringen, passiert es uns manchmal unbewusst, dass wir ihnen eine neue Technik vorschlagen, von der wir gehört, die wir aber selbst noch nicht in die Praxis umgesetzt haben. Damit können wir neue Berater jedoch vom richtigen Weg abbringen. Dagegen empfehlen wir unsere Faustregel:

Sie wollen die häuslichen Treffen Ihrer Downline so vergleichbar halten, dass jeder Interessent zu jedem Meeting in jeder Stadt gehen könnte und mit denselben Kenntnissen und Informationen weggehen würde.

Wenn Sie selbst ein neues Sponser- oder Schulungsverfahren praktizieren, und Sie sehen, dass es tatsächlich über ganze sechs Monate weg die Umsätze steigen lässt, dann führen Sie es ein und bringen Sie es Ihrer Downline bei. Wenn Sie nur das Gerücht gehört haben, dass ein neues System anderswo funktioniert hat, dann verschwenden Sie keine ernsthaften Überlegungen darauf und erwähnen es auch nicht anderen gegenüber, bis Sie es nicht tatsächlich selbst ausprobiert haben. Sie wollen die häuslichen Treffen Ihrer Downline so vergleichbar halten, dass jeder Interessent zu jedem Meeting in jeder Stadt gehen könnte und mit denselben Kenntnissen und Informationen weggehen würde. So haben es die Führungskräfte in den Spitzenfirmen gemacht, und es ist schwer, Argumente gegen diese Milliarden-Dollar-Erfolge zu finden.

Sponsertreffen

Es gibt viele Arten, das Interesse von Menschen zu erregen, und auch wir praktizieren das ‚Schrotflinten'-Verfahren. Arbeiten Sie mit Inseraten und Wettbewerben; sprechen Sie jeden Menschen an, reden Sie vom Lebensstil des Networking, arbeiten Sie mit Telefonaten, Briefen, setzen Sie Ihren Computer ein, benutzen Sie Visitenkarten und öffentliche Schwarze Bretter. Verteilen Sie Handzettel, nehmen Sie an Handels-Ausstellungen und Existenzgründer-Seminaren teil. Gebrauchen Sie jede verfügbare Methode, um an Interessenten heran zu kommen - dann aber machen Sie sich eine ausschließliche Art von Meeting zu eigen, in der Sie Ihr Geschäft vorstellen. Und wechseln Sie nicht zu anderen Systemen, besonders nicht in Ihren ersten zwei Jahren. Das beste Meeting ist das, in dem jedes einzelne Detail, vom Veranstaltungsort bis zu den Abschlussformulierungen, leicht zu lehren und nachzuahmen ist.

Network Marketing ist die einzige Branche, die es gewöhnlichen Menschen möglich macht, mit minimalen Investitionen und null Betriebskosten Millionen zu verdienen - bei zeitlicher Unabhängigkeit und der Freude weltumspannender Reisen.

Steve Sledge erinnert sich, wie er seine Präsentationen im voll besetzen Vorraum seiner Wohnung gehalten hat und wie seine Familie damit zurechtkam, dass er nicht gestört werden wollte. „Ich bat meine Frau und meine Kinder, meine Meetings nicht zu unterbrechen. Das Problem war nur, wenn sie unterwegs waren, heimkamen und mich mitten in einer Präsentation fanden, mussten sie durch unseren Vorraum zu gehen, wenn sie hereinkommen wollten. So ließen sie sich etwas einfallen, entfernten den Fensterladen des Badezimmers und kletterten durch das Fenster. Immer wieder sah ich meine Familie mir zulachen und winken, während sie sich ihren Weg in unser Haus bahnten. Und die ganze Zeit ahnten die Interessenten nicht, was hinter ihnen vorging." Auf diese lustigen Momente schauen wir alle zurück, wenn wir daran denken, wie wir weltweite Geschäfte direkt aus unseren Wohnungen heraus aufgebaut haben.

Fangen Sie in Ihrer Stadt mit dem Sponsern an

Ken Pontius, ein guter Freund und eine von Amerikas MLM-Legenden, erklärt, wie wichtig es ist, Ihren Geschäftsaufbau in Ihrem ersten Jahr in Ihrer eigenen Stadt zu beginnen. Das Geld, die Fertigkeiten und die Kenntnisse, die man braucht, um Berater aus der Ferne zu sponsern, können für Neulinge lähmend sein. „Manchmal, wenn ich an die Komödie der Irrtümer in meinem ersten Jahr denke, ist es schwer zu ergründen, wie ich heutzutage nur aufgrund von Beharrlichkeit jährlich Millionen verdiene. Ich sponserte Leute, die in unserem Branche nichts zu suchen hatten, geschweige denn überhaupt hineingezogen werden wollten. Ich schob und drückte mit der Zähigkeit einer Bulldogge, ohne auch nur einen Augenblick daran zu denken, dass Menschen Eigenmotivation brauchen, um im Leben Erfolg zu haben. Ich sponserte Leute, die in anderen Staaten lebten, bevor ich das Geld oder die Kenntnisse hatte, sie über die Entfernung zu unterstützen. Aus irgendeinem Grund kam mir anfangs einfach nicht in den Sinn, das Geschäft ausschließlich in meiner eigenen Stadt zu betreiben.

Ich fuhr stundenlang, nur um dann versetzt zu werden. In einem Fall fuhr ich 221 Meilen, um eine Präsentation für einen Pastor in Missouri zu halten, der versprach, er hätte einen Hotelraum gebucht, der vollbesetzt sein. Eine nette kleine Dame tauchte auf und erwartete eine Square Dance-Veranstaltung. Ich könnte zehn Seiten mit all den Gründen füllen, warum ich in meinem ersten Jahr hätte aufgeben sollen, aber man braucht nur einen Satz, um Ihnen zu erklären, warum Sie es nicht tun sollten. Network Marketing ist die einzige Branche, die es gewöhnlichen Menschen möglich macht, mit minimalen Investitionen und null Betriebskosten Millionen zu verdienen - bei zeitlicher Unabhängigkeit und der Freude weltumspannender Reisen. Es gibt drei magische Worte, die bei uns allen funktioniert haben, die wir es bis an die Spitze geschafft haben, und sie werden auch bei Ihnen funktionieren: ‚Nur nicht aufgeben!'"

Zeiten und Orte für Treffen

Da praktisch jeder eine Wohnung hat, ist es selbstverständlich am logischsten, Sponsertreffen dort durchzuführen. Die Leute sagen uns häufig: „Klar, Mark und Rene, Ihr habt gut reden, Ihr lebt schließlich in einer Villa." Ja, aber denken Sie dran, wir begannen in einer bescheidenen Umgebung. Ungeachtet dessen, ob Sie in einer Wohnung, einem Wohnwagen oder einem Haus leben, benutzen Sie für Meetings Ihren größten Raum. Drei Dinge brauchen Sie: Fernsehgerät, Videorekorder und Tafel oder Flip Chart. Die ersten beiden Dinge haben die meisten Menschen - wenn nicht, leihen oder kaufen Sie sie. Als Teil eines einfachen, leicht zu duplizierenden Systems schlagen wir vor, ein Video zu zeigen und Ihre Präsentation an einer Tafel vorzuführen.

In seinem ersten Jahr schrieb Mark Leute aller Schattierungen ein, er sponserte einen vor kurzem gekündigten Bankpräsidenten und zur selben Zeit die Frau eines Anstreichers. Der frühere Banker lebte in einem Millionen-Dollar-Haus im besten Viertel von Austin, Texas; der Anstreicher und seine Frau lebten in einem Wohnwagen. Der Banker gab nach drei Monaten auf, die Frau des Anstreichers verdient heute 6.000 € im Monat und wird dies höchst wahrscheinlich für den Rest ihres Lebens tun. Die Beschaffenheit Ihres heimischen Umfeldes ist nicht annähernd so wichtig wie Ihre eigene Begeisterung (Lesen Sie diesen Satz noch einmal - er ist die Grundlage für den Erfolg im MLM).

Servieren Sie bei Ihren Meetings nichts zu essen, aber wenn Sie meinen, Sie müssten etwas anbieten, dann am besten Getränke: Wasser, Kaffee oder Säfte. Idealerweise sollten Sie Treffen an einem Wochentag während der normalen Arbeitszeit eine Stunde vor oder nach der Mittagszeit halten. Diese Stunden sind die besten, weil sie Ihren Interessenten gestatten, eine frühe oder verlängerte Mittagspause zu nehmen. Die nächstbesten Zeiten sind abends, die ungünstigsten Zeiten sind am Wochenende. Sie wollen den Eindruck hervorrufen, dass unsere Branche ein völlig normales Geschäft ist, das während der normalen Geschäftszeiten betrieben wird. Die ideale Zahl von Interessenten pro Treffen ist vier bis acht; versuchen Sie Einzelgespräche zu vermeiden - sie sind nutzlose Zeitverschwendung. Natürlich gibt es immer Leute aus gehobenen Berufsgruppen, von denen Sie meinen, sie brauchten ein persönliches Gespräch, aber in der Regel sind Meetings mit kleinen Gruppen am besten. Zur Information über „Eröffnungs-Gespräch und Präsentation“ verweisen wir auf ein umfassendes Schritt-für-Schritt-Kapitel über das Thema in unserem Buch *Power Multi-Level Marketing*. Dieses bietet mehr spezielle Informationen zu den wichtigsten Punkten einer Geschäftsvorstellung, egal, wie Sie diese nennen: Geschäfts-Präsentation, geschäftliche Besprechung, Geschäfts-Unterredung oder privaten Geschäfts-Empfang.

Versetzt zu werden ist normal

Laden Sie immer doppelt so viele Interessenten ein, wie Sie gerne bei Ihren Geschäftspräsentationen sehen möchten. Wenn Sie sich z. B. fünf Teilnehmer wünschen, laden Sie zehn ein. Es ist normal, dass bei diesen

Treffen die Hälfte nicht erscheint. Die Leute bieten die wildesten Entschuldigungen an, warum sie nicht bei Ihrer Geschäfts-Präsentation erscheinen. Jerry und Debbie Campisi aus Boca Raton, Florida, nehmen im Rückblick auf ihre frühen Tage des Geschäftsaufbaus für sich in Anspruch, schon alle Entschuldigungen in dem Buch gehört zu haben. Hier sind nur ein paar der hervorstechendsten:

„Sie werden es nicht glauben! Mein Haus fing Feuer und brannte bis auf die Grundmauern ab. Ich habe alles verloren, was ich besaß - einschließlich Ihrer Einladung. Tut mir wirklich leid, Ihr Meeting versäumt zu haben."

„Auf dem Weg zu unserer Verabredung hatte ich einen Unfall. Ich kann es kaum glauben, dass ich noch lebe. Ich musste in die Klinik, aber jetzt geht es mir wieder gut. Ein paar Wochen möchte ich abwarten, damit alles wieder ins Lot kommt, ehe wir uns treffen."

Und hier die beliebteste: „Ich konnte zu unserer Verabredung nicht erscheinen, weil jemand mein Auto aufgebrochen und alles gestohlen hat, was ich besaß, einschließlich Ihres Start-Pakets. Da war auch Ihre Telefonnummer dabei, so konnte ich Sie noch nicht einmal anrufen. Ich bin wirklich froh, dass Sie sich jetzt melden."

Wie wär's mit dieser: „Ich war so begeistert, mich mit Ihnen zu treffen, bis mein Mann nach Hause kam. Er erzählte mir, dies sei eines von diesen Pyramidensystemen, wo es ihnen nicht darauf ankommt, irgend etwas zu verkaufen. Es ist nur ein Network für die ersten Teilnehmer, ein Schneeballsystem, und alles, was sie wollen, sei mein Geld. Er fragte sich, warum um alles in der Welt ich auch nur ein Auge auf so etwas geworfen hätte." (Zwei Wochen später schrieb er sich bei einem anderen Geschäft ein, das genau seiner Beschreibung entsprach. Alles, was er seiner Frau verbot, tat er selbst.)

Seien Sie nicht überrascht, wenn Sie absonderliche Entschuldigungen hören. In einem Telefonat entschuldigte die Freundin eines Teilnehmers diesen mit den folgenden Worten: „Oh, tut mir leid, mein Freund muss es vergessen haben. Heute hat seine Lieblingsschlange Geburtstag. Er kann gerade jetzt nicht ans Telefon kommen, weil er eine Geburtstagsparty feiert." Jerry sagte, er habe versucht, sich das vorzustellen - die Schlange mit Geburtstagshütchen, wie sie sich in den Kuchen wühlt. Die Campisis raten, was immer Sie tun, kaufen Sie den Leuten nicht alle Entschuldigungen ab, die Sie Ihnen anbieten. Erfolgreiche Unternehmer wissen, dass Entschuldigungen die Nägel sind, mit denen Häuser des Scheiterns gezimmert werden. Nach mehr als einem Jahrzehnt in einer Firma wissen Jerry und Debbie Campisi aus Erfahrung, wie wahr diese Feststellung ist. Sie haben die Spitze erreicht. Wie wir haben sie sich in diesem Geschäft getroffen und geheiratet und sind unsere engen Freunde und Reisebegleiter durch die USA, Europa und Asien. Wir haben alle Spaß damit, das Geschäft gemeinsam zu betreiben und uns an den Stränden der Welt zu amüsieren.

Wir haben viele glückliche Eheschließungen zwischen Beratern unserer Branche erlebt. Network Marketing ist ein Zufluchtsort, um Leute mit gleicher Gesinnung, gleichschlagenden Herzen und . . . vergleichbaren Bankkonten zu finden.

Schulungs-Treffen

Eine andere Art von Treffen, das für den Erfolg entscheidend ist, ist das Schulungs-Treffen. Hierzu gibt es ein paar philosophische Fragen, auf die wir besonders eingehen müssen, da sie sich speziell auf das Thema Schulung beziehen.

Studien zufolge behält ein überdurchschnittlich intelligenter Mensch etwa 15 Prozent des neuen Stoffs, der in der ersten Stunde eines Meetings gelehrt wird. Knapp zehn Prozent sind es in der zweiten Stunde und darüber hinaus drei Prozent. Wir sind überzeugt, die Auflistung von Daten, Zahlen und Fakten in der ersten Schulungssitzung oder eigentlich in jeder Schulungssitzung nicht nur unnötig, sondern eine törichte Zeitverschwend ung ist. Warum versuchen, den Leuten wichtigen Stoff beizubringen, wenn es wissenschaftlich erwiesen ist, dass viele der Menschen das meiste, was Sie ihnen anbieten, wieder vergessen werden?

Unser gesamtes Schulungssystem ist so angelegt, dass alle fünfzig Minuten das Thema gewechselt wird. Das beruht auf der soliden Tatsache, dass die menschliche Aufmerksamkeit nicht länger als eine Stunde auf ein Thema konzentriert bleiben kann, ohne übersättigt zu werden. Dann muss der Geist ausruhen, bevor er sich ein neues Thema einverleibt. Wir haben Berater getroffen, die Marathon-Schulungssitzungen am Wochenende durchgeführt haben. Einige Führungskräfte haben sich tatsächlich damit gebrüstet, ihre Schulung sei so intensiv und umfassend, dass es acht Stunden dauert, bis sie fertig sind. Sorry, Leute, das ist irrsinnig.

Der Inhalt von Schulungs-Treffen

Als ersten Schritt in der Schulung bringen wir Leuten bei, zwei separate Schulungs-Einheiten von je 50 Minuten an einem Samstagmorgen von zehn Uhr bis Mittag anzubieten. Die erste Stunde sollte eine Demonstration sein, wie man Bewerbungsformulare, Beraterverträge, Produktbestellungen und anderen Papierkram ausfüllt und wie man diese Tätigkeit anderen beibringt. Jetzt sollten Sie ihnen die Produkte aus Ihrem Starterpaket zeigen; wie sie angewandt werden und wie man eine Basis von zehn Kunden aufbaut. Stellen Sie die Firmenliteratur wie auch alle Broschüren und Magazine vor, von denen Sie wollen, dass Ihre Downline sie benutzt. Dieses Vorgehen nimmt gewöhnlich die erste Einheit in Anspruch.

Die zweite Hälfte des Meetings sollte Zielsetzung und eine kurze Erklärung des Vergütungsplans beinhalten; wie man die 2000-Personenliste aufzustellen ist und wie wichtig es ist, sich auf die Beziehung zu Freunden und Verwandten zu konzentrieren. Am Ende der zwei Stunden geben Sie Ihren neuen Partnern vier Aufträge: „1.) Gehen Sie nach Hause und benutzen Sie die Produkte im Starterpaket, 2.) Finden Sie zehn Stammkunden aus Ihrem Familien- und Freundeskreis, 3.) Halten Sie Ihre Ziele schriftlich fest, indem Sie das bereitgestellte Material nutzen, und 4.) Beginnen Sie mit dem Aufstellen Ihrer persönlichen Namensliste, indem Sie die beiliegende Gedächtnisstütze benutzen. Denken Sie daran: Diejenigen, welche die 2000-Personen-Liste ernst nehmen und ihre zehn Kunden finden, sind gewöhnlich diejenigen, die Erfolg haben werden.“

Erinnern Sie Ihre neuen Partner während der Schulung daran, dass sie, auch wenn sie heute die Schüler sind, nächste Woche die Lehrer sein werden. Dieses System ist so einfach zu duplizieren, dass Ihre Partner sich beim Schulen ihrer eigenen neuen Berater in der nächsten Woche wohl fühlen sollten - schließlich tun sie ja nichts anderes als das, was Sie gerade mit ihnen getan haben. Betonen Sie, wie wichtig es ist, dass sie Ihr System ohne Abweichung benutzen. Wenn Sie Ihr Schulungssystem nicht auf einer Seite zusammenfassen können, ist es zu schwierig. Das mag absurd klingen, aber es funktioniert! Wir benutzen ein einseitiges Formblatt, um unsere neuen Partner zum Laufen zu bringen und teilen ein 25-seitiges Starter-Handbuch aus. Leuten, die ernsthaft ein großes Geschäft aufbauen wollen, geben wir noch eine Liste mit Buchempfehlungen. Aber raten Sie, was wir unseren entfernt lebenden Beratern, die unser System erlernen wollen, zuerst zufaxen? Das einseitige Schulungsblatt! Und wenn wir es tun, lautet der unausgesprochene Einwand, den wir im Kopf unserer Interessenten überwinden müssen: „Dies ist zu einfach. Es klingt zu schön, um wahr zu sein." Wir sagen jedem, dass das System einfach, die Arbeit aber nicht leicht ist.

Wir haben den wunderbarsten Beruf der Welt, weil er der sinnvollste ist. Die Menschen sollten nicht zahllose Stunden damit verbringen müssen, in einem Klassenraum komplizierte Schulungsmodelle von einem Akademiker zu lernen, der gewöhnlich noch nicht einmal im Geschäftsleben tätig ist. Die Leute lernen als aktive Teilnehmer am meisten - indem sie Fehler machen und aus jeden einzelnen lernen. Bei neuen Beratern sollte unser Ziel immer sein, die Nabelschnur schnell zu durchtrennen und Führungsqualität und harte Arbeit von ihnen zu fordern - egal, mit welcher Geschwindigkeit sie ihr Geschäft betreiben wollen. Je eher neue Berater selbständig werden und sich nach einer einfachen Erfolgsformel richten, desto besser. Und wir müssen unsere Interessenten konstant immer neu auf den Erfolg programmieren, indem wir aufzeigen, wie einfach und leicht duplizierbar unser System tatsächlich ist. Tun wir es nicht, laufen die meisten Leute mit dem Gedanken von dannen: „Niemand kann so viel Geld verdienen, indem er im Wohnzimmer sitzt und ein Video zeigt." Wir haben es aber doch getan, und ebenso auch Marks Haushälterin. Und mit einer simplen, erprobten, leicht duplizierten Strategie kann es jeder andere auch, der eine Wohnung hat und ein Fernsehgerät und einen Videorekorder besitzt. Halten Sie Schulungs-Meetings einfach und begrenzen Sie sie auf höchstens zwei Stunden.

Was ist aber mit den ‚Lehrlingen', die heimgehen, die Produkte ausprobieren, ihre Ziele notieren, mit dem Aufstellen ihrer persönlichen Liste von mehreren hundert Leuten beginnen, zehn Kunden finden und Sie zurückrufen, dass sie bereit sind? Das sind die Persönlichkeiten - diejenigen, die Sie sich gewünscht haben -, die Sie zu einer persönlichen Einzelsitzung einladen. Dies ist der Moment, in welchem sich unser Beruf weg vom Filtern und Sortieren hin zum Aufbau solider und persönlicher Geschäftsbeziehungen wandelt. In dieser persönlichen Schulungssitzung legen Sie zur Unterstützung einen auf jeden neuen Partner zugeschnittenen Handlungsplan vor, besprechen, wie er seine ersten Kontakte auswählt, mit denen er gerne eine lebenslange Geschäfts-Partnerschaft aufbauen würde und planen einen zusätzlichen Tag ein, an dem Sie ihm bei den ersten Präsentationen helfen. Dieses zweite Schulungs-Meeting sollte ein oder zwei Stunden dauern und spezielle Techniken zum Kontaktieren der fünfundzwanzig Spitzenleute sowie das gemeinsame Betrachten einer audiovisuellen Einführung in unser Geschäft beinhalten. Darüber hinaus vereinbaren Sie gleich die ersten Präsentationen mit Interessenten, denn genau das ist es, worum es bei der Bekanntenliste geht.

Produktschulungen sind überflüssig

Vielleicht ist Ihnen aufgefallen, dass in unserer Behandlung der Schulungs-Treffen ganz offensichtlich etwas fehlt. Diejenigen von Ihnen, die aus einer Firma mit außergewöhnlichen Produkten kommen, wundern sich vielleicht, warum wir eine detaillierte Produktschulung ausgelassen haben. Der Grund lautet: Produktschulungen sind völlig unnötig. Diejenigen, die ein brennendes Verlangen danach verspüren, etwas über die Inhaltsstoffe in ihren persönlichen Pflegeprodukten, Vitaminen oder anderen Gebrauchsartikeln zu wissen, sollten dies durch Gebrauch und persönliches Studium in ihrer eigenen Zeit erledigen. Aber seien Sie vorgewarnt: Berater, die zu Produktexperten werden, sind selten zu erfolgreichen Gründern riesiger internationaler Organisationen geworden! Eine der bedeutsamsten Tatsachen, die während unserer Interviews mit den besten Networkern der Welt zu Tage trat, war, dass nicht einer Details über Produkte oder Dienstleistungen lehrte. Nicht einer!

Natürlich ist uns völlig bewusst, dass sich einige Leute, die dieses Buch lesen, rühmen, dass sie die Funktion eines jeden einzelnen Inhaltsstoffes in jedem einzelnen Produkt zu kennen, das sie vertreiben. Solche Leute mögen vielleicht auf uns wegen dieses „ungerechten" Klischees sauer sein. Hey, locker bleiben! Wir haben uns ständig über uns selbst lustig gemacht und zahlreiche eigene lächerliche Fehler selbst offen gelegt. Die Wahrheit ist: In unserem Beruf müssen sich diejenigen, die im Laufe der Jahre Dutzende von Erstlinien-Führungskräften sponsern und eine wirklich leistungsstarke internationale Organisation aufbauen möchten, darauf konzentrieren, vielen Leuten beizubringen, wie man Wohlstand und Unabhängigkeit erreicht. Dies war schon immer und wird auch weiterhin das aufregendste ‚Produkt' unserer Branche sein.

An einem Punkt angelangt, als wir noch mit dem Aufbau unserer eigenen Organisation beschäftigt waren, entschieden wir beide uns dafür, Experten für eines unserer Haarprodukte zu werden, damit wir die Leute mit unserer Weisheit blenden konnten. Wir brauchten nicht lange, um den Prozess auswendig zu lernen, den Wissenschaftler zum Fraktionieren der Mucopolysaccharide auf exakte Molekülgröße benutzten, damit diese die Papillen der Haarfollikel stimulierten, um die Kapillaren auf genau den richtigen Blutdurchsatz zu erweitern, damit auf diese Weise die Haarkondition verbessert wurde. Und als wir in den Treffen stolz darüber sprachen, rollten einige der Doktoren verwirrt die Augen. Diese Kenntnisse brachten uns keinen einzigen Kunden, geschweige denn, einen Berater - also gaben wir es auf, damit anzugeben. Wir ersetzten alles durch ein begeistertes „Es hat bei mir funktioniert und wird wahrscheinlich auch bei Ihnen funktionieren. Warum versuchen Sie es nicht einfach?"

Reden Sie über Produkte in der Schulung nur insoweit, als Sie für ein generelles Verständnis der Hauptprodukte oder -dienstleistungen sorgen müssen. Dann ermuntern Sie die Berater, alle Produkte zu benutzen und durch den persönlichen Gebrauch zu lernen. Beim Network Marketing geht es darum, Produkte und Dienstleistungen aufgrund eigener, persönlicher Begeisterung an Familie und Freunde weiter zu geben. Es ist *keine* Branche, die auf Ihrer Weisheit und kniffligen Einzelheiten darüber beruht, wie die Produkte wirken. Denken Sie an das Beispiel, Freunden von einem Film zu erzählen, den Sie kürzlich gesehen haben, oder von einem

Welche andere Geschäftsperson kann innerhalb von weniger als einem halben Jahrzehnt 20.000, 30.000 oder sogar 50.000 € und mehr im Monat zu verdienen und sich dabei noch völliger persönlicher Freiheit zu erfreuen? Niemand kann das, nur wir im Network Marketing.

Restaurant, das Sie entdeckt haben. Mit den Produkten, die Sie über MLM vertreiben, verhält es sich nicht anders.

Die hier aufgezeigten acht Meeting-Minen sind die Hindernisse, die es im ersten Jahr zu vermeiden gilt. Natürlich gibt es noch andere, aber diese acht richten den meisten Schaden an. Zahlreiche angehende Berater, die erfolgreich werden wollten, sind als unmittelbare Folge von Hotel-, Büro- und anderen öffentlichen Präsentationen gescheitert.

Denken Sie daran, Sie sind ein in einem weltweiten Unternehmen tätiger Fachmann. Sie können für Ihre neuen Partner nichts Besseres tun, als ihnen ein funktionierendes System zur Mitarbeitergewinnung sowie für ein korrektes Sponsertreffen für Ihre Firma zu bieten. Vor allem aber, behalten Sie die Kontrolle über die Situation. Treffen, ob zur Vertriebspartnergewinnung oder zur Schulung, sollten kurz, einfach und leicht duplizierbar gehalten sein. Führen Sie sie im privaten Umfeld durch, vorzugsweise bei sich zu Hause, und nehmen Sie an größeren Versammlungen nur hin und wieder teil, wenn Sie und Ihre Gruppe das Bedürfnis nach Tuchfühlung, Anerkennung oder neuer Motivation verspüren. Zeit und Ort für das Treffen geben Sie vor. Sie kontrollieren alles im Zusammenhang mit der ersten Geschäftspräsentation, und, noch wichtiger, Sie kontrollieren, wie Ihre neuesten Partner geschult werden. Wenn Sie einmal geschult worden sind und die Schulung richtig durchgeführt wurde, dann können Sie es auch anderen beibringen.

Bleiben Sie bei der Einstellung, dass Sie Ihren Interessenten eine Begegnung mit dem Schicksal bieten. Welche andere Geschäftsperson kann einem Mann oder einer Frau in die Augen schauen und ihm oder ihr wahrheitsgemäß sagen, es sei möglich, innerhalb von weniger als einem halben Jahrzehnt 20.000, 30.000 oder sogar 50.000 € und mehr im Monat zu verdienen und sich dabei noch völliger persönlicher Freiheit zu erfreuen? Niemand kann das, nur wir im Network Marketing. Neue Berater sollten all die Meeting-Minen meiden wie die Pest und nur jene Gruppen-Treffen nutzen, die dann und wann eine positive Verstärkung des Systems bieten, das Ihre Gruppe anwendet. Seien Sie stolz auf die Branche, die Sie repräsentieren, und haben Sie keine Angst, Ihre eigenen Meetings zu leiten.

Zusammenfassung

- Die Teilnahme an unnötigen Meetings kann zu den Stolpersteinen werden, die zu Ihrem Aufgeben in unserer Branche führt.

- Große Hotel-Meetings funktionieren nicht - es sei denn als gelegentliche Ergänzung der regelmäßig angesetzten Präsentationen zu Hause.

- Wöchentliche Hotel-Meetings sind ineffizient und nicht leicht duplizierbar, da sie kostspielig sind. Außerdem schaffen sie Abhängigkeit und bringen Sie und Ihre Partner wegen zahlreicher Ausfälle in Verlegenheit. Weiterhin führen sie nicht die Freiheit vor Augen, sorgen oft für den Eindruck der Marktsättigung und fördern nicht die persönliche Entwicklung.

- Gelegentliche Hotel-Meetings sollte man am besten dazu nutzen, um die Gruppe zusammenzubringen und einer Upline-Führungskraft zuzuhören, Auszeichnungen zu überreichen, Anerkennung zu zollen und persönliche Bindung zu schaffen.

- Die meiste Zeit sollten Sie in persönliche Mitarbeitergewinnung investieren, also in Telefonate und in Heim-Präsentationen.

- ‚Gottesdienste', regelmäßig angesetzte Sponsertreffen in der Wohnung der Führungskraft, führen auf Dauer zur Katastrophe, weil dadurch Abhängigkeit geschaffen wird.

- Ein „Täuschungs-Treffen" ist eine Einladung, der Freunde nachkommen, weil sie glauben, es handle sich um ein geselliges Treffen. Nur um dann heraus zu finden, dass sie bei einer Informationsveranstaltung über Network Marketing gelandet sind.

- Der richtige Weg ist es, Neugier für Network Marketing zu wecken, indem man Leute nach Hause zu einer Geschäftspräsentation einlädt, es ist jedoch nicht richtig, sie über Ihre Absichten zu täuschen.

- Es ist nicht klug, ein Büro außerhalb zu benutzen, denn:

    1. Die meisten Leute können es nicht duplizieren.

    2. Es schafft unnötige Betriebskosten.

    3. Es führt nicht die Freiheit vor Augen, deren Sie sich als Networker erfreuen sollten.

- Niemand kann erwarten, Erfolg zu haben, wenn er Sponsertreffen an öffentlichen Orten wie Bars oder Restaurants durchführt - ohne Zugang zu Videorekorder und Tafel, dafür aber mit jeder Menge Ablenkung.

- Wenn möglich, vermeiden Sie Treffen in Wohnung oder Büro Ihres Interessenten, weil Sie dort keine Kontrolle über die Umstände haben.

- High-Tech-Sponser-Methoden - wie die Nutzung von Internet, E-Mail, Rufumleitung, automatischen Wählsystemen und Faxabruf - können effizient sein, wenn sie mit anderen Methoden kombiniert werden. Aber die Anwendung nur einer Technologie ist ein sehr einengendes System, das nicht leicht zu duplizieren ist.

- Erfolgreiche Meetings nutzen das fundamentale MLM-Prinzip der Duplikation.

- Jedes Meeting, das nicht auch von wenig sprachgewandten und erfolgreichen Personen in Ihrer Downline reproduziert werden kann, ist letztlich zum Scheitern verdammt.

- Wenn Sie Ihr Geschäft starten, beginnen Sie mit dem Sponsern in Ihrer Stadt.

- Wenn Sie ein Sponsertreffen durchführen, macht das Aussehen Ihres Umfeldes im Vergleich mit Ihrer Begeisterung nur einen Bruchteil der Wirkung aus.

- Vermitteln Sie die Erkenntnis, dass Network Marketing ein durch und durch korrektes Geschäft mit ganz normalen Geschäftszeiten ist.

- Erwarten Sie, dass fünfzig Prozent der Leute, die Sie zu Treffen einladen, nicht teilnehmen werden - selbst wenn diese es versprochen haben.

- Als ersten Schritt der Schulung empfehlen wir Ihnen, jede Woche zwei Stunden am Samstagvormittag zu reservieren, um einer kleinen Gruppe Ihrer neuesten Berater die Grundlagen des Geschäfts beizubringen.

- Nach der ersten Schulungsphase setzen Sie eine persönliche Einzelsitzung mit jedem Erstlinien-Partner an, der seine von Ihnen gestellten Aufgaben (Liste, Zielsetzung, 10 Kunden) vollständig erledigt hat.

- Produkteinzelheiten sollten keinen ernstzunehmenden Teil Ihrer Schulungen einnehmen. Network Marketing ist ein Geschäft des Weitergebens von Produkten an Familie und Freunde auf Grund persönlicher Begeisterung und Ergebnisse und beruht nicht auf technischen Kenntnissen von Inhaltsstoffen und Dienstleistungen.

- Treffen, ob zu Sponser- oder Schulungszwecken, sollten kurz, einfach und leicht duplizierbar gehalten werden.

KAPITEL 8

Wie man die Anschluss-Pistole entlädt

Sponsern und schulen Sie Ihre Leute selbst, statt sich auf andere Menschen zu verlassen.

Es gibt eine verheerende Waffe, die Fehlzündungen haben und dabei potentielle Führungskräfte unserer Branche verletzen kann. Diese vermeintlich winzige Waffe kann auch genauso auf neue Berater zurückschlagen. Und oftmals zerstört sie deren Fähigkeit, weit entfernte Interessenten zu sponsern und zu schulen. Als neue Networker haben wir diese Waffe in unserem ersten Jahr selbst abgefeuert und sie wird täglich von neuen Leuten in MLM-Organisationen auf der ganzen Welt gezündet. Wir nennen sie die Anschluss-Pistole und sie funktioniert wie folgt:

Das Telefon klingelt. Es ist eine Ihrer Beraterinnen, die Ihnen ganz begeistert mitteilt, sie habe in einem anderen Bundesland einen wichtigen Interessenten mit guten Verbindungen, der so zuverlässig ist, dass er jedem in ihrer Upline Milliarden von Euro einbringen wird. Sobald solche Bemerkungen geäußert sind, ist die Pistole abgefeuert: „Ich muss ihn also mit jemandem in dieser Stadt zusammenschließen. Haben Sie da eine Führungskraft, die Sie empfehlen können?“ Noch komplizierter wird es aufgrund der Sprachbarriere mit einem ausländischen Interessenten: „Wir haben gerade einen Berater in Tokio eingeschrieben, und er ist so begeistert. Was für Schulungs-Meetings finden in diesem Teil der Welt statt? Wir wollen, dass er sofort Anschluss findet.“ Das Problem, das entsteht, wenn man Leuten auf diese Art Anschluss verschaffen will, ist leicht erklärt: Es funktioniert selten und zeitigt viel öfter negative Rückwirkungen. Weil es Ihre neuen Berater negativ beeinflusst und oftmals ein ständiges Hindernis für ihren Erfolg schafft. Erfolg im Network Marketing ist an unsere Fähigkeit gebunden, künftige Mitarbeiter zu finden, zu sponsern und auszubilden - und anderen beizubringen, es genauso zu tun. Kein Berater wurde jemals durch eine ‚Sozialamts-Einstellung' erfolgreich - nämlich dadurch, dass andere alles für ihn erledigt haben. Es gibt viele diesbezügliche Beispiele, und in diesem Kapitel bereiten wir Sie auf jede der Situationen vor, denen Sie höchstwahrscheinlich begegnen werden.

Anschluss an eine auswärtige Schulung

Beim Sponsern entfernt lebender Vertriebspartner schreiben Networker gewöhnlich neue Berater ein und schicken sie zu irgendeiner Schulung - welche auch immer gerade an jenem Ort stattfindet. Sagen wir es gleich zu Anfang klar: Die meisten Networker gebrauchen diese Technik. Warum? Weil sie, offen gesagt, nicht wissen, was sie sonst tun sollen - und es der einfachste Weg ist, die Situation zu bewältigen. Grundsätzlich hat es etwas Professionelles an sich und es *kann* Leute zum Laufen bringen. Wenn Sie also von einem der Fernsponsor-„Geschosse" getroffen werden, mögen Sie eventuell - leicht verletzt - davonkommen. Aber passen Sie auf, Sie könnten vielleicht auch ernsthafte Verletzungen davontragen und es selbst noch nicht einmal wissen. Dann kann es für Ihre MLM-Karriere fatale Folgen haben.

Folgende Situation: Die Schulung Ihrer Partner ist ein sehr persönlicher und entscheidender Schritt auf dem Weg, Ihre neuen Leute geschäftlich zum Laufen zu bringen. Wie wir wiederholt geschrieben haben, gibt es viele Möglichkeiten, dieses Geschäft zu betreiben, aber Beständigkeit ist die Grundlage für den Erfolg. Häufige Systemwechsel können für den unerfahrenen, aber auch für den erfahrenen Networker tödlich sein. Wenn Sie beabsichtigen, Ihrem neuen Berater ein verantwortlicher, unterstützender Upline-Partner zu sein, wollen Sie dieser Person mit starker Hand zeigen, wie man ins Laufen kommt. Hierdurch entsteht eine Mentalität der Selbständigkeit, die Sie in Ihrer gesamten Organisation verbreiten wollen. Wenn Sie es dem Zufall überlassen, oder schlimmer, Ihren neuen Schützling irgendeiner vor Ort stattfindenden Schulung anschließen, nehmen Sie ein ernsthaftes Risiko auf sich - Sie könnten in Ihrem neuen Berater eine ‚Sozialamts-Einstellung' begründen.

Oft entsteht bezüglich des anzuwendenden Systems eine gewisse Verwirrung. Sie haben Ihrem neuen Partner die Bedeutung von Treffen in den eigenen vier Wänden aufgezeigt, aber der örtliche Trainer, dem Sie ihn oder sie angeschlossen haben, schlägt vor, dass Interessenten zum wöchentlichen Hotel-Meeting gebracht werden sollten. Obwohl Sie die Bedeutung des persönlichen Kontakts zu Ihrem potentiellen Geschäftspartner betont haben, hört Ihr neuer Partner beim örtlichen Schulungs-Meeting von einem tollen neuen Sponser-Video, das man Interessenten schicken und mit dem man jede persönliche Zurückweisung vermeiden kann. Das Schlimmste, was Sie neuen Partnern antun können, ist, sie an unzählige verschiedene Systeme anzuschließen, durch die sie dann ins Schwimmen kommen.

Wenn Sie also davon überzeugt sind, dass Systeme tatsächlich von Bedeutung sind, beherzigen Sie bitte diesen Rat: Seien Sie vorsichtig, wenn Sie eine Führungskraft oder eine Gruppe für Ihre neuen Erstlinien-Partner auswählen. Seien Sie bezüglich ihrer Schulung so wählerisch, wie Sie bei der Auswahl des Kindergartens für Ihr eigenes Kind wären. In unserem Geschäft ist es für den Erfolg Ihrer Neuanfänger entscheidend, wie diese geschult werden. Aber die beste aller möglichen Lösungen - wenn Sie die Wahl haben - ist die, zu Hause zu bleiben und Ihr Kind selbst aufzuziehen. Ebenso ist die allerbeste Methode, Ihren geschätzten Erstlinien-Partner aus der Network-Kindheit ins Erwachsensein zu führen, die Schulung selbst zu übernehmen. Und vergessen Sie nicht: Duplizieren heißt die Devise. Wenn Sie Ihre Neulinge zu anderen Meetings schicken, so werden diese dasselbe tun. Wenn Sie Ihre Neulinge persönlich ausbilden, werden sie sich ebenso verhalten.

Kürzlich hat sich unsere Firma dafür entschieden, aufgrund heftigen gesetzgeberischen Drucks ihre eigenen Schulungsmaterialien zu produzieren und ihre eigenen Führungskräfte-Schulungen durchzuführen. Mit unserem starken Widerstand gegen diesen Wechsel der Firmenpolitik sind wir in der Minderheit. Nach unserer Meinung ist dies vergleichbar mit einer staatlichen Kinderfürsorge. Wenn Sie Kinder haben, überlegen Sie, wie Sie sich vorkämen, wenn die Regierung alle Eltern verpflichten würde, ihre Kinder in öffentliche Horte nach Vorgabe der Regierung zu schicken: Alle Kinder würden nach der Philosophie der an der Macht Befindlichen erzogen. Das ist der krasse Gegensatz zu Demokratie und Entscheidungsfreiheit.

Wir sind entschieden gegen irgendeine von der Firma aufgezwungene Schulung unserer wertvollen neuen Geschäftspartner, es sei denn, die Schulung wäre von Leuten aus der MLM-Vertriebspraxis entworfen und anerkannt. Wenn die Geschäftsführer von MLM-Firmen wüssten, wie sie in diesem Geschäft Erfolg hätten, wären sie zu Hause bei ihren Familien und würden das Zehnfache ihres Einkommens verdienen, anstatt in Meetings zu sitzen und Verkaufshilfen zu entwickeln, die sie selbst nie benutzt haben. Aber unerfahrene Menschen unser Schulungs-Programm entwickeln zu lassen, verleiht dem alten Sprichwort Bedeutung: „Diejenigen, die es können, tun es, diejenigen, die es nicht können, lehren es."

Andererseits verstehen wir aber auch, warum die Firma diesen Standpunkt einnimmt. Die amerikanische Bundes-Handelskommission (FTC) ist mit bestimmten, eingeführten MLM-Firmen sehr unnachgiebig. (Wenn Sie in einer jüngeren Firma sind - weniger als fünf Jahre alt -, ziehen Sie sich warm an. Wenn Sie es in dieser Branche geschafft haben, werden auch Sie drankommen). Die FTC studiert eingehend jedes kleine Detail in den Firmenbroschüren, Katalogen und selbstproduzierten Schulungs-Handbüchern. Und diese Regierungsbürokratie macht die Firma letztlich für den Inhalt dieser selbst erstellten Veröffentlichungen verantwortlich. Als Antwort darauf haben sich die MLM-Firmen für den leichten Ausweg entschieden - sie beanspruchen das Recht, Schulungsmaterial zu produzieren, damit sie - um Klagen zu vermeiden - die Kontrolle über alle Inhalte behalten. Und das führt sie dazu, auch die Kontrolle über alle Schulungsvorgänge auszuüben.

Wir verstehen ja den Grund für ihre knieweiche Reaktion auf die Behördenprüfung, aber das macht den Zustand unserer Meinung nach immer noch nicht rechtens. Wir glauben so wenig an firmengesteuerte Schulungssysteme wie an aufgezwungene Regeln für Kindergärten. Und wir akzeptieren die irrige Vorstellung nicht, dass jede beliebige Schulung in der Stadt für unsere neuen Berater gut genug ist - besonders in ihrem prägenden ersten Jahr im Geschäft. Die potentiellen Probleme sind so bedrohlich wie die Herausforderungen, die entstehen, wenn man bei der Sorge für seine eigenen Kinder nicht wählerisch ist. Es gibt Tausende von Horrorgeschichten über Neulinge, die zu einem örtlichen Schulungs-Meeting in eine andere Stadt geschickt wurden.

Mark erinnert sich an ein eigenes Vorkommnis. 1986 brachte er seinen Cousin Steve aus seiner Heimatstadt zu einem örtlichen Meeting, weil es von einem recht erfolgreichen Berater moderiert wurde. Was folgt, ist Steves humorvoller Bericht von diesem Abend: „Mich begeisterte das Geschäft, weil ich die Nase von meiner medizinischen Tätigkeit voll hatte und fand, dass mich meine Karriere ins Nichts führte. Als Mark mir einen Zeitungsausschnitt von sich schickte, wie er nach einem Tennisspiel in seinem Garten über das Netz sprang, und ich wusste, dass er noch vor sechs Monaten pleite war, packte mich die größte Begeisterung. Er schickte mir die Beraterunterlagen zu, ich füllte den Antrag aus und rief ihn wegen der Schulungstermine zurück. Er sagte, ich sollte das Treffen besuchen, das ein Arzt am Samstagvormittag in meiner Stadt durchführte. Ich gebe zu, es trug noch weiter dazu bei, meinen beruflichen Stolz in Frage zu stellen, dass noch ein anderer Arzt mitmachte. Warum sollte sich wohl ein erfolgreicher Arzt von fünfunddreißig Jahren im MLM einschreiben? Doch dann stellte ich die vernünftige Überlegung an, dies sei nicht anders als bei einem Treffen der ‚Anonymen Alkoholiker‘ - anfangs ist es peinlich, aber schließlich sind alle aus dem gleichen Grund gekommen.

Auf der Fahrt zu dem Treffen begann ich, über all die interessanten Unternehmer und Geschäftsleute nachzudenken, die ich unzweifelhaft treffen würde. Als ich zur Tür hinein kam, wurde mein Verdacht bestätigt - mein negativer Verdacht allerdings. Ein Patient, den ich gerade zuvor in dieser Woche behandelt hatte, kam auf mich zu und sagte scherzend, aber laut genug, dass jeder es hören konnte: „Um Gottes Willen, Doktor, bei dem, was Sie für einen kleinen Eingriff berechnen, brauchen Sie doch keinen Teilzeitjob in einem Pyramidengeschäft!

Ich war beschämt und lief tiefrot an, als ich bemerkte, dass zehn oder fünfzehn Leute diese Bemerkung gehört hatten und mich nun anstarrten. Ich tat den Kommentar lachend ab, schüttelte ihm die Hand, wandte mich ab und entfernte mich schnell von ihm und der Gruppe, indem ich einen leeren Stuhl auf der anderen Seite des Raums wählte. Die Frau neben mir war recht gut angezogen und wirkte wie eine solide Mitbürgerin. Ich stellte mich also vor und machte etwas Small Talk. Sie vertraute mir an, auch sie habe sich gerade unter einem anderen Paar von außerhalb eingeschrieben und sei zum ersten Mal zu einer Schulung hier. Dann begann sie, mir zu erzählen, ihr früherer Masseur habe sie zu dem Treffen geschickt. Am meisten begeisterte sie, dass sie eine ‚Schatzkarte' gemacht hätte, wie sie es nannte. Das bedeute, so erklärte sie mir, Bilder materieller Wunschgegenstände aus Zeitschriften auszuschneiden und sie anschließend auf eine Tafel aufzukleben. Zweimal täglich, sagte sie mir (während ich meinen Kragen lockerte und in der Hoffnung um mich blickte, niemand würde das Gespräch hören), setze sie sich vor ihre Bilder, sänge das Wort ‚hu' und stelle sich vor, wie ihr ein unerwartetes Einkommen in den Schoß fallen würde. Als sie mir schließlich erzählte, Erzengel Michael habe ihr in einer Channeling-Sitzung in Aramäisch offenbart, sie solle an dem Meeting teilnehmen, ging ich - um nie wieder an einem MLM- Treffen teilzunehmen."

Wir haben noch viel schlimmere Geschichten als diese gehört. Hören Sie also genau zu: Wenn Berater aus Ihrer Organisation anrufen und fragen, ob Sie Führungskräfte in Michigan oder Florida oder Texas haben, denen sie eine neue Person zur Schulung und Unterstützung ‚anschließen können', sagen Sie *NEIN!* Dies ist keine Branche, in der Sie Leute bloß ‚einschreiben und irgendwo anschließen' können. Partner sollten langfristig unterstützt werden, bis sie durch die Nutzung erprobten Schulungs-Materials ausreichend erfahren und selbständig genug sind. Erst wenn sie solide etabliert sind, können sie zur zusätzlichen Unterstützung und Firmenbindung zu Treffen anderer Führungskräfte gehen.

Denken Sie immer an das 81.Yarnell-Gesetz: „Wann immer Sie eine glaubwürdige Person zu einem auswärtigen Treffen schicken, wird er oder sie unweigerlich neben jemandem Platz nehmen, den Gott auf die Welt geschickt hat, um zu beweisen, dass nicht jeder alle Sinne beisammen hat." Darauf können Sie sich verlassen. Wenn Sie sich entscheiden, einen neuen Partner zum Meeting einer anderen Führungskraft zu schicken, tun Sie es nur, wenn Sie es gründlich überprüft haben, und fragen Sie nach Hinweisen auf Qualität und Gehalt der Schulung. Schicken Sie nicht blindlings, als Weg des geringsten Widerstands, jemanden dorthin. Sie können nicht erwarten, dass jemand ohne besonderes persönliches Interesse an Ihrer Downline Ihren Partnern dieselbe Aufmerksamkeit schenkt wie Sie. Die vorrangige Verantwortung jeder Führungskraft ist es, die Partner seiner Gruppe zu schulen und zu unterstützen. Selbst den außergewöhnlichsten Führungskräften mag es nichts ausmachen, Ihre Partner in ihren Meetings zu haben, aber sie werden sich mit Sicherheit keine besondere Mühe mit ihnen geben. Die meisten sind ausreichend gefordert, dass sie ihre eigenen Linien ausbauen und ihre eigenen Partner unterstützen - die Ihren werden nur am Rande mitlaufen. Interessenten einfach an ein bestehendes Meeting ‚anzuschließen', heißt, ihnen in der entscheidenden Startphase bestenfalls eine mittelmäßige Unterstützung anzubieten.

Führen Sie Ihre eigenen Schulungen durch

Was sollten Sie also tun, wenn Sie als Eltern vor die Wahl gestellt sind, zu Hause zu bleiben, sodass Sie Ihre Kinder selbst aufziehen können? Sie werden vermutlich denselben Instinkt beim Unterstützen der „Kinder in Ihrer Downline" besitzen.

Nehmen wir an, Sie wären unserer Meinung, dass die Schulung ein einfaches, leicht duplizierbares System sein sollte, das tatsächlich auf den Umfang von einer Seite reduziert werden kann. Nehmen wir darüber hinaus an, Sie haben jemand neuen, der sich gerade in Ihrer Erstlinie in einem anderen Land eingeschrieben hat. Fangen Sie damit an, ihm oder ihr Ihr System auf einer DIN A 4 Seite zuzufaxen. Bitten Sie Ihren neuen Partner, es sich genau anzusehen und bieten Sie an, jede Frage am nächsten oder übernächsten Tag zu beantworten. Rufen Sie zur verabredeten Zeit an, um jede Frage zu beantworten. Machen Sie ihm oder ihr den Hintergrund und die Glaubwürdigkeit Ihres Systems klar. Weil Sie es gleich zu Anfang aus dem Weg räumen müssen, fragen Sie, ob er oder sie irgendwelche Einwände gegen das System hat. Beenden Sie das Gespräch, indem Sie Ihrem neuen Partner vermitteln, wie begeistert Sie an dieses System glauben und dass, wenn er oder sie Ihre Unterstützung im Geschäft haben möchte, keine Abweichung von diesem System erlaubt sei. Verpflichten Sie Ihren neuen Partner uneingeschränkt auf Ihr System.

Der nächste Schritt ist die direkte Bestellung des Starterpakets und der Warenerstausstattung durch Ihre Partner bei der Firma (anstatt unsere Produkte zu verkaufen, lassen wir sie im allgemeinen selbst bestellen). Dann lassen Sie Ihre Partner ein kurzes Handbuch (weniger als vierzig Seiten) - kaufen, das von einer Führungskraft zusammengestellt wurde, deren System Sie benutzen und das einen einfachen Weg aufzeigt, dieses Geschäft zu betreiben. Solch ein Handbuch sollte einfach duplizierbar sein und auf einen Abriss von einer Seite reduziert werden können. Wenn Ihre Partner mit dem Gebrauch der Produkte begonnen und ihr Einführungs-Handbuch gelesen haben, vereinbaren Sie ein weiteres Telefongespräch, dieses Mal mit dem Blick auf die entscheidendsten Dinge in Ihrem System. Manche Ihrer neuen Berater geben schon nach dem Kauf ihres ersten Produktpakets und vor dem Erfüllen ihrer Aufgaben wieder auf. Eine gewisse Anzahl von „Schnell-rein/schnell-raus“-Verlusten ist in unserem Geschäft normal. Denjenigen aber, die weiter mit Ihnen arbeiten, empfehlen Sie ein oder zwei Ihrer wirksamsten Motivationsmittel, um ihnen beim Aufbau ihres Geschäfts zu helfen. Dies sind die Leute, mit denen Sie ein enges persönliches Band schmieden und eine lebenslange geschäftliche Partnerschaft errichten werden. Diesen ernsthaften Geschäftsgründern schlagen wir dann vor, sich eine komplette Schulungs-Bücherei aus von Ihnen empfohlenen Bücher zuzulegen.

Wir schlagen auch eine wöchentliche Schulungs-Sitzung per Telefon zwischen Ihnen und allen ernsthaften entfernt lebenden Mitgliedern Ihrer Gruppe vor. Bestehen Sie mit den magischen Worten „SIE rufen MICH an“ darauf, dass die Initiative zu dieser Sitzung von ihnen ausgeht. Wenn sie sich daran halten, sichern Sie ihnen Ihre bedingungslose Unterstützung zu (Wenn sie nicht anrufen, schreiten Sie zur nächsten Person weiter). Stellen Sie sicher, dass ihre Vorgehensweise und ihre Kontaktzahlen während dieses wöchentlichen Telefon-Meetings überprüft werden. Besprechen Sie, wie viele Interessenten sie in dieser Woche angesprochen haben, wie viele Informationspakete sie ausgegeben haben, wie viel Verabredungen

> **Wenn Sie Downline-Berater trainieren, machen Sie nicht den Fehler, ihnen zu sagen, was sie falsch machen. Deuten Sie an, was sie „richtig machen“ sollen.**

sie getroffen haben, für wie viele Leute sie tatsächlich eine Präsentation durchgeführt und wie viele sie schließlich gesponsert haben. Ermutigen Sie sie, wenn ihre Vorgehensweise schlecht und ihre Zahlen außerordentlich niedrig sind. Seien Sie Mentor und führen Sie durch Beispiel. Helfen Sie ihnen beim Sponsern ihrer ernsthaften Interessenten. Üben Sie konstruktive Kritik, damit sich Ihre neuen Partner auf ein höheres persönliches Niveau entwickeln können.

Wenn Sie Downline-Berater trainieren, machen Sie nicht den Fehler, ihnen zu sagen, was sie falsch machen - damit bestärken Sie nur den Fehler und bringen sie in eine Abwärts-Spirale. Wenn Sie Partner bei Veränderungen unterstützen wollen, deuten Sie an, was sie „richtig machen“ sollen. Oftmals liegen die zu überwindenden Hindernisse *in* der Person selbst. Wenn eine Geschäftspartnerin mit mangelndem Selbstvertrauen zu kämpfen hat, schlagen Sie ihr vor, sich selbst zu fragen: „Wenn ich es aber doch könnte . . .?“ Möglichkeitsdenken erweitert das Bewusstsein, steigert die Selbsteinschätzung und fördert die Erfolgschancen. Die besten Trainer erinnern die Menschen an die in ihnen liegenden Fähigkeiten. Sich einfach mehr anzustrengen erzeugt selten Ergebnisse - wie bei der Fliege am Fenster, die sich immer mehr anstrengt, durch die Scheibe zu fliegen.

Kurz gesagt, erziehen Sie Ihre Leute zu Führungskräften und bringen Sie ihnen bei, dasselbe mit ihren Leuten zu tun. Geben Sie jedem die Gelegenheit, zu einer Führungskraft zu werden. Und Sie kennen die W-Regel: Einige werden, einige werden nicht, was soll's, weil irgendwo immer ein anderer wartet.“ Diejenigen, die keine Führungskräfte werden, fühlen sich zur Abhängigkeit der großen Treffen hingezogen - wenn es eines in ihrem Ort gibt. Das ist Ihr Reserveplan. Vielleicht, aber nur vielleicht, taucht der Erzengel auf und führt sie wieder heim!

Der Wert eines einfachen Schulungssystems

Ein einfaches System zu lehren ist ein guter Start in das Vorhaben, Verantwortung für die Führung Ihrer eigenen Gruppe zu übernehmen. Wenn Sie Ihre Führungskräfte gleich zu Anfang in die richtige Spur setzen und beweisen, dass es für sie den Erfolg bedeuten kann, haben Sie eine gute Chance, dass sie wiederum beim selben Programm bleiben und weiter machen. Hier folgt ein Beispiel unserer „Ein-Seiten-Schulung". Wenn es Ihnen gefällt, übernehmen Sie es für Ihren eigenen persönlichen Gebrauch.

Ein gutes Schulungssystem ist so flüssig aufgebaut, dass es vom Unerfahrensten in Ihrer Organisation dupliziert werden kann. Wie Sie dem ‚MLM-Fluss-Diagramm' im Anschluss an das ‚Yarnell Erfolgs-Schulungssystem' entnehmen können, beschreibt es einen Kreislauf und kehrt zum Ausgangspunkt zurück. Dabei führt es Ihre neuen Partner durch den gesamten Vorgang und bringt ihnen bei, dasselbe mit ihren Partnern zu tun.

Das Yarnell Erfolgs-Schulungssystem

„Die fortschrittlichsten Lehren beweisen sich in ihrer Einfachheit“
DR. EMILE CADY

Die Richtlinien

- Verpflichten Sie sich für ein Jahr auf dieses erprobte Schulungssystem - oder bis Sie Ihr finanzielles Ziel erreicht haben. Weil es unbedingt notwendig ist, dass Sie auf der erprobten Spur bleiben, raten wir Ihnen, sich keinen Veranstaltungen auszusetzen, auf denen andere Systeme gelehrt werden oder für andere Systeme geworben wird.
- Beginnen Sie damit, diejenigen Menschen sorgfältig auszusuchen und anzusprechen mit denen Sie am liebsten eine lebenslange Geschäfts-Partnerschaft aufbauen würden. Dann bringen Sie denen, die sich Ihnen anschließen, bei, dasselbe zu tun.
- Wenn Sie sich allmählich in den ‚kalten Markt‘ begeben, steigern Sie die Anzahl der Leute, die Sie kontaktieren. Richten Sie den Blick mehr auf die Breite als auf die Tiefe Ihrer ersten Ebene.
- Nach Ihren Präsentationen zu Hause oder dem Einstieg eines entfernt lebenden Partners ermuntern Sie die ernsthaften Menschen, eine Upline-Führungskraft anzurufen.
- Damit Sie auf Ihre Zielvorstellung konzentriert bleiben, raten wir Ihnen davon ab, Ihr eigenes Schulungsmaterial zu erstellen. Verlassen Sie sich während des ersten Jahres - oder bis Sie Ihr finanzielles Ziel erreicht haben - ausschließlich auf dieses erprobte System.
- Erschaffen Sie eine Kundenbasis innerhalb von Familie und Nachbarschaft, bevor Sie eine Downline aufbauen.
- Konzentrieren Sie Ihre gesamten Anstrengungen darauf, eine starke Organisation aufzubauen und versuchen Sie nie, zwei oder mehr Linien in verschiedenen Firmen aufzubauen.
- Erfolg hängt davon ab, an sich zu glauben und in sich zu investieren. Leihen Sie also neuen Beratern niemals Geld oder Produkte.
- Seien Sie loyal gegenüber Ihrem Geschäft. Verwenden Sie Ihre eigenen Produkte oder Dienstleistungen anstelle anderer minderwertigerer Marken.

- Behalten Sie das Endergebnis im Auge und seien Sie immer stolz auf Ihre Leistungen auf Ihrem Wege. Gestatten Sie Zurückweisungen, Aussteigern, Traumdieben und entmutigenden Erlebnissen nicht, Sie von Ihren Zielvorstellungen abzubringen.

Das System

- Nehmen Sie mit Ihrem Sponsor an der Schulung für die ersten Schritte teil, die einmal wöchentlich als Gruppen-Meeting gehalten wird.
- Füllen Sie ein Antragsformular aus und geben Sie eine Produktbestellung auf.
- Finden Sie sobald wie möglich nur zehn persönliche Kunden. Geben Sie Ihre Begeisterung aufgrund der eigenen Anwendung und Ergebnisse weiter, wenn Sie das Produkt-Starterpaket erhalten haben.
- Setzen Sie sich schriftliche Ziele und stellen Sie sich diese als bereits erreicht vor. Behalten Sie das Endergebnis im Blick und machen Sie sich klar, dass Ihr Geschäftsplan das Mittel zum Zweck sein wird.
- Fangen Sie an, Ihre Bekanntenliste mit 2000 Namen zu erstellen, wobei Sie Ihren bevorzugten Top-25-Geschäftspartnern den Vorrang geben. Stellen Sie ein Karteikarten-System zusammen, mittels dessen Ihre Interessenten alle sechs Monate wieder angesprochen werden können.
- Treffen Sie sich mit Ihrem Sponsor zu einer persönlichen Strategiesitzung und stellen Sie einen speziellen, auf Ihren Zielen beruhenden Aktionsplan auf.
- Wenn Sie Leute ansprechen, argumentieren Sie mit der finanziellen Sicherheit und zeitlichen Unabhängigkeit, die unser Geschäft ermöglicht. Besuchen Sie Ihre Top-25-Leute und erzählen Sie ihnen, wie sehr es Sie freuen würde, wenn Sie Geschäftspartner wären. Denken Sie daran, es ist Ihre Begeisterung, welche die Leute in Ihre Organisation ziehen wird. Erfüllen Sie täglich Ihre Ziele zum Kontaktieren neuer Interessenten.
- Versorgen Sie Ihre Interessenten mit einem Informationspaket und stellen Sie ihnen Timing, Trends, Vorteile und die Begeisterung unserer Branche vor.

- Führen Sie dann zu Hause Präsentationen mit jeweils vier bis acht Interessenten durch, die Sie aufgrund der Liste Ihres persönlichen Marktes oder aufgrund von Empfehlungen von Leuten auf dieser Liste eingeladen haben (Ihre Upline wird bei Ihren ersten zwei oder drei Meetings anwesend sein).

  a. Händigen Sie Artikel, Informationsberichte, etc. aus, um Glaubwürdigkeit für die Branche zu schaffen.
  b. Erzählen Sie in fünf Minuten Ihre Geschichte und die eines Ihrer Upline-Partner, der bereits erfolgreich ist.
  c. Erklären Sie Stellung und Stärke Ihrer Firma. Erklären Sie, warum Sie diese anderen vorgezogen haben.
  d. Erzählen Sie Ihren persönlichen Erfahrungsbericht über die Produkte und geben Sie den interessierten Menschen Kataloge und/oder Warenproben.
  e. Führen Sie ein Rekrutierungsvideo vor, das Firmen- und Produktinformationen und eine vereinfachte Erklärung des Vergütungsplans enthält. Erläutern Sie diesen an der Tafel.

- Schildern Sie die Anforderungen, denen sich Arbeiter heute ausgesetzt sehen - vierzig Jahre Arbeitsleben / lineares Einkommen.
- Schildern Sie das 5x5x5 - exponentielle Wachstum, das 75 % Ausfallquote einkalkuliert.
- Erklären Sie den Aufstiegsfaktor - dass die Gruppe der Menschen, die aufgeben, zu ihnen nach oben aufsteigt.

  f. Beantworten Sie alle Fragen. Geben Sie ernsthaften Interessenten die Telefonnummern besonders wichtiger Upline-Partner und ermuntern Sie sie, anzurufen oder Dreier-Konferenzen zu arrangieren, wenn sie Fragen haben.
  g. Händigen Sie Geschäftsberichte aus und schließen Sie mit drei Gründen, mitzumachen: 1.) günstige Einkäufe zum Großhandelspreis, 2.) geschäftsbedingte Steuer- und Reisekostenvorteile, 3.) Schaffung eines Lebensstils in Wohlstand und Unabhängigkeit.
  h. Laden Sie Interessenten zur Schulungssitzung am kommenden Samstag ein.

- Bitten Sie Ihre Gäste um ihre Entscheidung zu einer Verpflichtung: Geschäftsgründer, Einzelhandels-Berater oder Großhandelskäufer. Eventuell wollen sie auch lediglich zum Kunden werden, oder Ihnen zumindest eine Empfehlung geben.
- Erwähnen Sie das Produktpaket und listen Sie exakt die Schulungsmaterialien auf, die Ihre neuen Partner kaufen sollen. Führen Sie auch Telefonnummern auf, unter denen man bestellen kann.
- Führen Sie für neue Berater einmal die Woche eine Schulung über die ersten Schritte durch. Setzen Sie eine persönliche Strategie-Sitzung für diejenigen Berater an, die ihre Aufgaben erfüllt haben: Produkte gekauft, schriftliche Ziele gesetzt, mit dem Erstellen ihrer Liste und dem Aufbau ihrer Kundenbasis begonnen.

Die Ergebnisse

Ein phantastisches Einkommen, absolute zeitliche Freiheit und die Befriedigung, zu wissen, dass Sie anderen zu denselben Vorteilen verholfen haben.

Das MLM-Flussdiagramm

Vorinformations-Telefonat	→	**Info AV-Paket**	→			**Geschäfts-Präsentation**
↑						↓
Private Strategiesitzung						**3-Wege-oder Direkt-Abschluss-Telefonat**
↑						↓
Aufgaben: Kunden, Ziele & Liste	←	**Training der ersten Schritte**	←	**Produkt Starterpaket**	←	**Verpflichtung gegenüber Sponsor**

Anschluss an auswärtige Geschäftsvorstellungen

Wenn es schon fragwürdig ist, jemanden zu einer fremden Schulungssitzung zu schicken, dann ist es glatter Wahnsinn, einen wertvollen Interessenten zu einem Sponsertreffen von jemand anderem zu schicken, ohne selbst dabei zu sein. Das hat unseres Erachtens etwa so viel Sinn, als würden Sie Ihre Sekretärin zu einer Adoptions-Agentur schicken, um für Sie und Ihren Lebenspartner ein Kind auszusuchen. Wir würden noch nicht einmal jemand anderen los schicken, um einen Hund oder eine Katze als Haustier auszusuchen. Warum sollte irgendjemand einen wertvollen Geschäftspartner der Sorge eines völlig Fremden bei einem willkürlich ausgesuchten Treffen überlassen? Wenn es darum geht, einem Interessenten unser Geschäft vorstellen, haben wir eine grundlegende und unerschütterliche Überzeugung: Network Marketing sollte in einer kleinen Gruppe im privaten Umfeld präsentiert werden. Es anders zu machen bedeutet, das Wesen des Network Marketing zu verleugnen. Letztendlich ist es ein Geschäft des ‚Freunde-erzählen-Freunden' - nicht eine feierliche Produktion mit Lichteffekten, Kameras, Dia-Shows und Action.

Wenn Sie Ihre Network Marketing-Firma einem auswärtigen Interessenten vorstellen wollen, schlagen wir vor, Sie beginnen mit so viel persönlichem Engagement, wie es irgend menschenmöglich ist . . . aus der Ferne. Gehen Sie mit dem Bewusstsein an die Sache heran, dass Fern-Sponsern teurer ist als die Arbeit vor Ort. Es beinhaltet Pakete, Ferngespräche, Porto und weitere Anrufe. Fangen Sie gar nicht erst damit an, wenn Sie sich die Kosten nicht leisten können. Machen Sie in Ihrem Ersttelefonat - nachdem Sie diejenigen, die Sie kontaktieren wollen, sorgsam ausgesucht haben - Ihre Begeisterung über das Geschäft und die Aussicht auf die Zusammenarbeit deutlich. Schicken Sie Ihrem Interessenten eine Kassette, ein Video oder ein Multimedia-Paket, das auf die leicht möglichste Weise Ihre Begeisterung über die Network Marketing-Branche, Ihre Firma, Ihre Produkt-Linie und Ihre Organisation hinüberbringt. Schauen Sie sich Ihr Paket und seine Aufmachung an und stellen Sie sich vor, wie Sie sich fühlen würden, wenn Sie es bekämen. Beantwortet es wirklich alle Fragen, die Sie damals hatten?

Schicken Sie diese Materialien nur jenen, die echtes Interesse zeigen, mehr über Network Marketing zu erfahren. Und verschicken Sie sie nicht an mehr Leute, als Sie nacharbeiten und dann unterstützen können. Alles in allem wird es mindestens zwei einstündige Ferngespräche erfordern. Nutzen Sie Ihr erstes Telefongespräch, um Ihren Gesprächspartnern die Geschichte zu erzählen, wie und warum Sie eingestiegen sind. Legen Sie sie vorab eine Zeit fest, wann Sie wieder - nach Erhalt und Sichtung des Pakets durch Ihre Interessenten - anrufen können, um über das Geschäft zu reden. Jemanden dazu zu bringen, Ihr Video anzusehen oder Ihre Kassette zu hören, kann recht schwierig sein. Deshalb benutzen wir diese Methode *ausschließlich* für ausgewählte Fern-Interessenten oder einen außergewöhnlichen Interessenten vor Ort, den Sie auf keine andere Art zu Ihrer Präsentation bringen können. Ihre Erfolgsquote bei Fern-Interessenten wird geringer sein als bei Direkt-Präsentationen.

Ihr Nachfass-Telefonat wird eine Mini-Präsentation. Denken Sie daran, die entscheidenden Aspekte des Geschäfts hervorzuheben - das Geld, das dabei zu verdienen ist, die Einfachheit Ihres Systems zum Aufbau des Geschäfts und wie eng Sie mit ihnen zusammenarbeiten werden, um ihnen Schritt für Schritt beizubringen, wie sie erfolgreich werden. Beantworten Sie ihre Fragen und achten Sie sorgsam auf Einwände. Nutzen Sie Upline-Unterstützung zum Sponsern Ihrer ernsthaften Interessenten - fordern Sie Ihre Interessenten auf, einen Ihrer Geschäftspartner anzurufen, der bereits mehr Erfahrung und Erfolg hat als Sie. Dies kann per Direktgespräch oder per Dreier-Konferenz geschehen. Üblicherweise ist mehr als ein Anruf bis zum Einstieg des neuen Partners nötig.

Nachdem Sie nun eine Fern-Präsentation durchgeführt haben, sind Sie jetzt soweit, die Interessenten einzuschreiben. Wenn Sie dies erst geschafft haben, *können* Sie sich dafür entscheiden, sie an einem örtlichen Sponsertreffen teilnehmen zu lassen, bei dem eine in Ihrer Firma angesehene Führungskraft spricht. Wie bereits vorgeschlagen, sollten Sie die Gruppe und ihre(n) Sprecher sorgfältig auswählen, bevor Sie Ihrem Interessenten die Teilnahme empfehlen. Unter keinen Umständen sollten Sie es zulassen, dass Ihr Interessent an der Schulung teilnimmt, die auf das Sponsertreffen folgt, es sei denn, der Schulungsleiter ist ein angesehenes Mitglied Ihrer Upline oder ein Mentor, dessen System Sie praktizieren.

Wenn sich Ihr Interessent wegen einiger Einwände immer noch nicht für eine Verpflichtung entscheiden kann, müssen Sie eine ernsthafte Entscheidung treffen. Ihren Interessenten zu einem Geschäfts-Treffen in einer anderen Stadt zu schicken, ist vergleichbar damit, Ihre Kinder unbegleitet in die Berliner Innenstadt zu lotsen. Wenn Sie jedoch nicht in der Lage sind, Ihren Interessenten auf irgendeine andere Art zu gewinnen, mag es zu diesem Zeitpunkt das Risiko wert sein. Sie sollten diese Entscheidung sehr sorgfältig treffen. Wenn Sie sich für dieses Vorgehen entscheiden, tun Sie es, sobald die Loyalität zwischen Ihnen beiden absolut gefestigt ist - und nur dann. Schicken Sie Ihren Interessenten zu dem Treffen mit dem warnenden Hinweis, dass es sich nur um eine ergänzende Unterstützung zu dem von Ihnen angewandten System handelt. Rufen Sie Ihre Interessenten an, sobald sie wieder zu Hause sind oder spätestens gleich am nächsten Morgen, um einen unmittelbaren Eindruck ihrer Reaktion auf das Treffen, den Sprecher, die Gäste und die Präsentation zu bekommen. Gehen Sie nicht davon aus, alles sei in Ordnung, sobald Sie die Anschluss-Pistole entladen haben, d. h., sobald Sie Ihren potenziellen Geschäftspartner zu einem örtlichen Treffen geschickt haben. Sie können aufatmen, wenn Sie nachgefasst haben und Ihr Interessent die Verpflichtung für Ihrem System eingegangen ist - was in etwa zwanzig Prozent der Fälle erfolgt.

Sich örtlichen Sponsertreffen anschließen

Auch wenn wir es nicht für wirkungsvoll halten, können wir zumindest verstehen, warum Networker neue Partner zu Sponsertreffen oder Schulungen in anderen Städten schicken, bevor sie persönlich mit ihnen gearbeitet haben. Aber warum um alles in der Welt sollte jemand seine wertvollen Interessenten zu ihrer ersten Begegnung mit Network Marketing zum Treffen einer anderen Führungskraft in der *eigenen* Stadt schicken? Es macht keinen Sinn, wenn Sie mit einem einfachen System selbst perfekt dazu in der Lage sind, sie auf der richtigen Spur ins Laufen zu bringen. Um Erfolg zu haben, müssen SIE Ihren neuen Partnern Ihr Wissen mitteilen und jedem von ihnen beibringen, dasselbe zu tun. Hotel-Treffen sollte man nur als Ergänzung betrachten - als Verstärkung, den zweiten Teil eines doppelten Trainings. Aber kein neuer Interessent sollte seine erste Begegnung mit Network Marketing in einer großen, formellen Umgebung haben.

Peter Hirsch, Verfasser von *‚Living with Passion'* erinnert sich an seine Einführung in unsere Branche: „Mein MLM-Albtraum begann während meiner ersten Geschäfts-Information. Ein Freund holte mich zu einem Hotel-Treffen ab - einer Sache, die ich - nachdem ich fast acht Jahre im Geschäft bin - zutiefst ablehne. Der unmittelbare Eindruck, der mich wie eine Ohrfeige traf, war: ‚Wenn ich mich dieser Firma anschließe, darf ich nur noch Kleidung aus dem Supermarkt tragen.' Ich schätze, die Leute, die das Treffen durchführten, versuchten den Eindruck zu vermitteln: ‚Wenn wir es können, könnt Ihr es auch!' Dieses Gefühl hatte ich aber nicht. Was ich spürte, war: „Niemand in diesem Raum kann richtig sprechen oder sich richtig anziehen, und wahrscheinlich können sie auch nicht lesen. Ich will mit diesen Leuten nicht zusammen sein. Ich will nicht wie diese Leute sein . . . HILFE!!!!! LASST MICH HIER RAUS!" Ich blieb, weil ich mein Auto nicht dabei hatte. (Übrigens, das ist keine Rechtfertigung dafür, Leute in Ihrem Auto mitzunehmen. Die Antwort lautet, keine Hotel-Treffen durchzuführen, und wann Sie eine Geschäfts-Präsentation geben, dann machen Sie sie gut! Führen Sie sie so durch, dass Ihre Gäste bleiben wollen, ohne sich als Geiseln fühlen.) Als mein Freund mich zu Hause absetzte, gab er mir ein Produkt zum Probieren. Ich war es leid zu diskutieren, also nahm ich es einfach. Es war ein Wasserfilter, der wie eine Thermosflasche aussah.

Der Abend war so furchtbar, dass ich nicht zu ergründen vermochte, warum irgendwer bei dieser Firma einsteigen sollte. Ich stellte mir jemanden vor, der mit einem Wasserfilter zur Rechten und einer Pistole zur Linken am Küchentisch saß und zu sich selbst sagte: ‚Bevor ich mir die Kugel gebe, kann ich genauso gut diese Geschichte mit dem Wasserfilter ausprobieren.' Eine Woche später schloss ich mich der Firma an. Warum? Aus zwei Gründen. Erstens war das Produkt sehr gut, ich mochte es und sah Bedarf dafür. Zweitens Verzweiflung. Ich hasste das, womit ich meinen Lebensunterhalt verdiente - ich betrieb eine Anwaltspraxis - und sah MLM als Ausweg.

In meinem ersten Monat kam meine Organisation nahe an die 100.000 Euro Großhandelsumsatz heran. Das Leben sah großartig aus. Sehen Sie, ich kannte viele andere Anwälte, die auch im Schlamassel steckten. Ich war auf dem Weg zum Lebensstil der Reichen und Berühmten. Dann jedoch begann der wahre Albtraum. Mein zweiter Scheck war niedriger als mein erster. Mein dritter Scheck war niedriger als mein zweiter. Was ging da vor? Bei den Treffen hatten sie nie erwähnt, dass das passieren könnte! Der Trend ging weiter, und bald hatte ich nichts mehr übrig. Der Absturz war vernichtend. Dann kam mir die Erleuchtung: Ich musste dieses Geschäft wirklich lernen. Ich musste MLM lernen. In meiner ersten Woche in der Firma brachte man mir die alte Kunst bei, ein Schneeballsystem zu betreiben. Heute ist mir klar, dass es im Network Marketing aus rechtlichen und ethischen Gründen nichts Schlimmeres gibt, als Leute dazu zu bringen, Tausende von Euro für Produkte auszugeben, die sie offensichtlich nicht brauchen und kaum werden verkaufen können."

Peter verließ schließlich jene Firma und lernte das Geschäft durchzuführen, wie wir es taten: Im Umfeld kleiner Gruppen, gab er seine eigenen Präsentationen und hielt seine eigenen Schulungen. Bei dem Verfahren lernte er, sich keine Sorgen um die Erstbestellung zu machen. Aufgrund schmerzlicher Erfahrungen teilt er mit uns die Meinung, dass echter Umsatz und nicht Beförderungs-Umsatz der Weg zum Aufbau einer soliden Organisation ist. „Wenn Sie Ihr Geschäft oder Ihre Kunden auf kleineren Bestellungen aufbauen, werden Sie immer ein Geschäft haben. Wenn Sie Ihr Geschäft auf dem Zuschütten Ihrer Partner mit Ware aufbauen, wird es keinen Bestand haben. Wenn Sie es dagegen richtig machen, spielen Sie in der ersten Liga, „DFB": „Deine Freunde Bleiben". Peter Hirsch ist einer der wenigen, der seinen Worten Taten folgen lässt. Er hat das Buch ‚Living with Passion' nicht nur geschrieben, nein, bei allem, was er tut, geht es um „Leben mit Leidenschaft". Wie viel Leidenschaft braucht man, um seine Firma zu verlassen, wenn man der Top-Berater ist und ein Mehrfaches von dem verdient, was Sie je verdient haben, ‚nur' weil man nicht mit den Geschäftspraktiken einverstanden ist? Peter weiß es, denn er hat es getan. Er wurde uns ein enger Freund, den wir als einen der moralisch untadeligsten und gewissenhaftesten jungen Männer im Network Marketing überaus bewundern.

Natürlich gibt es viele weitere praktische Gründe, wertvolle Interessenten - weder in Ihrer eigenen Stadt noch in anderen - zu Treffen zu schicken, wenn Sie selbst nicht daran teilnehmen können. Vor einiger Zeit waren wir Sprecher bei einem Treffen, bei dem ein Paar im Empfangsbereich einen Tisch aufgestellt hatte, um alle Teilnehmer zu registrieren. Als das Treffen begann, machten sie sich einfach mit der Liste und dem Eintrittsgeld davon. Später begannen sie, alle Leute auf der Registrierungsliste anzurufen. Was wir entdeckten, war unglaublich. Sie waren doch tatsächlich Führungskräfte in einer völlig anderen Firma, die mit genau diesem Betrug mehr als einmal Interessenten anderer Berater „gestohlen" hatten. So irrsinnige Dinge können bei großen Treffen passieren.

Aber sprechen wir einmal über eine viel heimtückischere Form des Diebstahls - nämlich Interessenten, die von Führungskräften der *eigenen* Firma gestohlen werden. Aber nicht genug damit, dass solche Dinge nun einmal passieren, nein, sie werden nur allzu häufig von den Führungskräften begangen, die wirklich in den Top-Etagen von Firmen sitzen. Manchmal geschieht solches mit vollem Wissen und abgesegnet von Firmeneignern und Belegschaft, obwohl sie natürlich nie wagen würden, es zuzugeben.
Peter Hirsch rief uns vor einigen Monaten recht niedergeschlagen an und fragte uns, ob wir uns sehen und das Wochenende zusammen verbringen könnten. Da wir dicke Freunde sind, luden wir ihn natürlich zu uns ein. Dieser junge Star-Networker hatte in seiner Firma ein Spitzeneinkommen und war für Sponsern und Ausbildung einer sehr großen Organisation verantwortlich. An jenem Wochenende erfuhren wir, dass die Chefs es einer anderen Führungskraft, die bevorzugt behandelt wurde, erlaubt hatten, eine ganze Linie von Peters Downline an sich zu reißen. Er kam, um uns zu erzählen, dass er das Geschäft aufgegeben und ein Monatseinkommen von 30.000 € hinter sich gelassen hatte. Dazu gehört Mut - mehr Mut, als die meisten von uns haben.

Glücklicherweise ist dies kein übliches Verhalten unter Firmenchefs, aber es kommt vor. Wir haben Firmeninhaber erlebt, die sich im Network Marketing selber manchem ethischen Dilemma gegenüber sahen. Einige

Firmen erreichen das große Geld schließlich erst, nachdem sie einen Teil ihres oder auch ihren gesamten guten Ruf ruiniert haben. Andere Firmen bestanden auf hohen ethischen Standards, haben es jedoch nicht fertiggebracht, das große Geld an Land zu ziehen. Einige versuchen, mit dem Verkauf nötiger, immer gefragter Materialien - Kassetten, Videos und gedruckter Arbeitsanleitungen - Geld zu machen, statt den Verkauf aktueller Produkte in den Vordergrund zu stellen. Wir kennen Gesellschaften, die das Vielfache des wirklichen Wertes eines so genannten Trainingsprogramms fordern und versuchen, die Downline mit diesen Einkünften zu bezahlen - eine Praxis, welche, wenn sie bekannt würde, niemals den FTC -Standards gerecht würde.

Wie so viele von Ihnen sind auch wir in unseren Erwartungen bezüglich der Network Marketing - Branche äußerst idealistisch. Als wir uns das erste Mal damit befassten, genoss sie ein recht dürftiges öffentliches Ansehen. Aber wir kannten die Wahrheit. Es handelte sich um eine saubere und solide Branche, deren Ziel in erster Linie der Verkauf großer Mengen von Qualitätsprodukten und -dienstleistungen durch Mundpropaganda war, und die ihre Berater entsprechend ihrem wirklichen Wert bezahlte. Und das ist es auch, was uns allen die Möglichkeit gibt, ein hochwertiges Leben zu führen. Mit der fortlaufenden Entwicklung des MLM-Geschäftes ist allerdings ein Teil des Idealismus vor die Hunde gegangen. Wenn wir verschiedene der heute entstehenden MLM-Firmen betrachten, sehen wir keine, die es ohne Kompromisse geschafft hat, an das große Geld heranzukommen - das heißt, Jahresumsätze von einer halben Milliarde oder mehr zu erzielen. Keine Firma hat das Recht, auf andere den ersten Stein zu werfen.

Jedoch sind die moralischen Fehltritte im MLM bedeutungslos - im Vergleich mit denen in der herkömmlichen Wirtschaft. Letztes Jahr beispielsweise erwischte man die größte japanische Bank bei Betrügereien, und sie wurde zu einer Strafzahlung von 2 Millionen € an die Amerikaner verurteilt. Im Jahr 1995 standen sieben Aufsichtsratsvorsitzende der größten Tabakfirmen vor einem Untersuchungsausschuss des Senats und schworen mit hochgehobener rechter Hand, dass „Tabak nicht süchtiger macht als Marshmallows, und keine verstärkenden Zusätze enthält.“ Zwei Jahre später kamen diese selben Vorstände sämtlichen zukünftigen Klagen mit einer Zahlung von zwei Milliarden Dollar und dem Vorbehalt, sie würden nie mehr für ihre Produkte Werbung betreiben, zuvor. Kürzlich sahen wir eine Winston - Reklametafel an einer der größten Kreuzungen unserer Stadt, auf welcher zu lesen war „Wir sind nackt, und haben all die Zusätze herausgenommen. Kein Sch ....!" Wie stolz wären Sie, in so einer Branche tätig zu sein?

Das ist unsere Nachricht für MLM-Neulinge: Seien Sie stolz auf unsere Branche und wählen Sie Ihre Firma mit realistischen Erwartungen aus. Wählen Sie diejenige, welche angesichts Ihrer Werte den besten Eindruck macht. Aber wir glauben auch nicht, dass irgendeine heute existierende Firma ein O.K. für alle Bereiche bekäme: Spitzenverdiener, völlige Harmonie zwischen den Beratern, angesehene Firmenchefs, ausgeglichene Chancen für jeden, hohe moralische Standards, ein perfekt ausgewogener Vergütungsplan, Qualitätsprodukte, die gefragt sind und marktgerechte Preise haben, das Potenzial für lange Lebensdauer, ein global gültiger nahtloser Marketingplan und nicht überdurchschnittlich viele Aussteiger. Vielleicht wird es eines Tages eine Gesellschaft geben, welche die höchsten moralischen Standards zeigen kann und auch alle Verkaufsrekorde brechen wird. Aber auch, wenn dies niemals geschieht, stellen Network Marketing-Firmen moralisch die Mehrheit der herkömmlichen Firmen weltweit in den Schatten - es ist wirklich kein Vergleich.

Im Zuge des Reifeprozesses von Network Marketing erfolgt der Verlust der Unschuld. Jene Firmen, die länger als fünf Jahre bestehen, weisen allgemein positive Ergebnisse bezüglich hoher Wertvorstellungen auf. Leider gibt es selbst in diesen Firmen eine zunehmende Zahl recht skrupelloser Berater. Angesichts des Wesens unserer Branche kann unmoralisches Verhalten nur durch die einzelnen Berater selbst kontrolliert werden (wir können Maßstäbe für diejenigen festlegen, die wir zum Mitarbeiten in unseren Organisationen einladen) oder durch Firmenchefs, die den Mut haben, solchen Leute zu kündigen, die eindeutig gegen die Firmenpolitik verstoßen. Wenn man sich dieses Problems nicht in der Frühphase annimmt und unzuverlässige Networker weiterhin die Möglichkeit haben, ohne moralische Skrupel zu arbeiten, kommt irgendwann der Punkt, an dem es kein Zurück gibt. Vielleicht wird ein Berater ohne moralische Bedenken zu groß und mächtig, um ihn ohne Schaden für die Firma und somit für die gesamte Branche auszuschließen.

Das exponentielle Wachstum einer Network Marketing-Organisation beruht auf der Fähigkeit des Beraters, anderen ein leicht duplizierbares System zum Sponsern und Gesponsertwerden beizubringen, das überall auf der Welt funktioniert.

Wir können die Integrität unserer Branche bewahren, indem wir uns nur Firmen anschließen, die den Willen zeigen, Günstlingswirtschaft und selbstsüchtige Gier strikt zu unterbinden, genauso wie wir neuen Partnern in unserer Sponserauswahl und unserem Schulungsverfahren auf den Zahn fühlen können. Einfach gesagt: Entscheiden Sie sich für eine Firma, die sich nicht scheut, auch einen großen Macher, der gegen die Regeln verstößt, vor die Tür zu setzen, laden Sie Leute mit Prinzipien in Ihre Organisation ein, denen Sie vertrauen, und schulen Sie sie, ihr Geschäft nach moralischen Grundsätzen zu betreiben.

Verlustangst

Machen Sie sich auf eine furchterregende Tatsache gefasst. Wenn Sie vorschlagen, dass jemand in Ihrer Organisation ohne Aufsicht an einem Meeting in einer anderen Stadt teilnimmt, müssen Sie damit rechnen und sogar erwarten, diesen Berater an eine andere Führungskraft zu verlieren. So etwa könnte es passieren: Bob hatte nie etwas mit Network Marketing zu tun und versteht die Einfachheit unserer Branche nicht. Sein Freund Steve hat von einem Treffen in Bobs Stadt gehört, das jede Woche von einer örtlichen Führungskraft gehalten wird. Bevor Bob überhaupt eingeschrieben ist, ist er bereits an das örtliche Treffen ‚angeschlossen'. Wenn er alleine ankommt und erzählt, er sei noch nicht eingeschrieben, werden einige örtliche Führungskräfte natürlich überaus erfreut sein, ihm auszuhelfen. Oft werden sie sich zuerst mit Bob anfreunden und dann im Laufe des Abends versuchen, ihn zu überreden, seine Treue zu dem Berater, der ihm als erster diese Branche vorgestellt hat, außer Acht zu lassen und sich stattdessen bei ihnen einzuschreiben. Vielleicht locken sie ihn mit Versprechungen, sie hätten spezielle Verbindungen innerhalb der Firma oder suggerieren ihm, er könne nicht ohne örtliche Unterstützung erfolgreich sein. Warum sich unter einem 500 Meilen entfernten Bekannten einschreiben, wenn er sich doch hier zu Hause unter einem Sponsor einschreiben könne, der ihn viel angemessener unterstützen könne?

Dass dies eine Lüge ist, merkt Bob nicht. Auch versteht Bob die strukturelle Integrität unserer Branche noch nicht. Die Notwendigkeit einer Unterstützung vor Ort ist ein Märchen, und wäre dem nicht so, wäre Bob ja bei der Entwicklung seines Geschäfts nur auf sein eigenes Gebiet beschränkt, ohne die Möglichkeit einer Ausweitung. Im Gegenteil, das Geheimnis, wie man ein erfolgreiches Geschäft aufbaut, besteht darin, eine Führungskraft für die eigene Organisation zu werden - also niemals von anderen abhängig zu sein. Das exponentielle Wachstum einer Network Marketing-Organisation beruht auf der Fähigkeit des Beraters, anderen ein leicht duplizierbares System zum Sponsern und Gesponsertwerden beizubringen, das überall auf der Welt funktioniert.

Bob sollte also nicht versuchen, Steve - die Person, die ihm das Geschäft vorgestellt hat - zu umgehen. Obwohl Steve unerfahren und weit entfernt sein mag, irgendwo über ihm ist eine Person in seiner Upline mit der nötigen Kraft, Erfahrung und Vergütung, um mit ihm zu arbeiten und ihm bewährte Techniken beizubringen, um in diesem Geschäft erfolgreich zu werden. Aber weil er das nicht begreift, schreibt sich Bob ganz unschuldig unter der örtlichen Gruppe ein und entscheidet sich, Steve in einigen Wochen anzurufen, um ihm die Nachricht behutsam beizubringen.

Man kann nicht sagen, wie viele Tausende von Beratern unser Geschäft aufgegeben haben, nachdem sie sich auf Schulungen in anderen Städten verlassen haben - was nur dazu führte, dass ihre Interessenten von skrupellosen Führungskräften gestohlen werden. Dies könnte natürlich nie passieren, wenn neuen Beratern beigebracht würde, Interessenten nicht zu irgendwelchen Treffen in anderen Städten zu schicken, bis sie sich eingeschrieben haben und geschult wurden. Selbst dann ist es nicht notwendig. Nach unserer Meinung ist die gesamte Idee der örtlichen Unterstützung und von wöchentlichen „Händchen-halte-Treffen" nicht der Weg zum Aufbau einer erfolgreichen Organisation. Wir beide wurden von auswärtigen Führungskräften gesponsert und dann telefonisch geschult und unterstützt. Tatsächlich traf Mark seinen Mentor Richard Kall erst, als er bereits

15.000 Euro im Monat verdiente. Als er Richard das erste Mal anrief, gab ihm dieser telefonisch ein System an die Hand, und er marschierte los und befolgte es. Obwohl es Marks erste Teilnahme am Network Marketing war, lernte er bei diesem Telefongespräch genug, um nach nur vier Monaten in unserer Firma gutes Geld zu verdienen.

Internationales Sponsern

Es gibt ein reales Risiko, dass die Integrität in Auslandsmärkten verloren geht. Ein Bruch der Loyalität zwischen Ihnen und Ihrer Gruppe - wie vielversprechend es in einem neueröffneten Markt auch immer scheinen mag - ist oft das direktes Ergebnis des „Anschluss-Problems". Es kann sogar passieren, ohne dass jemand der Schulung einer anderen Führungskraft anvertraut wird. Erfolg in einem fremden Markt hängt von mehreren Dingen ab: 1.) Loyalität und Kommunikation zwischen Sponsor und neuem Berater, 2.) gut übersetztes Schulungsmaterial, das ein einfaches, bewährtes System bietet und 3.) Selbstbewusstsein und aktives Wesen der entstehenden Gruppe in diesem Land. Erfolg resultiert nicht aus dem bloßen Finden einer guten Person und ihrem ‚Anschließen' an eine wie auch immer zufällig angebotene örtliche Schulungssitzung. In diesem Fall ist das Scheitern sogar äußerst wahrscheinlich!

Wenn die Dinge richtig gemacht werden und neue Partner gewissenhaft unterrichtet werden, kann jeder Erfolg im Network Marketing haben und diesen auch anderen vermitteln. Um erfolgreich zu werden, braucht man nicht unzählige offizielle Treffen, Schulungszentren, Produktseminare und dergleichen mehr. Aber hier liegt das Problem: Da die Zahl skrupelloser Networker, die wir eben schon ansprachen, logarithmisch anwächst, können sie Ihnen große Probleme verursachen. Vielleicht trifft einer von ihnen Ihren Berater bei einer Firmenversammlung, bei einem offenen Treffen oder in einem Schulungszentrum und findet heraus, dass er oder sie von jemand gesponsert wurde, der Tausende von Meilen entfernt in einem anderen Land ist. Ohne Achtung vor der strukturellen Integrität in diesem Geschäft wird der skrupellose Networker vorschlagen, dass Ihr Berater besser dran wäre, wenn er von einer örtlichen Führungskraft gesponsert würde. Warum? Weil er oder sie dann ein Büro oder das Schulungszentrum mit nutzen oder enge Unterstützung von jemand erhalten kann, der die örtliche Kultur kennt und versteht.

Braucht ein Networker diese Dinge wirklich zum Erfolg? Nein, aber Ihre Berater können leicht dazu gebracht werden, dies zu glauben. Eine Führungskraft, die keine moralischen Bedenken kennt, offeriert Ihren Beratern vielleicht sogar eine ‚Rücktrittsprovision‘, um ihnen die Loyalität zu ihrem ursprünglichen auswärtigen Sponsor abzukaufen. Dann bringt man Ihren Neulingen - Ihren Hoffnungen und Träumen vom Aufbau einer internationalen Organisation - bei, keine Bestellungen mehr unter ihrer gegenwärtigen ID-Nummer zu tätigen, welche die Verbindung zu Ihnen schafft. Stattdessen lässt man sie sich unter einer neuen Nummer einschreiben - und der Diebstahl ist vollzogen. Dann zeigt man Ihren früheren Beratern, wie man diesen Vorgang mit all ihren Neuen dupliziert. Diese Praxis ist für viele anständige Networker die größte Enttäuschung gewesen. Und dies stößt nicht nur neuen Networkern des ersten Jahres zu. Auch zehnjährige Veteranen sind ihre Opfer. Und wenn es in bedeutender Zahl geschieht, wird es für eine Firma praktisch unmöglich, allen Linien nachzugehen, sie zu finden und wieder an ihre rechtmäßigen Plätze in der ursprünglichen Reihenfolge zu bringen.

Wir haben eine Botschaft an Firmenchefs, die dieses Kapitel vielleicht lesen: Diese Praxis kann gestoppt werden, aber man muss sie im Keim ersticken. Sie müssen denen, die solche Praktiken anwenden, heftig auf die Finger klopfen. Ein Mal erwischt: Verwarnung. Zwei Mal erwischt: Geldstrafe. Drei Mal erwischt: Kündigung. Die Strafe sollte laut und deutlich zum Ausdruck bringen: Wir tolerieren kein unmoralisches Verhalten in unserer Beratermannschaft. Punkt. Ende der Geschichte.

Wenn es eine Firma nicht schafft, einen Networker auszuschließen, der Muster skrupellosen Verhaltens zeigt, ist der Präzedenzfall geschaffen. Der Vorgang wird dupliziert und durch das Wesen des Geschäfts selbst multipliziert. Ist das Monster erst geschaffen, gerät es rasch außer Kontrolle.

Mit der Situation, die wir beschreiben, haben wir und viele andere Erfahrung aus erster Hand, und wir können Ihnen unzweideutig versichern, dass sie mehr Kummer verursacht hat als alle anderen Schwierigkeiten des Geschäftes zusammen. Tun Sie, wenn Ihre Firma noch jung ist und Sie den internationalen Ausbau noch vor sich haben, alles in Ihrer

Macht Stehende und bestehen Sie auf strikter Einhaltung der internationalen Geschäftspolitik - einschließlich des Ausschlusses selbst hochproduktiver Berater - falls nötig. Wenn die Firma zeigt, wie ernst sie es mit der Durchsetzung der internationalen Geschäftspolitik meint, wird sich die Nachricht ausbreiten. Diejenigen, die solche Praktiken in Erwägung ziehen, werden es sich zweimal überlegen, weil sie ihren Ausschluss nicht riskieren wollen. Aber wenn eine Firma zu lange damit wartet, diese Botschaft an ihre weltweite Beraterschaft auszusenden, wird es gehen wie mit dem Versuch, alles Böse in Pandoras Büchse zurückzustecken.

Network Marketing ist ein kolossales Geschäft, und es wird noch größer, wenn Sie in die internationale Szene einsteigen. Einige Legenden des Geschäfts haben uns anvertraut, dass sie Millionen durch illegale Aktivitäten vor der Eröffnung des Geschäftes in neuen Ländern verloren haben. Das ganze Geld ging direkt in die Taschen derjenigen, die vor der offiziellen Eröffnung mit Produkten und Schriften dorthin gegangen sind. Aber es bricht uns das Herz, wenn viele ehrliche Führungskräfte unserer Branche einmal ihre Chance für Wohlstand hatten, die dann von solchen unverschämten Gaunern gestohlen wurde - und das, ohne dass die Firma eingegriffen hätte.

Internationales Sponsern kann schwierig sein, selbst wenn Sie die finanziellen Mittel haben, um die Anschluss-Pistole vollkommen zu vermeiden und den neuen Markt persönlich zu beaufsichtigen, indem Sie vorübergehend Ihren Wohnsitz wechseln. Wenn Sie aus irgendeinem Grund bei einem Interessenten oder Treffen ein schlechtes Gefühl haben, folgen Sie Ihrem Instinkt und sagen Sie: „Der Nächste, bitte." Rob Hayman aus Pompano Beach, Florida, war etwa sechs Monate bei seiner Network Marketing-Firma, als die Firmenchefs ihre erste Ausdehnung in den pazifischen Raum machten. Rob entschied sich mitzumachen. Warum nicht? Die Antwort wird klar, als Rob erläutert: "Ich war fünf Monate in Hongkong und ging dann nach Taipeh. Eines Tages fuhr ich im Taxi und stellte fest, dass der Fahrer ganz gut Englisch sprach. Ich lud ‚Eagle' in mein Apartment, um ihm unser Geschäft vorzustellen. Mein Upline-Partner hat mir immer beigebracht, wenn sich jemand in einem Meter Abstand von Dir befindet und atmet, versuche, ihn zu kontaktieren.

Eagle wurde richtig begeistert und sagte, er kenne den Mann, der eine riesige Downline aufbauen könne. Der einzige Haken war, dass wir ihn um zwei Uhr in dieser Nacht treffen müssten. Mein Instinkt schrie „Nein!", aber ich wollte eine riesige Downline aufbauen. Wenn dieser Typ so mächtig war, würde ich hingehen. Eagle holte mich um 1.30 Uhr ab. Ich trug meinen besten Anzug. Dies war ein Spitzenmann, und ich musste ihn beeindrucken. Wir fuhren durch mehrere Seitenstraßen und dann eine dunkle Allee hinab. Eagle parkte das Taxi und wir gingen einen Block weiter, bis wir zu etwas kamen, das wie eine Garage mit einer Seitentür aussah. Eagle klopfte dreimal. Jemand öffnete die Tür nur einen Spalt, und der Mann und Eagle sprachen Mandarin-Chinesisch. Meine Kenntnis dieser Sprache bestand damals aus: 'Bringen Sie mir bitte die Rechnung,!', 'Wo sind die Toiletten?' und 'Sind Sie ehrgeizig?'. Wir wurden einen langen Flur hinunter geführt, der einem Tunnel zu einem Verlies ähnelte. Schließlich betraten wir einen Raum, der 'geschmackvoll' mit zwei Stühlen, einer Klappcouch, einem Schreibtisch und sonst nichts dekoriert war. Nach etwa fünfzehn Minuten schließlich betrat ein Mann den Raum. Eagle und der Mann sprachen etwa dreißig Minuten miteinander. Das einzige, was ich aufschnappte, war, dass die Stimmung des Mannes von ernst über zornig bis extrem feindselig ging. Ich fragte Eagle fortgesetzt: 'Also, ist er interessiert?' Eagle sagte, dass wir später reden würden.

Als wir schließlich gingen und die Straße entlang zum Taxi gingen, stellte ich fest, dass sich Eagle alle paar Meter umdrehte und nach hinten schaute. Nachdem wir eingestiegen und losgefahren waren, bestand ich darauf, zu erfahren, was zum Teufel passiert war. Eagle gestand, dass ein Freund von ihm eine größere Summe Geld von diesem Mann geborgt hatte, im Versuch, damit einen großen Gangsterboss aus den USA soweit zu bringen, dass er ihn in Ruhe ließe. An diesem Punkt befahl ich ihm, das Taxi zu stoppen. Ich stieg aus und sagte ihm, er solle sich einen anderen Sponsor suchen.

„Das zweite, was mir mein Sponsor sagte, war, 'alles zu tun, was nötig ist '. Heute glaube ich, dass dieser Satz seine Grenzen hat." Kaltkontakte in einem fremden Markt können extrem schwierig sein, besonders für einen Networker im ersten Jahr. Seitdem hat Bob mit dem Aufbau seiner internationalen Organisation in über zwanzig Ländern weitergemacht und

Wenn Sie in der Lage sind, einen soliden Ast Ihrer Organisation in einem ausländischen Markt aufzubauen, kann dies eine der einträglichsten Unternehmungen in Ihrer Network-Karriere sein.

ist gegenwärtig an der Spitze des Vergütungsplans seiner Firma. Denken Sie bloß, was er hätte verlieren können, wenn er es zugelassen hätte, dass diese unangenehme Sache die Oberhand gewonnen hätte. Er hätte seinem Instinkt folgen sollen, der ihm sagte: Ein Treffen um zwei Uhr nachts ist äußerst sonderbar.

Jede Firma hat eine Vielfalt von Herangehensweisen an den internationalen Markt. Einige gehen in ein fremdes Land und finden einen Partner vor Ort, ohne das Land überhaupt ihren Beratern zu eröffnen. Andere gestatten nur denen, im fremden Markt zu arbeiten, die ein bestimmtes Erfolgsniveau erreicht haben. Noch andere verlangen von ihren Networkern, in jedem einzelnen Land, in dem sie aufbauen wollen, alle einzelnen Qualifikationen von neuem zu erfüllen. Andere haben einen nahtlosen globalen Plan, der für Networker jeder Ebene innerhalb der Firma offen ist. Machen Sie sich mit den internationalen Aufbau-Richtlinien innerhalb Ihrer Firma vertraut. Suchen Sie den Rat Ihrer Upline-Partner zu Ihrem Eintritt in den fremden Markt in Ihrem ersten Jahr. Abhängig von Ihrer Situation und der Firma, für die Sie sich entschieden haben, könnte es die beste oder schlechteste Wahl Ihrer Network-Karriere sein.

Als allgemeine Regel raten wir Neulingen in der Branche davon ab, in fremden Märkten zu experimentieren, wenn es nicht um ihr Geburtsland handelt, sie dort nicht enge Verwandte haben, oder ihr bester Freund dort lebt. Ausländische Märkte sind sogar für einen alten Hasen extrem schwierig. Man braucht einen selbständigen Macher von absoluter Loyalität, Fleiß und aktiver Herangehensweise. Und man braucht Geld, um die Kommunikationslinien offen zu halten. Wenn Sie jedoch neu und fest entschlossen sind, in den internationalen Markt zu gehen, beraten Sie sich sofort mit Ihrem Sponsor oder einem erfolgreichen Mentor in Ihrer Upline und beginnen Sie, sich genau zu überlegen, wie Sie sich Ihren Teil von diesem besonderen Markt schnappen wollen. Eins ist sicher: Wenn

Sie in der Lage sind, einen soliden Ast Ihrer Organisation in einem ausländischen Markt aufzubauen, kann dies eine der einträglichsten Unternehmungen in Ihrer Network-Karriere sein. Ihr Erfolg hängt aber von Ihrem persönlichen Kontakt und Ihrer Führung ab, nicht vom ‚Anschließen' Ihrer wichtigsten Berater an ein örtliches Schulungszentrum.

Wenn Sie dachten, Sponsern und Schulung aus der Ferne sei schwierig und teuer, so ist es internationales Sponsern noch mehr. So wie Sie es mit Neulingen aus einem anderen Bundesland tun sollten, müssen Sie bereit sein, die Verantwortung für Ihre eigene Gruppe im Ausland zu übernehmen. Wenn Sie keine Reise ins Ausland unternehmen können, um Ihre Berater persönlich zu beaufsichtigen (immer der effektvollste Weg), dann zeigen Sie ihnen alles über das Geschäft, was Sie können - unter Benutzung von Telefon, Fax, E-Mail und Post. Wenn Ihre Sprache verstanden wird, vereinfacht sich das Verfahren ziemlich. Die meisten großen Firmen und viele MLM-Führungskräfte besitzen ihre eigene Firmen-Website, Faxabruf und ähnliche Technologien zu Sponser- und Schulungszwecken. Wenden Sie die Technologien an, die in Ihrer eigenen Firma benutzt werden, um das beste verfügbare Unterstützungsmaterial bereit zu stellen. Auch wenn der Aufbau eines fremden Marktes nicht leicht ist, kann man heutzutage mit Hilfe der modernen Technologie leichter Erfolg haben als jemals zuvor.

Mittels der Ihnen zur Verfügung stehenden verschiedenen Medien machen Sie so umfassende und vollständige Präsentationen für Ihre ausländischen Interessenten, als ob sie in Ihrem Wohnzimmer säßen. In einem anderen Land ist es besonders wichtig, aktive und positive Berater zu sponsern. Stellen Sie sicher, dass Ihre ausländischen Interessenten verstehen, was es heißt, eine starke Führungsposition zu übernehmen. Die richtige Person wird von dieser Herausforderung angeregt werden. Die falsche Person wird ein verzweifeltes Bedürfnis zum ‚Anschließen' an jemand anderen verspüren. Präsentieren Sie wie immer alle verfügbaren Informationen - besonders Ihre Geschichte, wie auch Einzelheiten über Firma und Produktlinie, zeitliche Entwicklung und Trends der MLM-Branche in ihrem Land, und wie man durch ein passives Einkommen in Ihrem Vergütungsplan Geld verdient. Wenn Sie alle etwaigen Fragen beantwortet haben, halten Sie einen starken Vertreter Ihres Uplineteams bereit, der anschließend in Ihrem Namen bei dem Interessenten nachfasst. Wenn Sie noch keinen vertrauten Upline-Partner oder Mentor haben, der jenen Markt bearbeitet, schicken Sie Ihre Interessenten niemals zur Geschäftsbesprechung einer anderen Führungskraft. Unter diesen Umständen - wenn Sie Tausende von Kilometern weg und kein Angehöriger derselben Kultur sind - ist das Risiko, Ihre Neulinge zu verlieren, schlichtweg zu groß.

Nehmen wir an, ein Interessent in einem fremden Markt hat sich entschieden, sich unter Ihnen einzuschreiben und sich wirklich zu engagieren. Jetzt beginnt die harte Arbeit. Sie müssen diesen Interessenten auf der Basis des Systems schulen, von dem Sie wissen, dass es funktioniert, und ihm oder ihr beibringen, dasselbe zu tun. Wir schlagen vor, Sie beginnen damit, ihm zuerst einen einfachen, einseitigen Schulungsabriss zu schicken. Ihr neuer Partner kann das leicht übernehmen und es für diesen speziellen Markt übersetzen. Wenn eine Führungskraft in der Branche oder in Ihrer Firma ein verfügbares und bereits für diesen Markt übersetztes Buch, Handbuch, eine Kassette oder ein Video-Schulungspaket hat und es in Ihr System passt, weisen Sie Ihre neue Gruppe selbstverständlich an, das Material zu kaufen und zu nutzen. Aber auch, wenn Sie nicht mehr als das „Ein-Seiten-Training" haben, können Sie immer noch wirkungsvoll schulen. Auch Telekonferenzen betrachten wir als soliden Weg zum Aufbau eines ausländischen Marktes. Angesichts der Tatsache, dass die Telefonnetze in anderen Ländern noch nicht so fortgeschritten sind wie in den westlichen Ländern, ist dies allerdings nicht immer ein leichtes Vorhaben. Aber keiner hat gesagt, dass dieses Geschäft leicht sei. Wenn Sie in diesem Land eine Führungskraft gefunden haben, die bereit ist, die Mühe auf sich zu nehmen und wöchentliche Telekonferenzen anzusetzen, nutzen Sie diesen Vorteil ausgiebig - diese wöchentlichen Anrufe sind ein enormer Unterstützungsmechanismus. Wenn die Sprache ein Hindernis ist und für diese ersten Anrufe eine englischsprachige Führungskraft benötigt wird, bedienen Sie sich einer Simultan-Übersetzung durch eine zweisprachige Person.

Was immer Sie aber tun, behalten Sie die Steuerung Ihrer neuen Gruppe in der Hand. Fangen Sie gleich richtig mit ihnen an, indem Sie das System einfach und leicht duplizierbar halten. Schärfen Sie Ihnen ein, wie wichtig es ist, Ihr System zu benutzen, wenn Sie in Ihrem Team sein und Ihre sowie die Unterstützung Ihrer Upline haben wollen. Versichern Sie ihnen, dass Sie sie benachrichtigen, wenn Upline-Führungskräfte ihr Land besuchen, und dass schließlich alle Materialien für sie übersetzt würden. Aber der Wert, frühzeitig ein System zu etablieren, ist wohl offensichtlich.

Unsere Botschaft ist ganz einfach: Wenn Sie die ‚Anschluss-Pistole' entladen und die Schulungsleitung Ihrer eigenen Neulinge wieder übernehmen, werden Sie zahllosen Problemen entgehen, die in unserer Branche immer mehr zunehmen. Es wird Ihnen einfach nicht passieren, Interessenten an andere Führungskräfte zu verlieren, wenn Sie die ‚Wohlfahrts-Mentalität' vermeiden und sich für eine selbstbewusste Einstellung entscheiden. Indem Sie sich und Ihre Downline vor konkurrierenden Systemen schützen, können Sie Fehlzündungen vermeiden, die neue Berater lähmen. Übernehmen Sie die Verantwortung für Ihre Organisation und bringen Sie Ihren Leuten ein einfaches System bei, das diese wiederum mit ihren neuen Partnern duplizieren können. Gebrauchen Sie Ihre Upline zur Unterstützung, aber erwarten Sie nicht, dass irgendjemand Ihre Leute für Sie sponsert und schult.

Zusammenfassung

- Die Anschluss-Pistole feuert jedes Mal dann, wenn ein Networker einen neuen Berater in der Ferne einschreibt und diesen Neuling an irgend ein örtliches Schulungs-Meeting ‚anschließt', das gerade in dieser Stadt verfügbar ist.

- Suchen Sie die örtliche Führungskraft, der Sie Ihren neuen Frontline-Partner anvertrauen wollen, mit derselben akribischen Prüfung aus, der Sie die Tagesmutter für Ihr eigenes Kind unterziehen würden.

- So wie es am besten ist, sein Kind selbst groß zu ziehen, so ist es auch am besten, Ihre wertvollen Erstlinienberater selbst zu schulen.

- Neue Berater einfach an irgendeine Schulung anzuschließen, besonders während des prägenden ersten Jahres im Geschäft, kann Verwirrung schaffen und irreparablen Schaden für ihre Karriere verursachen.

- Führen Sie Ihre eigene Schulung mit Ihren ‚Fern'-Beratern durch, indem Sie

    1. ihnen einen einseitigen Abriss Ihres Systems faxen,
    2. alle ihre Fragen telefonisch beantworten und
    3. eine Verpflichtung einholen, dass sie bereit sind, ausschließlich Ihrem System zu folgen

- Während Ihre neuen Partner das Verfahren durchlaufen, setzen Sie ihre Schulung fort, indem Sie

    1. sie bitten, das Handbuch zu kaufen, das den einseitigen Abriss weiter ausführt,
    2. das Handbuch telefonisch mit ihnen durchgehen,
    3. ein oder zwei Motivations-Hilfsmittel empfehlen,
    4. anbieten, sie einmal die Woche zu trainieren,
    5. telefonisch individuelle, persönliche Strategie-Schulungssitzungen durchführen,

6. empfehlen, sie mögen sich alle empfohlenen Bücher und sonstige Schulungsmaterialien kaufen, sobald sie zeigen, dass sie ernsthaft das Geschäft aufbauen wollen,
7. Interessenten für sie einschreiben und ihnen helfen, wann immer sie anrufen.

- Zeigen Sie Ihren Downline-Partnern im Training, was sie ‚richtig machen' sollen, statt sie daran zu erinnern, was sie falsch machen.

- Erst wenn Sie Ihre neuen Berater fest in der Spur haben, sollten Sie zustimmen, wenn sie an linienfremden Treffen an ihrem Wohnort teilnehmen wollen.

- Wenn Ihre Familie und Ihre Freunde das erste Mal Network Marketing vorgestellt bekommen, sollten sie die Präsentation im privaten Umfeld erleben.

- Wenn Sie aus der Ferne sponsern, halten Sie persönlichen Kontakt zu Ihrem neuen Interessenten:

  1. Erstellen Sie eine Mini-Präsentation per Telefon, Fax, E-Mail oder Post.

  2. Schicken Sie Ihren Interessenten Multimedia-Informationen und fassen Sie mit einem Telefongespräch nach

  3. Nutzen Sie die Unterstützung Ihrer Upline-Partner zum Sponsern.

- Wenn es Ihnen nicht möglich ist, Ihre neuen ‚Fern'-Interessenten zu sponsern, überprüfen Sie, welche Art von Treffen in dessen Gegend gehalten werden und ermuntern Sie Ihre Interessenten, nur die ausgewählten Geschäfts-Präsentation zu besuchen.

- Der einzigartige Vorteil von Network Marketing ist immer schon Verbrauch und Verbreitung von Qualitätsprodukten per Mund-zu-Mund-Propaganda, die wiederum den Beratern einen hohen Lebensstandard ermöglicht.

- Das Image unserer Branche können Sie bewahren, indem Sie 1. nur in solche Firmen eintreten, die auch Spitzenleute ausschließen, die gegen die Regeln verstoßen, 2. ehrliche Leute in Ihre Organisation aufnehmen und 3. Ihre neuen Berater schulen, Integrität in unserem Branche zu praktizieren.

- Einige skrupellose Networker schaden unserer Branche, indem sie die Interessenten anderer, die unbegleitet an Treffen teilnehmen, gegen die Geschäftsmoral dazu bringen, sich ihrer eigenen Downline anzuschließen. Dabei weisen sie darauf hin, diese könnten ohne Unterstützung am Ort nicht erfolgreich sein - was natürlich ein Märchen ist.

- Der Mythos von der Unterstützung vor Ort beinhaltet gleichzeitig, dass Berater auf das Sponsern in ihrer eigenen Stadt beschränkt sind - ohne die Möglichkeit, ein weltweites Geschäft aufzubauen. Dieser Gedanke läuft dem Wesen von Network Marketing völlig zuwider.

- Das exponentielle Wachstum einer Network Marketing-Gruppe beruht auf der Fähigkeit des Beraters, anderen beizubringen, wie sie zu Führungskräften werden, die ihrerseits anderen ein leicht duplizierbares System zum Sponsern überall auf der Welt beibringen können.

- Erfolg auf einem ausländischen Markt hängt ab von:

    1. der Loyalität und Kommunikation zwischen Sponsoren und neuen Beratern,

    2. gut übersetzten Schulungsmaterialien, die ein einfaches, erprobtes und leicht duplizierbares System bieten.

    3. der Selbständigkeit der neuen Gründungsgruppe in dem jeweiligen Land.

- Erfolg resultiert nicht bloß aus dem Finden einer guten Person, um diese dann an ein beliebiges, örtlich angebotenes Schulungs-Treffen ‚anzuschließen'.

- Neulinge in ausländischen Märkten werden oft in Versuchung geführt, die Treue zu ihren ursprünglichen Sponsor aufzugeben, indem man ihnen weiszumachen versucht, dass Schulungszentren, kulturelle Bindungen und anderes mehr für den Erfolg entscheidend seien.

- Es ist unerlässlich, dass Firmenchefs gegen Verletzungen der Firmenpolitik hart durchgreifen, bevor diese außer Kontrolle geraten.

- Versuchen Sie sich als neuer Networker nicht in fremden Märkten, wenn das Land nicht Ihr Geburtsland ist, Sie dort keine engen Verwandten haben oder Ihr weltweit bester Freund in dem Land lebt - oder Sie keine Downlinepartner haben, die diese Anforderungen erfüllen.

- Aufgrund des technologischen Fortschritts ist der Aufbau einer Organisation in einem ausländischen Markt leichter möglich als jemals zuvor.

- Die Anschluss-Pistole wird nicht fehlzünden und Sie verletzen, wenn Sie die Verantwortung für Ihre eigene Gruppe übernehmen und Ihren Neulingen ein einfaches System beibringen, das diese ihrerseits ihren Neulingen beibringen können.

KAPITEL 9

Wie man die Vorstands-Explosion vermeidet

Erkennen Sie die Vor- und Nachteile des Eintritts von Firmenchefs ins MLM

Während eines Seminars in Südkorea wurde uns eine gewichtige Frage gestellt. Ein Herr erkundigte sich ganz ernsthaft: "Was haben all diese amerikanischen Firmenmanager, die zu Tausenden entlassen werden, die ganzen Jahre in ihrem Job gemacht? Wenn die amerikanische Firmenstrategie zur Steigerung der Erträge bedeutet, einfach Vorstände und Manager loszuwerden, wie haben diese Leute vorher jemals produktiv sein können?"

Ehe einer von uns eine Antwort geben konnte, bot ein anderer Südkoreaner seine Erklärung an: „Amerikanische Firmen sind genau wie eine Handvoll unserer asiatischen Firmen. Vorstände gehen den ganzen Tag zu Meetings, um künftige Meetings zu planen, und schreiben Memos mit dem Versprechen, bald noch eins zu schreiben." Natürlich lachte jeder voller Begeisterung. Oberflächlich könnte es scheinen, dass diese Versammlung von MLM-Profis ganz naturgemäß gegen herkömmliche Firmen voreingenommen war. Doch offenbarte diese Antwort eine tiefgreifende Wahrheit. In dieser Gruppe gab es verschiedene frühere Firmenvorstände, die sich Network Marketing zugewandt hatten, und sie wussten aus erster Hand, dass viele Männer und Frauen in herkömmlichen Management-Positionen nicht produktiv sind. ‚Memos und Meetings bringen keine Profite' - lautet das 39. Yarnell-Gesetz.

Wir haben Freunde, die nach ihrem Studienabschluss in Marketing-Abteilungen führender Unternehmen eintraten und dann ein Jahrzehnt lang hart arbeiteten, bevor sie ins Management befördert wurden. Einmal befördert, begannen sie, an Meetings teilzunehmen und Memos zu schreiben. Natürlich ist uns klar, dass es Firmenmanager gibt, die eine enorme Verantwortung tragen und viele Stunden arbeiten. Aber viele tun es nicht. Deshalb ist es auch möglich, Tausende zu entlassen und die Erträge trotzdem zu steigern. Theoretisch müsste es sich negativ auf das Gewinnergebnis auswirken, wenn wir in eine Firma gingen und 20 Prozent des Managements entließen. Aber in den meisten Fällen werden die Erträge gesteigert - deshalb ist „Gesundschrumpfen" zum Lieblingskind der Wall Street geworden. Investoren lieben Firmen, in die sie investiert haben und die mit der Entlassung von Beschäftigten beginnen, weil sich dies generell im Anwachsen der Börsenwerte auszeichnet.

Niemals zuvor sind so viele dynamische Vorstände aus ihren Stellungen ‚geschrumpft' worden. Im letzten Jahrzehnt haben sich viele dieser Menschen von der finanziellen Unabhängigkeit und der flexiblen Lebensart der MLM-Branche anziehen lassen. Networker in ihrem ersten Jahr werden sich zweifellos in eine Schlacht verwickelt finden, die durch diese Veränderung der globalen Wirtschaft verursacht wurde. Wir nennen dies die „Vorstands-Explosion" weil so viele entlassene Wirtschaftsführer derzeit ins Network Marketing strömen. Allgemein sind dies Männer und Frauen, die zuvor in der amerikanischen Firmenwelt ein tolles Leben geführt haben. Mit den besten Studienabschlüssen versehen, haben sich in ihren ersten zwei Jahrzehnten die Sporen verdient, wurden dann aber schließlich aus genau der Position gefeuert, für die sie jahrelang wie die Sklaven geschuftet haben. Sie sind nicht nur kompetente, gut ausgebildete und brillante ‚Profis', sondern sie sind auch im Ausspielen der Firmenpolitik, wie es im herkömmlichen Geschäftsleben so weit verbreitet ist, recht erfolgreich.

Wir erkennen an, dass Firmenvorstände, Geschäftsinhaber sowie Männer und Frauen aus Spezialbereichen mit einem unschätzbaren Vorteil in unsere Branche kommen - dem Respekt, der ihnen entgegengebracht wird. Die meisten Leute haben hohe Achtung vor der Ausbildung, Erfahrung und Sachkenntnis von Spitzenmanagern. Und wegen deren Qualifikationen neigen Vertriebspartner dazu, auf das zu hören, was diese Menschen zu sagen haben. Aber da die Vorstands-Explosion weiter Fahrt aufnimmt, verursachen traditionelle Geschäftsleute auch Probleme, indem sie versuchen, viele ihrer früheren Praktiken in die Network-Branche zu tragen - Praktiken, die in unserem Geschäft einfach nicht funktionieren. In diesem Kapitel zeigen wir die Vorteile für unsere Branche auf, die entstehen, wenn weiterhin frühere Vorstände einsteigen. Gleichzeitig liefern wir auch Lösungen für die Herausforderungen, die diese Menschen für die Branche bedeuten, die sich unausweichlich auf die Effektivität eines jeden Beraters auswirken werden. Und diese Probleme werden sich nicht nur auf die gesamte Downline erstrecken, sondern oft auch auf die Upline.

Vorteile, die durch den Einstieg von Topmanagern im MLM entstehen

Mit den späten Siebzigern begann ein Trend, der sich auch in den gewinnorientierten Achtzigern fortsetzte: Tausende von Firmenmanagern suchten ihre unternehmerische Chance in der Network Marketing-Branche. Nie gab es aber einen größeren Zustrom als im letzten Jahrzehnt. Network Marketing wurde nicht länger als ‚Hausfrauen-Verkaufsparty-Konzept' betrachtet, sondern hat in den Neunzigern wachsenden Schwung bekommen und ist zu einer respektierten Branche herangewachsen. Mittlerweile sind die Preise für Franchise-Lizenzen inmitten übersteigerter gesetzlicher Gebühren und unvermeidlicher Regierungs-Einmischungen massive angestiegen. Das niedrige Nachteils- und hohe Vorteils-Potenzial von MLM wird von einer wachsenden Zahl von Menschen in leitenden Positionen entdeckt: Von Universitäts-Absolventen und -Professoren, erfolgreichen Firmenmanagern, Aufsichtsratsvorsitzenden, Ärzten, Zahnärzten, Fachleuten aus der Gesundheitsfürsorge, Steuerberatern, Anwälten. Unter dem Einfluss dieser hochentwickelten neuen Generation professioneller Networker wächst die Glaubwürdigkeit der Branche.

Da immer mehr ‚Profis' sich dem Network Marketing anschließen, berichtet die Handelspresse mittlerweile in einem viel positiveren Licht über unsere Branche und über einzelne Firmen. Network Marketing ist Gesprächsgegenstand in solch führenden Medien wie *The Wall Street Journal,*

Forbes, Success, Working at Home, Chicago Tribune und bei der *Associated Press,* genauso wie in einer Vielzahl regionaler Zeitungen und Fachzeitschriften. Diese Glaubwürdigkeit dehnt sich auch auf den universitären Bereich aus. Während des letzten Jahrzehnts gab es eine fortwährende Debatte, ob nun die Harvard-Universität Network Marketing lehrt oder nicht. Wir meinen, dies hat mehr mit Wortklauberei zu tun . Nun lehrt Harvard kein Network Marketing, aber im April 1997 hielt Harvard-Dozent Dr. Charles King in Harvard eine Vorlesung über Network Marketing vor dem ‚Harvard Law School Office of Student Life Counseling', ‚The Harvard Association of Law and Business' und ‚The Harvard Business School Marketing Club'.

Schwierigkeiten die durch den Einstieg von Top-Managern im MLM entstehen

Angesichts fehlender nennenswerter Ersparnisse oder Übergangseinkommen wenden sich viele entlassene Firmenvorstände dem MLM zu - in dem verzweifelten Versuch, ihren früheren Lebensstil zurückzuerobern. Es sind gute Leute, die offen gestanden keine Ahnung von unserem Beruf haben, sich aber nicht darüber im klaren sind, dass dies so ist. Wenn sie eine Gruppe früherer Arbeiter und Kleinunternehmer sehen, die, wie sie glauben, ohne Abschluss oder ohne hoch entwickelte Kenntnisse über das Geschäftsleben irgendwie in ein Monatseinkommen von 30.000 bis 50.000 Euro gestolpert sind, erregt das ihre Aufmerksamkeit. Sie stellen sich vor, dass sie mit ihren Qualifikationen Grenzenloses auf die Beine stellen werden, wenn Leute mit weniger Bildung und Erfahrung einen solchen Wohlstand erreichen können. Diese Leute sehen sich zwei Problemstellungen gegenüber, wenn sie sich auf das Gebiet des Network Marketing wagen: Erstens einer nicht unverständlichen Verzweiflung, die vom Prestigeverlust und dem plötzlichen Entzug von Firmenwagen, Einkommen und Sonderprämien herrührt, zweitens dem Missverständnis, sie könnten ihre Art des Firmenmanagements direkt auf Network Marketing übertragen. Weil in letzter Zeit so viele Firmenmanager in unsere Branche gekommen sind, ist es nur natürlich, dass Praktiken aus diesem Wirtschaftsbereich beginnen, ins Network Marketing einzusickern. Aber sie haben genau die Verhältnisse in unsere Branche gebracht, die zu ihrer niedrigen Produktivität und den ungerechtfertigt hohen Einkommen früherer Positionen im herkömmlichen Firmenmanagement geführt haben.

auf den zweiten Teil vorbereitet: Die meisten hatten nicht den Willen, irgend etwas dafür zu tun. Ich kam dahinter, dass die meisten Menschen ihr Schicksal akzeptiert hatten - Entlassungen, Verkleinerungen, Firmenfusionen; sie hatten wenig Hoffnung und keine Träume, an denen sie sich orientieren konnten. Dort, wo sie sich befanden, waren sie nicht glücklich Aber die Furcht, etwas zu tun, was ihre Situation weiter aushöhlen könnte, war größer als der Ausblick auf die positiven Ergebnisse, wenn sie Verantwortung für ihr Leben übernehmen würden."

Viele Leute in Wirtschaftsunternehmen können sich heute nicht vorstellen, in einer neuen Unternehmung erfolgreich zu sein, weil sie sich oft in Ihrer selbst gewählten Aufgabe völlig unglücklich fühlen. Wie könnte dann MLM jemals ihren Status verbessern? Selbstverständlich lautet die Antwort, dass ihre persönliche Zukunft noch geschrieben werden muss. Warum nicht die Zukunft in eine Richtung lenken, die 'dauerhaftes, ausgedehntes Wachstum' im Gegensatz zu Stagnation und 'konfuser Neuordnung' bringt? Wie müssen verstehen, dass es nicht unsere Aufgabe ist, Leute zu finden und sie zu ändern. Es ist unsere Aufgabe, diejenigen zu finden, die den Beschluss gefasst haben, dass sie sich selbst ändern müssen, und ihnen dann die benötigte Information geben, damit sie erfolgreich werden können. Diejenigen, die positive Aussichten entwickeln und unsere Konzepte mit Hingabe und Beständigkeit anwenden, werden ein dynamisches und erfolgreiches Geschäft aufbauen können. MLM ist eine der lohnendsten Gelegenheiten, die es heute gibt. In den nächsten paar Jahren werden durch Network Marketing Tausende von Leben dynamisch zum Besseren verändert werden.

In dem Geschäft geht es um den richtigen Zeitpunkt - darum, die Leute zur rechten Zeit in ihrem Leben zu erwischen, wenn sie offen für neue Chancenbereiche sind. Wenn Sie Firmenvorständen die richtigen Antworten für ihre speziellen Bedürfnisse geben können, haben Sie recht gute Chancen, dass sich diese ernsthafter mit Ihrem Angebot befassen. Wenn sie erst die Produkte anwenden, das Potenzial sich ausdehnender Multi-Milliarden-Märkte sehen und ihnen die Entlohnungsmöglichkeiten durch den Marketingplan zu Bewusstsein kommen, sind sie auch bereit, sich dem Schulungssystem und dem Prozess des Geschäftsaufbaus einzugliedern.

Ich habe zwei grundlegende Fakten für den Umgang mit Wirtschaftsleuten oder Geschäftsprofis entdeckt: 1.) Sie wollen Nachweise, dass es sich um ein rechtmäßiges Geschäft handelt. 2.) Sie sprechen besser auf jemanden an, der selbst engagiert ist und ein Geschäft aufbaut. Weil sie davon ausgehen, dass ihnen eine solche Person zeigen kann, wie man Erfolg dupliziert. Wenn Sie ein neuer Berater sind, werden Sie vielleicht Ihre Upline brauchen, um solche Leute ins Geschäft zu bringen. Mark Yarnell musste komplette sechs Upline-Ebenen durchforsten, bis er jemanden mit Erfahrung fand - Richard Kall. Keiner der Berater zwischen Richard und Mark war eine erfahrene Führungskraft. Der Vorgang ist noch immer derselbe. Interessenten brauchen Beweise und Anleitung. Je schneller Sie diese Ressourcen bereitstellen, desto schneller können diese Menschen ihre Nachforschungen anstellen, eine Entscheidung treffen und zur nächsten Phase übergehen: Entweder sie sind bereit für den Start oder es ist nicht der richtige Zeitpunkt oder dieses Geschäft ist nichts für sie." Die beiden ersten sind positive Entscheidungen, aber viele unerfahrene Networker erkennen die zweite Möglichkeit nicht als positiv. Und wenn Sie bei denen, für die es nicht der richtige Zeitpunkt ist, das Nachfass-Karteisystem anwenden, das wir in einem früheren Kapitel empfohlen haben, werden Sie unter Umständen auch einige dieser Leute sponsern. Wenn das Geschäft nichts für sie ist, fragen Sie nach Empfehlungen.

Robert Holloway erklärt: „Die meisten Leute verstehen völlig falsch, was es heißt, wenn Angestellte ‚Nein' sagen. Es ist nicht, dass sie nicht mehr Geld verdienen und mehr Freizeit haben wollen, es ist einfach nicht der richtige Zeitpunkt für sie, sich mit MLM zu identifizieren. Sechs Monate können alles verändern. Die meisten Leute verstehen diesen Umstand nicht und sehen darin eine persönliche Zurückweisung. Jemand, der neu im MLM ist, erkennt oft nicht, dass Zurückweisung nur bedeutet, dass der Zeitpunkt schlichtweg nicht der richtige war. Nehmen Sie es nicht persönlich! Ich bin mehr als je zuvor überzeugt, dass der Zeitpunkt, heute eine Karriere im Network Marketing zu starten, nicht besser gewählt sein könnte - eine Wahl, die das Lebens eines Menschen zum Besseren wenden kann."

Roberts demnächst erscheinendes Buch, *‚From IBM to MLM'* erläutert im einzelnen die Schritte, die nötig sind, um die Kontrolle über Ihr Leben zu übernehmen, eine Vision zu entwickeln, energiegeladen zu sein und

Ihren Plan in die Tat umzusetzen. Er und seine Frau leben in Dallas, Texas, und betreiben das Geschäft gemeinsam. Aufgrund ihres Erfolges haben sie jetzt die Zeit, ihrer wirklichen Leidenschaft nachzugehen - beim Segeln weit entfernte Inseln zu erforschen und dabei in jedem kleinen Hafen Halt zu machen. Im letzten Sommer hatten wir die Freude, von ihnen in den Sport eingeführt zu werden, als wir im Sir Francis Drake-Kanal unterwegs waren. Griechenland kommt als nächstes.

Firmenvorstände können mit zu den größten Beratern in Ihrer Organisation werden. Sie können aber auch alles zum Platzen bringen und Ihre gesamte Downline ruinieren. Wir haben beides passieren sehen. Um dem letzteren vorzubeugen, setzen Sie sich von Anfang an durch und zeigen ihnen, wie sehr sich MLM vom herkömmlichen Geschäftsleben unterscheidet. Wir hatten das große Glück, eine Menge von Terry und Tom Hill zu lernen. Sie sind die einzigen wirklich extrem leistungsstarken Verkaufsprofis, die wir je gesponsert haben: Terry war die Nr. 1-Vertreterin bei Xerox und ihr Mann Tom war Aktienhändler bei Merrill Lynch. Sie waren bezüglich der Vorstands-Explosion für uns zwei unschätzbare Lehrer. Sie erklärten uns die Geisteshaltung von Managern und die Notwendigkeit eines strukturierten Systems. Noch wichtiger, Terry zeigte uns viele der Verkaufsstrategien, die im Firmengeschäft angewandt werden, und besonders, warum sie in unserem Bereich nicht funktionieren. Beginnen wir damit, ein paar dieser Strategien zu überprüfen, um zu sehen, warum sie nicht wirkungsvoll sind.

Network-Strategien: Der Gegensatz zum herkömmlichen Geschäftsleben

Network-Strategien sind oft der genaue Gegensatz zum klassischen Geschäftsleben und zu konventionellen Marketing-Systemen. Firmenvorstände glauben oft irrtümlich, dass Strategien, die ihnen im herkömmlichen Geschäft Erfolg gebracht haben, auch im MLM funktionieren. Leider tun dies die meisten nicht. Aber aufgrund ihres Egos und ihrer vormaligen Führungs-Gewohnheiten versuchen sie instinktiv, ‚das Rad neu zu erfinden'. Indem diese respektierten Manager neue Systeme einführen und neue Verkaufshilfen kreieren, bringen sie unwissentlich andere Berater vom rechten Weg ab. Auf Grund ihrer Glaubwürdigkeit können sie ihre Upline genauso wie ihre Downline beeinflussen. Selbstverständlich gehen viele neue Berater davon aus, dass diese ehemals erfolgreichen Vorstände wissen, was sie tun, und übernehmen deren herkömmliche Strategien als Mittel zum Erfolg im MLM. Wir sagen es nochmals: Übernehmen Sie die Kontrolle, seien Sie entschlossen und führen Sie Ihre Leute selbst.

Geben Sie Meetings und Protokolle auf

Für Leute aus der Wirtschaft ist es nicht einfach, die gewohnten Meetings und Protokolle aufzugeben. Diese Dinge stecken tief im Bewusstsein dieser Menschen. Bringen Sie Ihren neuen Erstlinien-Beratern, die aus der Geschäftswelt kommen, vor allem bei, dass MLM ein Arbeitsprogramm ist und dass keiner während der Zeit Erfolg erzielt, in der er an Meetings teilnimmt und Protokolle schreibt. Eine unserer Erstlinien-Führungskräfte sponserte einen früheren Manager einer großen Abteilung von Phillips. Während der ersten Woche begannen wir ausgedehnte Protokolle zu erhalten - per Fax oder E-Mail zu uns nach Hause - mit detaillierten Angaben über die Arbeit, die er sich vorgenommen hatte. Eines Tages riefen wir ihn an und dankten ihm für die Protokolle, erklärten ihm aber, damit verschwende er seine Zeit nutzlos. Er war von unserem Kommentar zutiefst geknickt. Für ihn waren Protokolle das Leben. Nach zwei Wochen gab er auf. Er konnte nicht verstehen, dass Protokolle in unserem Geschäft überhaupt nichts bedeuten. Handeln ist das einzige, was zählt. Neue Berater, besonders aus der Firmenwelt, müssen vom Tag eins an lernen, dass Produktanwendung, Interessentensuche und Sponsern das einzige sind, was zum Erfolg führt. Protokolle und Meetings sind Zeitverschwendung.

Ersetzen Sie High-Tech-Systeme durch persönliches Geschichtenerzählen

Der üblichste Fehler von Firmenprofis ist die zu häufige Verwendung von High-Tech-Systemen beim Aufbau des Network Marketing-Geschäfts. Während die gängigen High-Tech-Kommunikationsmittel einerseits sehr fortschrittlich wirken, können sie auch eine ziemlich kalte, sterile Art sein, mit anderen in Beziehung zu treten und erweisen sich in unserem Geschäft einfach nicht als wirkungsvoll. Viele Firmenprofis, die sich der Wohnzimmer-Präsentation verschreiben, werden versuchen, diese wie die Geschäftswelt zu strukturieren, aus der sie kommen. Sie wollen Diashows

Eine gesunde Organisation beginnt mit Aktivität an der Spitze. Die Führungskraft sollte „draußen" sein - Interessenten suchen, Verabredungen treffen, Erstlinien sponsern, Produkte und Dienstleistungen verwenden und an eine kleine Kundenbasis weitergeben.

entwerfen, Overhead-Projektoren nutzen und am Computer entwickelte PowerPoint-Präsentationen halten. Sie versuchen, Präsentationsformulare und gedruckte Tabellen zu verbinden, schreiben Handbücher neu und ahmen ganz allgemein die Aktivitäten nach, die in ihrer früheren Stellung wichtig waren. Einige werden sogar Büros gründen (siehe Kapitel sieben).

Für einen früheren Firmenvorstand ist der am schwierigsten zu begreifende Aspekt unseres Geschäfts, dass MLM so einfach strukturiert ist, dass alle Leute es betreiben können. Wenn sie es zu einem exklusiven Club zu machen versuchen, zerstören Sie das wahre Wesen des Network Marketing. Hier geht es nur darum, eine Menge von Leuten in Ihrer Organisation zu haben, Interessenten zu suchen und zu sponsern, und Produkte und Dienstleistungen zu gebrauchen und weiterzugeben. Stellen Sie sicher, dass jeder Schritt, den Sie tun, auch vom Ungeschicktesten in Ihrer Organisation dupliziert werden kann. Wenn wir es richtig machen, verfügen wir über ein Geschäft, das unsere Interessenten beim Heimgehen sagen lässt: „Ich kann das! Ich habe ein Wohnzimmer und einen Videorekorder und Freunde, die mehr Geld und Zeit mit ihren Familien brauchen. Ich glaube wirklich, dass ich kann dieses Geschäft betreiben kann."

Dise ist ein Geschäft des Geschichtenerzählens und des Mitteilens persönlicher Höhen und Tiefen. In herkömmlichen Geschäften sind Sie dazu angehalten, Ihre Stärken und früheren Erfolge hervorzuheben. Um die Mauern des Widerstands einzureißen, lehrt Network Marketing Sie, Ihre Verletzlichkeiten mitzuteilen - die Umstände, die dazu geführt haben, dass Sie am Boden waren - genauso wie Ihre Erfolge. Gewöhnlich sind es die Zeiten, als Sie unten waren, die für viele Leute die Tür zum Network Marketing öffnen; was aber noch wichtiger ist, ist das Anhören einer sehr persönlichen Geschichte, das andere Menschen dazu veranlasst, zu Ihnen als einer ‚wirklichen' Person in Beziehung zu treten. Für typische Firmenvorstände ist es meist sehr schwierig, andere ihre Schwächen erkennen zu lassen. Sie wurden selten, wenn überhaupt, dazu ermutigt, dies zu tun. Aber es ist die emotionale, leidenschaftliche, persönliche Seite dieses Geschäfts, das seinen menschlichen Reiz schafft. Systeme wie Diashows, E-Mail-Werbebriefe, High-Tech-Computer-Websites, Hotel-Meetings, Massenaussendungen und eine Reihe anderer traditioneller, unpersönlicher Marketing-Strategien funktionieren nicht annähernd so wirksam wie das altmodische, leicht duplizierbare System der Wohnzimmerpräsentation.

Führung durch Beispiel - statt durch Delegieren

Einmal im Network Marketing, müssen klassische Manager ihre Gewohnheit, Verantwortlichkeiten zu delegieren, hinter sich lassen und anfangen, durch Beispiel zu führen. Ehemalige Manager werden im MLM wieder zur „Basisarbeit" gezwungen; für viele ist es unerträglich, sich von ihrem früheren Image zu verabschieden. Die meisten Manager und Verwaltungschefs haben ihr Leben lang anderen gesagt, was sie zu tun haben, und deren Aktivitäten beaufsichtigt. Dasselbe Verhalten kann im Network Marketing zum rapiden Tod Ihrer ganzen Organisation führen. Wissen Sie warum? Weil wir ein Geschäft der Duplikation betreiben. Was Sie auch tun, Ihre Leute werden es nachmachen. Wenn jeder seine Gruppe managt und keiner Interessenten sucht und die Geschäftsgelegenheit präsentiert, wird das Gruppenwachstum stagnieren. Eine gesunde Organisation beginnt mit Aktivität an der Spitze. Die Führungskraft sollte „draußen" sein - Interessenten suchen, Verabredungen treffen, Erstlinien sponsern, Produkte und Dienstleistungen verwenden und an eine kleine Kundenbasis weitergeben. Die Führungskraft sollte niemanden beaufsichtigen, sondern ihnen lieber am Beispiel zeigen, was zu tun ist. Wenn Sie dafür sorgen, dass Ihre gesamte Organisation diese Vorgänge dupliziert, erschaffen Sie sich mit Sicherheit ein lebendiges, atmendes, blühendes Geschäft.

Beurteilen Sie niemals Ihre Interessenten

Aufgrund der Vorstands-Explosion werden neue Berater Leute sponsern, die früher recht erfolgreiche Vertreter bedeutender Firmen waren. Eine der allerersten Faustregeln, die professionelle Verkäufer beherzigen - und die von ihnen ins MLM eingebracht wurde - ist, dass es wichtig sei,

Interessenten zu qualifizieren. Zum Beispiel versucht ein typischer Handelsvertreter, der einen Laserdrucker für drei Millionen € verkaufen will, sicherzustellen, dass eine Firma diesen besonderen Drucker braucht und ihn sich leisten kann. Das bedeutet, den Interessenten zu beurteilen, bevor man sich ihm nähert. Wenn Manager und Vertreter dieses Prinzip aber im MLM anwenden, funktioniert es nicht. Hier lesen Sie, warum:

Diejenigen, die in unserer Branche erfolgreich riesige Organisationen aufbauen, sind häufig Leute, die weder einen unternehmerischen Hintergrund und frühere Verkaufserfahrung noch einen Studienabschluss haben. Anhand dieser Grundlagen müsste man gewöhnlich annehmen, sie würden keinen Erfolg haben. Unsere beste Beschreibung des optimalen Interessenten ist folgende: Jemand, der finanziell mit dem Rücken zur Wand steh; der einen Grund hat, von dem er getrieben wird; der lernwillig und bereit ist, Ihrem System zu folgen, ohne es verändern zu wollen; der begeistert mitmacht und schließlich jemand, der Spaß daran hat, mit Leuten zu arbeiten und sie erfolgreich werden zu sehen. Aber wenn vormalige Manager an Bord kommen, neigen sie leider oft dazu, ihre Interessenten zu qualifizieren. Damit schließen sie viele Menschen aus, die ihnen letztlich ein Vermögen einbringen würden - alles nur, weil sie ihnen nicht qualifiziert genug erscheinen. Der beste Rat, den wir ehemaligen Firmenvorständen geben können, die gerade in unsere Branche gekommen sind, ist dieser: „Wachen Sie jeden Morgen auf und kündigen Sie Ihren Posten als Hauptgeschäftsführer des Universums." Spielen Sie nicht Gott. Jeder kann dieses Geschäft betreiben. Ob diese Menschen sich jedoch bemühen, ist deren ureigene Angelegenheit - nicht Ihre.

Ein weitsichtiger Networker muss sich auch unbedingt darüber im Klaren sein, dass in seiner Gruppe für alle Arten von Personen Platz ist: Großhandelskunden, Einzelhandels-Berater, Leute, die ihre Vertriebsgruppe in Teilzeit aufbauen - wie auch Leute, die alle Register ziehen und dieses Geschäft in ungeahnte Höhen treiben wollen. Sicher möchten Sie nicht, dass sich irgendwer in Ihrem Network fehl am Platze fühlt. Solange Ihre Leute die nötigen Schritte unternehmen, um ihre selbstgesteckten Ziele zu erreichen, sollten Sie sie fühlen lassen, dass sie Teil Ihrer Gruppe sind. In einer erfolgreichen Organisation besteht normalerweise ein ausgeglichenes Verhältnis von Leuten aller Art - mit allen Arten von Zielen.

Sie wird weitgehend aus Großhandels-Käufern bestehen, die immer wieder, Monat für Monat, Produkte und/oder Dienstleistungen bestellen. Eine gute Organisation pflegt auch eine Anzahl von Einzelhandels-Beratern zu besitzen, deren Einkommen in erster Linie durch den Verkauf von Produkten und Dienstleistungen entsteht. Weiterhin gibt es Teilzeit-Networker, die sich eine Organisation von Beratern aufzubauen, um auf diese Weise ihr derzeitiges Einkommen ersetzen zu können. Die kleinste Gruppe schließlich besteht aus jenen Vollzeit-Besessenen, die in diesem Geschäft völlig aufgehen und Rekorde in der MLM-Geschichte erzielen. Halten Sie immer Ausschau nach den ernsthaften Geschäftsgründern, um sie zu Ihren Partnern machen zu können, aber geben Sie jedem in Ihrer Organisation einen Platz. Ganz ehrlich: Je vielfältiger Ihre Gruppe aufgebaut ist, desto mehr Spaß macht (und desto mehr Erfolg bringt) Ihr Geschäft. Ihre Interessenten zu taxieren bringt Sie nicht weiter.

Organisationsaufbau im Vergleich zum Produktverkauf

Durch den verstärkten Zustrom von Managern ins Network-Marketing entsteht ein viel größeres Verständnis für den Aufbau einer Gruppe von Leuten, die drei Dinge tun: Produkte und Dienstleistungen anwenden, diese anderen weitergeben und weitere Menschen finden, die dasselbe tun. Man braucht eine Menge Leute, von denen jeder ein bisschen tut, damit alles funktioniert. Aber bei vielen herrscht heutzutage noch - wie in den frühen Tagen der Branche - Verwirrung darüber, ob man mehr Wert auf den Produktverkauf oder den Organisationsaufbau legen soll. Die Antwort auf diese Frage liegt in der Entscheidung, was Sie mit Ihrem Geschäft erreichen wollen.

Verkaufsparties, Produktschulungen und Einzelhandels-Verkäufe ergeben sofort und kurzfristiges Bargeld auf die Hand. Der Aufbau einer Organisation von Beratern, welche die Produkte nutzen und weitergeben und dann diesen Vorgang duplizieren, erzeugt ein langfristiges passives Einkommen. Mit einigen Ausnahmen (etwa wie Ärzten) ziehen die meisten ‚Profis', die in die Network-Szene kommen, das passive Einkommen aus dem Organisationsaufbau der sofortigen Auszahlung aus dem Produktverkauf vor. Sogar jene, die in unsere Branche kommen und von nichts außer dem Produktverkauf Ahnung haben, werden oft unbewusst den längerfristigen Wert eines Organisationsaufbaus entdecken. Aber sie sind nicht die einzigen.

Es war im November 1979, als Jan Ruhe zum ersten Mal vom Multi-Level Marketing hörte. „Ich hatte eine vierjährige Tochter, Sarah, und einen zwei Jahre alten Sohn, Clayton, und wurde zu einer Produkt-Vorführung eingeladen. Ich wollte mich noch am gleichen Tag einschreiben. Aber die Firmenrepräsentantin sagte mir, dass sie nicht länger mit der Firma zusammenarbeiten werde und dass ich ihre Upline anrufen müsse. Ich rief die nächste Person an und hinterließ Nachricht um Nachricht. Schließlich rief sie mich zurück und sagte, ich solle aufhören, sie zu belästigen. Dann informierte sie mich darüber, dass ihre Firma sehr neu sei und sie die Aufnahme neuer Partner bis kommenden März gestoppt hätten.

Am ersten Tag dieses Monats rief ich die örtliche Vertreterin in Dallas, Texas, an, die mir sagte, ich könne sie bei der Kirche treffen, wo sie arbeitete, um mir ein Aufnahme-Formular abzuholen - sie wollte sich nicht die Mühe machen, es mir zu bringen. Ich trat ein, während ich mit meiner Tochter Ashley schwanger war, die bald zur Welt kommen sollte. Wir hatten kein Geld - und ich hatte es satt, pleite zu sein und meinen Mann ständig um ein bisschen Geld bitten zu müssen. Ich dachte niemals ernsthaft daran, finanziell unabhängig zu werden, ich wollte nur etwas zusätzliches Geld verdienen. Ich war dreißig Jahre alt und nicht bereit, den Rest meines Lebens in Armut zu leben. Mein Mann hatte nicht den Wunsch, finanziell erfolgreich zu sein, und ich fühlte mich mit drei Kindern wie eine Gefangene - nicht in der Lage, irgendwie Geld zu verdienen, ohne sie allein zu lassen. Ich rief meine Mutter an und bat sie um das Geld für das Starter-Kit, aber sie versuchte, mich davon abzubringen. Sie war sich sicher, dass diese Art von Heimpartys nichts für mich sei. Sie sagte, ich solle 'zu Hause bleiben, Mutter sein und das Einkommen meines Mannes für uns sorgen lassen'. Ich war über ihre Einstellung empört, und rief ihre Mutter - meine Großmutter - an, die stolz meinte: ‚Schätzchen, ich bin glücklich, etwas in dich zu investieren. Ich wage einen Einsatz auf deine Zukunft!‘

„An diesem Tag wusste ich, dass ich das perfekte Mittel gefunden hatte. Es schien perfekt - ein echtes Geschäft, das es mir erlaubte, bei meinen Kindern zu sein und ein Produkt von zu Hause aus zu verkaufen. Ich wusste ja noch nicht, dass es sich um Network Marketing handelte. Am Tag meines Einstiegs gab mein örtlicher Upline-Partner auf und mein nächster Upline-Partner wohnte in Kalifornien - Tausende von Kilometern entfernt. Ich war die einzige Vertreterin meiner Firma im gesamten Süden der USA. Keine Schulung, keine Treffen, keine Unterstützung. Nun gut, ich war fest entschlossen, die beste Verkäuferin zu werden, die ich sein konnte. Bei meiner ersten Heimparty waren zwanzig Leute anwesend und ich verkaufte Produkte für fünfundsiebzig Dollar. Wahnsinn! Jemand hatte mir tatsächlich etwas abgekauft! Ich war aufgeregt. Ich vereinbarte weitere Partys und mein Geschäft fing an zu laufen. Als ich die Produkte bei privaten Heimpartys präsentierte, standen die Leute bis in die Flure, um bei mir zu kaufen, und einige fragten sogar, wie sie verkaufen und einsteigen könnten.

Ich hatte keine Ahnung. Also sagte ich ihnen, dass sie sich mir nicht anschließen könnten, weil ich die einzige sei, die dieses Produkt in der Öffentlichkeit in Dallas vertreten könne. Können Sie das glauben? Ich verstand nichts vom Sponsern, aber ich hatte mehr Partytermine vereinbart, als ich bewältigen konnte. Nach sechs Monaten im Geschäft entschloss ich mich, einmal in das kleine Firmen-Handbuch auf dem Boden einer Kiste in meiner Garage zu schauen. Da stand, dass meine Firma ein MLM-Geschäft sei und dass ich andere zum Verkauf der Produkte anwerben sollte. Ach du Sch...ande! Ich hatte keine Ahnung und so gut wie keinen Namen der vielen Leute behalten, die bei mir hatten einsteigen wollen! Ich suche diese Leute noch heute!" Dieser Moment der Entdeckung ließ in uns ein so wunderbares Bild entstehen - wie sie allein in der Garage herumwühlt und fast umkippt, als sie ihr Handbuch liest - es hat uns Tränen lachen lassen.

„Während der nächsten sechs Wochen," so fährt sie fort, „konzentrierte ich mich auf's Sponsern und fand dreizehn Leute, die auch verkaufen wollten. An diesem Punkt rief mich mein kalifornischer Upline-Partner an. In der Tat, jeder rief mich an! 1980 machten mich diese dreizehn Berater zum Top-Sponsor in der Firmengeschichte! Eine der Neueinsteigerinnen sagte mir, sie wolle nur Partys veranstalten und nicht sponsern. Für den kommenden Herbst hatte ich für fast jeden Abend Heimpartys gebucht, die mehr als die Hälfte meines Geschäftes ausmachten. Ich erinnere mich, als die neueste Erstlinien-Beraterin bei mir anrief und mir sagte, sie gäbe auf - noch am selben Tag, als sie angefangen hatte

- weil sie alle ihre Freundinnen angerufen hätte, um Partytermine zu vereinbaren, sich alle jedoch bereits festgelegt hätten, zu meiner Veranstaltung zu kommen. Ich traf eine der härtesten und, wie sich herausstellte, bedeutsamsten Entscheidungen meiner Karriere. Ich sagte ihr, sie könne die Heimpartys haben, die ich vereinbart hatte.

Durch diese Partys wurde sie in diesem Jahr die Top-Verkäuferin unserer Firma. Und obwohl ich zuerst ziemlich verbittert war, verschaffte es mir mehr Zeit für meine drei Kinder, die alle noch keine vier Jahre alt waren. Schließlich konnte sie nicht anders, als sechs Leute zu sponsern, die ich schulte und unterstützte. Als meine Organisation zu wachsen begann, richtete ich ein winziges Büro in einer Ecke des Spielzimmers ein, so dass ich gleichzeitig arbeiten und meine Kinder beaufsichtigen konnte. Ich fuhr fort, jeden Tag stundenlang telefonisch Interessenten zu suchen und nachzufassen. Obwohl ich mich um die Kinder kümmern musste, schaffte ich täglich mindestens zwanzig Anrufe. Ich wurde vom Geld getrieben. Jeder andere in meiner ganzen Firma fühlte sich eine Mission verpflichtet - die Welt zu retten. Ich nicht. Ich wollte Geld verdienen. Ich fand heraus, dass ich, wenn ich meiner Aufgabe nachging, anderen ausreichend beim Geldverdienen zu helfen, am Ende selbst Geld verdienen würde. Und es funktionierte.

Ich ging auch jeden zweiten Tag mit meinen drei Babys in den Zoo oder in Parks. Sie hatten eine tolle Zeit, während ich neue Interessenten suchte! Ich war fest entschlossen und fühlte mich getrieben. Ich würde alles tun, um zusätzliches Geld zu verdienen. Ich wurde zum Erfolg getrieben, weil ich das Geld wollte, um Sarah und Clayton an eine Privatschule in Dallas zu schicken. An dem Tag, als ich meine Partys an meine neue Geschäftspartnerin 'weggab' und mich auf die Suche konzentrierte, weitere Menschen zu finden, die sponsern oder Partys veranstalten wollten - da hob mein Geschäft ab. Ich konzentrierte mich darauf, eine Menge Leute zu finden, die jeder nur ein kleines bisschen taten. Ende des Jahres hatte ich vierundzwanzig Leute in meiner Gruppe und etwa 5000 Euro verdient. Im folgenden Januar gaben nahezu alle auf. Ich fing wieder ganz von vorne an. Ich kann nicht glauben, dass ich es durchhielt. Meine Kinder und mein Geschäft waren meine ganze Welt. Beide gediehen prächtig, aber meine Ehe nicht. Ich bin sicher, dass niemand von Ihnen dafür Verständnis aufbringt.

Wir kommen selbst nach oben, indem wir anderen helfen, dorthin zu gelangen.

Ich überlebte die Scheidung, hohe Schulden, das Alleinerziehen meiner Kinder, den Tod meiner Großmutter, den Tod meiner Upline und Fehlgeburten, zusammen mit den Höhen und Tiefen als Kopf einer wachsenden MLM-Organisation. Ich danke Gott jeden Tag, dass mich jemand ins MLM sponserte. Meine Eltern sind von Texas weggezogen und leben jetzt in meiner Nähe. Meine Mutter wurde eine meiner Verkaufs-Repräsentantinnen! Aus meinen Kindern sind wunderbare junge Erwachsene geworden, zwei haben jetzt das College abgeschlossen. Ich musste zu Hause bleiben, und jetzt ernten meine Familie und viele andere in meiner Downline den Lohn."

Heute, zwei Jahrzehnte später, ist Jan glücklich verheiratet und lebt mit ihrem zweiten Mann in einer Villa auf einem Berggipfel in Aspen, Colorado. Durch Network Marketing ist sie zur Millionärin geworden und besitzt eine Gruppe von über 7000 Mitarbeitern im ganzen Land, die jährlich fast zehn Millionen Euro Umsatz machen. Sie hat drei Bestseller über MLM verfasst und die „Working at Home" September - Ausgabe 1997 der Zeitschrift *‚Success‘* brachte ihre „Vom-Tellerwäscher-zum-Millionär"-Geschichte! Ihr Motto in diesen frühen Jahren war: ‚Führe mich, folge mir oder geh mir aus dem Weg.‘ Es ist noch heute ihr Motto!

Viele Berater kommen in dieses Geschäft, weil sie sich in die Produkte verlieben und Geld verdienen wollen, indem sie jedem darüber erzählen. Leute, die Organisationen aufbauen, besonders diejenigen, die von Geschäften etwas verstehen, haben gerne solche Einzelhandels-Berater in ihrer Gruppe. Aber wir müssen sicherstellen, dass jeder die Möglichkeit kennen lernt, seine Ziele durch Duplikation immer nach oben erweitern zu können. Als Jan ihre Heimpartys an eine ihrer Erstlinien-Partnerinnen ‚weggab‘, begann ihr Geschäft zu florieren. Warum? Weil Jan versehentlich über eines der Grundprinzipien des Multi-Level Marketing stolperte: Wir kommen selbst nach oben, indem wir anderen helfen, dorthin zu kommen. Und es ist für uns interessant, wie alles begann: Als sich eine selbstlose Großmutter weigerte, für ihre Enkeltochter Mittelmäßigkeit zu akzeptieren und sich entschied, in deren Zukunft zu investieren. Gott segne diese goldige Lady.

Aufbau einer Vollzeit-Networkorganisation

Die erste Herausforderung für einen Networker, der früher ein ‚großer Geschäftsmann' war, wie Mark so gerne sagt, ist der Verlust seines Stolzes, sobald er einmal die Welt des klassischen Wirtschaft hinter sich gelassen hat. Ein geschwächtes Selbstwertgefühl ist für frühere Firmenleute die größte Herausforderung. Obwohl sie überarbeitet und unterbezahlt waren und vielleicht kurz vor der Entlassung standen, waren sie in ihrem früheren Leben doch immer noch ‚jemand'. . . mit einem Titel und einem schicken Büro zum Beweis dafür. Jetzt sind sie auf der untersten Sprosse der Leiter gelandet und müssen sich durch Produktivität beweisen - was furchterregend sein kann. Der erste Schritt beim Sponsern und Schulen von Firmenvorständen oder Geschäftsleuten ist, auf die Tatsache achtzugeben, dass diese sich vielleicht an der verletzlichsten Stelle in ihrem Leben befinden. Sie mögen ja den alten Wagemut noch immer im Munde führen, aber lassen Sie sich nicht täuschen. Sie brauchen Sie gerade jetzt.

Zeigen Sie ihnen Ihre Stärke und führen Sie sie durch die Schritte zum Erfolg. Verweisen Sie dabei auf die offensichtlichen Unterschiede zwischen der Welt des Network Marketing und ihrer früheren Welt der klassischen Wirtschaft. Ermutigen Sie sie mit jedem Ihrer Worte.

Als Produktmanager für eine große Investment-Firma hatte Jay Primm die Oberaufsicht über sechsundfünfzig Zweigstellen in ganz Kalifornien. Obwohl er als einziger Manager seiner Firma an der Westküste über große Unabhängigkeit verfügte, kann er sich noch immer an die Anpassungsschwierigkeiten erinnern, die er durchmachen musste, als er zum Vollzeit-Network Marketing überging.

Im Januar 1989, als Jay sich bei seiner Firma einschrieb, war das Brandmal des MLM noch viel größer als heute.: „Es war,“ wie Jay erklärt, „wirklich hart, und meine Freunde haben mir ganz schön Druck gemacht, weil sie meinten, ich wäre verrückt. Mein Vater gab mir fortwährend Tipps, wie ich wieder in einen richtigen Job zurückkommen könnte." Jay tauschte den Glamour des TransAmerica-Gebäudes in San Francisco gegen ein Schlafzimmer-Büro zuhause ein. An schlechten Tagen stellte er sogar selbst in Frage, was er tat. Auch wenn es ihm in der Firmenwelt schlecht ging, konnte er sich dort hinter dem Prestige eines Jobs verstecken, der zumindest wunderbar aussah.

„Dann war da,“ wie Jay beschreibt, „der Zeitdruck. Ich hatte mir genau ein Jahr gegeben, ein sechsstelliges Einkommen zu ersetzen. Ich hatte die Nase voll davon, von meinen Vorgesetzten herumschikaniert zu werden. Je mehr ich tat, desto mehr erwarteten sie. Jetzt hatte ich meine eigene Show und war begeistert. Ich war nur mir selbst und niemandem sonst verantwortlich. Ich musste mich mit all den üblichen Vorurteilen über diese Branche auseinandersetzen. Ich betrachtete mich als eine Schatzgrube für andere Menschen. Grundsätzlich suchte ich nur nach Interessenten, die dieses Geschäft genauso betrachteten wie ich - als große weltweite Gelegenheit.

Ich fühlte mich getrieben, erfolgreich zu sein. Ich dachte mir nichts dabei, mich zehn bis zwölf Stunden täglich, und sechs und manchmal sieben Tage in der Woche zu engagieren. Wir lebten und atmeten dieses Geschäft. Ich arbeitete eng mit meinem Upline-Partner Marc Barrett zusammen, und wir waren die reinen Sponsermaschinen. In dem einen Raum vereinbarte ich telefonisch Termine, und im anderen absolvierte er seinen Teil, die Präsentation für meine Leute zu geben.

Das größte Problem, das die meisten Angestellten beim Übergang ins Network Marketing erleben, ist der völlige Mangel an Strukturdenken. Ich war es gewohnt, ziemlich selbständig zu sein, aber viele neue Berater brauchen jemand, der ihnen sagt, was sie zu tun haben. Mark handhabte dies, indem er Firmentypen wie mich den Wölfen zum Fraß vorwarf. Aufgrund meiner vorherigen Position als Ausbilder spielte er meine Stärke aus: Bereits in der ersten Woche hielt ich Präsentationen, bevor ich überhaupt das Gefühl hatte, zu wissen, was ich tat. Es war eine Feuertaufe, und es war das beste, was mir geschehen konnte. Je fleißiger ich war, desto glücklicher wurde ich - völlig aufgelöst in der Hektik dieser frühen, verzweifelten Tage."

Ein Jahr später hatte Jay sein Einkommen ersetzt, sechs Monate danach hatte er es wiederum verfünffacht. Er lebt heute mit seiner Frau Betty und den beiden Kindern Jason und Ashley außerhalb von Boulder, Colorado. Er und Betty reisen ausgiebig nach Asien und in andere Teile der Welt, um Ihre Downline zu unterstützen. Er arbeitet von zuhause aus - in einem Umfeld, das seine Kinder nie anders gekannt haben. Sie wuchsen mit der irrigen Vorstellung auf, dass die meisten Väter von zu Hause aus arbeiten und die meiste Zeit mit ihrer Familie verbringen. Was für eine Vorstellung! Wir sind sicher, wenn Jason und Ashley herausfinden, dass andere Väter ins Büro gehen und den ganzen Tag Memos schreiben, werden sie eine ähnliche Antwort haben wie Jan Ruhe: „Ach du Sch ... ande!"

Aufbau einer Teilzeit-Networkorganisation

Das Aufbauen einer Network Marketing-Organisation auf Teilzeitbasis, während man einer Vollzeit-Tätigkeit nachgeht, bringt viele Herausforderungen mit sich. Teilzeitler müssen sich oft mit den negativen Reaktionen ihrer Chefs und der Skepsis ihrer Partner auseinandersetzen und ihre Ausgeglichenheit dabei die ganze Zeit aufrecht erhalten. Jeder einzelne dieser Punkte reicht aus, um die Chance zum Erfolg zu zerstören.

Sandy Elsberg beschreibt ihre Zweifel im MLM bezüglich der ersten Bemühungen ihres Mannes: „Eines Abends sagte mir Bill, ich solle mich aufdonnern, weil wir in ein Hotel gehen würden. Ich schlüpfte in meine Stöckelschuhe mit Knöchelriemen, schmückte mein Haar mit Oleander und ab ging's. Als wir ankamen, spazierten wir in einen Raum, der mit 300 Leuten besetzt war, direkt zu einem Sitz vorne am Gang, wo mir ein Typ in karierten Polyesterhosen und einem dunkelbraunen Polyesterjackett mit weißer Obernaht erzählte, ich könnte 28.000 Euro im Monat mit Teilzeitarbeit verdienen.

Instinktiv verschränkte ich meine Arme, schlug meine Beine übereinander und schaltete geistig ab. Da ich in einer Sozialwohnung aufgewachsen bin und zehn Jahre lang bis in die Abendstunden als Grundschullehrerin gearbeitet hatte, konnte ich mir die offensichtlich unverschämten Zahlen nicht einmal vorstellen, die mir dieser Typ an den Kopf warf. Ich lehnte mich zu Bill hinüber und sagte: 'Schau, Meister, der Eiffelturm ist verkauft. Wir haben gerade unsere eigene Praxis eröffnet, und jetzt willst Du, dass ich meine Energie für so was verschwende?'

Aber Bill sagte: „Schätzchen, ich will dies machen. Wenn Du mich nicht unterstützt, leg‘ dich wenigstens nicht quer.“ Und er fügte hinzu: „Sei nur sechs Monate lang positiv.“ So sah ich meinen Mann sechs Monate lang kaum. Mein Vater kam alle paar Tage vorbei und fragte, wie es uns ging - und Bill war nie da. Als der erste Scheck eintraf, und er etwas über 100 Dollar lag, erklärte mein Vater: „Geh‘ ihm nach, er hat eine Freundin.“ Aber ich hielt mein Versprechen, und der nächste Monat war nicht viel besser (knapp über 300 Dollar).

Im Monat danach lag der Scheck bei 500 Dollar, aber er gab immer noch alles und mehr dafür aus, das Geschäft hochzuziehen, und er war noch immer jeden Abend und jedes Wochenende weg. Ich hielt ihm vor, er ruiniere unsere Ehe, er erinnerte mich an unsere Sechs-Monats-Abmachung. Der nächste Scheck war 1.100 Dollar, danach 2.200. Am Ende der sechs Monate lag er bei 3.800 Dollar und er betrieb das Geschäft noch immer in Teilzeit, während er in Vollzeit für die Praxis arbeitete.

In all den Jahren als Lehrerin hatte ich nie mehr als 1.000 Euro im Monat heimgebracht. An diesem Punkt machte ich mir die ersten Gedanken. 'Schatz,' sagte ich, 'ich könnte ein kleines Schulungsprogramm für Dich schreiben, damit Du nicht immer wieder dasselbe wiederholen musst und die Leute einen schnellen Start hinlegen können. Und lass uns ein nettes kleines Handbuch erstellen, genau wie ich für meine Erstklässler. So wird alles einfach und leicht zu duplizieren.'

Und wissen Sie was? In 90 Tagen verdoppelte sich unser Scheck. Als wir 7.000 Dollar im Monat verdienten, konnte ich mir plötzlich vorstellen, dass 28.000 im Monat möglich sind. Da hatte ich's kapiert. Das brauchte ich, um mich überzeugen zu lassen. Ich musste den Prozess aus erster Hand erleben. Ich musste meine Skepsis lange genug in Schranken halten, um den Erfolg zu ermöglichen. Ich werde immer dankbar sein, dass Bill mich immer an mein Versprechen erinnerte, eine Beurteilung erst nach sechs Monaten zu treffen. Und wie versprochen - MLM ‚führte mich zum Geld.‘ In vielen Fällen können Leute mit einer Vollzeit-Tätigkeit nur langsam anfangen, indem sie kleinere Opfer bringen. Dazu hatte sich Tony Neumeyer entschlossen, und er hat auf jeden Fall die Ernte eingefahren.

„Mein Maklergeschäft sorgte für einen guten Lebensstandard; ich hatte jedoch nie Zeit, und musst immer nach der Pfeife von anderen tanzen. Ich arbeitete zwölf bis 14 Stunden am Tag, sechs oder sieben Tage die Woche, und meine Zeit gehörte mir nicht . . . mein Job beherrschte mich. Um Zeit für mein Network Marketing-Geschäft zu haben, musste ich einige ernsthafte Entscheidungen treffen. Ich entschied, jeden Tag eine Stunde früher aufzustehen, um etwas von meinem Makler-Papierkram aus dem Weg zu kriegen. Ich entschied mich auch, einige meiner bevorzugten Hobbys - besonders Baseball und Golf - eine Zeit lang auf Eis zu legen.

Fünf Tage die Woche eine Stunde früher aufzustehen, war eine einfache Entscheidung. Ich wusste, ich würde über zwanzig Stunden im Monat oder alle zwei Monate eine volle Woche gewinnen. Ich wusste, dass die bessere Nutzung meiner Zeit relativ schnell eine riesige Dividende erbringen würde. Der Schlüssel war es, die Zeit effektiv zu nutzen. Schon bald hatte sich meine Organisation über drei Zeitzonen entwickelt. Da ich bereits um fünf Uhr morgens meiner Zeit wach war, konnte ich Leute an der Ostküste anrufen, wo es bereits acht Uhr war. Dies erwies sich für die Beschleunigung des Wachstums als sehr effizient.

Die Entscheidung, meine sozialen Aktivitäten für einige Jahre zurück zu stellen, stellte sich als die schwierigste meiner Entscheidungen heraus. Sport war mein Ventil, um gesund zu bleiben. Glücklicherweise unterstützte mich meine Frau ganz besonders. Wir hatten ein Kleinkind von einundzwanzig Monaten und ein zweimonatiges Baby, als ich bei meiner Network Marketing-Firma anfing. Kate hielt Haushalt und Familienangelegenheiten in Ordnung, so dass ich meine Zeit dazu verwenden konnte, vorwärts zu kommen. Sie war und ist bewundernswert. Ich war mir sicher, dass wir es, wenn ich einige Jahre hart arbeitete, für's Leben geschafft haben würden, und jetzt hat sich das als absolut wahr herausgestellt! Nur eine Stunde am Tag und einige Opfer haben unser Leben für immer verändert!"

Durch diese stetige, methodische Vorgehensweise hat Tony Neumeyer den Ehrenplatz erreicht, in einer großen Network-Firma der beste Vertriebspartner Kanadas zu sein.

Aufbau einer Network-Organisation als allein erziehende Mutter

Im Network Marketing gibt es Hunderttausende von Frauen wie Jan Ruhe, die ihr Network-Geschäft allein aufbauen. Ihre Kämpfe, bei all ihren anderen Verantwortlichkeiten - als Ehefrauen, Mütter und Geschäftsführerinnen - eine Organisation aufzubauen, waren kühn. Heutzutage strömen mindestens genauso viele alleinstehende Mütter wie ehemalige Manager ins Network Marketing. Als Firmenpräsidentin, obwohl noch in ihren Zwanzigern, war Carmen Anderson für den Verkauf einer Restaurantkette und das zugehörige Maklergeschäft verantwortlich. Sie verbrachte Sechzehn-Stunden-Tage und Sieben-Tage-Wochen mit Angestellten, Nebenkostenabrechnungen, Kosten für Lebensmittel, Papierkram und Meetings, Meetings, Meetings!

Carmen beschreibt ihre Erfahrung so: „Nachdem ich meine Projekte in dieser Firma erledigt hatte, hatte ich das Glück, eine unternehmerisch denkende Freundin zu haben, die mich aus der Zeit meiner Festanstellung als Geschäftsführerin kannte. Sie erzählte mir, es gäbe eine bessere Möglichkeit: Die richtige Firma zu finden, ein paar Jahre lang hart zu arbeiten und dadurch ein passives Einkommen zu schaffen. Um dann weiterhin bezahlt werden - ob ich arbeite oder nicht. Ich habe immer und in jeder Tätigkeit sehr hart gearbeitet. Ich ging also zu einer Geschäftsvorstellung. Wow! Mein erster Eindruck war, dass diese Leute glücklich sind. Und sie verdienen ein unglaubliches Geld. Ich war auf jeden Fall für die Gelegenheit offen und entschied mich, die Produkte der Firma auszuprobieren. In zwei Tagen hatte ich erlebt, wie die Produkte einige meiner ernsthaften Sorgen und Beschwerden linderten. Ich sah besser aus und fühlte mich besser. Sofort stellte ich allen meinen Freunden mit denselben Problemen die Produkte vor. Ich empfahl die Produkte lediglich, verkaufte sie nicht, und ich fühlte mich richtig wohl dabei, meinen Freunden helfen zu können. Als nächstes war ich in Hongkong, um den Menschen dort die Produkte und das Geschäft vorzustellen, als unsere Firma international expandierte, dann in Australien, dann in Neuseeland.

In Hongkong traf ich den Mann, der später mein Ehemann wurde, und er sorgte dafür, dass ich zurück nach Amerika ging. Wir haben jetzt zwei Babys, einen Jungen und ein Mädchen, etwas mehr als ein Jahr auseinander. Und wissen Sie was? Ich habe hier in Alabama ein weltweites Geschäft von zu Hause aus, während ich mir die Zeit nehme, den ganzen Tag meine Kinder zu erleben und eine schöne Zeit mit meinem Mann zu verbringen. Ich bin glücklich und ausgefüllt - das Leben kann gar nicht mehr besser werden." Carmen und ihr Mann Joel leben mit ihren Kindern in Sheffield, Alabama, und haben noch eine eigene Wohnung in New York. Sie besitzen auch eine wunderbare Yacht in Boca Raton, wo wir einen unvergesslichen Neujahrsabend mit ihnen feierten.

Sandy Elsbergs Erfahrung, sobald sie beim Aufbau ihrer Organisation auf sich gestellt war, gibt ein typisches Beispiel für so viele Frauen heute in unserer Branche. „Nach einem bescheidenen Erfolg in unserer ersten MLM-Firma nahm unser Leben eine entscheidende Wende zum Schlechteren. Bill entwickelte eine chronische, kräftezehrende Krankheit, die ihn nicht mehr in unserem Geschäft arbeiten ließ. Dann entdeckten wir, dass uns die MLM-Firma, in die wir so viel von unserer Energie, Hoffnungen und Träume investiert hatten, im Stich ließ. Sieben Jahre nach dem Start unseres ersten MLM-Geschäfts hatten wir eine ernsthafte Krise erreicht.

„Ich war einundvierzig Jahre alt und erlebte neun Monate einer schlimmen Risikoschwangerschaft mit einem jetzt vier Jahre alten Kind im Schlepptau. Meine Knöchel waren auf die Größe von Oberschenkeln geschwollen, Bill war noch immer sehr krank und wir hatten keine Krankenversicherung. Wir waren mehr als pleite - nur pleite zu sein, wäre harmlos gewesen. Mit unserer Kreditwürdigkeit auf Null und über 250.000 Dollar Schulden hatten wir noch nicht einmal genug Bargeld, um eine Großpackung Windeln im Supermarkt zu kaufen. Reden wir von Panik? Wenn ich ein Licht am Ende des Tunnels gesehen hätte, ich hätte gedacht, es wäre ein entgegenkommender Zug. Aber, wie Mary Pickford sagt, ‚Nicht hinzufallen bedeutet Scheitern, sondern liegen zu bleiben'.

Gerade rechtzeitig stellte mir ein Freund eine andere Network-Gelegenheit vor, und ich setzte mich in meinen heruntergekommenen VW-Transporter - ohne Heizung, Klimaanlage und Radio - und fuhr die Interstate 405 auf und ab und veranstaltete Heimpartys. Wenn es kalt war, zog ich während der Fahrt ein Paar Wollsocken an, um meine Füße während der Fahrt warm zu halten. War es glühend heiß, bewahrte ich mein Make-up in einer kleinen Kühlbox hinten im Transporter auf, damit es nicht schmolz.

Ich hatte kein Geld für Werbung. Ich konnte kein Faxgerät kaufen. Himmel, ich konnte noch nicht mal für mehr als fünf Dollar auf einmal tanken. Aber aus früheren Erfahrungen wusste ich, dass diese Branche hält, was sie verspricht. Ich war bereit, mit Spitzhacke und Schaufel in die Goldmine zu gehen und so lange und so hart zu graben, wie ich musste, um Erfolg zu haben. Und wissen Sie was? Nach diesem ersten Monat hatte ich einen Bonusscheck von 7.000 Euro verdient (der einen Tag nach dem Baby ankam). Noch dazu sackte ich 4.000 Euro in bar aus Verkäufen ein.

Nachdem ich diese Geschichte erlebt hatte, kann ich mitfühlen, was eine entmutigte Mutter empfindet, die auf Sozialhilfe angewiesen ist; oder ein entlassener Firmenmanager im mittleren Alter; oder ein Rentner, der drei Mal am Tag Haferschleim isst, wenn die Sozialrente ausgegeben ist. Ich weiß, was Verzweiflung ist. Aber ich weiß auch, dass wir alle, mit dem Blick des Tigers und dem Willen, alles Notwendige zu tun, die Fähigkeit haben, unseren eigenen Erfolg zu bewerkstelligen. Es ist nicht Glück. Es ist nicht Zauberei. Es ist das, was uns innewohnt.“

Wir kennen Sandy jetzt seit einigen Jahren, und dies ist die Botschaft, die sie weiblichen Zuhörern so einfühlsam vermittelt: Es gibt keine alleinstehende Frau mit vernünftigen Fähigkeiten und ernsthaftem Antrieb, die sich nicht selbst aus dem Elend ziehen und Größe erreichen kann. Sandy und Bill Elsberg leben in Dove Canyon, Kalifornien. Sandy ist zu einer wichtigen Fürsprecherin der Branche und landesweit zu einer vielgefragten Rednerin bei Network-Firmen geworden.

Als Upline-Partner von Sandy Elsberg sagte Jerry Rubin diese Worte über sie: „Sandy ist eine Veteranin des Network Marketing, aber sie geht das Geschäft jeden Tag so an, als wäre es der erste Tag vom Rest ihres Lebens. Sie ist emotional und intellektuell im Geschäft engagiert und steht aus tiefster Überzeugung dahinter. Sie ist das Produkt ihrer Mentoren und ihrer Lebenserfahrung, und sie arbeitet härter als jede andere, die ich kenne. Sie ist eine der besten Lehrerinnen im Geschäft, weil sie weiß, wie sie dahin kam, wo sie sich jetzt befindet. Wenn Sie wissen, wie Sie dahin gekommen sind, wo Sie sind, sind auch Sie in der Lage, anderen beizubringen, wie auch sie dahin kommen.“

Vielleicht erinnern Sie sich an Jerry Rubin im Zusammenhang mit den antikapitalistischen Protesten der „Chikago-Sieben” in den Sechzigern. Bis zu den Neunzigern hatte er sein Denken entscheidend verändert. Er und Mark arbeiteten zusammen an einem Buch mit dem Titel *„The Capitalist Manifesto“*, als Jerry plötzlich vorzeitig starb. Fast alle Welt erinnert sich an Jerry Rubin als Radikalen, der es wagte, bei einem Interview im nationalen Fernsehen Hasch zu rauchen. Aber wir erinnern uns an ihn, wie er einige Monate vor seinem Tod in unserem Wohnzimmer in Reno saß, bewegt von der Stille unserer Umgebung, die so im Kontrast stand zu der seinen. Der wahre Jerry war ein empfindsamer Mann, der zu einem mitfühlenden Kapitalisten geworden war. Er war bereit, alles Notwendige zu tun, damit andere durch genau das kapitalistische System ihr volles Potenzial erreichen, über das sich viele von uns in den Sechzigern lustig machten. Wir vermissen ihn von ganzem Herzen.

Alleinstehende Frauen strömen in die Network-Branche, weil es die letzte Bastion freien Unternehmertums ist. Ob Sie aus der Firmenwelt kommen, weil Sie, wie Terry Hill, Jay Primm oder Carmen Anderson, eine bessere Alternative zur Firmenwelt gefunden haben, oder ob Sie Hausfrau sind - wie Jan Ruhe, die es satt hat, pleite und von ihrem Ehemann abhängig zu sein, oder ob Sie mit dem Rücken zur Wand stehen wie Bill und Sandy Elsberg - Sie können ein Network-Geschäft aufbauen. All diese Erfolgsstorys haben zwei Dinge gemeinsam: 1.) Diese Menschen gingen in der Startphase die zusätzlichen Schritte, um ihr Geschäft zum Laufen zu bringen, 2.) wenn es zeitweilig nicht funktionierte - wie uns eben das Leben von Zeit zu Zeit Rückschläge verpasst - legten sie auf Eis, was sie bis dahin getan hatten und starteten wieder aufs Neue durch.

Ersetzen Sie die Geisteshaltung des Managers

Angesichts von mehr und mehr „Überläufern", welche die klassische Firmenwelt verlassen, um dem Lockruf des Network Marketing zu folgen, sollten wir alle unser Bestes geben, damit die typische Vorstands-Einstellung nicht auf die Network-Branche überspringt.

Stellen Sie persönliche Entwicklung über finanziellen Profit

Es scheint gerechtfertigt, zu sagen, dass sich die meisten Manager Sorgen machen, wie viel Geld sie verdienen, wo sie in der Einkommensstruktur unter ihresgleichen stehen und dass sie sich meist sorgen, dass sie - wo immer sie auch stehen mögen - nicht genug verdienen. Sie regen sich oft über viele Nebenaspekte ihres Berufes auf: 60-Stunden-Wochen, stressbedingte Herzerkrankungen, Entlassungen, Firmenfusionen und feindliche Übernahmen. Network Marketing hat diesbezüglich auf viele Geschäftsleute einen Verwandlungseffekt bewirkt.

Gary Leeling aus Temecula, Kalifornien, war siebenundzwanzig Jahre lang Zahnarzt gewesen. Er beschreibt seine eigene Verwandlung: „Zahnmedizin war ursprünglich gut für mich, aber etwa im Jahr 1987 begannen sich die Dinge zu verändern. Krankenkassen, Gesundheitsamt, Haftungsprobleme (tatsächlich praktizierte ich Rechtswissenschaft, um zu verhindern, dass ich verklagt wurde) - alles begann, das Leben zu erschweren. Ich steckte meinen Kopf in den Sand. Die Zahnmedizin würde mich wohl nicht im Stich lassen; man sagt Zahnärzten schließlich nach, dass sie das große Geld machen. Allerdings wurde es immer schwerer, zurecht zu kommen, und schließlich schaute ich mich nach etwas anderem um. Aber jedes Geschäft da draußen sah aus, als sei das Scheitern für mich schon eingebaut. Network Marketing gehörte noch nicht einmal zu meinem Wortschatz. Dazu würde ich mich nie herablassen.

Im August 1995, als ich an einem zahnmedizinischen Seminar teilnahm, erwähnte einer der anderen Zahnärzte eine Network Marketing-Firma. Das war auf keinen Fall etwas für mich, aber als ich hörte, dass sie Dentalprodukte hatten, dachte ich mir, ich würde diese vielleicht verkaufen können. Schließlich begannen mir die Produkte zu gefallen und ich willigte ein, zu einem der Führungsseminare der Firma zu gehen. Im Dezember des Jahres verkaufte ich nicht nur die Produkte, sondern schrieb auch einige meiner Kollegen ein. Mit großen Schwierigkeiten schaffte ich es, dreizehn weitere einzuschreiben, aber im Februar hatten alle aufgegeben. Ich stand wieder bei Null.

Aus Verzweiflung und zum Glück für mich nahm ich an einem weiteren, von der Firma finanzierten Führungsseminar teil, und eine der Führungskräfte in meiner Upline erklärte sich bereit, mich zu auszubilden. Von diesem Augenblick an, im reifen Alter von zweiundfünfzig, begann ich, eine völlig neue Lebensphilosophie zu entdecken. Bei Network Marketing ging es vor allem um Wachstum und Entwicklung der Persönlichkeit. Nach einer Reihe von Seminaren und durch den kulturellen Einfluss meiner Mit-Networker bin ich heute ein anderer Mensch geworden. Mein Geschäft explodiert, meine Beziehung zu meiner Frau Dixie und meiner Familie ist auf einem Dauerhoch, und mein Ausblick auf das Leben hat sich von Pessimismus in Optimismus verändert. Obwohl ich in Teilzeit noch immer Zahnmedizin praktiziere, fühle ich mich nicht länger als Zahnarzt mit all den Sorgen und Beunruhigungen, die damit einhergehen. Ich fühle mich jetzt als Networker mit einer großen Aufgabe, die jedem Nutzen bringen kann. Ich habe eine tolle Lebenssicht und tue, was mir am Spaß macht - mit einer Begeisterung, die ich nie für möglich gehalten habe."

Andere statt sich selbst emporheben

Ohne ein Vorurteil über alle Vorstände aussprechen zu wollen, gibt es doch eine Tendenz unter ihnen, eine egoistische Einstellung zu zeigen: „Wir sind toll. Wer für uns arbeitet, ist weniger wert. All dieser Erfolg entsteht nur durch unsere Brillanz.“ Im Network Marketing aber ist es genau das gegenteilige Verhalten, das dieses Geschäft funktionieren lässt. Pat Hintze und Steve Schulz, Partner in ihrem Network-Geschäft, entdeckten das wahre Geheimnis des Erfolgs im MLM. Dies ist eine Geschichte, die Sie vielleicht selbst immer und immer wieder beim Aufbau Ihres

Geschäfts erzählen werden. Sie beschreibt das wahre Wesen unserer Branche sehr genau, und wir hoffen, sie macht Ihnen so viel Spaß wie uns.

Pat und Steve erzählen: „Unsere Geschichte ist gewiss nicht die vom Erfolg über Nacht. Die Wahrheit ist, wir haben einfach nur die meisten anderen in dieser Branche überlebt. Dreieinhalb Jahre lang haben wir dieses Geschäft mit so geringen Ergebnissen betrieben, dass es uns fast peinlich ist, darüber zu reden. Wir haben jedes mögliche negative menschliche Gefühl erlebt. Wir fragten uns immer wieder: „Warum will es nicht klappen? Was machen wir falsch? Warum wächst das Geschäft aller anderen schneller und größer als unseres? Wird das für uns jemals richtig funktionieren?'

Wir gingen zu jeder Versammlung und zu jeder Veranstaltung, die es nur gab. Aber selbst diese schienen uns eher zu deprimieren als zu begeistern, denn alles, was wir hörten, waren immer nur die sagenhaften Erfolgsgeschichten anderer Leute. Wir hätten es schön gefunden, wenn nur ein einziges Mal einer aufgestanden wäre und gesagt hätte: Gestern Abend bin ich drei Stunden gefahren und man hat mich versetzt. Das hätten wir toll gefunden! (Wenn wir eins über dieses Geschäft gelernt haben, dann, wie leicht es ist, sich selbst schlecht zu machen. Vergleichen Sie Ihren Erfolg immer nur mit dem von anderen. Es gibt immer andere, die zu jeder möglichen Zeit mehr Erfolg haben als Sie.) Aber wir haben weiter gemacht, weil wir dachten, wir würden 'das Geheimnis' des Geschäfts finden.

Wir hielten lange genug aus, um genau das zu tun. Wir fuhren achteinhalb Stunden zu einer Versammlung, um 'das Geheimnis' zu finden. Wir wussten, dass der Top-Verdiener der Firma da sein würde. Wir kamen früh an, um von ihm den Schlüssel zu erfahren, der sein Geschäft funktionieren ließ. Wir trafen ihn und begannen, ihm eine Flut brennender Fragen zu stellen: Wie machen Sie das? Wie haben Sie es zum Laufen gebracht? Was ist das Geheimnis? Seine Antwort war etwas überraschend.

Er sagte: „Nicht ich habe es wirklich gemacht. Ich habe gute Leute in der Downline, die haben es tatsächlich getan. Warum fragen Sie nicht sie?" Das taten wir. Aber sie sagten: „Nicht wir haben es wirklich getan, wir haben gute Leute in der Downline, die haben es in Wirklichkeit gemacht. Warum fragen Sie nicht sie?" Das taten wir. Aber sie sagten: „Nicht wir haben es wirklich gemacht, wir haben gute Leute in der Downline." So verließen wir das Meeting in dem Bewusstsein, dass niemand dieses

Mit den Worten von Ignatius Joseph Firpo aus Truckee, Kalifornien: „Was wir für uns selbst getan haben, stirbt mit uns. Was wir für andere getan haben, bleibt bestehen und ist unsterblich."

Geschäft wirklich betreibt. Es ist einfach eine Sache des Weitergebens an andere Leute! Wir fuhren heim und versuchten, andere zu finden, denen wir es weitergeben konnten. Und es funktionierte!

Das Gesetz der großen Zahl rettet den Beharrlichen. Wir blieben lange genug dran, um andere zu finden, denen wir es weitergeben konnten - Leute, die wussten, was sie taten. Sie sorgten wirklich dafür, dass die Organisationen wuchsen. Das begeisterte uns und wir begannen, sie empor zu heben, indem wir jedem von ihrem Erfolg erzählten. Dann fanden sie andere, denen sie es weitergeben konnten und diese begannen, mehr Erfolg zu haben als deren Sponsoren selbst. Unglaublich! Wir verwiesen auf den Erfolg anderer Menschen, und das inspirierte wiederum weitere Leute. Während der letzten dreieinhalb Jahre war alles, was wir fertig brachten, über ein paar andere zu stolpern, denen wir diese Gelegenheit weitergaben, und diese waren in der Lage, dasselbe zu tun.

Heute haben wir Tausende von Partnern im ganzen Land, die dieses Geschäft wie ein Geschenk an andere weitergeben. Oh ja, wir bekommen zwar die Chance, vor vielen Leuten zu stehen und die Anerkennung dafür zu bekommen, aber in Wirklichkeit . . . haben nicht wir es getan!" Steve war früher Lehrer und Pat Vertreterin einer Papierfirma. Heute, nach sieben Jahren, gehören sie zu den absoluten Spitzenverdienern ihrer Firma - wir sprechen von Millionen und Abermillionen von Euro im Jahr! Während der frühen Jahre, bevor alles für sie zu funktionieren begann - obwohl sie niemals in Betracht zogen, aufzugeben - entwickelten sie eine Philosophie über das Durchstarten, die sie so erklären: Sogar heute praktizieren wir weiterhin das Durchstarten, so als ob wir niemand in unserer Downline hätten. Es hilft uns, auf das konzentriert zu bleiben, was dieses Geschäft wirklich funktionieren lässt: Beharrlichkeit. Was wir gelernt haben, ist, dass Beharrlichkeit ein Scheitern unmöglich macht."

Berater im ersten Jahr müssen ganz besonders die Versuchung meiden, den anspruchsvollen Systemen zu folgen, die durch die Vorstands-Explosion in unsere Branche gebracht wurden. Zeigen Sie Einfühlungsvermögen gegenüber denen, die die klassische Firmenwelt scharenweise verlassen, um sich unserer Branche anzuschließen. Der äußeren Erscheinung zum Trotz sind viele von ihnen verängstigt und verletzlich. Indem sie die ‚Sicherheit' von Titeln und Strukturen hinter sich lassen, werden sie das erste Mal mit der Ehrfurcht gebietenden Verantwortung der Selbstständigkeit konfrontiert. Geben Sie ihnen offene Antworten auf ihre Fragen, bringen Sie ihnen das System des Duplizierens bei, wie Sie es jedem anderen beibringen, und, wenn der Zeitpunkt stimmt, werden sie es tun. Oder aber sie tun es nicht, geben es jedoch weiter an andere, die es tun . . . und es wiederum an andere weitergeben werden. Mit den Worten von Ignatius Joseph Firpo aus Truckee, Kalifornien: „Was wir für uns selbst getan haben, stirbt mit uns. Was wir für andere getan haben, bleibt bestehen und ist unsterblich."

Zusammenfassung

- Die Vorstands-Explosion bezieht sich auf den gewaltigen Zustrom von Managern, die sich unserer Branche angeschlossen haben und dabei die Management-Techniken mitbrachten, die schon zuvor zu niedriger Produktivität und ungerechtfertigt hohen Einkommen in ihren früheren Karrieren geführt haben.

- Diese Manager haben es mit zwei Problemen zu tun, wenn sie das Feld des Network Marketing betreten:

    1. Mit der verständlichen Verzweiflung wegen ihres Prestigeverlustes und des plötzlichen Entzuges von Einkommen, Firmenwagen und Zusatzleistungen.

    2. Mit der irrigen Überzeugung, sie könnten ihre Management-Strategien vom herkömmlichen Geschäft ins Network Marketing, einer Branche ohne Manager, übertragen.

- Die meisten Upline-Berater haben vor Ausbildung, Erfahrung und Sachkenntnis von Managern hohe Achtung und neigen naturgemäß dazu, auf das zu hören, was diese zu sagen haben.

- Angesichts des Respekts, den sie zu beanspruchen glauben, stellen Firmenvorstände zwei offensichtliche Probleme für unsere Branche dar:

    1. Als starke Macher mit großen Egos schüchtern sie oft genau die Berater ein, von denen sie gesponsert wurden.

    2. Obwohl viele der Hilfsmittel aus der klassischen Arbeitswelt in unserer Branche unbrauchbar sind, versuchen sie trotzdem, Management-Techniken und High-Tech-Verfahren in unser Geschäft einzuführen, die sowohl Upline- als auch Downline-Partner ablenken können.

- Auch wenn Sie aus der Welt der Arbeiter stammen, machen Sie nicht den Fehler, anzunehmen, eine ´Firmen-Spitzenkraft` wisse mehr über Ihr Geschäft als Sie.

- Wenn Sie frühere Firmenvorstände schulen, behalten Sie bei Ihrem Training die Führung und bringen Sie ihnen bei, wie sich unser MLM-Geschäft vom herkömmlichen Geschäftsleben unterscheidet.

- Angesichts der Tatsache, dass viele frühere Firmenvorstände nach dem Verlassen der klassischen Arbeitswelt mutlos sind, besteht Ihre Aufgabe nur darin, diejenigen herauszusuchen, die sich ernsthaft einen Wechsel wünschen und am richtigen Zeitpunkt in ihrem Leben angekommen sind, um sich MLM anzuschließen.

- Je schneller Sie Geschäftsleute mit Informationen über das große Potenzial unseres Geschäftes versorgen, desto schneller können diese ihre Recherchen durchführen und eine von drei Entscheidungen treffen:

  1. Sie sind bereit zu starten (ein positiver Schritt).

  2. Es ist nicht der richtige Zeitpunkt (ebenfalls ein positiver Schritt - benutzen Sie das Karteikarten-System zum Nachfassen).

  3. Das Geschäft ist nichts für sie (fragen Sie nach Empfehlungen).

- Neue Berater, besonders aus der Firmenwelt, müssen vom ersten Tag an lernen, dass Produktgebrauch, Interessentengewinnung und Sponsern die Dinge sind, die zum Erfolg führen.

- Memos und Meetings sind Zeitverschwendung, genauso die Erstellung von Diavorträgen, Präsentations-Mappen, Overhead-Projektionen und Tabellen.

- Während das herkömmliche Arbeitsleben die Menschen dazu ermuntert, ihre Stärken und vergangenen Erfolge hervorzuheben, lehrt Network Marketing die Menschen, auch ihre Verletzlichkeiten mitzuteilen - die Umstände, die sie zu MLM gebracht haben -, um die Mauern des Widerstands anderer Menschen einzureißen.

- Es ist im allgemeinen diese ‚Down'-Erfahrung, welche die Tür zum Network Marketing öffnet. Wenn Sie Ihre Geschichte erzählen, bringen Sie die Menschen in eine Beziehung zu sich - sie wollen hören, warum Sie sich für diese Branche als Lösung ihrer vorherigen Probleme entschieden haben.

- Der Gegensatz zum Weiterreichen der Verantwortung in der klassischen Arbeitswelt: Vorstände, die eine große Organisation im Network Marketing aufbauen wollen, müssen ihre Gewohnheit hinter sich lassen, Verantwortung zu delegieren, und anfangen, durch Beispiel zu führen.

- Teilen Sie Ihre Interessenten nicht in Kategorien ein, sondern schaffen Sie vielmehr Raum für einen größtmöglichen Querschnitt verschiedener Menschen.

- Verkaufspartys, Produktschulungen und Einzelhandels-Verkäufe schaffen ein sofortiges, kurzfristiges Einkommen; eine Organisation von Menschen aufzubauen, die Produkte gebrauchen und weitergeben, und dann weiteren Menschen beizubringen, wie dieser Vorgang zu duplizieren ist, erzeugt hingegen langfristiges passives Einkommen.

- Ein herabgesetztes Selbstwertgefühl ist die größte emotionale Herausforderung für die, welche die Firmenwelt verlassen und in Vollzeit ins Network Marketing kommen.

- Viele Teilzeit-Networker machen sich Sorgen über die Reaktion ihrer Chefs und die Skepsis ihrer Partner, bewahren aber trotzdem eine positive Einstellung, während sie durch die frühen Phasen des Prozesses schreiten.

- Es gibt Hunderttausende von Frauen im Network Marketing, die sich allein durch den Organisationsaufbau kämpfen und gleichzeitig alle ihre anderen Anforderungen als Ehefrauen, Mütter und Managerin erfüllen. Aber es gibt nicht eine Frau von durchschnittlichen Fähigkeiten und starkem Antrieb, die nicht Großes erreichen könnte.

- Network Marketing kann eine tiefgreifende Auswirkung auf viele Geschäftsleute haben, wenn sie entdecken, dass es bei unserem Beruf vor allem um persönliches Wachstum und persönliche Entwicklung geht.

- Im Gegensatz zum Umfeld der klassischen Arbeitswelt ist die Stellung eines Vorstands im Network Marketing nicht gefährdet, wenn er die Leistung seiner Downline „beweihräuchert", statt sich selbst in den Vordergrund zu stellen.

- Eine tiefgreifende Wahrheit über unsere Branche ist: Besitzergreifendes Verhalten führt nie zum Erfolg; nur durch die Weitergabe des Geschäfts an andere erhalten Sie letztlich in der bemerkenswerten Welt des Network Marketing einen hohen Lohn.

Abschließende Worte

In der ersten Hälfte unseres beruflichen Werdegangs, ehe Mark und ich uns trafen, uns verliebten und heirateten, verfolgte jeder von uns den Aufbau seiner eigenen Organisation in der einzigen Firma, die wir beide jemals repräsentiert haben. In den vergangenen sechs Jahren waren wir sorgfältig bestrebt, Botschafter für die gesamte Network Marketing-Branche zu sein. Unsere Kollegen haben unser Bedürfnis begriffen, die Bedeutung unseres Berufszweigs hervorzuheben, - sogar unser Firmenpräsident ermutigte uns in diesem Bestreben.

Wir hatten die Ehre, auf einer Reihe von Tagungen zu sprechen. Die Präsidenten anderer MLM-Firmen gestatteten uns, ihre besten Führungskräfte zu trainieren. Viele der Top-Verdiener unserer Branche haben an unserem College-Kurs für den Abschluss im Multi-Level-Marketing teilgenommen, der an der Universität von Illinois in Chicago von Dr. Charles King in Zusammenarbeit mit ihrem innovativen Wirtschaftsdekan, Dr. Paul Uselding, gegründet wurde. Als branchenweite Berater und Verfechter der Branche haben wir viel von denen gelernt, mit denen wir zusammenarbeiten.

Anwerber im klassischen Wirtschaftsleben bezeichnet man als ‚Head Hunter' oder ‚Kopfjäger', wir aber haben sehr früh gelernt, dass Networker ‚Heart Hunters', also, Herzjäger' sein müssen. Der Versuch, dieses Geschäft durch das Stehlen von Beratern anderer Firmen aufzubauen, ist angesichts der notwendigen Integrität im Network Marketing offensichtlich falsch. Unsere Philosophie war immer, eine gute Firma zu finden und ihr treu zu bleiben - wir raten Ihnen: Werden Sie kein MLM-Junkie, der von Firma zu Firma wechselt. Wir haben nicht einen einzigen Berater von einer anderen Firma abgeworben, obwohl viele unwissende Berater darum baten, sich uns anschließen zu dürfen. Wenn sich ein Networker einer soliden Firma angeschlossen hat, die gute Erfolge aufzuweisen hat, ermutigen wir ihn oder sie, auch bei dieser Firma zu bleiben.

Wir fühlen uns gesegnet, dass wir vor vielen Jahren in dieses Geschäft gestolpert sind. Er hat uns nicht nur die Zeit und finanzielle Freiheit gegeben, genau das zu tun, was wir wollen, sondern ermöglichte auch, dass wir uns trafen und ein gemeinsames Leben aufbauten. Unsere beruflichen Ziele für das kommende Jahrzehnt schließen das Schreiben von Büchern auch außerhalb dieser Branche ein. Mark hat verschiedene Buchprojekte am Laufen, darunter eines über das Gewinnen inneren Reichtums, ferner die Aktualisierung eines der Werke seines Vaters und sein Lieblingsbuch, eine Liebesgeschichte. Rene hat über ein Jahr an einem Buch über Selbsthilfe gearbeitet, in welches Sie verschiedene Aspekten ihrer eigenen Lebenserfahrungen einbringt. Wir werden jedoch weiterhin unsere meiste Energie in die MLM-Branche investieren. Wir hoffen, das Renommee unseres Berufes weiterhin durch öffentliche Auftritte, Reden auf großen Tagungen, Beratungen und Weiterbildungen zu stärken.

Angesichts dieser Absicht bitten wir Sie, unsere bemerkenswerte Branche gemeinsam mit uns von einem Beruf in eine Berufung umzuwandeln. Es gibt einige Dinge, die Sie tun können, um uns bei diesem Vorhaben zu unterstützen.

Zuerst sollten wir alle beschließen, nicht länger andere MLM-Firmen gegenseitig schlecht zu machen. Wir sind alle zusammen in dieser Branche tätig, und trotzdem scheint unser Beruf noch immer der einzige zu sein, in dem, wenn Gefahr oder eine Herausforderung droht, die Wagen im Kreis aufgestellt werden und nach innen gefeuert wird. Networker kooperieren oft mit Behörden und Journalisten, wenn es um Untersuchungen gegen einen ihrer Wettbewerber geht, und freuen sich über deren Ende. In einigen Fällen sagen MLM-Firmenchefs tatsächlich als Zeugen der Behörden gegen ihre Wettbewerber aus und - es ist traurig, das sagen zu müssen - einige werden zu Unrecht beschuldigt, betrügerische Pyramidensysteme zu sein. Es dient bloß dazu, die Konkurrenz zu treffen. Berater handeln manchmal so, als ob sie sich selbst durch Verunglimpfung anderer emporheben könnten. Das Ergebnis ist jedoch ein völlig anderes. Vor allem bitten wir Sie also, mit uns die folgende, einfache Philosophie anzunehmen: Wir lehnen es ab, über unsere Kollegen, andere Berater und andere Firmen im Bereich des Multi-Level Marketing herzuziehen. Wenn Sie etwas nicht auch aufzeichnen und unterschreiben würden, sagen Sie es nicht.

Die andere Seite der Medaille, und es gibt immer eine, heißt, wir sollten, sobald wir einen rechtmäßigen Beweis haben, dass Menschen betrogen werden, den zuständigen Institutionen schnell über ein betrügerisches Pyramidensystem berichten. Und wenn sich Ihre Sorgen gegen Ihre eigene Firma richten, halten Sie sich nicht zurück. Handeln Sie. Kontaktieren Sie die Top-Führungskraft in Ihrer Upline. Wenn Sie können, rufen Sie den Präsidenten Ihrer Firma an. Tun Sie alles in Ihrer Macht stehende, um unethisches Verhalten zu stoppen, wo immer Sie darauf stoßen.

Versuchen Sie das Problem durch eine Lösung zu ersetzen, die Sie stolz darauf macht, Ihre Firma zu repräsentieren. Und wenn alles andere scheitert, gehen Sie.

Sobald wir verstanden haben, dass Erfolg vom Emporheben unserer eigenen Firmen und unserer Produkte herrührt - statt vom Zerstören des Ansehens unseres MLM-Wettbewerbers, wird unsere Branche die ertragreichste im gesamten freien Unternehmertum sein. Eines der Ergebnisse unseres Universitätskurses ist, dass unseren Studenten klar wurde, dass die Firmen, die sie vielleicht verunglimpft haben, aus leibhaftigen Menschen bestehen, besonderen Menschen, mit denen sie während des Kurses eine sehr bedeutende Erfahrung geteilt haben. In diesem Umfeld haben wir Hunderte von Networkern gesehen, die sich daraufhin entschieden, mit den Praktiken der Rufschädigung aufzuhören.

Zweitens erstellen Sie Ihre eigene kurze Präsentation, die speziell darauf zielt, Zuhörern die klaren Unterschiede zwischen einem illegalen Pyramidensystem und einer rechtmäßigen Network Marketing-Firma klarzumachen. Gehen Sie danach zu Ihrem zuständigen Existenzgründerverband und holen Sie sich eine Liste aller Vereine und Organisationen. Treffen Sie jeden Monat eine Verabredung, um zumindest zu einem örtlichen Verein oder Verband als Botschafter unseres Berufes zu sprechen. Sie helfen damit nicht nur der Branche, ihr Image durch Ausbildung zu verbessern. Gleichzeitig erhalten Sie auch zahlreiche Interessenten für Ihre eigene Downline. Die allgemeine Öffentlichkeit versteht unsere Branche einfach nicht, und die meisten Journalisten und Reporter berichten nicht über die positive Wahrheit des Network Marketing. Zeitungsauflagen und Quoten werden nur durch Sensationsgeschichten und Negativismen gesteigert. In ihren eigenen Worten: „Gute Nachrichten sind keine Nachrichten!"

Drittens, decken Sie Ihren Bedarf, den Sie bei MLM-Firmen decken können, bei MLM-Firmen. Wenn Ihre eigene Firma ein Produkt, das Sie brauchen und wollen, noch nicht im Programm hat, finden Sie heraus, welcher Network-Vertrieb es anbietet, und kontaktieren Sie einen Partner. Wenn Sie keinen Berater persönlich kennen, rufen Sie beim Unternehmen selber an - sonst werden Sie vermutlich ein zusätzliches Sponsergespräch ertragen müssen. Wenn Sie jedoch Ihre Absichten offen legen und sobald die Leute verstehen, dass Sie nur daran interessiert sind, Ihre eigene Firma zu repräsentieren, wird man Ihre Entscheidung respektieren. Hören wir also auf, in Läden Produkte und Dienstleistungen geringer Qualität zu kaufen und fangen wir an, unsere eigenen Vertriebskanäle zu nutzen.

Und jetzt gehen Sie raus und machen Sie uns alle stolz darauf, im Network Marketing zu sein. Wir haben die Gelegenheit, in unserer Welt etwas zu verändern. Und das Schöne am Network Marketing ist, dass es nicht auf bombastische Art und Weise geschehen muss, es geschieht Schritt für Schritt für Schritt, sobald wir mit dem Leben anderer Menschen in Berührung kommen. Wegen des exponentiellen Wachstums unserer Branche werden wir, bevor wir es wissen, den Geist von Hunderten von Millionen von Menschen verändert haben.

Wenn Ihnen dieses Buch gefallen hat, geben Sie es bitte einigen Leuten weiter, die Sie kennen, und vielleicht geben diese es einigen anderen Menschen weiter. Und bevor Sie es ahnen, finden wir uns vielleicht in einer Branche wieder, die den größten globalen Anteil der Märkte für Körperpflege, Haushaltsprodukte, Nahrungsergänzung, Gesundheit, Telekommunikation, Umwelt, Bildung und persönliche Entwicklung unserer Welt umfasst, um nur einige zu nennen. Network Marketing wird bleiben, und wir sagen voraus, dass unsere Branche bis weit ins 21. Jahrhundert hinein aufgrund von zwei Dingen Beachtung finden wird:
1.) Wegen seiner intakten Marketing-Strategien und 2.) wegen seiner Empfindsamkeit und Integrität, die die Menschen sich im Network Marketing entgegen bringen.

Wir alle stehen am Anbruch eines neuen Jahrtausends, Botschafter eines kühnen, neuen und grenzenlosen Berufs, der die wirtschaftliche Freiheit in der ganzen Welt stärken und eine wunderbare und würdige Zukunft für unsere Enkel schaffen kann. Aber wir müssen im 21. Jahrhundert zeigen, dass weitaus mehr Menschen, die sich Network Marketing anschließen, die gleiche Chance zum Wachstum in unserem Beruf haben. Wir glauben, dass die Hilfsmittel, die für ein solches umfassendes Wachstum nötig sind, für uns greifbarer Nähe liegen. Gegenwärtig verdienen drei Prozent der MLM-"Gemeinde" mehr als 100.000 Euro im Jahr, und 56 Prozent verdienen weniger als 7.000 Euro im Jahr. Die mittleren 40 Prozent sind es, die wir nach unserer Überzeugung erreichen können und müssen. Unsere Verpflichtung ihnen gegenüber als Verfechter und Führungskräfte der Branche lautet: Weiterhin die Nutzung des menschlichen Potenzials zu erforschen, zu analysieren und zu vereinfachen, dann leicht duplizierbare Strategien auszuführen, um die Spitzenleistungen derer zu entfesseln, die ihre Zukunft dem Network Marketing anvertrauen. Zu viele Jahre waren die Ergebnisse bestenfalls mittelmäßig, aber wir glauben, dass Network Marketing uns allen eine aufregende Zukunft und beispiellose Möglichkeiten ohne Grenzen bietet.

Wir sind unheilbare Optimisten, und Sie können versichert sein, dass Sie nicht das Letzte von uns gehört haben . . . weil, wie wir alle wissen, "Ihr erstes Jahr im Network Marketing" nur der Anfang ist.

Möchten Sie noch mehr Unterstützung für Ihr MLM/ Marketing Geschäft?

Unser kostenloser Newsletter liefert Ihnen hilfreiche Tipps - jede Woche neu!

Jetzt gleich im Internet anfordern unter:

http://www.MLM-coach.de

Dort finden Sie auch weitere Bücher und Kassetten zum Aufbau Ihres Geschäftes.

Z.B. das Original:

Wave 4 - Network Marketing im 21. Jahrhundert

Erfahren Sie:

- Worauf es heutzutage ankommt, wenn Sie ein massives Einkommen durch MLM/Network Marketing aufbauen wollen
- Wie die Verbindung des Internet und der Zusammenarbeit von Mensch zu Mensch das Wachstum von Network Marketing beschleunigt.
- Wie diese Welle dafür sorgt, dass Millionen Menschen Networking betreiben
- Wie die Verbindung von neuen Technologien und althergebrachter persönlicher Betreuung den Direktvertrieb revolutioniert.

Wir leben in einer aufregenden Zeit, in der Millionen von Menschen darauf warten, ihr eigenes Geschäft zu starten. Möchten Sie sich ein großes Stück von diesem Kuchen abschneiden? Dann besorgen Sie sich jetzt das Original:

"Wave 4 - Network Marketing im 21. Jahrhundert".

(Die Bezugsadresse finden Sie auf Seite 1)